Servicios en Red

Sistemas Microinformáticos y Redes

Servicios en Red

Francisco Sivianes Castillo
Gemma Sánchez Antón
Jorge Ropero Rodríguez
Octavio Rivera Romero
Jaime Benjumea Mondéjar
Julio Barbancho Concejero

Coordinadora
M.ª Carmen Romero Ternero

Paraninfo

Paraninfo

Servicios en red

© Francisco Sivianes Castillo, Gemma Sánchez Antón, Jorge Ropero Rodríguez, Octavio Rivera Romero, Jaime Benjumea Mondéjar, Julio Barbancho Concejero y María del Carmen Romero Ternero

Gerente Editorial Área Ciclos Formativos:
María José López Raso

Asistente Editorial:
Alicia Cerviño González

Editora de Adquisiciones:
Carmen Lara Carmona

Producción:
Rafael García Jiménez

Diseño de cubierta:
Ediciones Nobel

Preimpresión:
Copibook

1ª edición, 2010, 9ª Reimpresión, 2022

C/Velázquez, 31 3ºdcha /28001 Madrid, ESPAÑA
Teléfono: 902 995 240 / Fax: 914 456 218
clientes@paraninfo.es / www.paraninfo.es

ISBN: 978-84-9732-765-7
Depósito legal: M-36246-2010

(27612)

Impreso en España / Printed in Spain
Tórculo Comunicación Gráfica

Índice

Instalación de servicios de configuración dinámica

El protocolo DHCP (*Dynamic Host Configuration Protocol*, Protocolo de Configuración Dinámica de Hosts) es un protocolo de red utilizado por los clientes para obtener su dirección IP de forma automática. DHCP está fundado, pues, en un modelo cliente-servidor.

El objetivo principal del protocolo DHCP es simplificar la administración de una red.

Contenido

Objetivos

- Comprender el esquema de direccionamiento IP.
- Entender la finalidad del protocolo DHCP.
- Estudiar el funcionamiento del protocolo DHCP.
- Entender el modo de funcionamiento cliente/servidor.
- Saber configurar un servidor DHCP.
- Saber configurar un cliente DHCP.

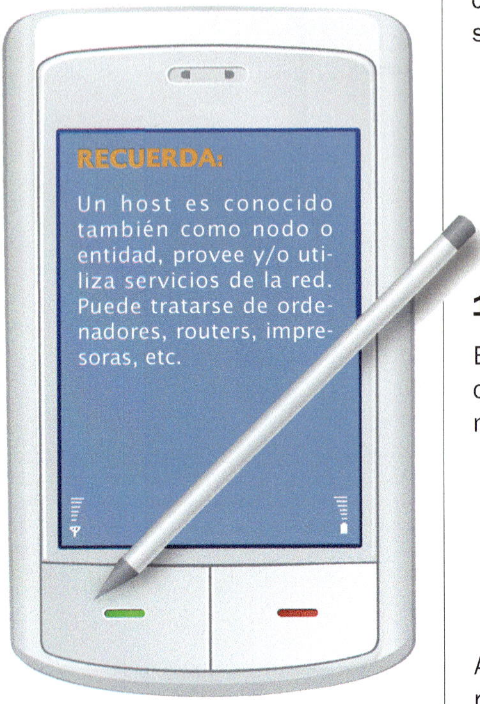

PAQUETE DE DATOS:

Unidad básica de transporte de datos.

También se conoce con el nombre de datagrama.

1.1 Conceptos previos

Antes de entrar en el protocolo DHCP propiamente dicho, es interesante recordar cómo se produce el direccionamiento en Internet. Para ello, es necesario hablar antes de otros conceptos como son:

- El protocolo IP.
- Las direcciones IP.
- La máscara de red.
- La puerta de enlace.

1.1.1 El protocolo IP

El protocolo IP (*Internet Protocol*) es, como su propio nombre indica, el protocolo de red utilizado en Internet. Se trata de un protocolo que no incorpora muchas funcionalidades y cuyos principales cometidos son los siguientes:

- Enrutar paquetes de datos.
- Asignar direcciones a los paquetes de datos
- Identificar el tipo de contenido y el tipo de servicio.
- Fragmentar paquetes demasiado grandes.

Al tratarse IP de un protocolo basado en datagrama, tiene las siguientes características.

- No está orientado a conexión. El protocolo es independiente de que los routers o el destino estén o no disponibles (como ocurriría, por ejemplo, en el caso del correo).
- En cada paquete va la dirección de destino, eligiéndose la ruta a seguir (el denominado próximo salto) en cada router en función de dicho destino y de las condiciones de la red.
- No hay ningún tipo de control del flujo de datos o del orden en que llegan los paquetes.

Estas características producen una serie de ventajas, que hacen a IP un protocolo muy interesante para redes heterogéneas, como es el caso de Internet.

- Se trata de un protocolo sencillo, puesto que no existen ni establecimiento ni fin de la conexión.
- Si uno de los nodos intermedios falla, los paquetes se podrán enrutar por otro lado.

1.1.2 Direcciones IP

Las direcciones IP son las direcciones que identifican a un nodo o entidad (por ejemplo, un ordenador, una impresora o un servidor web). En IP, estas direcciones vienen representadas por una palabra de 32 bits, generalmente separadas por puntos en octetos o bytes (palabras de 8 bits y que, por tanto, están en el rango 0-255).

Una dirección IP tiene dos partes:

- Parte de red: parte de la dirección utilizada por el router.
- Parte de host: parte específica del nodo que se encuentra en una red determinada.

Todas las entidades o hosts que se encuentran en la misma red comparten la misma parte de red en su dirección IP, siendo la parte de host la que las diferencia de los otros hosts de la red. La máscara de red (la cual veremos en el siguiente epígrafe) es la que determina cuántos bits pertenecen a la parte de red y cuántos a la parte de host.

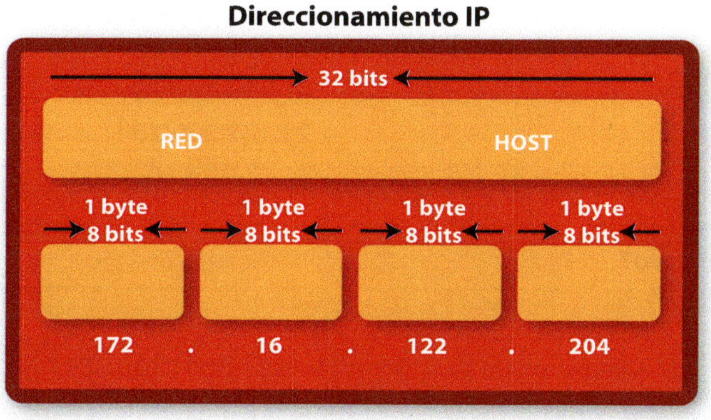

Figura 1.1. Direccionamiento IP.

Un ejemplo de dirección IP es 152.161.17.220

En un principio, el direccionamiento se llevó a cabo mediante el denominado direccionamiento con clases, existiendo básicamente tres tipos de redes, según el número de bits dedicados a las partes de red y de host. Estos tipos de redes y sus características se resumen en la Tabla 1.

Tipo de red	Nº de bits de red	Nº de bits de host	Primeros bits de la dirección	Nº de posibles redes	Nº de posibles hosts en cada red
Clase A	8	24	0	$2^7 = 128$	$2^{24} - 2 = 16777214$
Clase B	16	16	10	$2^{14} = 16384$	$2^{16} - 2 = 65534$
Clase C	24	8	110	$2^{21} = 2097152$	$2^8 - 2 = 254$

Tabla 1.1. Clases de direcciones IP.

- Las redes de tipo A empiezan por el bit 0 (y por tanto, su primer octeto está en el rango 0-127). Existen pocas redes de este tipo (como mucho 128) y son muy grandes.
- Las redes de tipo B empiezan por los bits 10 (y por tanto, su primer octeto está en el rango 128-191, quedando 14 bits no fijados para la parte de red). Se trata de redes medianas, ideales para empresas.
- Las redes de tipo C empiezan por los bits 110 (y por tanto, su primer octeto es de 192 en adelante). Existen muchas de este tipo, siendo estas bastante pequeñas (como mucho 256 hosts).

El problema de estas redes con clases es su falta de flexibilidad. Por ejemplo, para una empresa que tuviera 300 PC sería necesaria una red de tipo B (puesto que una red de clase C solo puede direccionar 256 hosts como máximo), con el consiguiente desperdicio de direcciones IP (se concederían 65534 IP para solo 300 PC). Además, el número de redes posibles es muy pequeño comparado con las que son necesarias tras el gran desarrollo de Internet en los últimos tiempos. Este problema se soluciona en parte mediante la introducción del *subnetting* (creación de subredes) y el concepto de máscara de red.

SABÍAS QUE:

El protocolo IP utilizado habitualmente en Internet es su versión 4, también conocido como IPv4. Existe una versión más reciente denominada IPv6, en la que se utilizan más bits para direccionar, por la escasez de direcciones IP en la versión 4. En la actualidad, la introducción del *subnetting*, las redes de área local o la utilización de NAT, han minimizado en parte este problema de falta de IP.

ACTIVIDAD RESUELTA 1.1

Existen tres ordenadores, llamados Host 1, Host 2 y Host 3, que tienen las siguientes direcciones IP:

Nombre de Host	Dirección IP
Host 1	23.200.18.122
Host 2	21.200.18.123
Host 3	23.183.100.15

Teniendo en cuenta que se está utilizando direccionamiento con clases, ¿a qué clase pertenecen las redes en las que se encuentran estos ordenadores? ¿Están en la misma red?

Solución:

Se comprueba el primer octeto de la dirección. Pasando a binario 23 y 21, tenemos:

23 = 00010111

21 = 00010101

Ambos números empiezan por 0, por lo que se trata de redes de Tipo A. Por tanto, la parte de red corresponde a los 8 primeros bits, es decir, al primer octeto. En el caso de Host 1 y Host 3, se trata del número 23, por lo que pertenecen a la misma red. Host 2 pertenece a otra red, puesto que el primer octeto es 21.

ACTIVIDAD PROPUESTA 1.1

Existen dos ordenadores, llamados Host X y Host Y, que tienen las siguientes direcciones IP:

Nombre de Host	Dirección IP
Host X	151.3.7.7
Host Y	151.4.80.35

Teniendo en cuenta que se está utilizando direccionamiento con clases, ¿a qué clase pertenecen las redes en las que se encuentran estos ordenadores? ¿Están en la misma red?

TEN EN CUENTA QUE:

Como mínimo hay que reservar tres direcciones IP para cada red: el nombre de la red, la dirección de broadcast dirigido y la dirección del router.

Por último, cabe destacar que existen direcciones reservadas (y, por tanto, no asignables a un ordenador) dentro de una red:

- La **dirección de red o nombre de red**, que es la primera dirección de dicha red. Por ejemplo, en la red de clase B cuya parte de red es 170.213, la primera dirección y, por tanto, el nombre de la red sería 170.213.0.0.
- La **dirección de broadcast dirigido**. Es una dirección mediante la cual se pueden enviar mensajes a todos los hosts de la red y corresponde a la última dirección de dicha red. En el ejemplo anterior, la dirección de broadcast dirigido sería 170.213.255.255.
- La **dirección del router**. No tiene por qué ser una dirección concreta, aunque por comodidad se suele elegir la primera dirección de la red después del nombre de red. En el caso anterior, lo habitual es que el router tenga la dirección 170.213.0.1, aunque puede tomar cualquier dirección IP fuera de las dos anteriores.

1.1.3 Máscara de red

Como decíamos en el epígrafe anterior, el hecho de que las direcciones IP fueran estructuradas en clases tenía el problema de que a veces las redes no se ajustaban al tamaño que imponían dichas clases. Por eso surge el concepto de **máscara de red**.

La máscara de red no es más que una palabra de 32 bits que establece la frontera entre la parte de red y la parte de host de una dirección IP, permitiendo la división del campo de host de manera que existan subredes dentro de una red.

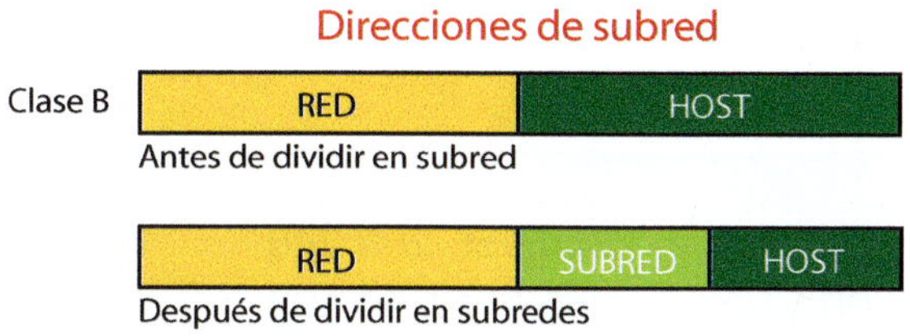

Una dirección de subred se crea «pidiendo prestados» bits del campo de host y designándolos como campo de subred. Se puede pedir prestada cualquier cantidad de bits mientras queden siempre dos. Estos dos bits se reservan para las direcciones de broadcast y de red de las cuales hablamos anteriormente. La ilustración muestra una dirección de clase «B» con ocho bits prestados.

Figura 1.2. Direcciones de subred.

Sobre la máscara de red podemos decir lo siguiente:

- Se trata de una palabra de 32 bits, al igual que cualquier dirección IP. Todos los bits relacionados con la parte de red y subred (los N primeros) valen 1. El resto vale 0.
- El router debe realizar la operación lógica AND de la dirección IP de destino del paquete IP que llega y compararla con la dirección de red.
- La máscara de red se puede representar de la misma forma que una dirección IP, es decir, mediante octetos separados por puntos (por ejemplo, 255.255.255.0) o bien mediante la denominada notación barra, en la que se especifican los bits de red (en el ejemplo anterior, /24, es decir, los primeros 24 bits de la máscara de red están 1; notar que 255 en binario es 11111111).

TEN EN CUENTA QUE:

Para que la máscara de red sea válida, es necesario que todos sus primeros bits sean unos y los restantes ceros. Por ejemplo, 255.255.255.32 pasado a binario sería 11111111. 11111111. 11111111. 00100000. Existen ceros mezclados con unos por lo que no es una máscara de red válida.

ACTIVIDAD RESUELTA 1.2

Llega a un router conectado a la red 131.108.2.0 un paquete con la dirección 131.108.2.200 como destino. La máscara de red correspondiente a esa red es 255.255.255.224. ¿Se dirige el paquete a la red de este router?

Solución:

Pasamos a binario la dirección y la máscara de red y realizamos la operación AND:

131.108.2.200 = 10000011.01101100.00000010.11001000

255.255.255.224 = 11111111. 11111111. 11111111. 11100000.

Para realizar la operación AND los bits a 1 de la máscara de red quedan igual y los bits a 0 quedan a 0:

10000011.01101100.00000010.11000000 = 131.108.2.192

Por tanto, la dirección de destino del paquete IP no pertenece a la red 131.108.2.0 /27, por lo que deberá ser dirigido hacia otro router.

1.1.4 Puerta de enlace

La puerta de enlace es el nodo que dota a los hosts de una red de un acceso hacia una red exterior. La puerta de enlace por defecto es la ruta por defecto que se le asigna a un equipo. A través de ese nodo se envía cualquier paquete dirigido a cualquier red que no se encuentre en la tabla del enrutamiento del equipo.

SABÍAS QUE:

Si ejecutas el programa cmd (Símbolo del Sistema) y escribes el comando route print verás la tabla de enrutamiento de tu PC.

ACTIVIDAD RESUELTA 1.3

Un ordenador perteneciente a la red 200.200.200.192 /27 (dirección de red y máscara de red en formato barra, respectivamente) tiene la siguiente tabla de enrutamiento.

Red	Máscara de red	Puerta de enlace
200.200.200.248	255.255.255.248	200.200.200.194
200.200.200.64	255.255.255.192	200.200.200.194
0.0.0.0	0.0.0.0	200.200.200.193

¿A través de qué router debe salir un paquete destinado a un equipo con la dirección 200.200.200.251? ¿Y si la dirección es 200.200.200.245?

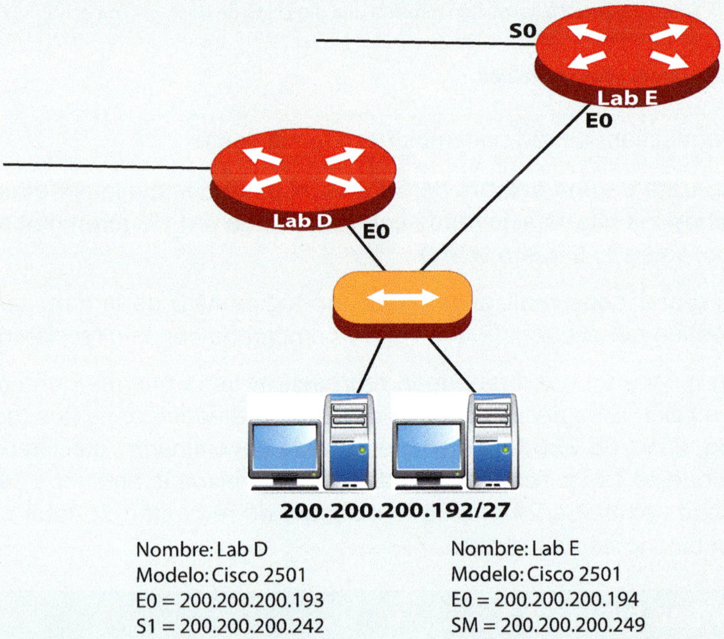

Figura 1.3. Ejemplo de arquitectura de red.

Solución:

Lo que quiere decir la tabla de enrutamiento es que cualquier paquete que vaya dirigido a cualquiera de las dos primeras redes, saldrá por el interfaz Ethernet (aquí llamado E0) del router denominado LabE. En caso contrario, la puerta de enlace por defecto (representada por 0.0.0.0) es la interfaz Ethernet del router LabD), por lo que cualquier paquete que vaya dirigido a cualquier otra red saldrá por dicho router.

Para ver a qué red va dirigido el paquete cuyo destino es 200.200.200.251, se debe realizar la operación AND con las distintas máscaras de red, empezando por la red más pequeña (y por tanto, con una máscara de red con mayor número de unos —menos bits de host—).

Pasamos a binario la dirección y la máscara de red y realizamos la operación AND.

200.200.200.251 = 11001000. 11001000. 11001000. 11111011

255.255.255.248 = 11111111. 11111111. 11111111. 11111000.

TEN EN CUENTA QUE:

255.255.255.248 son los 29 primeros bits a 1, de ahí la notación barra /29.

Para realizar la operación AND los bits a 1 de la máscara de red quedan igual y los bits a 0 quedan a 0:

11001000. 11001000. 11001000. 11111000 = 200.200.200.248

Coincide con la primera red: el paquete pertenece a la red 200.200.200.248 /29, por lo que deberá ser dirigido hacia el interfaz Ethernet del router LabE, con dirección 200.200.200.194.

En cuanto al paquete que va a la dirección 200.200.200.245, repetimos la operación:

200.200.200.245 = 11001000. 11001000. 11001000. 11110101

255.255.255.248 = 11111111. 11111111. 11111111. 11111000.

Tras la operación AND, queda lo siguiente:

11001000. 11001000. 11001000. 11110000 = 200.200.200. 240

No pertenece a la primera red, probamos con la segunda:

200.200.200.245 = 11001000. 11001000. 11001000. 11110101

255.255.255.192 = 11111111. 11111111. 11111111. 11000000.

Tras la operación AND, queda lo siguiente:

11001000. 11001000. 11001000. 11000000 = 200.200.200.192

Tampoco pertenece a la segunda red, por lo que el paquete saldrá por la puerta de enlace por defecto, es decir, por el interfaz Ethernet del router LabD, con dirección 200.200.200.193.

ACTIVIDAD PROPUESTA 1.2

Repetir el ejercicio anterior para un paquete dirigido a la IP 200.200.200.91. ¿Por qué interfaz saldrá dicho paquete?

1.2 DHCP (*Dynamic Host Configuration Protocol*)

1.2.1 Introducción

Para poder enviar o recibir datos, todo nodo perteneciente a una red debe tener una dirección IP, pudiendo ser la asignación de las direcciones IP manual o automática. El protocolo DHCP (*Dynamic Host Configuration Protocol*, Protocolo de Configuración Dinámica de Hosts) es un protocolo de red utilizado por los clientes para obtener su dirección IP de forma automática. DHCP está basado, pues, en un modelo cliente-servidor.

SABÍAS QUE:

Cuando obtenemos una dirección automática en Windows, se suele utilizar el protocolo DHCP.

DHCP se basa en el protocolo BootP (*Bootstrap Protocol*), creado para el arranque remoto de hosts en redes IP. A través de BootP se obtiene la información de configuración:

- Dirección IP del host.
- Dirección IP del servidor.
- Dirección IP del router que retransmite BOOTP (solo si aplica).
- Nombre del servidor.
- Fichero de arranque

El protocolo DHCP añade además las siguientes funciones:

- Capacidad de asignar automáticamente direcciones de red reutilizables (lo que se denomina arrendamiento de direcciones IP).
- Otras opciones de configuración adicionales.

Así mismo, DHCP proporciona tres mecanismos para la asignación de direcciones IP:

- Asignación automática: DHCP asigna al host una dirección IP permanente.
- Asignación dinámica: DHCP asigna una dirección IP por un periodo de tiempo limitado. Esto permite una reutilización automática de las direcciones que ya no son necesarias.
- Asignación manual: la dirección del host es asignada por el administrador de red. El administrador configura manualmente las direcciones IP del cliente en el servidor DCHP. Cuando el host del cliente pide una dirección IP, el servidor mira la dirección MAC y procede a asignar la dirección IP que configuró el administrador.

La asignación más habitual cuando se utiliza DHCP es la asignación dinámica.

Por otra parte, tal y como se explicaba en el punto 1.1, existen una serie de direcciones que un servidor DHCP no puede conceder:

- La **dirección de red**, que es la primera dirección de dicha red.
- La **dirección de broadcast dirigido**. Es una dirección mediante la cual nos podemos dirigir a toda la red y corresponde a la última dirección de dicha red.
- La **dirección del router**.

EJEMPLO:

Red: 180.57.114.0 /24.

Broadcast dirigido: 180.57.114.255 (última dirección de la red).

Router: 180.57.114.1 (por ejemplo, suele ser habitual que la primera dirección válida de la red se reserve para el router).

Además, los servidores DHCP pueden conceder direcciones en un rango que puede ser fijado por el administrador del sistema y que no tiene por qué corresponder a toda la red.

1.2.2 Funcionamiento del protocolo DHCP

Los mensajes del protocolo DHCP tienen el formato mostrado en la Figura 1.4.

0	8	16	24 31
code	HW type	length	hops
transaction id			
seconds		flag field	
client IP Address			
your IP Address			
server IP Address			
router IP Address			
client hardware addres (16 bytes)			
server host name (64 bytes)			
boot file name (128 bytes)			
options (312 bytes)			

Figura 1.4. Formato de mensaje DHCP.

Cabe destacar los siguientes campos del mensaje:

- Código (*Code*): identifica si este mensaje es una petición, si es realizada por el cliente o una respuesta, si la hace el servidor DHCP.
- Número de transacción (*Transaction id*): es un número que sirve para comparar solicitud y respuesta y, por tanto, distinguir distintas peticiones.
- Dirección hardware (*Client hardware address*): un ejemplo de dirección hardware es la dirección MAC de un PC.
- Opciones (*Options*): son los parámetros de configuración del cliente DHCP. Entre otras, se pueden destacar las siguientes.
  - — Dirección IP solicitada (opción 50). El cliente puede solicitar una determinada IP, aunque el servidor no está obligado a concedérsela.
  - — Tiempo de arrendamiento (opción 51).
  - — Tipo de mensaje DHCP (opción 53). Es una de las opciones más importantes. A continuación se verán más en profundidad.

El funcionamiento del protocolo DHCP se basa en el envío de diferentes tipos de mensajes. En el caso de que el cliente no disponga de una dirección IP y quiera conseguirla, debe ejecutarse el denominado **ciclo básico DHCP**. En la Figura 1.5 se muestra el fundamento de dicho ciclo básico.

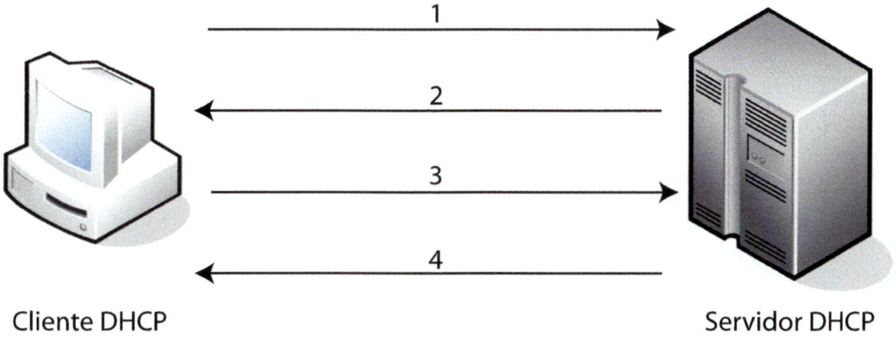

Figura 1.5. Ciclo básico DHCP.

SABÍAS QUE:

El mensaje DHCP DISCOVER se envía en broadcast, es decir, a todos los componentes de la red local, con el fin de comprobar que, efectivamente, hay algún servidor DHCP en nuestra red.

Los mensajes DHCP son los siguientes:

1. **DHCP DISCOVER:** el cliente envía este mensaje para descubrir si hay algún servidor DHCP a la escucha.
2. **DHCP OFFER:** el servidor o los servidores que estén a la escucha ofertan una dirección IP.
3. **DHCP REQUEST:** el cliente pide una serie de parámetros de configuración (generalmente los que ha ofrecido el servidor en el DHCP OFFER).
4. **DHCP ACK:** reconocimiento del servidor al cliente, aceptando la petición (si no la acepta, por ejemplo porque el cliente haya pedido parámetros de configuración distintos a los ofrecidos, se envía un mensaje **DHCP NAK**).

El ciclo básico DHCP se ejecuta cuando el cliente no tiene ninguna dirección IP. En el caso de que este tenga una IP, se empieza a mitad del ciclo básico, ejecutándose únicamente los pasos 3 y 4.

Otros mensajes DHCP son **DHCP RELEASE** (libera la IP de la que disponemos), **DHCP DECLINE** (la IP ofrecida ya está en uso) o **DHCP INFORM** (para realizar peticiones de parámetros de configuración.

WINDOWS SERVER 2008:

Es el sistema operativo para servidores de Microsoft. Es la nueva versión tras Windows Server 2003 y, al igual que Windows Vista, está basado en el núcleo Windows NT 6.0.

1.3 Servidores DHCP en sistemas operativos libres y propietarios

1.3.1 Servidores DHCP en sistemas operativos propietarios

Como se ha explicado anteriormente, el protocolo DHCP está basado en un modelo cliente-servidor. El servidor DHCP mantiene grupos de direcciones IP denominados ámbitos. Cuando un cliente DHCP entra en la red, solicita una dirección y obtiene una autorización para utilizar una dirección de un ámbito. El proceso de instalación de los servidores varía según se trate de sistemas operativos propietarios (por ejemplo, Windows) o sistemas operativos libres (como Linux).

Para instalar DHCP en ordenadores que vayan bajo Windows Server, basta simplemente con añadir un nuevo ámbito al servidor. Habrá que tener en cuenta, sin embargo, algunos aspectos como:

- No interferir con otras IP existentes en la red, con lo que se provocaría un conflicto.
- Tener en cuenta informaciones referentes no solo a las IP, sino también a DNS, máscara de red y puerta de enlace, entre otros aspectos.

Los pasos necesarios para instalar un servidor DHCP en Windows son los siguientes:

1. Instalar TCP/IP en el equipo. Los servidores DHCP deben configurarse con direcciones IP estáticas. Si se desea, las computadoras restantes pueden obtener sus direcciones de DHCP.
2. Abrir la herramienta **Red** del **Panel de control**.
3. Seleccionar la pestaña **Servicios**.
4. Pulsar **Agregar**.
5. Seleccionar **Servidor DHCP de Microsoft** en la lista Servicio de red y pulsar Aceptar (Figura 1.6).

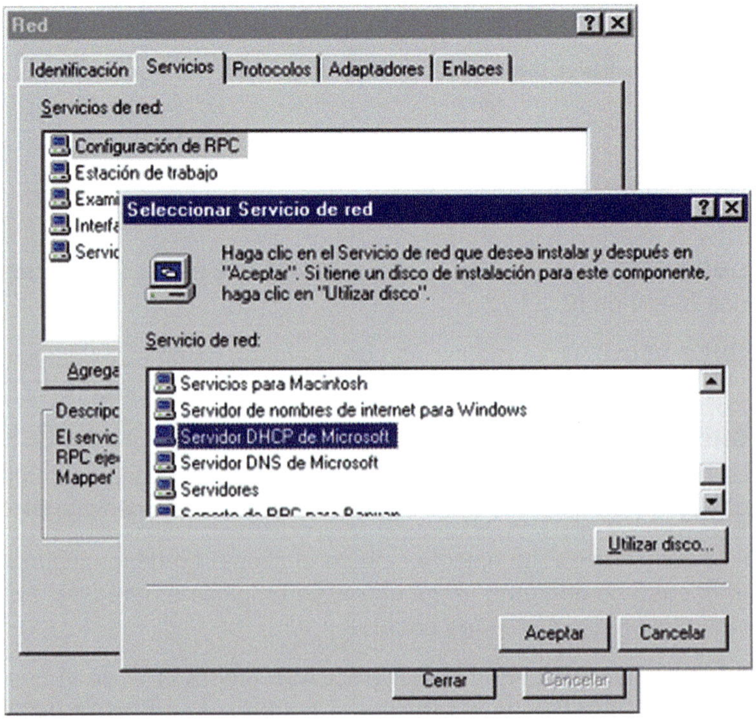

Figura 1.6. Selección del Servidor DHCP.

6. Indicar la ruta de acceso a los archivos de instalación cuando el sistema lo requiera.
7. Cerrar la utilidad de Red. El sistema abre el cuadro de diálogo **Propiedades de Microsoft TCP/IP**.
8. Editar las propiedades en caso de necesidad. Comprobar que los adaptadores de red utilizan direcciones IP estáticas.
9. Abrir la herramienta **Servicios** del **Panel de control**.
10. Seleccionar **Servidor DHCP de Microsoft** en la lista Servicios.
11. Pulsar **Iniciar**. Antes de cerrar la herramienta Servicios, comprobar que el estado del Servidor DHCP de Microsoft es Iniciado.

Antes de que los clientes DHCP puedan obtener direcciones IP de un servidor DHCP, es necesario crear al menos un ámbito. Para crear un ámbito nuevo es necesario seguir estos pasos:

1. Iniciar el Administrador DHCP desde el grupo Herramientas administrativas del Panel de control.
2. Seleccionar un servidor en la lista Servidores DHCP (Figura 1.7).

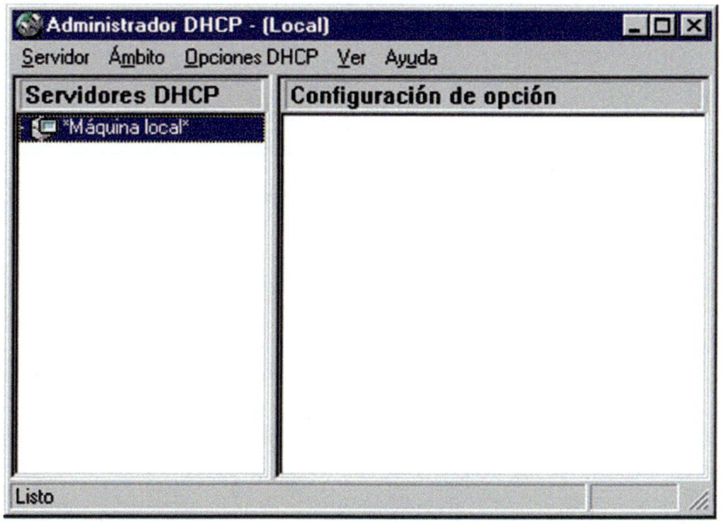

Figura 1.7. Selección del servidor.

3. Seleccionar **Crear** en el menú **Ámbito** para acceder al cuadro diálogo **Crear ámbito.**
4. **Conjunto de direcciones IP:** introducir las direcciones apropiadas en los cuadros Inicio, Fin y Máscara de subred.
5. Si se desea excluir una dirección o un rango de direcciones, introducir los datos en los cuadros Inicio y Fin del marco Intervalo de exclusión. No es necesario especificar una dirección final si solo desea excluir una dirección. Pulsar Agregar para reflejar las direcciones en la lista Direcciones excluidas.
6. Si se desea eliminar un rango de exclusión, seleccionarlo en la lista Direcciones excluidas y pulsar el botón Eliminar.
7. **Duración de la concesión:** seleccionar **Sin límite** si se desea que las concesiones de este ámbito no caduquen nunca. En caso contrario, seleccionar **Limitado a** y establecer la duración introduciendo periodo en días, horas y minutos. Es conveniente limitar la du-

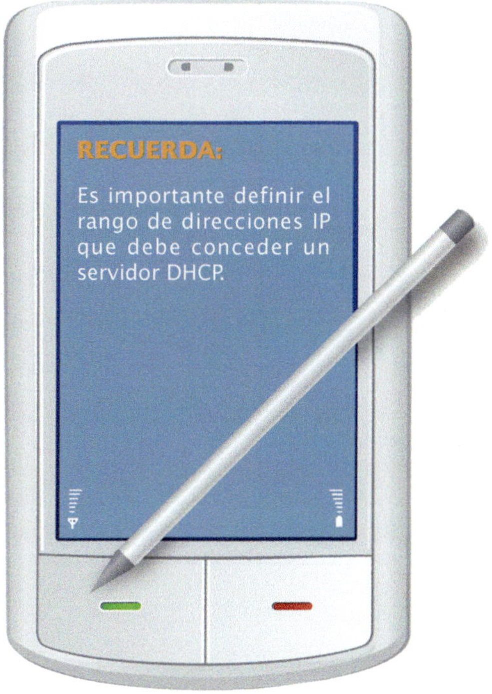

ración de las concesiones aunque existan muchas disponibles. De este modo siempre se liberan las concesiones no utilizadas. No es aconsejable utilizar concesiones sin límite de caducidad. Si lo hace, el cliente nunca comprobará en el servidor DHCP si se han producido cambios en la configuración del ámbito.

8. Opcionalmente, se puede introducir un nombre y un comentario para el ámbito en los campos Nombre y Comentario. Esta información ayuda a identificar el ámbito en el Administrador DHCP. En la Figura 1.8 se muestra la pantalla de creación del ámbito.

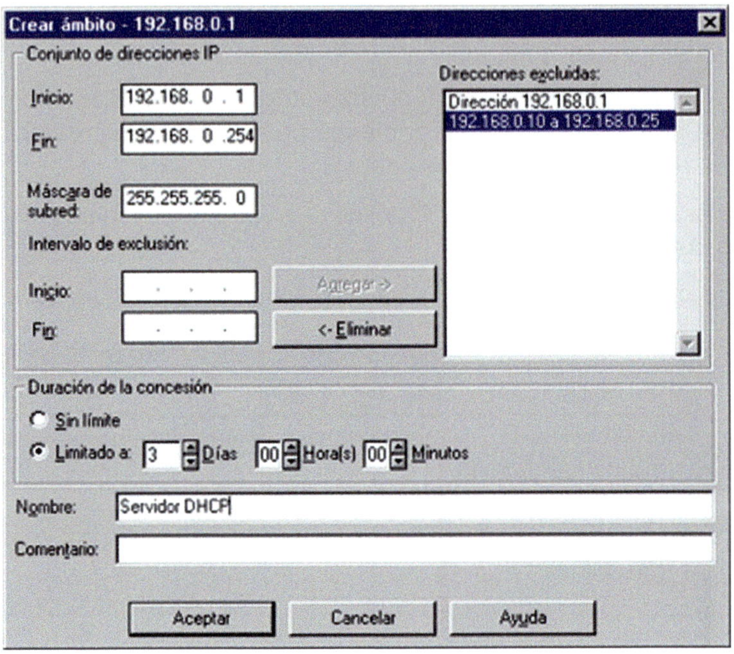

Figura 1.8. Creación de un ámbito DHCP.

9. Pulsar **Aceptar** para volver a la ventana principal del Administrador DHCP. El sistema mostrará un mensaje indicando que aún no se ha activado el ámbito. Pulsar **Sí** para activarlo.

10. El ámbito creado aparece bajo el servidor DHCP. La bombilla encendida indica que ha sido activado.

RECUERDA:

Linux es el sistema operativo libre (es decir, gratuito) más extendido del mundo. Existen varias distribuciones de Linux, entre las que destacan Red Hat, Debian y Ubuntu.

1.3.2 Servidores DHCP en sistemas operativos libres

Para ilustrar la instalación de un servidor DHCP en Linux, se ha utilizado como ejemplo la instalación en la distribución Red Hat de Linux. En esta distribución, es necesario descargar el denominado paquete DHCP. El paquete DHCP contiene tanto el programa cliente como el servidor para DHCP. **dhclient** (el cliente) es útil para conectar tu computadora a una red que utilice DHCP para asignar las direcciones de red. **dhcpd** (el servidor) es útil para asignar direcciones de red en tu red privada. Es recomendable que dichas descargas se hagan como root, para lo que se teclea en la consola lo siguiente:

```
[localhost@localdomain ~]# yum install y dhcp
```

Una vez que se haya descargado e instalado el servidor DHCP, el servidor crea su fichero de configuración en la siguiente ubicación:

```
/etc/dhcpd.conf
```

Algunos de los parámetros configurables del servidor DHCP vienen definidos en la Tabla 2:

ignore/allow client-updates	Permite la actualización de las asignaciones de un cliente a requerimiento de este, o bien las asignaciones se actualizan cuando el servidor así lo requiera (***Ignore***).
shared-network redLocal	Describe las subredes que comparten la misma red física.
Subnet	Segmento de subred sobre el cual actúa el servidor DHCP.
Netmask	Máscara de red de la subred.
Option routers	Especifica mediante IP la ubicación del router.
option subnet-mask	Máscara de red de la subred.
option broadcast-address	Especifica la IP de broadcast.
option domain-name «Dominio.com»;	Describe el nombre del dominio.
option domain-name-servers	Parámetro que especifica mediante IP la ubicación del servidor DNS.
range	Rango sobre el cual el servidor DHCP asigna direcciones IP.
default-lease-time	Indica el tiempo entre cada nueva asignación de direcciones IP a los equipos.
max-lease-time	Indica el tiempo de vigencia de la dirección IP para cada equipo.
host NombreMaquina	Describe el nombre del equipo.
option host-name «NombreMaquina.Dominio.com»	Describe el nombre de la computadora y el nombre de dominio asociado a la misma.
hardware ethernet	Dirección MAC asociada a la tarjeta Ethernet del equipo.
fixed-address	Describe una dirección IP destinada a un equipo de forma estática.
range *ip-menor ip-mayor*	En una declaración de subred, este parámetro define el rango de direcciones que serán asignadas. Pueden darse dos instrucciones range seguidas del modo: range 192.168.0.11 192.168.0.100; range 192.168.0.125 192.168.0.210;
server-name <*nombre*>	Nombre del servidor suministrado al cliente que solicita la asignación.

Tabla 1.2 Parámetros de configuración de un servidor DHCP en Linux.

ACTIVIDAD RESUELTA 1.4

Se desea que un servidor DHCP asigne a los equipos de una red direcciones IP aleatorias dentro del rango de 192.168.1.10 al 192.168.1.100, que serán renovadas cada cierto tiempo asignando de nuevo direcciones IP aleatorias dentro del mismo rango. Escribir los comandos necesarios en Linux para configurar el servidor.

Solución:

Los comandos a utilizar para la dirección estática son los siguientes (las sentencias tras almohadillas son comentarios):

```
#
# DHCP Server Configuration file.
# see /usr/share/doc/dhcp*/dhcpd.conf.sample
#
shared-network redLocal{
    subnet 192.168.1.0 netmask 255.255.255.0{
        option routers 192.168.1.1;
        option subnet-mask 255.255.255.0;
        option broadcast-address 192.168.1.255;
        option domain-name "redLocal.com.";
        option domain-name-servers 192.168.1.1;
        range 192.168.1.10 192.168.1.100;
        default-lease-time 21600;
        max-lease-time 43200;
    }
}
```

1.3.3 Concesiones

Los clientes DHCP pueden obtener direcciones una vez cumplidos los siguientes requisitos:

- Que se hayan instalado los servicios de al menos un servidor DHCP.
- Que se haya definido al menos un ámbito para la red a la que pertenece el cliente.
- Que se haya activado la configuración automática DHCP en el protocolo TCP/IP del cliente.

Una vez cumplidos estos requisitos, basta con reiniciar el cliente DHCP para que obtenga una concesión de dirección IP del servidor DHCP. En Windows, se pueden ver las concesiones activas seleccionando un ámbito en el cuadro Servidores DHCP. A continuación, se debe elegir la orden **Concesiones activas** del menú **Ámbito**. Es posible ver o modificar las propiedades de una concesión seleccionándola en el cuadro de diálogo Concesiones activas y pulsando Propiedades y accediendo así al diálogo Propiedades del cliente.

Las concesiones asignadas desde el rango de direcciones de un ámbito no permiten que se modifiquen sus campos. Si la concesión corresponde a una dirección reservada, es posible modificar tres campos: Identificador único, Nombre de cliente y Comentario de cliente. No es posible editar el campo Dirección IP. Si se desea modificar la dirección reservada para un cliente, se debe borrar la reserva actual y crear una nueva. Además, el cliente debe liberar su dirección vieja utilizando la orden **ipconfig /release** en el Símbolo de sistema de su ordenador.

En ciertos casos es importante que un cliente obtenga siempre la misma dirección y que sus propiedades se administren desde DHCP. El Administrador DHCP permite especificar reservas para estos casos. Una reserva consiste en una dirección IP con una serie de propiedades asociadas a la dirección física (MAC) de una máquina determinada, siendo esta la única que puede obtener la concesión de la dirección IP. Un ejemplo para el que sería necesaria la reserva de una dirección IP es que se requiera una dirección constante, por ejemplo, la de una puerta de enlace predeterminada o de un servidor DNS.

Es necesario determinar la dirección física (por ejemplo, la dirección MAC) del cliente para definir una reserva. Una vez instalados los protocolos TCP/IP en una máquina, existen dos procedimientos que permiten determinar su dirección física:

- Activar el equipo como cliente DHCP y dejar que obtenga una concesión de cualquier ámbito activo. A continuación, se accede a las propiedades del cliente. Una de las propiedades es la dirección física del host. Puede copiarse en el Portapapeles seleccionándola y pulsando Ctrl+C para facilitar su posterior inserción en las propiedades de la reserva.
- Abrir el símbolo del sistema en el cliente y escribir ipconfig /all. La dirección física del equipo es uno de los elementos del resultado de esta orden.

1.4 Clientes DHCP en sistemas operativos libres y propietarios

En el caso de que haya algún servidor DHCP disponible, es posible activar los clientes DHCP. Los sistemas operativos de Microsoft (Windows) pueden ser clientes DHCP. Para activar un ordenador como cliente DHCP, es necesario realizar los siguientes pasos (en Windows Vista en el ejemplo de las figuras):

1. Abrir la herramienta Centro de redes y recursos compartidos del Panel de control.
2. Seleccionar Administrar una conexión de red.
3. En la conexión de red a administrar, seleccionar **Protocolo TCP/IP** y pulsar **Propiedades** para acceder al diálogo Propiedades de Microsoft TCP/IP (Figura 1.9).
4. Marcar la opción **Obtener una dirección IP automáticamente** (Figura 1.10)
5. Pulsar **Aceptar**.

La configuración del equipo para otros sistemas operativos de Microsoft es similar.

Para la distribución Red Hat de Linux, los pasos a seguir son los siguientes:

1. Para configurar **dhclient** primero se debe instalar (como root) el script de servicio de red /etc/sysconfig/network-devices/services/dhclient mediante el comando:

```
make install-service-dhclient
```

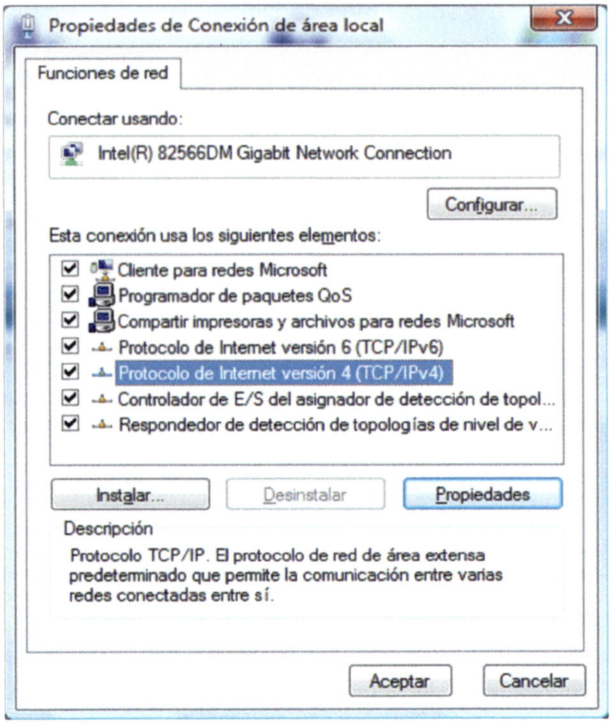

Figura 1.9. Propiedades de TCP/IP.

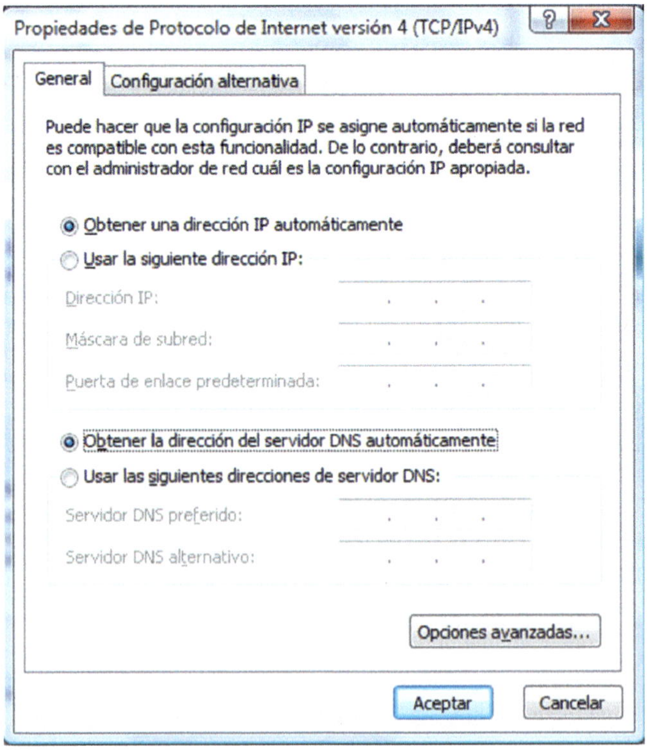

Figura 1.10. Obtención automática de una dirección IP.

NOTA:

En el ejemplo, se utiliza ifconfig.eth0, puesto que se refiere al interfaz 0 de Ethernet. Podría ser otro número si hay más de una interfaz.

2. Como usuario root, se debe crear el fichero /etc/sysconfig/network-devices/ifconfig.eth0/dhclient con los siguientes comandos:

```
install -d /etc/sysconfig/network-devices/ifconfig.eth0 &&
cat > /etc/sysconfig/network-devices/ifconfig.eth0/dhclient
<< "EOF"
```

```
ONBOOT="yes"
SERVICE="dhclient"
DHCPSTART="-q [añade aquí los parámetros adicionales de
arranque]"
DHCPSTOP="-q -r [añade aquí los parámetros adicionales de
parada]"
EOF
```

3. Finalmente se debe crear /etc/dhclient.conf usando los siguientes comandos como usuario root:

```
cat > /etc/dhclient.conf << "EOF"
# dhclient.conf
interface «eth0»{
prepend domain-name-servers 127.0.0.1;
request subnet-mask, broadcast-address, time-offset,
routers,
domain-name, domain-name-servers, host-name;
require subnet-mask, domain-name-servers;
}
# end dhclient.conf
EOF
```

RESUMEN

- El protocolo IP (*Internet Protocol*) es el protocolo de red utilizado en Internet.
- El protocolo IP no está orientado a conexión, no hay control del orden de los datos ni del flujo de ellos y la ruta a seguir se elige en cada router en función del destino y la red.
- Una dirección IP viene representada por una palabra de 32 bits, en la que se puede distinguir una parte de red y una de host.
- La máscara de red indica qué parte de la dirección IP es de red y cuál es de host.
- El protocolo DHCP es un protocolo utilizado por los clientes para obtener su dirección de red automáticamente de un servidor.
- Existen varios tipos de mensajes DHCP, entre los que cabe destacar los pertenecientes al denominado ciclo básico DHCP: DHCP DISCOVER, DHCP OFFER, DHCP REQUEST y DHCP ACK.
- Se pueden instalar servidores DHCP en Windows y Linux.

ACTIVIDADES DE ENSEÑANZA Y APRENDIZAJE

DE COMPROBACIÓN

1.1. Del protocolo IP se puede decir que:

a) Está orientado a conexión.
b) Ofrece control del orden de los paquetes.
c) Es un protocolo sencillo.
d) Ninguna de las anteriores es correcta.

1.2. ¿Cuál de estas direcciones IP es valida?

a) 125.186.17.287.
b) 1766.2444.7666.
c) 10.100.18.100.
d) 200.200.256.198.

1.3. Las direcciones IP se pueden dividir en:

a) Parte de byte y parte de octeto.
b) Parte de red y parte de host.
c) Parte de dirección y parte de máscara.
d) Parte de tipo A y parte de tipo B.

1.4. ¿Qué direcciones IP no se pueden usar por estar reservadas?

a) La dirección de la red, la de broadcast dirigido y la del router.
b) La dirección de la red y la de broadcast dirigido.
c) La dirección de la red.
d) El uso de direcciones reservadas es opcional.

1.5. En la red 170.100.50.0, con máscara de red 255.255.255.128, ¿qué dirección de las siguientes se puede asignar a un PC?

a) 170.100.50.0.
b) 170.100.50.50.
c) 170.100.50.127.
d) 170.100.50.150.

1.6. En un direccionamiento con clases, la dirección IP 150.200.200.124:

a) Pertenece a una red de tipo A.
b) Pertenece a una red de tipo B.
c) Pertenece a una red de tipo C.
d) Ninguna de las anteriores.

1.7. En la red 170.100.50.0, con máscara de red 255.255.255.128, ¿qué dirección es la de broadcast dirigido?

a) 170.100.50.0.
b) 170.100.50.127.
c) 170.100.50.255.
d) Ninguna de las anteriores.

1.8. El ciclo básico en una comunicación DHCP incluye los siguientes mensajes:

a) DHCP DISCOVER y DHCP OFFER.
b) DHCP RELEASE, DHCP DISCOVER y DHCP OFFER.
c) DHCP DISCOVER, DHCP OFFER, DHCP REQUEST y DHCP ACK.
d) DHCP DISCOVER, DHCP OFFER, DHCP REQUEST, DHCP ACK y DHCP INFORM.

1.9. ¿Puede un cliente DHCP pedir una dirección IP determinada?

a) No solo puede pedirla sino que es obligatorio.
b) Puede pedirla. En ese caso el servidor DHCP debe concedérsela.
c) Puede pedirla, aunque en ese caso el servidor DHCP no está obligado a concedérsela.
d) No puede pedir ninguna dirección IP determinada, ya que es el servidor DHCP el que se ocupa de rellenar este campo.

1.10. En cuanto al ciclo básico DHCP se puede decir que:

a) Este se produce cada vez que renovamos nuestra dirección IP.
b) Se produce cuando no tenemos ninguna dirección IP asignada.
c) a) y b) son correctas.
d) Solamente se produce al arrancar el PC.

1.11. En DHCP es posible:

a) Especificar el rango sobre el que el servidor DHCP asigna direcciones IP.
b) Indicar el tiempo de vigencia de la dirección IP para cada equipo.
c) Las dos anteriores son correctas.

1.12. Abre una ventana de símbolo del sistema y ejecuta ipconfig/all. ¿Cuál es la dirección IP del servidor DHCP? ¿Coincide con la dirección del router?

1.13. ¿Cuándo obtuviste tu concesión de dirección IP? ¿Cuándo expira?

1.14. Ejecuta ipconfig/release en el Símbolo del sistema. ¿Cuál es tu IP ahora?

1.15. Escribe en notación decimal las siguientes máscaras de red dadas en notación barra.

a) /24.
b) /27.
c) /22.

1.16. Escribe en notación barra las siguientes máscaras de red dadas en notación decimal.

a) 255.255.0.0.
b) 255.255.255.192.
c) 255.255.254.0.

1.17. ¿Qué tres mecanismos de asignación de direcciones IP proporciona DHCP?

1.18. ¿Con qué orden se puede especificar la máscara de red en Linux al configurar un servidor DHCP? ¿Y el servidor DNS? ¿Y el tiempo de arrendamiento?

1.19. Supongamos que una red tiene 30 direcciones IP fijas y un servidor DHCP que concede direcciones IP a clientes que se conecten a la red de vez en cuando. ¿Cómo podríamos evitar que se concedieran las direcciones IP fijas, evitando así el conflicto que supondría una duplicidad de IP?

1.20. ¿Siempre es necesario realizar el ciclo básico DHCP cuando se quiere obtener una dirección IP?

DE APLICACIÓN

1.1. Se desea que un servidor DHCP asigne a los equipos de una red direcciones IP aleatorias dentro del rango de 172.16.100.100 al 172.16.100.200. La máscara de red es 255.255.255.0 y se desea que la concesión de la IP dure 6 horas. Escribir los comandos necesarios en Linux para configurar el servidor.

1.2. Tenemos una red cuyo nombre es 150.100.200.32 /27. Definir la dirección de broadcast dirigido y asignar una dirección IP al router. ¿Qué rango de direcciones queda libre para los PC que pudieran estar en esa red?

1.3. Se desea que un servidor DHCP asigne a los equipos de una red direcciones IP aleatorias. Crear en un PC un ámbito, de manera que dicho PC pueda actuar como servidor DHCP y que pueda dar direcciones IP en el rango de la red de la clase. Hacer que los otros PC puedan obtener su dirección actuando como clientes. Utilizar Windows Server.

DE AMPLIACIÓN

1.1. Dados dos PC de la misma red, configurar uno de ellos como servidor DHCP utilizando Windows Server 2008 y el otro PC como cliente. Observar el tráfico DHCP existente mediante un analizador de protocolos, por ejemplo Wireshark.

2

Instalación de servicios de resolución de nombres

En Internet, todos los ordenadores funcionan gracias a un conjunto de protocolos, entre ellos el protocolo IP. El protocolo IP utiliza direcciones de 32 bits para identificar los distintos nodos en Internet.

Para facilitar la tarea de su manipulación, cuando nosotros manejamos una dirección IP, organizamos la dirección en grupos de 8 bits y representamos la dirección de esta forma: 209.85.227.103.

No obstante, sigue siendo engorroso su manejo ya que nos resulta difícil recordar que esa dirección IP se corresponde con la página web de Google. A los seres humanos nos resulta mucho más fácil acordarnos de www.google.com que de un conjunto de 4 dígitos.

El DNS tiene como propósito facilitar esa tarea. El DNS permite traducir una dirección del tipo www.google.com a una dirección IP y viceversa.

Contenido

Objetivos

- Conocer la diferencia entre un sistema de nombres plano y uno jerárquico.
- Distinguir entre los distintos tipos de dominios de primer nivel que existen.
- Describir y resolver correctamente el problema de la delegación de dominios.
- Describir las diferencias entre un servidor primario y uno secundario.
- Reconocer los distintos elementos que forman las bases de datos en DNS y ser capaz de utilizarlas.
- Identificar las herramientas disponibles para el diagnóstico del DNS.
- Ser capaz de instalar correctamente un servidor de nombres.

2.1 Sistemas de nombres planos y jerárquicos

Como se ha dicho anteriormente, la razón de ser de un sistema de nombres en Internet es la de posibilitar la asociación de un determinado nombre que identifica a un ordenador, por ejemplo, pc-antonio a la dirección IP de ese ordenador: 157.22.52.2. Un sistema de nombres, en términos generales, es por lo tanto eso: un mecanismo que permite traducir un nombre a una dirección que permite localizar un determinador ordenador.

En general, podemos clasificar los sistemas de nombres en dos grandes grupos:

- **Sistemas de nombres planos:** son aquellos en los que no hay ninguna jerarquía que permita clasificar un nombre (y por tanto un ordenador) dentro de una categoría (categoría podría ser una ubicación geográfica o, por ejemplo, la pertenencia de ese ordenador al departamento de ventas frente al de contabilidad). El número de DNI de una persona es un ejemplo de sistema de nombres plano: el número de DNI permite identificar a una persona pero este número no indica dónde vive esa persona.

- **Sistemas de nombres jerárquicos:** son aquellos en los que existe una jerarquía a la hora de construir el nombre completo de ese ordenador. En este caso, al leer el nombre completo de un ordenador, se puede determinar su ubicación geográfica en el mundo o a qué departamento pertenece dentro de la empresa. Por ejemplo, la dirección postal de una persona es un ejemplo de sistema de nombres jerárquico: en una carta siempre debe aparecer el país, la provincia, la población, la calle, etc., eso permite identificar a una persona, distinguirla de otra que se llama igual pero que vive en otro sitio, e incluso ubicarla geográficamente.

Un sistema de nombres de dominio plano es mucho más sencillo que uno jerárquico, sin embargo el sistema de nombres de dominio (DNS) que se utiliza en Internet es jerárquico, facilitando el trabajo de los administradores de redes de las empresas, de forma que puedan asignar nombres a sus ordenadores sin tener que cuidar que este no coincida con ningún otro en ninguna otra parte del mundo (ver Figura 2.1).

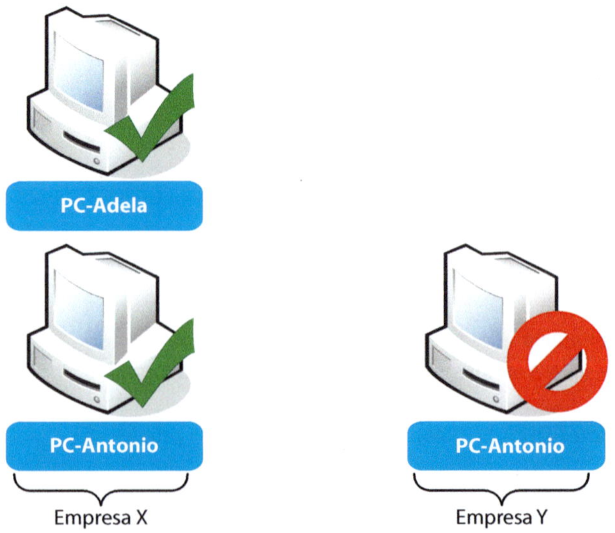

Figura 2.1. Sistema plano: no pueden existir dos pc-antonio.

Sin embargo, con un sistema de nombres jerárquico esa limitación ya no existe, tal y como se muestra en la Figura 2.2.

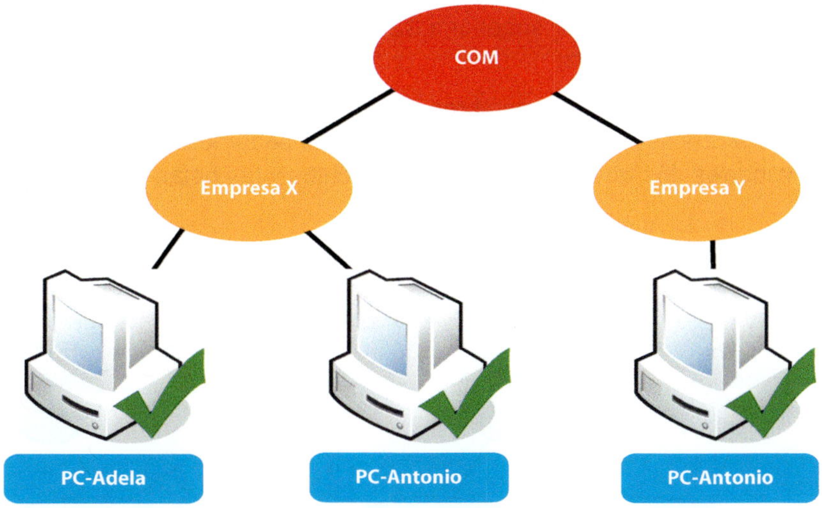

Figura 2.2. Sistema jerárquico: pueden existir dos pc-antonio.

Empleando este tipo de sistema, se puede poner el nombre que se quiera a un PC, la única limitación es que, naturalmente, no pueden existir dos PC que se llamen igual dentro de la misma empresa (a no ser que se hayan creado subdominios, pero eso ya lo veremos).

Por otra parte, un sistema de nombres plano implica una gestión centralizada y única para todo el espacio de nombres (precisamente para vigilar que no existan conflictos de nombres). Por el contrario, un sistema de nombres jerárquico permite una gestión distribuida de forma que cada entidad o empresa pueda gestionar su espacio de nombres de forma autónoma.

Por todo ello, a pesar de que en sus orígenes se utilizó un sistema de nombres plano, en noviembre de 1983 se publicó la primera especificación del sistema de DNS (*Domain Name System*) en los RFC 882 y 883. Esta especificación fue sustituida por una nueva en 1987 en los RFC 1034 y 1035 las cuales, junto con diversas actualizaciones, forman la especificación actual del DNS.

Aunque en este capítulo solo nos centraremos en el sistema de DNS, debes saber que no es el único sistema de nombres. Es importante señalar que, por ejemplo, en redes Windows se utiliza un protocolo de nombres denominado WINS que permite realizar ciertas funciones similares a las del DNS cuando no está configurado en una red (esto es, cuando no hemos configurado la casilla de «Servidor DNS» en un cliente Windows). No obstante, aquí nos centraremos exclusivamente en el sistema DNS por ser el que se utiliza en Internet.

SABÍAS QUE:

En los años setenta, cuando se creó la antecesora de Internet (ArpaNET), el sistema de nombres utilizado era plano. De hecho existía un fichero llamado hosts.txt que se actualizaba dos veces al día y que todos los ordenadores debían copiar si querían conectarse con los nuevos elementos.

Naturalmente, este sistema fue descartado cuando, a mediados de los ochenta, existían demasiados ordenadores.

SABÍAS QUE:

RFC son las siglas de *Request for Comments* y son un conjunto de documentos en los que se especifican los distintos protocolos que se usan en Internet. Están disponibles libremente en la red, por ejemplo desde http://www.ietf.org/.

2.2 Espacio de nombres de dominio

El espacio de nombres de dominio que se especifica en el DNS tiene una estructura de árbol invertido. Cada elemento del árbol (interno u hoja) se etiqueta con un nombre que puede tener hasta 63 caracteres. El comienzo del árbol se denomina la raíz del sistema DNS (*root*, en inglés) y tiene una etiqueta vacía.

Un ejemplo de esa estructura se representa en la Figura 2.3. La raíz del árbol está representada mediante un círculo de color rojo mientras que el resto de elementos se representan o bien mediante un círculo (si se trata de un elemento interno) o bien mediante un cuadrado (si se trata de una hoja).

Como puede verse, la profundidad del árbol no es la misma dependiendo de en qué rama esté. Solamente existen dos limitaciones: el límite de 63 caracteres al que nos referíamos en el párrafo anterior y el número máximo de niveles, que no puede ser superior a 127 (en nuestro ejemplo solo tenemos 5 niveles, incluida la raíz).

En definitiva, el espacio de nombres de dominio que se utiliza en el DNS se asemeja a una estructura de directorio que nos podemos encontrar en Linux o en Windows, los directorios serían los círculos y las hojas los ficheros.

TEN EN CUENTA QUE:

El carácter separador de cada elemento del árbol es lo que permite distinguir los distintos niveles y, de esta forma, saber que «www.google.com» está formado por tres elementos sin incluir a la raíz.

Por lo tanto, una etiqueta de un elemento nunca podrá contener el carácter «.», es decir el nombre de un ordenador nunca podrá contener el carácter «.»

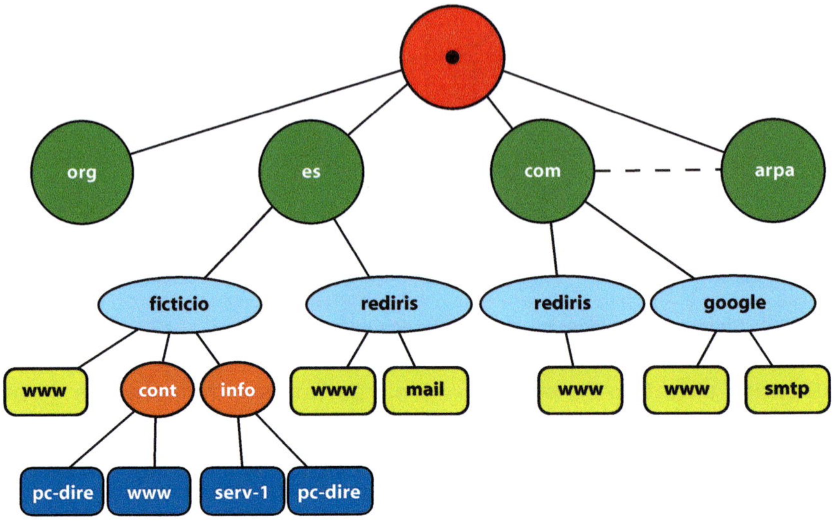

Figura 2.3. Estructura del DNS.

RECUERDA:

Escribir «www.google.com.» es la forma de decir que empiezo en la raíz y de recordarnos que la raíz tiene una etiqueta nula. No se ve pero estaría situada detrás del último punto.

El recorrido a la hora de buscar una dirección del árbol se realiza desde la raíz hasta la hoja. Pero quizá sea más importante señalar que, aunque el árbol DNS en su normal funcionamiento se recorre desde la raíz, los humanos leemos y escribimos los nombres de dominio justo al revés y, además, separamos cada elemento por el carácter «.»; de esta forma leemos y escribimos: www.google.com y no com.google.www. Ocurre lo mismo con una dirección postal, el servicio de correos analiza la dirección de abajo hacia arriba, empezando por el nombre del país y terminando con el nombre de la persona; sin embargo, cuando le damos a alguien nuestra dirección postal lo hacemos justo al contrario, empezando por nuestro nombre.

En la Figura 2.3 se muestran algunos aspectos que es importante señalar:

- La raíz no tiene etiqueta. Se suele considerar que la etiqueta del elemento raíz es el carácter nulo.
- Cada uno de los círculos representa un dominio distinto y comprende a ese elemento y a todos los que «cuelgan» de él. De esta forma, el dominio «es» incluye a los dominios «rediris.es» y «ficticio.es» así como todo lo que cuelgue de estos dos. Es decir, tanto «www.cont.ficticio.es» como «www.rediris.es» están dentro del dominio «es». Un dominio será, por lo tanto, cualquier subárbol de la jerarquía.
- En ocasiones, se suele hablar de dominios de n-ésimo nivel para referirnos a su ubicación dentro de la jerarquía. De esta forma, «com» es un dominio de primer nivel, mientras que «cont.ficticio.es» es un dominio de tercer nivel.
- Los dominios de primer nivel (de color verde en la figura) suelen denominarse por sus siglas en inglés: TLD (*Top-Level Domain*) y, a efectos adminis-

trativos, se dividen en dos grandes grupos: los dominios genéricos (gTLD, *Generic Top-Level Domain*) y los geográficos (ccTLD, *Country-Code Top-Level Domain*). Desde el punto de vista técnico todos los dominios, incluidos los TLD, se gestionan igual, pero desde un punto de vista administrativo los TLD tienen una gestión distinta y por eso aparecen diferenciados en la figura.

- Puede asignarse la misma etiqueta a dos elementos distintos, por ejemplo: «rediris» o «www» siempre que no sean elementos hermanos (siempre que no cuelguen del mismo padre).

2.2.1 Nombres de ordenador, de dominio, relativo y absoluto

Normalmente los elementos hoja (dibujados con un cuadrado) se corresponden con el nombre que se le asigna a un ordenador cuando lo configuramos («*hostname*» en Linux o «Nombre del equipo» en Windows). De esta forma «mail», «serv1» o «pc-dire» serían los nombres que habría que utilizar al configurar el nombre del ordenador. El resto «rediris.es», «vent.ficticio.es» o «cont.ficticio.es» es lo que se denomina dominio.

Por lo tanto, existen dos elementos a la hora de definir el nombre completo de un ordenador mediante DNS: por un lado el nombre del ordenador «pc-dire», «pc-adela», «pc-antonio», etc. y por otro lado el nombre del dominio al que pertenece: «rediris.es», «google.com», «cont.ficticio.es».

La suma de ambos es lo que en este libro hemos denominado como nombre completo, por ejemplo: «www.rediris.es.» es un nombre completo al igual que lo sería «pc-adela.cont.ficticio.es.», en terminología de DNS a esto se le denomina FQDN (*Fully Qualified Domain Name*, Nombre de dominio completamente cualificado).

Si se observa con detenimiento, en el párrafo anterior se ha terminado el nombre con el carácter «.» para indicar que se trata de un dominio completamente cualificado o absoluto. Este «.» al final nos sirve para distinguir un dominio absoluto (que llega hasta la raíz) de un dominio relativo (que no llega hasta la raíz). Este concepto es el mismo que se utiliza en los sistemas de ficheros cuando se habla de una vía de acceso o *path* absoluta frente a una vía de acceso o *path* relativa.

TEN EN CUENTA QUE:

Aunque en sentido estricto, para acceder a la página web de Google deberíamos escribir «www.google.com.», también funciona sin el «.» al final (y con el «.» al final, pruébalo).

Esto se debe a que el sistema operativo considera un nombre sin «.» como si fuera un FQDN y hace la consulta al servidor de forma correcta. No obstante, a la hora de configurar un servidor DNS, este detalle habrá que recordarlo.

2.2.2 Gestión independiente de los dominios

Como hemos visto, el sistema de nombres de dominio en DNS es un sistema jerárquico. Esto facilita la tarea de buscar un nombre en el árbol a la vez que permite que dos ordenadores que pertenezcan a distintos dominios tengan el mismo nombre. Nos permite distinguir un servicio web de una empresa por países e incluso nos permite distinguir una empresa de una organización sin ánimo de lucro ya que, en general, las empresas prefieren usar «.com».

Pero lo más importante del sistema de DNS, como iremos viendo a lo largo de este capítulo, es que la gestión de cada dominio (representado en la Figura 2.3 por círculos) es independiente. Es decir, existe una entidad que gestiona el dominio «es» que se denomina Red.ES que es independiente de la entidad que gestiona, por ejemplo, «ficticio.es». La empresa propietaria del dominio «ficticio.es» agrega y elimina los nodos bajo su dominio de forma totalmente[1] independiente de la entidad que gestiona al dominio padre «.es». Este proceso se denomina **delegación** y lo veremos con detenimiento más adelante.

---

[1] Ya veremos, cuando expliquemos cómo se configura un servidor DNS, que en realidad el dominio hijo no es totalmente independiente del padre, pero casi lo es.

ACTIVIDAD PROPUESTA 2.1

Existen un conjunto de caracteres prohibidos en DNS, busca en Internet qué caracteres no están permitidos como parte de un nombre de host o de dominio.

NOTA: Para esta actividad no deben considerarse los dominios internacionalizados (IDN).

2.3 Dominios de primer nivel: genéricos y geográficos

Cuando deseamos «comprar» un dominio, solo podemos hacerlo con un dominio de segundo nivel. Es decir, compremos el dominio que compremos, este tendrá que terminar en «.com», «.es», «.uk», «.org», etc. Es decir, mientras que los dominios de segundo nivel sí están accesibles (por un precio y ciertas condiciones, como se verá) al público en general, empresas y particulares, no se permite comprar un dominio de primer nivel.

Los dominios de primer nivel se clasifican en tres grandes familias:

- **Dominios genéricos:** conocidos por sus siglas en inglés gTLD (*Generic Top-Level Domain*) son aquellos que tienen tres o más letras: «.com», «.org», «.cat», «.info», «.name», «.pro» son algunos ejemplos.
- **Dominios geográficos:** conocidos por sus siglas en inglés ccTLD (*Country-Code Top-Level Domain*) son aquellos dominios formados, exclusivamente, por dos letras y, en términos generales hacen referencia a un país: «.es», «.uk», «.us», «.fr», «.eu» son algunos ejemplos.
- **Dominio .arpa:** este dominio es una excepción (debería haber sido considerado como genérico) y por tanto aparece clasificado aparte. El dominio «.arpa», como ya veremos, no se utiliza para obtener la dirección IP de un nombre sino justo para lo contrario: para obtener el nombre de dominio de una determinada dirección IP. Es lo que se conoce como **resolución inversa**.

Todos los dominios de primer nivel tienen que colgar de la raíz. Si no es así, no existen en Internet.

2.3.1 Dominios genéricos

En los años ochenta únicamente existían 7 dominios genéricos. Eran estos:

- **com, org, net:** se pueden registrar (comprar) dominios de segundo nivel bajo estos tres dominios sin ninguna restricción, es decir cualquier persona o entidad puede registrar (comprar) su nombre bajo estos dominios sin ninguna limitación (siempre que no esté ya registrado, claro está).
- **int:** se trata de un dominio reservado a entidades de carácter intergubernamental y de ámbito internacional. Solo las entidades que cumplan esa característica pueden registrar un nombre bajo este dominio. Por ejemplo: redcross.int, nato.int, interpol.int.
- **gov, mil, edu:** son dominios genéricos de uso reservado al gobierno de los Estados Unidos de América (gov), a su ejército (mil) y a instituciones de educación superior (aunque, en este caso, no necesariamente limitadas a las de EEUU).

SABÍAS QUE:

Históricamente se ha considerado que .com se usa para empresas con ánimo de lucro y .org para empresas sin ánimo de lucro. No obstante nada impide que una empresa con ánimo de lucro registre su dominio en .org.

En años sucesivos esta lista de dominios genéricos ha ido aumentando. En los años 2001 y 2002 se añadieron 7 nuevos dominios genéricos: .aero (para la industria de transporte aéreo), .biz (para negocios), .coop (para cooperativas), .info (genérico para «información» de cualquier tipo), .musseum (para museos), .name (para personas físicas) y .pro (para profesionales).

En 2003 se introdujeron: .asia (para la comunidad asiática), .cat (para la comunidad lingüística y cultural catalana), .jobs (para recursos humanos), .mobi (para consumidores y proveedores de productos y servicios móviles), .tel (para que personas y entidades puedan publicar sus datos de contacto) y .travel (para entidades cuya actividad principal sean los viajes). En el año 2009 aún existían solo esos 20 dominios genéricos aunque hay planes de ampliar esta lista.

Con la creación de esos nuevos dominios a partir del año 2000, se estableció una división dentro de los dominios genéricos. En definitiva, estos 20 dominios se clasifican como «genéricos» pero cada uno de ellos se clasifica a su vez dentro de dos categorías: dominios genéricos no patrocinados y los dominios genéricos patrocinados[2]:

- **Dominios no patrocinados (uTLD):** son aquellos que operan según las reglas de ICANN (recordemos que es la entidad que gestiona los TLD) y por lo tanto con unas políticas de uso establecidas globalmente en Internet. Es decir, no están patrocinados por nadie. Se trata de: .biz, .com, .info, .name, .net, .org y .pro.
- **Dominios patrocinados (sTLD):** son aquellos que operan según las reglas específicas que determine una entidad que, de alguna forma, da soporte a ese patrocinio. Es esa entidad la que, atendiendo a las necesidades específicas de la comunidad a la que se refiere ese dominio, determina su política de uso. Se trata de: .aero, .asia, .cat, .coop, .edu, .gov, .int, .jobs, .mil, .mobi, .musseum, .tel y .travel.

SABÍAS QUE:

En el año 2003 hubo una propuesta de creación del TLD «.xxx» dirigido, como se puede deducir, a sitios con contenido para adultos y de naturaleza sexual.

Dicha propuesta fue finalmente desestimada y, por tanto, ese dominio de primer nivel no existe en la actualidad.

2.3.2 Dominios geográficos

Los dominios geográficos son aquellos que tienen dos letras y están relacionados con países o territorios (como son las islas de ultramar de determinados países). En este caso, todas las tareas de gestión, incluida la definición de políticas de uso, se delegan a una entidad de ese país o territorio que es la que definirá las condiciones con las que se pueden registrar nombres bajo ese dominio. En términos generales es el gobierno de cada país en concreto el que determina la entidad que va a gestionar el dominio. Podría decirse, por lo tanto, que son los gobiernos de los distintos países los que definen las políticas de uso de sus propios dominios geográficos.

Los dominios geográficos son creados por ICANN o, más concretamente, por un departamento de esta denominado IANA (*Internet Assigned Numbers Authority*). Sabiendo lo controvertido que puede ser el asunto, IANA utiliza la lista definida en el estándar ISO-3166 (http://www.iso.org/iso/country_codes) para determinar tanto el listado y el código de dos letras que debe asignarse.

SABÍAS QUE:

Los dominios .tv y .fm son dominios geográficos pertenecientes a Tuvalu y Micronesia respectivamente.

Estos dos países han decido permitir el uso de sus dominios para empresas de televisión y de radio y, de esta forma, conseguir ingresos extra para el país.

2.3.3 Dominio .arpa

Este dominio a veces aparece clasificado como genérico aunque realmente no se trata de tal dado que su función es totalmente distinta. Este dominio se usa, principalmente, para poder obtener el nombre completo (FQDN) de una dirección IP. En este caso, las entradas tienen este aspecto: 5.78.200.100.in-addr.arpa. Esta es la entrada que se debe buscar para obtener el nombre de dominio de la dirección IP 100.200.78.5. Todos estos detalles se verán con mayor claridad cuando expliquemos cómo configurar un servidor DNS.

SABÍAS QUE:

.eu es el dominio que se usa para personas y empresas en el ámbito de la Unión Europea y está clasificado como dominio geográfico, aunque no se trate de un país.

---

[2] En inglés se denominan, unsponsored TLD y sponsored TLD.

2.3.4 Dominios reservados

En el RFC 2606 se propuso definir una serie de dominios de primer nivel como reservados. Estos dominios no aparecen en la jerarquía de DNS en Internet, es decir, no cuelgan de la raíz; sin embargo, están reservados en el sentido de que nunca se van a asignar a nadie y, por lo tanto, nos aseguramos que esos dominios de primer nivel nunca existirán realmente.

La razón para hacer esto es la de usar dominios inexistentes a la hora de realizar distintas pruebas en el servicio DNS. En concreto, se han definido cuatro dominios reservados:

- **.test:** para ser usado a la hora de hacer pruebas con código fuente relacionado con DNS.
- **.example:** a la hora de hacer documentación sobre DNS, se debería usar este dominio para evitar conflictos con el mundo real si, por casualidad, a alguien se le ocurriera la idea de trasladar esos ejemplos a un servidor DNS real sin modificar nada.
- **.invalid:** se debe usar cuando se está configurando un servidor DNS conectado a la jerarquía DNS y se desea hacer pruebas que no afecten al normal funcionamiento de nuestra red.
- **.localhost:** debe apuntar a la dirección de loopack: 127.0.0.1.

TEN EN CUENTA QUE:

Por cada dominio de primer nivel (TLD) solo puede haber una única empresa que se encargue del registro de dominio. El registro cobra una cantidad determinada a los registradores por dar de alta un dominio de segundo nivel.

Sin embargo para cada TLD pueden existir varios registradores que nos «vendan» ese dominio. Los precios de venta al usuario final los determina libremente cada registrador, llegando a ser muy distintos uno de otro.

2.3.5 Gestión administrativa del DNS

Anteriormente hemos hablado de «comprar» un dominio y, seguramente, alguna vez habremos visto en Internet información sobre la compra y venta de dominios. Por lo tanto, aunque se trata de una tarea puramente burocrática es importante conocer qué hay detrás de esas compras y ventas de dominio y si cualquiera puede «vendernos» un dominio.

Como ya se ha dicho antes, ICANN es la entidad que «decide» qué dominios de primer nivel van a existir. Los usuarios en Internet (personas y empresas) solo pueden comprar dominios de segundo nivel. ICANN, obviamente, no puede encargarse de atender todas las compras de los dominios. Por esa razón se establece una forma de funcionar en la que aparece una serie de actores que, desgraciadamente, tienen nombre en inglés muy parecidos: *registry*, *registrar* y *registrant*. La traducción al español de esas palabras tampoco deja las cosas más claras: registro, registrador y registrante (usuario que registra un dominio). Veamos qué funciones realiza cada uno de estos actores:

- **Registro de dominios (*registry*):** ICANN, una vez que ha creado un TLD cede el control técnico y burocrático a una institución. Esa institución es el registro del dominio. El registro se encarga de mantener en funcionamiento los servidores DNS asociados a ese dominio de primer nivel. El registro, por lo tanto, es la entidad que técnicamente da de alta y de baja los dominios de segundo nivel que estén bajo él. Para los dominios genéricos (p. ej.: .com, .net, .org) ICANN nombra a una entidad como registro durante un periodo de tiempo. En el caso de un ccTLD, ICANN normalmente cede el control indefinidamente a la entidad que determine el gobierno de ese país.
- **Registrador de dominios (*registrar*):** normalmente el registro no atiende directamente a los usuarios que quieren comprar un dominio sino que lo hacen a través de intermediarios. La tarea de atender a los usuarios, como si de un mercado minorista se tratara, es de los regis-

ICANN
The Internet Corporation for Assigned Names and Numbers

ICANN es la entidad que decide si un dominio de primer nivel debe existir o no.

tradores de dominio. Estos atienden la petición del cliente, comprueban que es correcta, reciben el pago y, entonces solicitan la petición en nombre del cliente al registro de dominios correspondiente, para lo cual deben abonar una tasa. En ocasiones, este proceso se repite dos veces y, por tanto, existen registradores que atienden a otros registradores.

- **Usuario registrante (*registrant*):** es la persona o empresa que realmente compra el dominio y la que lo va a utilizar para su propio beneficio.

Debe tenerse en cuenta que existen muchos registradores pero que estos deben estar acreditados, ya sea por ICANN o por el registro que le corresponda (por ejemplo, Red.ES). La acreditación garantiza que no se trata de un registrador «pirata». Cada registrador es libre de poner un precio y, de hecho, puede haber grandes diferencias. Normalmente, aunque no siempre, al comprar un dominio el registrador nos ofrece gratuitamente la opción de gestionar los servidores DNS de nuestro dominio de segundo nivel; no obstante, también podemos gestionar los servidores DNS nosotros mismos.

Finalmente, es importante tener en cuenta que la propiedad del dominio de segundo nivel es, en todo caso, del usuario registrante y nunca del registrador. De hecho, de forma similar a lo que ocurre con el servicio de telefonía, el usuario podría decidir cambiar de registrador si este le ofrece mejores servicios.

SABÍAS QUE:

En el caso de los ccTLD, el registro define las políticas de uso del dominio. En el caso de España, se trata de la entidad pública denominada Red.ES.

2.3.6 Whois

Whois es una base de datos distribuida que nos informa de los datos de un dominio DNS. Esta base de datos puede ser usada para obtener, entre otros datos, información sobre el usuario registrante de un determinado dominio, el registrador que usa o el listado de los servidores de nombres. Existen sitios web en los que se puede hacer una consulta para un determinado dominio. No obstante, para acceder a los datos completos puede ser necesario acceder al servidor whois del registry o bien del registrar.

TEN EN CUENTA QUE:

Whois solo mantiene datos sobre dominios de segundo nivel.

Si una institución ha delegado un dominio de tercer nivel, este no aparecerá en Whois.

ACTIVIDAD RESUELTA 2.1

Busca, en la página web de IANA, información sobre la entidad que hace de registro para los dominios .cat, .es, .eu, .com y .org.

Solución:

En http://www.iana.org/domains/root/db/ puede encontrarse la información sobre todos los TLD, desde esa página podemos acceder a la información que buscamos (esta información es la existente a comienzos del año 2010, posteriormente puede cambiar).

- .cat: Fundacio puntCAT.
- .es: Red.es.
- .eu: EURid vzw/asbl.
- .com: VeriSign Global Registry Services.

Al final de cada página que describe los datos de contacto de ese TLD, podemos encontrar una URL que apunta a la página web del registro de ese dominio.

Mediante «whois» puedo conocer los detalles del propietario de un determinado dominio.

ACTIVIDAD PROPUESTA 2.2

Busca en la página web del registro del dominio correspondiente, información sobre el usuario registrante y sobre el registrador del dominio para los siguientes dominios de segundo nivel: google.es, google.com, google.org, ubuntu.com, ubuntu.org.

RECUERDA:

Una vez que se ha producido la delegación, el dominio padre ya no tiene que conocer datos sobre el dominio hijo EXCEPTO la lista de servidores DNS de este último.

RECUERDA:

Si el dominio padre no diera la información sobre esta lista de servidores DNS, sería imposible resolver ningún nombre del dominio hijo dado que no se sabe a qué servidores DNS debo preguntar.

2.4 Delegación DNS

Anteriormente decíamos que una de las características del espacio de nombres de dominio es que se realiza una gestión independiente de cada dominio, pues bien, esa gestión independiente está relacionada con lo que se denomina **proceso de delegación**.

La delegación DNS es el proceso por el cual el gestor de un determinado dominio delega la tarea de gestión, incluyendo el mantenimiento de servidores DNS, de un dominio hijo en una entidad determinada, habitualmente el propietario del dominio. Esto permite que el dominio que hace la delegación (dominio padre) se vea liberado de parte de las tareas que, de otra forma, le corresponderían.

Un ejemplo de lo que ocurre se puede observar en la Figura 2.4.

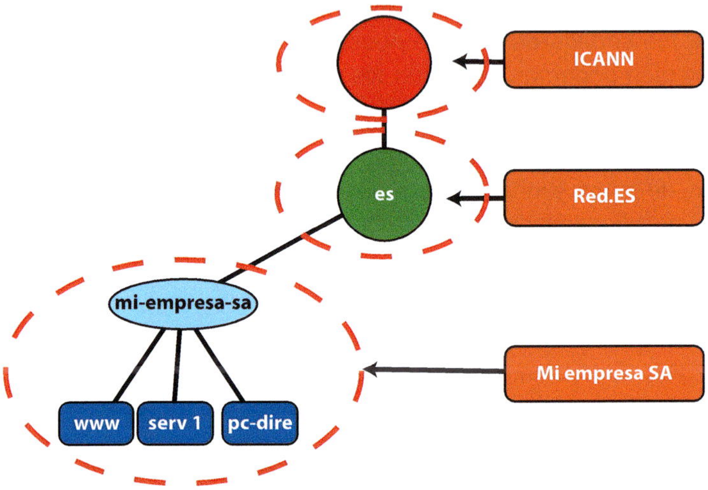

Figura 2.4. **Zona raíz, zona «.es», y zona «.mi-empresa-sa.es».**

ICANN, como ya hemos comentado, delega la gestión del ccTLD .es a la empresa pública Red.ES, eso significa que ICANN ya no se encargará de gestionar el alta y baja de dominios bajo .es y que, por lo tanto, los servidores DNS asociados a la raíz (servidores raíz) lo único que sabrán del dominio .es son las direcciones IP de los servidores DNS que Red.ES haya configurado. A cambio, Red.ES tendrá que configurar y mantener funcionando un grupo de servidores de nombres que conozcan más datos del dominio .es.

Este proceso se puede repetir varias veces, como de hecho suele ocurrir. Una vez que ICANN ha delegado el dominio .es, Red.ES deberá gestionar el alta del dominio «mi-empresa-sa.es» y de hecho lo hace. Sin embargo, Red.ES cuando crea el dominio «mi-empresa-sa.es» inmediatamente lo delega a «Mi empresa SA» para que, de esta forma, sea la propia empresa la que dé de alta, por ejemplo «www.mi-empresa-sa.es» y, más importante, para que sea la empresa (y no Red.ES) la que configure y mantenga los servidores DNS del dominio de segundo nivel. El único dato que suministraran los servidores DNS de Red.ES sobre el dominio «mi-empresa-sa.es» es la lista de servidores DNS del dominio de segundo nivel (mi-empresa-sa.es).

Por lo tanto, debido al proceso de delegación, la mayor parte de la información que suministrarán los servidores DNS raíz y los servidores DNS de los TLD será únicamente un «puntero» a los servidores DNS del dominio que estamos buscando.

2.4.1 Zona DNS vs dominio DNS

Asociado al concepto de delegación surge el concepto de zona. Conocer qué es una zona DNS y saber en qué se diferencia de un dominio o subdominio DNS es importante.

Si nos basamos en la Figura 2.4, que anteriormente hemos descrito, tendríamos tres zonas distintas: la zona raíz, la zona «.es» y la zona «.mi-empresa-sa.es»; cada una de ellas con sus propios servidores DNS.

Un dominio DNS es cualquier subárbol de la estructura DNS. Por lo tanto, se habla del dominio raíz (que incluye todo) o del dominio «.es» (que incluye todos los ordenadores bajo «.es»).

¿Qué datos hay en la zona raíz? Pues tan solo las referencias a los servidores DNS de todos los dominios de primer nivel que existen en Internet. Los servidores DNS de la zona raíz no conocen la dirección IP de www.mi-empresa.es.

¿Qué datos hay en la zona «.es»? Pues tan solo las referencias a los servidores DNS de segundo nivel, como por ejemplo las direcciones IP de los servidores DNS del dominio «mi-empresa-sa.es». Si existiera un sitio web que fuera www.es, su dirección IP estaría en la zona «.es» pero realmente no existe tal sitio. Es decir, los servidores DNS de la zona «.es» tampoco conocen la dirección IP de www.mi-empresa.es.

¿Qué datos hay en la zona «.mi-empresa-sa.es»? Pues, en este caso concreto, las direcciones IP de los ordenadores www, serv1 y pc-dire dentro de ese dominio.

Por lo tanto, cada vez que se delegue un dominio se estará creando una nueva zona separada del dominio padre. Téngase en cuenta que se pueden delegar dominios en cualquier nivel, es decir, aunque en el ejemplo el dominio «mi-empresa-sa.es» aparece como una única zona (no hay delegación), se podría crear un nuevo dominio de tercer nivel llamado «.filial.mi-empresa-sa.es» y delegarlo a la filial. En ese caso pasaríamos a tener dos zonas distintas dentro del dominio «mi-empresa-sa.es» una sería «mi-empresa-sa.es» y la otra zona «filial.mi-empresa-sa.es».

TEN EN CUENTA QUE:

En empresas pequeñas no será habitual dividir un dominio de segundo nivel en varias zonas distintas.

Sin embargo, si la empresa es muy grande o las distintas sedes tienen sus propios recursos informáticos, sí que puede ser una buena idea

TEN EN CUENTA QUE:

Cuando se delega la zona «mi-empresa-sa. es», los administradores de la red de la empresa deben configurar un conjunto de servidores DNS para esa zona.

ACTIVIDAD RESUELTA 2.2

Busca en Internet el contenido de la zona raíz.

Solución:

Aunque todavía no hemos visto el formato de las bases de datos DNS, ya sabemos lo suficiente como para comprender la información que nos ofrece un fichero de zona. El contenido de la zona raíz lo tienen los servidores del dominio raíz. Esta información está disponible para su descarga en http://www.internic.net/domain/ en el fichero que se llama root.zone. Si nos descargamos ese fichero veremos la lista de todos los servidores de nombres de todos los TLD de Internet.

Ese fichero contiene una serie de líneas del estilo «<dominio> NS <FQDN>» con las que se indica la lista de servidores de nombres de cada TLD. También se indica las direcciones IP de esos servidores. Por ejemplo, para el caso del TLD .es, podemos ver que los servidores DNS y sus respectivas direcciones IP son las siguientes (NOTA: Estos datos han podido cambiar desde la fecha de impresión de este libro): NS3.NIC.FR (192.134.0.49), SUN.REDIRIS.ES (130.206.1.2), NS1.NIC.ES (194.69.254.1), NS-EXT.NIC.CL (200.1.123.14), NS1.CESCA.ES (84.88.0.3), SNS-PB.ISC.ORG (192.5.4.1), NS1.CRN.NIC.ES (195.81.201.11).

2.5 Funcionamiento DNS

Anteriormente hemos comentado que la estructura del DNS es jerárquica y en forma de árbol. Todos los dominios excepto la raíz tienen un padre. Posteriormente hemos visto que la gestión de los dominios se puede delegar y que eso implica que se debe configurar un nuevo servidor DNS para el dominio delegado. El resultado es que tenemos una estructura jerárquica en árbol de servidores DNS, tal y como se muestra en la Figura 2.5.

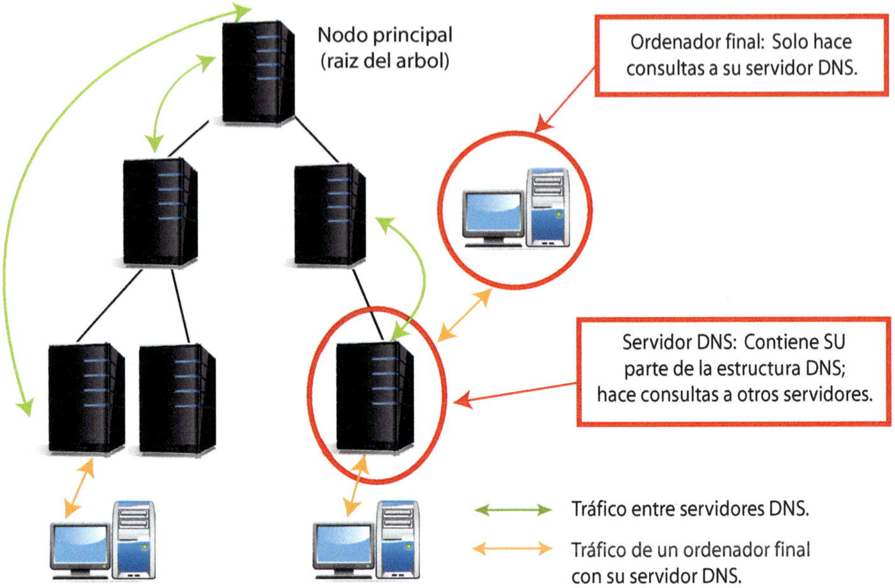

Figura 2.5. Funcionamiento del DNS.

En el sistema DNS existen dos tipos de ordenadores:

- **Clientes u ordenadores finales:** únicamente hacen consultas a servidores DNS. Se trata del PC de nuestra casa o el PC del trabajo, e incluso podría tratarse de un servidor de ficheros o de impresión siempre que no esté configurado como servidor DNS.
- **Servidores DNS:** realizan dos tareas. La primera es la de responder a las consultas que realicen los clientes y la otra la de encargarse de buscar algún dato desconocido, como pueda ser la dirección IP de un determinado servidor web.

El proceso, de forma resumida, es muy sencillo: cuando nosotros, desde nuestro ordenador, abrimos la página web de www.mi-empresa-sa.es el cliente DNS que reside en nuestro ordenador (llamado *resolver*) hace una consulta al servidor DNS que nosotros tengamos configurado (ya sea estáticamente o mediante DHCP). Si el servidor DNS conoce ese dato, se lo suministrará al cliente de forma directa.

Si el servidor DNS no lo conoce, tendrá que buscar ese dato, para lo cual partiendo de la raíz del árbol irá recorriendo el mismo hasta dar con uno de los servidores DNS de la zona indicada. En la Figura 2.6 se muestra el proceso completo, consistente en 8 pasos, que se produce cuando un ordenador en Internet hace una pregunta por www.mi-empresa.es, como se puede ver, los servidores DNS de la zona raíz y de la zona .es no conocen la dirección IP de ese servidor web pero, sin embargo, cada uno de ellos le indican al servidor DNS del ISP una lista de servidores de nombres que pueden ayudarle a encontrar los datos.

TEN EN CUENTA QUE:

Sin los servidores raíz, nada en Internet funcionaría. Por esa razón los servidores raíz están geográficamente distribuidos por todo el mundo.

A finales del año 2009 existían 191 servidores representados por 13 direcciones IP. Cuatro de esos servidores están en España, tres en Madrid y uno en Barcelona.

TEN EN CUENTA QUE:

El sistema DNS no tiene en cuenta las mayúsculas; por lo tanto, da lo mismo escribir «www.mi-empresa-sa.es» que «www.Mi-Empresa-SA.es».

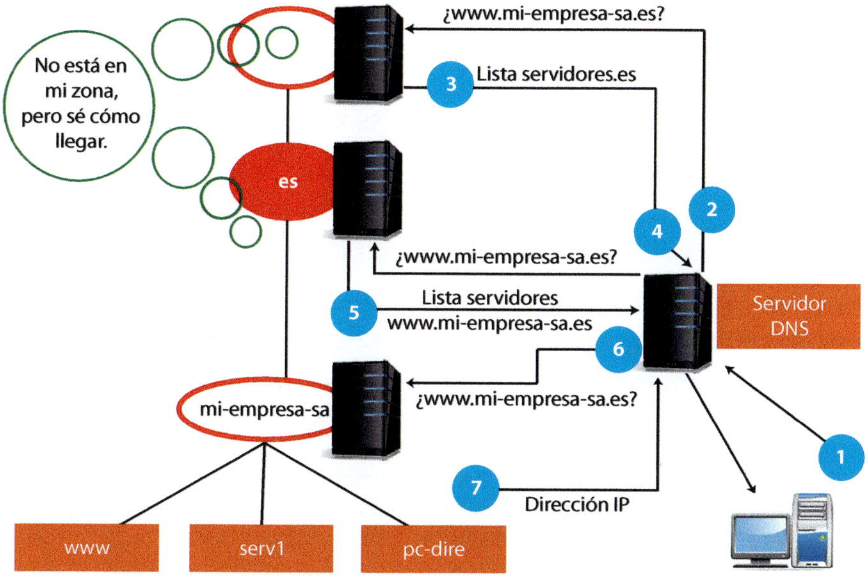

Figura 2.6. Proceso de resolución de www.mi-empresa-sa.es.

La consulta que ha realizado el cliente al servidor DNS del ISP se denomina **recursiva** pues obliga al servidor DNS a buscar la respuesta en beneficio del cliente. El tipo de consultas que hace el servidor DNS del ISP (en las que se comporta como cliente) a los otros servidores se denomina **iterativa**.

ACTIVIDAD RESUELTA 2.3

Usando el programa «dig», obtén la secuencia que se sigue para resolver la dirección «www.google.com». Si no dispones de acceso al programa, habitualmente disponible en Linux, puedes usar esta página web: http://www.kloth.net/services/dig.php.

Solución:

Si usas el programa dig directamente, teclea: *dig www.google.com A +trace* en una ventana de terminal. Si, por el contario, accedes a la página web indicada, debes rellenar el campo del formulario llamado «Domain» con el valor «www.google.com» y marcar la opción que pone «Trace». En ambos casos se obtiene una salida como esta (NOTA: Por razones de espacio, se han eliminado algunas líneas de la salida):

```
; <<>> DiG 9.3.2 <<>> @localhost www.google.com A +trace
; (2 servers found)
;; global options: printcmd
.                  463072  IN    NS    j.root-servers.net.
.                  463072  IN    NS    k.root-servers.net.
.......
.                  463072  IN    NS    i.root-servers.net.
;; Received 228 bytes from 127.0.0.1#53(127.0.0.1) in 0 ms
com.               172800  IN    NS    k.gtld-servers.net.
.....
com.               172800  IN    NS    j.gtld-servers.net.
.....
com.               172800  IN    NS    m.gtld-servers.net.
```

;; Received 504 bytes from 192.58.128.30#53(j.root-servers.net) in 15 ms

google.com.	172800	IN	NS	ns1.google.com.
google.com.	172800	IN	NS	ns2.google.com.
google.com.	172800	IN	NS	ns3.google.com.
google.com.	172800	IN	NS	ns4.google.com.

;; Received 168 bytes from 192.52.178.30#53(k.gtld-servers.net) in 5 ms

www.google.com.	604800	IN	CNAME	www.l.google.com.
www.l.google.com. 300	IN	A	72.14.235.104	

;; Received 68 bytes from 216.239.32.10#53(ns1.google.com) in 15 ms

En el primer bloque de respuesta, aparece la lista de servidores raíz. Esta lista la conocen todos los servidores DNS del mundo. Para resolver la dirección «www.google.com», se ha elegido uno de los servidores raíz (j.root-servers.net) y este ha respondido con la lista de servidores de «.com» tal y como se muestra en el segundo bloque de la salida. Dado que no hemos obtenido la IP de www.google.com, el proceso continúa preguntando a uno de los servidores de «.com» (k.gtld-servers.net) que tampoco nos suministra la dirección del servidor web. Finalmente, cuando se hace la consulta a uno de los servidores DNS de la zona «google.com» (ns1.google.com), se muestra la dirección IP que queríamos: 72.14.235.104.

ACTIVIDAD PROPUESTA 2.3

Usando el programa «dig», obtén la secuencia que se sigue para resolver la dirección «www.microsoft.com». Si no dispones de acceso al programa, habitualmente disponible en Linux, puedes usar esta página web: http://www.kloth.net/services/dig.php.

ACTIVIDAD RESUELTA 2.4

Para que el DNS funcione correctamente es necesario contactar con los servidores raíz, sin estos no funciona el sistema DNS, ¿cómo se obtienen entonces las direcciones de los servidores raíz?

Solución:

El conjunto de direcciones IP de los 13 servidores raíz está almacenado en un fichero que forma parte de la instalación estándar de cualquier DNS. Este fichero contiene la lista de servidores DNS para llegar al «.». Gracias a este fichero podremos instalar un servidor DNS que funcione. No obstante, la lista de servidores raíz puede cambiar cada cierto tiempo. Periódicamente deberíamos descargarnos la lista actualizada de http://www.internic.net/zones/named.root e instalarla en nuestro servidor DNS.

2.5.1 Consultas recursivas

Las consultas recursivas son las mejores que puede hacer un cliente y las peores que puede recibir un servidor DNS. Eso es así porque el cliente hace una consulta y permanece cómodamente esperando mientras que el servidor es el que tiene que recorrer todo el árbol DNS hasta encontrar la respuesta.

El ordenador que aparece abajo a la derecha en la Figura 2.6 está realizando una consulta recursiva. Dado que las consultas recursivas son costosas para un servidor, este puede negarse a aceptar ese tipo de consultas. Es decir, una consulta recursiva tiene éxito si el cliente la solicita y el servidor la acepta. A veces puede ser buena idea impedir consultas recursivas de cliente DNS que estén fuera de nuestra red local. Por ejemplo, ninguno de los servidores de la zona raíz acepta consultas recursivas.

Si un cliente DNS solicita una consulta recursiva y el servidor la acepta, este último deberá o bien suministrarle la respuesta final o indicarle que hay un error, que puede consistir en que esa dirección IP sencillamente no existe o bien algún tipo de error temporal.

2.5.2 Consultas iterativas

Este tipo de consultas a veces se denominan simplemente «no recursivas», por ejemplo este es el nombre que usa el RFC 1034. Quizá este término «no recursiva» sea más correcto puesto que, en realidad, en el sistema DNS solo se pueden hacer dos tipos de consultas: la que es recursiva (que hemos descrito) y la que no lo es.

La diferencia fundamental entre una consulta recursiva y otra no recursiva es que con la primera el cliente no tiene que trabajar sino simplemente debe esperar una respuesta (una dirección IP o un error), con la segunda el cliente tendrá que seguir las referencias que, en su caso, le dé el servidor.

RECUERDA:

Si configuras un servidor DNS para una empresa, es preferible que no acepte consultas recursivas realizadas desde ordenadores que no pertenecen a la red de esa empresa.

ACTIVIDAD RESUELTA 2.5

¿Qué ocurriría si los servidores raíz aceptaran consultas recursivas de cualquier ordenador de Internet?

Solución:

Si ocurriera eso, cualquier ordenador de Internet podría configurar a los servidores raíz como sus propios servidores DNS y funcionaría. Una consulta recursiva puede ser mucho más costosa, dado que requiere que el servidor DNS que la recibe tenga que hacer trabajo extra para buscar esa información, en caso de no tenerla. Si los servidores DNS raíz admitieran ese tipo de consultas, todo el mundo los usaría como sus servidores DNS con lo que se sobrecargarían.

2.5.3 Resolución de dirección IP a nombre de host

Hasta ahora hemos expuesto cómo se resuelve el problema de resolver un nombre para obtener una dirección IP. Sin embargo, ¿qué ocurre si se quiere hacer justo lo contrario, es decir, partiendo de una dirección IP obtener un nombre? Pues sencillamente que nuestro esquema, tal cual, no nos permite hacer esto. Nosotros hemos creado, por así decirlo, una «base de datos» que está indexada por nombre de dominio y no por dirección IP. Si quisiera obtener el nombre de dominio de una dirección IP, con el esquema propuesto hasta ahora, tendría que recorrer todos los dominios hasta dar con un nombre de host que, al resolver, dé la dirección IP. Naturalmente esta opción no sería válida.

Si recordamos, cuando describíamos el sistema de DNS decíamos que existía un dominio especial denominado «arpa.» Este dominio tiene varios dominios de segundo nivel definidos en los que «.in-addr.arpa» e «ip6.arpa» se usan, respectivamente, para traducir una dirección IPv4 o una dirección IPv6 a un nombre. Dado que IPv4 sigue siendo la versión del protocolo IP más utilizada, nos centraremos en la primera.

El dominio de segundo nivel «in-addr.arpa» tiene hasta 4 etiquetas además de in-addr y arpa. Estas 4 etiquetas se corresponden con los 4 dígitos en decimal que representan una dirección IPv4... ¡al revés! Es decir la dirección IP: 150.214.18.5 se corresponde con 5.18.214.150.in-addr.arpa. Puede verse un ejemplo de cómo es este dominio en la Figura 2.7.

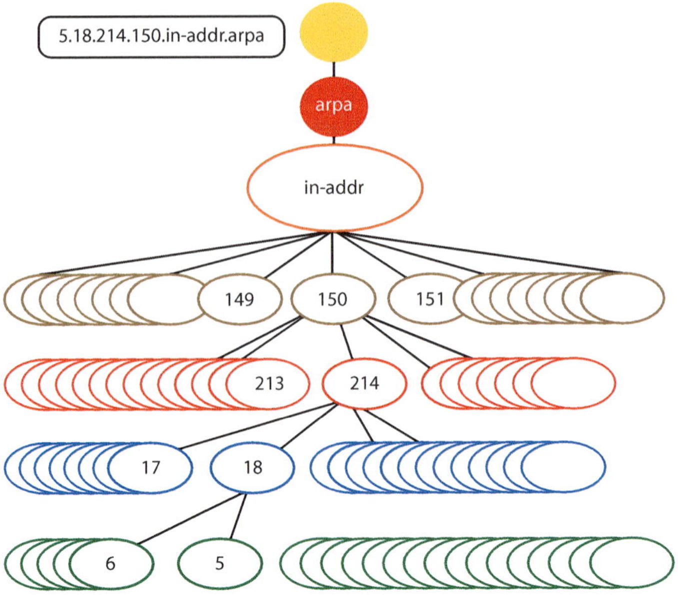

Figura 2.7. Dominio in-addr.arpa.

Cada vez que queramos saber cuál es el nombre de host asociado a una dirección IP antes citada, deberemos preguntar por 5.18.214.150.in-addr.arpa y obtendremos el nombre.

TEN EN CUENTA QUE:

La resolución inversa se suele usar en los sistemas de control de acceso, por ejemplo cuando quiero especificar que «pc-dire.mi-empresa-sa.es» puede acceder a un determinado servidor.

2.5.4 Delegación en la zona in-addr.arpa

Hemos visto que en las zonas directas, los dominios de primer nivel se delegan o bien a sus respectivos países o bien a determinadas entidades en el caso de los dominios genéricos. ¿Qué ocurre con la zona inversa (in.addr-arpa)? Pues que también hay un proceso de delegación, solo que en este caso es distinto.

La delegación de las distintas zonas que se van creando en in-addr.arpa se realiza a la entidad que tiene asignada ese conjunto de direcciones IP. Así, si el rango de direcciones 195.57.0.0 a 195.57.255.255 pertenece a un ISP español, la zona 57.195.in-addr.arpa estará delegada a ese ISP. Este ISP podrá, a su vez, dividir ese dominio en diversas zonas de acuerdo con su criterio.

Esto es importante puesto que así como nosotros podemos comprar nuestro propio dominio y gestionar la zona directa sin problemas, si queremos la dirección IP de nuestro servidor web resuelva con el nombre correcto y no con uno genérico de nuestro ISP tendremos que ponernos en contacto con este para que haga el cambio en la zona inversa (si es que ofrece ese servicio).

2.5.5 Coherencia de la zona directa y la zona inversa

Uno de los problemas que existen con el hecho de que existan dos zonas diferenciadas, la directa que relaciona un nombre con una dirección IP y la inversa que hace justo lo contrario, es que pueden existir discrepancias entre ellas.

Esto es debido a que en realidad la zona directa y la zona inversa son totalmente independientes y, por tanto, no existe ningún mecanismo automático que haga que al cambiar una se cambie la otra.

Además, hay que tener en cuenta que, a no ser que nos hayan delegado la gestión de la zona inversa (algo no habitual a no ser que tengamos un rango de direcciones IP amplio), dependeremos de otra entidad, nuestro ISP, para realizar los cambios.

ACTIVIDAD PROPUESTA 2.4

¿Qué consulta se debe realizar si quiero saber el nombre de la dirección IP 193.147.175.20?

ACTIVIDAD PROPUESTA 2.5

¿Por qué a veces no coinciden las consultas en la zona directa con las de la inversa? ¿Cómo se puede solucionar el problema?

ACTIVIDAD RESUELTA 2.6

Un servidor web dispone de un fichero de control de acceso en el que se especifican aquellos ordenadores que tienen acceso al mismo. En este fichero se pueden poner tanto direcciones IP como un FQDN. Por ejemplo, en ese fichero aparece «smtp.cica.es» de forma que ese ordenador pueda acceder. Suponga que, en este escenario, un ordenador con la dirección IP 150.214.5.143 accede al servidor web. ¿Cómo descubre este servidor web si debe permitir o no el acceso?

Solución:

Para solucionar este problema se usa la zona inversa. El servidor web preguntará por «143.5.214.150.in-addr.arpa» y si la respuesta coincide con alguno de los ordenadores que aparecen en ese fichero, significará que se debe permitir el acceso.[3]

2.5.6 Validez de una respuesta. *Caching*

Las respuestas que se reciben por parte de un servidor DNS son válidas durante un tiempo que este servidor determina. Eso significa que si nuestro servidor DNS del ISP pregunta por la dirección www.google.es y obtenemos una respuesta, el servidor DNS del ISP no volverá a preguntar en la jerarquía DNS por esa misma entrada durante un tiempo, denominado TTL, que el servidor DNS de la zona «google.es» haya determinado.

Esto tiene una importancia crucial en la disminución del tráfico DNS dado si otro usuario de mi propio ISP pregunta nuevamente por www.google.es al servidor DNS del ISP, este no tendrá que preguntar nada sino que le responderá con el dato que previamente tenía almacenado en su *caché* proveniente de la primera pregunta que se hizo por ese nombre.

Y no solo se queda almacenada en la *caché* la dirección IP de ese servidor web sino que también se guardan todos los datos intermedios. De esta forma, si un servidor DNS de un ISP pregunta por www.google.es, en este se almacena:

- Las direcciones de los servidores de nombres de la zona .es.
- Las direcciones de los servidores de nombres de la zona google.es.
- La dirección IP de www.google.es.

Eso significa que si, con posterioridad, un cliente DNS de ese ISP pregunta por www.red.es, el servidor DNS del ISP ya no necesita preguntar nada a los servidores de la raíz dado que ha aprendido la lista de servidores de nombres de .es.

Es decir, a la hora de resolver un nombre no siempre voy a la raíz a buscar el dato, ni siquiera a los servidores de nombres de un TLD sino que, si se

TEN EN CUENTA QUE:

Si no existiera la caché en DNS, cada vez que se preguntara por un nombre o una dirección IP en Internet, los servidores raíz recibirían una consulta.

Afortunadamente, con el uso de esta estrategia, los servidores DNS de los ISP en poco tiempo aprenderán las direcciones de los servidores DNS de los TLD más comunes, con lo que ya no tendrán que preguntar a la raíz.

[3] Ver actividades al final del tema para más información.

SABÍAS QUE:

En la actividad resuelta en la que se usaba el programa *dig*, los números que aparecían en la salida del programa indican el TTL en segundos de esa entrada.

RECUERDA:

Resolver es el término que se utiliza para referirse a un cliente DNS que opera en una infraestructura DNS. Es decir, cliente DNS y *resolver* son sinónimos.

tienen datos suficientes se puede ir a preguntar directamente a los servidores DNS situados por debajo.

Estas respuestas, no obstante, no se almacenan en la *caché* de forma indefinida sino que tienen un tiempo de caducidad definido por un parámetro denominado TTL que determina el servidor DNS responsable de ese dato. Dicho valor depende de la zona de la que se trate, pero para un TLD un valor típico del TTL suele ser 1 o 2 días.

ACTIVIDAD PROPUESTA 2.6

Tomando como referencia la salida de la actividad resuelta en la que se usaba el programa *dig*, indica las entradas DNS que se habrán guardado en la caché del servidor, así como el tiempo en el que van a permanecer almacenadas

2.6 *Resolvers*

Un *resolver* es una parte del sistema operativo que se encarga de realizar las consultas a un servidor DNS, interpretarlas y devolverlas al programa que ha efectuado la consulta. Los servidores DNS también pueden incorporar un *resolver*, que gestiona las consultas que un servidor DNS debe hacer.

Por lo tanto, en general, los programas que necesiten hacer una consulta al sistema de DNS (un navegador web, un cliente de correo electrónico, etc.) harán uso de una API (*Application Programming Interface*) definida en una librería de enlace dinámico.

Un *resolver* suele ser simple, de forma que siempre suelen hacer consultas recursivas exclusivamente. En ocasiones, el *resolver* puede tener una pequeña *caché* con la misma funcionalidad que la descrita para los servidores DNS.

2.7 Servidores de nombres: características y tipos

Un servidor de nombres es un ordenador que tiene instalado un servicio (un programa) que atiende peticiones (preguntas) de clientes DNS.

Dicho programa estará ejecutándose como servidor en un determinado ordenador y, en el caso de que sea un servidor DNS de una zona, deberá estar en funcionamiento permanentemente. Los estándares especifican que el servidor DNS se ejecuta sobre el puerto 53 tanto en UDP (forma habitual de hacer consultas) como en TCP.

2.7.1 Tipos

Hemos visto antes que, para cada zona, debe haber un conjunto de servidores de nombres que atiendan las peticiones que, desde cualquier parte del mundo, se realicen. Este tipo de servidores se denominan autoritativos (*authoritative,* en inglés) porque son los que tienen la información real y veraz de la zona. Estos servidores pueden ser de dos tipos:

- **Primario:** es el servidor principal, a veces llamado *master*, de la zona. Es el servidor en el que el administrador del DNS efectúa las operaciones de alta y baja de nombres. Es el que tiene los datos originales de la zona.
- **Secundario o esclavo:** son el resto de servidores de la zona. Contienen una copia de la zona, habitualmente obtenida del servidor prima-

rio, y por tanto tan solo tienen una copia de los datos originales. No obstante, los servidores secundarios son igualmente válidos a la hora de dar una respuesta de la zona. Es decir, se llaman secundarios porque tienen una copia de los datos de la zona pero no por el hecho de que sus respuestas sean menos válidas que las del primario.

Para cada zona deberemos tener, por tanto, un servidor primario y uno o más secundarios. El número total de servidores dependerá de la zona de la que se trate. Normalmente debemos procurar que los servidores estén ubicados en redes diferentes.

Existen otros dos tipos de servidores DNS:

- **Reenviador:** denominados *forwarders* en inglés, es un servidor DNS que recibe las peticiones de todos los servidores DNS de mi red. Un servidor DNS tipo reenviador se configura para minimizar las consultas DNS al exterior en una red corporativa en la que existan varios servidores DNS. La configuración de un reenviador no se hace en el servidor DNS que hará esas funciones sino en los servidores DNS que van a utilizar ese tipo de servidor. Es decir, esta opción se configura en aquellos servidores DNS en los que se quiere que todas las peticiones externas, en vez de dirigirse a la raíz, se dirijan al «reenviador».
- **Caché:** es un tipo de servidor DNS que no es autoritativo (ni primario ni secundario) de ninguna zona en especial. No obstante, este tipo de servidor hará consultas pertinentes y almacenará (en su *caché*) como cualquier otro. Se suele usar por la misma razón que se configuran «reenviadores», es decir, para que el tráfico DNS al exterior disminuya. También se puede usar para no sobrecargar los servidores autoritativos de una zona. Un ISP, por ejemplo, puede definir que el servidor DNS que usan sus clientes no sea uno de los servidores de su zona (telefonica.es, jazztel.es, auna.es, etc.) sino que puede optar por configurar un servidor caché que solo sirve para atender las peticiones de estos clientes.

ACTIVIDAD PROPUESTA 2.7

En Internet existen empresas que ofrecen servidores DNS para nuestro dominio. Algunos son de pago, pero otros son gratuitos. Busca en Internet una empresa que ofrezca un servidor DNS para cualquier dominio de forma gratuita.

2.8 Zonas primarias y secundarias

A lo largo de este tema hemos visto qué es una zona y qué diferencia existe entre un servidor primario y uno secundario. Por lo tanto, la distinción entre zona primaria y secundaria es simple:

- **Zona primaria:** es la que está ubicada en el servidor primario. Es la copia maestra de la que van a surgir todas las copias que se generan (las zonas secundarias). Los datos de la zona primaria normalmente están almacenados en un conjunto de ficheros ubicados en el servidor principal. Esos ficheros permanecen aunque se reinicie el servidor principal.
- **Zona secundaria:** son las ubicadas en los servidores secundarios. Al contrario que la zona primaria (que solo puede haber una), puede haber tantas zonas secundarias como servidores secundarios. Los datos de la zona secundaria se obtienen de una zona primaria (normalmente) y permanecen almacenados temporalmente en el servidor secundario. Si

SABÍAS QUE:

Dado que el servidor primario y los secundarios son igualmente válidos para la zona, se le puede preguntar a cualquiera de ellos.

Determinados servidores DNS, como bind, elijen a qué servidor preguntar basándose en el tiempo de respuesta de preguntas anteriores. Se intenta escoger el que responda más rápido, independientemente de si es primario o secundario.

TEN EN CUENTA QUE:

La mayor parte de los registradores exigen que configuremos, al menos, dos servidores DNS.

SABÍAS QUE:

El número de servidores de nombres en las zonas TLD (.es, .com, .org, etc.) está entre ocho y diez servidores distribuidos incluso entre distintos países.

RECUERDA:

Un servidor tipo reenviador es algo que se configura en los servidores DNS de mi red (primarios, secundarios, incluso si son de tipo caché) para que las consultas no se realicen a la raíz sino a otro servidor DNS de mi red.

Un servidor caché es un servidor DNS que no es primario ni secundario de ninguna zona.

el servidor secundario se reinicia, será necesario copiar nuevamente la zona. Los servidores secundarios deben mantener su copia de la zona actualizada, por lo que cada cierto tiempo contactarán con el servidor principal y, llegado el caso, se descargarán una nueva copia de la zona.

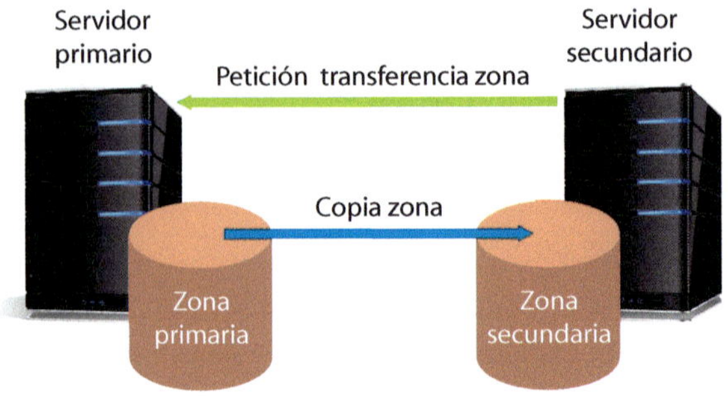

Figura 2.8. Transferencia de zona.

2.9 Bases de datos DNS: estructura y tipo de registros

La organización de las bases de datos en DNS no es tan simple como pudiera parecer en un primer momento. Lo habitual es que partiendo de un nombre de dominio, obtengamos una dirección IP, pero puedo tener otras necesidades, por ejemplo obtener una lista de servidores de nombres. ¿Qué pasa entonces?

La respuesta a esta pregunta es lo que pretendemos solucionar aquí. En DNS, la «base de datos» que tenemos se organiza en base a lo que se denominan **Registros de recursos** (*Resource Records*) o simplemente RR. Por ejemplo, el RR para un servidor web podría ser este:

```
www.mi-empresa.es.  IN  A  195.57.80.100
```

Con el que indicaríamos que la dirección IP de www.mi-empresa.sa es 195.79.80.100.

Pero no adelantemos acontecimientos, veamos exactamente en qué consiste un RR. Un RR está formado por:

- **Un nombre de dominio:** es decir, la entrada que estoy buscando. Puede ser: «es.» o «www.mi-empresa-sa.es.» e incluso «5.41.214.150.in-addr.arpa.».
- **Clase:** indica la clase de registro. En el RFC 1035 aparecen varias clases, pero realmente solo nos interesa una: Internet, que se representa con «IN».
- **Tipo:** indica el tipo de registro, es decir, qué dato nos va a devolver. Puede tratarse de una dirección IPv4 (A), una dirección IPv6 (AAA), un servidor de nombres (NS), entre otros. En las próximas páginas describiremos con detalle los tipos de RR más importantes.
- **Valor del TTL:** campo que nos indica el tiempo de vida durante el cual esa entrada puede ser considerada válida. Es decir, el tiempo durante el cual se almacena esta entrada en la *caché*. Se expresa en segundos. En los ficheros de zona, si este campo se omite para un determinado RR (como en el ejemplo que acabamos de poner), se tomará el TTL que se haya definido por defecto.
- **Datos:** se trata de la respuesta que esperamos. En el ejemplo anterior, en el que «www.mi-empresa-sa.es» era el nombre de dominio del RR, la dirección IP 195.57.80.100 es el dato asociado a ese RR.

Se puede observar que todos los nombres que aparecen terminan en el carácter «.». Eso no es un error sino que debe ponerse así. Si recordamos, un nombre de dominio que no termina en «.» se considera relativo, mientras que el que termina en «.» se considera absoluto o, dicho de otra forma, completamente cualificado (FQDN son las siglas en inglés). Debemos recordar esto cada vez que configuremos los ficheros de una zona. Eso a todos los registros, tal y como vamos a ver.

A continuación describiremos los tipos de RR que existen en DNS, no todos (pues son unos 30) pero sí los más importantes.

2.9.1 Registros SOA

SOA son las siglas de *Start of Authority* que podríamos traducir como inicio de autoridad. Este registro es el que indica la dirección del servidor principal de esa zona y datos relativos a la forma en la que se sincronizan los secundarios con el primario. Dado que este registro es algo complejo, es mejor que lo veamos directamente con un ejemplo:

```
mi-empresa-sa.es. IN SOA serv1.mi-empresa-sa.es.
jaime.mi-empresa-sa.es. (
2009082801   ; Numero Serie (serial)
86400  ; Actualización (refresh)
7200  ; Reintento (retry)
3600000  ; Expiración (expire)
172800)  ; TTL Negativo
```

Para cada zona, debe existir un y solo un registro SOA. En la parte izquierda tenemos el nombre del dominio, a continuación especificamos la clase (IN) y el tipo de registro (SOA), después tenemos los datos de ese registro. Como se puede ver se corresponde con el formato genérico de RR que hemos descrito anteriormente, exceptuando que no hemos especificado un valor de TTL ya que preferimos que se tome uno por defecto.

Bien, ya sabemos que se trata de la zona «mi-empresa-sa.es.» y de un registro SOA. Veamos cada uno de los campos de los datos de ese registro:

- **serv1.mi-empresa-sa.es.:** indica el nombre de dominio del servidor principal de la zona.
- **jaime.mi-empresa-sa.es.:** indica la dirección de email de la persona responsable de esa zona. Si sustituimos el primer «.» por una «@», ya tenemos una dirección de correo. Esta dirección no la usan los servidores de nombres sino las personas que detecten problemas con esa zona y deseen ponerse en contacto con su responsable.
- **Número de serie:** este número lo utilizan los servidores secundarios para saber si la copia que ellos tienen de la zona está o no actualizada. Para ello comparan el número de serie que ellos tienen con el que publica el principal. Los secundarios se actualizan si el número de serie que publica el principal es menor que el que tiene ese secundario. En principio vale cualquier esquema de numeración siempre que el número de serie aumente con cada actualización. No obstante se recomienda usar el formato YYYYMMDDnn donde YYYY es el año, MM el mes y DD el día en el que se hizo la actualización, dejando nn para las diversas actualizaciones que se realicen, dentro de un mismo día, de la zona. En el ejemplo, estaríamos hablando de la primera actualización de la zona, realizada el 28 de agosto de 2009.

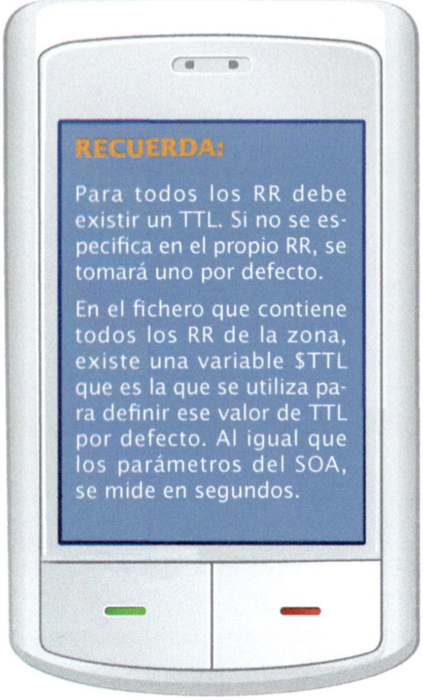

- **Actualización:** indica cada cuánto tiempo deben los secundarios contactar al primario para comprobar si se ha actualizado la zona. Ese tiempo se expresa en segundos. Dependiendo del número de actualizaciones que se hagan de la zona este valor será más bajo o más alto. Un número excesivamente alto provocará que los secundarios estén durante un tiempo excesivo con datos de la zona anticuados. En este caso se ha escogido 1 día, lo cual quiere decir que, por término medio, cada vez que actualicemos la zona en el primario los secundarios estarán una media de 12 horas con datos no actualizados y, como máximo, 24 horas.
- **Reintento:** indica cada cuánto tiempo deben los secundarios reintentar una actualización de zona. Es decir, si después del primer intento de comprobar la zona (tiempo fijado en «actualización»), el primario no está accesible, los siguientes reintentos (hasta que consiga contactar con el primario) se efectuarán según el intervalo especificado en este campo. Suele tener un valor inferior al de actualización, en este caso 2 horas.
- **Expiración:** indica el tiempo, en segundos, durante el cual un secundario puede estar sin contactar con el primario para comprobar la zona. Si se supera ese tiempo, el secundario considerará que algo extraño ha ocurrido y borrará todos los datos que tenía sobre esa zona y se declarará a sí mismo como no autoritativo para la zona. Es decir, transcurrido este tiempo sin contactar con el primario, el secundario dejará de considerarse como servidor de la zona.
- **TTL Negativo:** también aparece como «Minimum TTL». El significado de este campo ha cambiado desde que el RFC2308 de marzo de 1998 definiera un significado único para este campo. Tradicionalmente se había considerado como el TTL por defecto pero a partir de esta fecha, se estableció que el valor de este campo significa el tiempo de vida negativo, es decir, el tiempo durante el cual se debe almacenar en la caché de cualquier otro servidor DNS una respuesta negativa. Con el valor que aparece en el ejemplo, eso significa que si otro servidor DNS pregunta por «no-existe.mi-empresa-sa.es» y esa entrada no existe, ese servidor DNS considerará como válida esa respuesta (no existe) durante 2 días.

ACTIVIDAD RESUELTA 2.7

Usando el programa «dig» (ya sea en el terminal o el disponible «online»), obtén el SOA de «google.com» ¿Cada cuánto tiempo se actualizan los servidores secundarios? ¿A quién habría que enviar un correo en caso de problemas con el dominio?

Solución:

«dig google.com SOA», la salida que se obtiene es:

google.com. 86022 IN SOA ns1.google.com. dns-admin.google.com.
1414848 7200 1800 1209600 300

Por lo tanto, los servidores secundarios se actualizan cada 7.200 segundos, es decir, cada 2 horas. La dirección de correo del responsable de la zona es «dns-admin@google.com».

2.9.2 Registros NS

Cada uno de ellos (puede y debe haber más de uno) indica el FQDN de uno de los servidores de dominio de la zona. El formato es muy simple:

```
<nombre_zona> IN NS <FQDN_Servidor>
```

Deben existir tantos registros NS como servidores de nombres hay para esa zona. El nombre que aparezca a la derecha será el que identifica a cada uno de los servidores. Estos servidores pueden estar dentro de la misma zona o fuera de esta. Veamos un ejemplo de la zona «mi-empresa-sa.es»:

```
mi-empresa-sa.es.  IN  NS  dns1.mi-empresa-sa.es.
mi-empresa-sa.es.  IN  NS  dns2.mi-empresa-sa.es.es.
mi-empresa-sa.es.  IN  NS  dns.otro-sitio.com.
mi-empresa-sa.es.  IN  NS  dns.otro-lugar.eu.
```

Como puede verse, dos de los servidores están en otra zona e incluso pueden estar fuera de España.

Esta lista de servidores de nombres es lo que necesita cualquier servidor DNS para obtener los datos de la zona (eso se veía en la Figura 2.6). Obviamente, aunque aquí aparecen los nombres será necesario obtener la dirección IP de cada uno de esos servidores; ¿cómo se obtiene esa dirección IP?, mediante lo que se denomina un RR A, lo veremos dentro de poco.

TEN EN CUENTA QUE:

Las entradas NS de una zona tienen que aparecer también en el dominio padre, en nuestro caso, en la zona .es.

ACTIVIDAD RESUELTA 2.8

Usando el programa «dig» (ya sea en el terminal o el disponible «online»), obtén las entradas NS de «google.com». ¿Cuántos servidores existen para esa zona?

Solución:

Hay que teclear: «dig google.com NS», la salida que se obtiene es:

google.com.	343666 IN	NS	ns1.google.com.
google.com.	343666 IN	NS	ns2.google.com.
google.com.	343666 IN	NS	ns3.google.com.
google.com.	343666 IN	NS	ns4.google.com.

Se puede observar que existan 4 servidores de nombres para esa zona.

2.9.3 Registros MX

Los registros MX indican el/los servidor/es de correo electrónico que son los encargados de recibir email para el nombre de dominio indicado. El formato es este:

```
<nombre> IN MX <pri> <FQDN_Servidor>
```

En este caso, nombre puede ser o bien un dominio (google.com, mi-empresa-sa.es) o bien puede ser el nombre de un ordenador (pc-dire.mi-empresa-sa.es). El campo <pri> indica la prioridad de ese servidor. Cuanto más bajo sea ese número, mayor prioridad. Este número sirve para saber en qué orden contactar a los servidores de correo si existen varias entradas. Finalmente, al igual que en las entradas NS, se pondrá el nombre completamente cualificado del servidor de email.

Ejemplo:

```
mi-empresa-sa.es.  IN  MX  10 correo.mi-empresa-sa.es.
mi-empresa-sa.es.  IN  MX  20  correo2.mi-empresa-sa.es.
mi-empresa-sa.es.  IN  MX  30  smtp.otro-sitio.es.
```

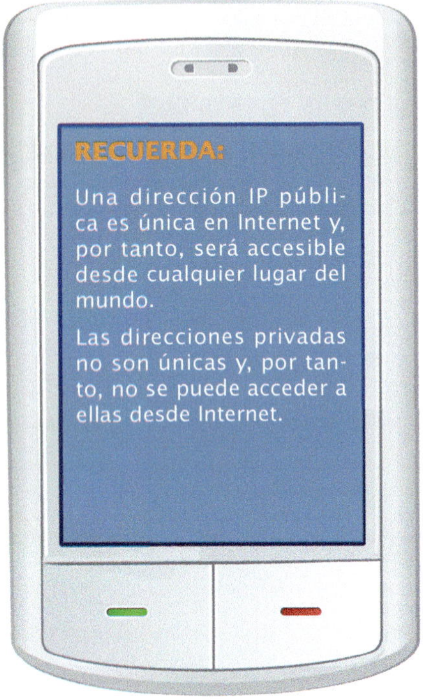

SABÍAS QUE: ?

«*dig*» es un programa disponible en la mayor parte de las distribuciones de Linux, pero también es posible encontrar en Internet versiones de este programa compiladas para Windows.

2.9.4 Registros A

Los registros que hemos visto anteriormente son importantes pero no nos permiten especificar una dirección IP para un determinado nombre. Eso es lo que hace un registro A. El formato general de un registro A es este:

```
<nombre> IN A <Dirección_IP>
```

Nombre puede ser o bien un FQDN (terminando en «.») o bien ser un nombre relativo (no termina en «.») en cuyo caso se añadirá automáticamente el nombre de la zona al final de ese nombre relativo. Veamos un ejemplo:

```
ldap.mi-empresa-sa.es. IN A 130.206.8.10
pc-dire IN A 130.206.7.200
```

En este ejemplo, la primera entrada hace referencia a un nombre FQDN (termina en «.») y hace que se corresponda «ldap.mi-empresa-sa.es» con la dirección IP 130.206.8.10. La segunda entrada no termina en «.» y, por tanto, el servidor DNS la convertirá en «pc-dire.mi-empresa-sa.es.». En ambos casos la dirección IP es pública, esto es importante puesto que las direcciones IP que pongamos en el DNS deben ser públicas dado que no tiene sentido publicar en Internet direcciones IP que no sean públicas.

ACTIVIDAD RESUELTA 2.9

Usando el programa «*dig*» (ya sea en el terminal o el disponible «online»), obtén la dirección IP de alguno de los servidores de nombres de «google.com».

Solución:

Hay que teclear, por ejemplo: «dig ns2.google.com A», la salida que se obtiene es:

ns2.google.com. 269668 IN A 216.239.34.10

La dirección IP es: 216.239.34.10.

2.9.5 Registros CNAME

Estos registros se usan cuando quiero que varios nombres apunten al mismo ordenador. Esto se realiza con un registro especial llamado CNAME. El formato es este:

```
<nombre_alias> IN CNAME <nombre_verdadero>
```

Nombre_alias hace referencia a ese segundo, tercer, cuatro... nombre que queremos que apunte al otro. Nombre_verdadero hace referencia al nombre real de ese ordenador, se debe corresponder con una entrada A.

Veamos un ejemplo. Supongamos que tenemos configurado un servidor web al que le hemos asignado el nombre «ldap.mi-empresa-sa.es» y la dirección IP 130.206.8.10 tal y como hemos hecho en el apartado anterior. Si ahora queremos que ese mismo servidor sea el servidor POP3, IMAP y SMTP (todos ellos relacionados con el servicio de correo electrónico), esto se hace de la siguiente forma:

```
pop3 IN CNAME ldap
imap IN CNAME ldap
smtp IN CNAME ldap
```

Ojo, los CNAME no tienen por qué apuntar a algo dentro del mismo dominio sino que pueden apuntar a algo en otro dominio. Esto es especialmente cierto en el caso de que nuestro servidor web, por ejemplo, esté hospedado en otro servidor de otra empresa. Si fuera así podríamos tener una entrada como esta:

```
www IN CNAME ghs.google.com.
```

Es importante señalar que las entradas CNAME no se pueden usar para servidores DNS (entradas NS) ni para servidores de correo (entradas MX) es decir, la parte derecha de una entrada NS o MX tiene que corresponderse con una entrada A.

2.9.6 Registros PTR

Este registro se usa en el dominio «in-addr.arpa» y, por tanto, sirve para el mapa inverso. El formato es el siguiente:

```
<nombre_in-addr> IN PTR <FQDN_nombre>
```

Nombre_in-addr se corresponde con el nombre que, bajo el dominio in-addr. arpa, tiene una dirección IP. Por ejemplo, la dirección IP 150.214.7.10 se corresponde con 10.7.214.150.in-addr.arpa. FQDN_nombre se corresponde con un nombre (en la zona directa) que, en este caso, tiene que ser completamente cualificado.

Veamos un ejemplo:

```
10.8.206.130.in-addr.arpa. IN PTR ldap.mi-empresa-sa.es.
```

ACTIVIDAD PROPUESTA 2.8

El programa *dig* permite realizar la consulta a un servidor DNS determinado, eso se realiza mediante *dig @servidor_DNS* ... Usa este programa (ya sea en el terminal o el disponible «online») para buscar la lista de servidores de nombres del dominio upm.es y, posteriormente, realiza una consulta a uno de esos servidores buscando cualquier registro con el nombre upm.es.

2.9.7 Glue Record

Como se ha podido ver hasta ahora, a la hora de determinar la lista de servidores de nombres de una zona se pregunta a la zona padre. Así, por ejemplo, en la Figura 2.6 veíamos que para obtener la lista de servidores de nombres de la zona «mi-empresa-sa.es», debíamos preguntar por ellos en la zona «.es». En los apartados 2.9.2 y 2.9.4 hemos estudiado que para obtener ese listado de servidores de nombres se necesitan tanto los registros NS como los registros A correspondientes a cada servidor.

En el apartado 2.9.2 indicábamos que debemos suministrar la lista de servidores de nombres (listado de registros NS) de nuestra zona a nuestro padre (en nuestro ejemplo, a la zona «.es»). Sin embargo, los registros NS sin los correspondientes registros A no sirven de nada ya que los registros A son los que devuelven una dirección IP.

Esto nos lleva a la siguiente disyuntiva: si la zona padre nos suministra el listado de servidores de nombres (registros NS) de una zona «hija». ¿Quién suministra la dirección IP de esos servidores (registros A)?

En el caso que mostrábamos en el apartado 2.9.2, las direcciones IP de «dns. otro-sitio.com» y «dns.otro-lugar.eu« pueden ser obtenidas preguntando a los servidores de las zonas «otro-sitio.com» y «otro-lugar.eu» pero con las direcciones IP de los dos servidores dentro de la zona «mi-empresa-sa.es» no. El problema sería mucho peor si todos los servidores de nombres estuvieran bajo la zona «mi-empresa-sa.es», ¿cómo se obtiene entonces las direcciones IP?

RECUERDA:

Si el nombre que se usa no termina en «.», se añadirá al final de este el dominio de la zona. Es decir, «pop3» se traduce por «pop3.mi-empresa-sa.es».

SABÍAS QUE:

Con el programa «*dig*» podemos usar la palabra ANY como registro a buscar. En ese caso nos buscará todos los tipos de registros para ese nombre.

Los glue-record (glue en inglés significa pegamento) son los que «pegan» una zona a la jerarquía del DNS. Si estos no existieran la nueva zona no funcionaría.

TEN EN CUENTA QUE:

Cuando configuramos un dominio delegado, debemos asegurarnos que el padre conoce todas las entradas NS de nuestra zona y, además, como mínimo las entradas A de todos los servidores de nombres que estén ubicados dentro de la zona (las entradas del resto de servidores no son estrictamente necesarias).

La respuesta viene de la mano de lo que se denominan «glue record» o registros de adherencia (que es la forma en la que lo traduce Microsoft). Estos registros se añaden en la zona padre (en este caso «.es») y consisten en añadir el registro A correspondiente a, al menos, todos y cada uno de los servidores que estén debajo de la zona delegada (en este caso «mi-empresa-sa.es»).

En nuestro ejemplo, serían necesarios esos registros para los servidores «dns1.mi-empresa-sa.es» y «dns2.mi-empresa-sa.es».

ACTIVIDAD RESUELTA 2.10

Si los servidores de la zona «us.es» fueran «onix.us.es», «jade.us.es» y «dns1.cica.es» con direcciones IP respectivas: 150.214.186.69, 150.214.130.15 y 150.214.5.83, ¿qué RR deben existir en la zona «.es»?

Solución:

Debemos tener tantas entradas NS como servidores existan, en este caso tres. Además son obligatorias las entradas A para aquellos servidores que estén bajo la propia zona «us.es». Por lo tanto, los RR necesarios son:

```
us.es.  IN  NS  onix.us.es.
us.es.  IN  NS  jade.us.es.
us.es.  IN  NS  dns1.cica.es.
onix.us.es.  IN  A  150.214.186.69
jade.us.es.  IN  A  150.214.130.15
```

La entrada A para dns1.cica.es no es estrictamente necesaria.

ACTIVIDAD RESUELTA 2.11

¿Qué RR necesitaría en la zona «mi-empresa-sa.es» para indicar que tengo un servidor llamado «titan» que ofrece servicios de web, correo electrónico y ftp?

Solución:

Si la dirección IP fuera, por ejemplo, 100.100.200.200 la respuesta sería esta:

```
titan.mi-empresa-sa.es.  IN  A  100.100.200.200
www.mi-empresa-sa.es.  IN  CNAME  titan.mi-empresa-sa.es.
smtp.mi-empresa-sa.es.  IN  CNAME  titan.mi-empresa-sa.es.
ftp.mi-empresa-sa.es.  IN  CNAME  titan.mi-empresa-sa.es.
```

2.10 DNS dinámico

Uno de los problemas que tiene este sistema es que las asignaciones de nombres a direcciones IP son, por diseño, relativamente estables en el tiempo. No es que no se puedan cambiar sino que todo el sistema DNS está preparado para que un nombre tenga asignada una IP durante cierto tiempo.

Esto no causa problemas si tenemos asignada una dirección IP estática en nuestro ordenador, pero sí puede ser problemático si nuestro ISP nos asigna una dirección IP de forma dinámica. Esto es especialmente problemático si ese servidor aloja un servicio web ya que la IP correspondiente a, por ejemplo, «www.mi-empresa-sa.es» estaría cambiando cada cierto tiempo. Existen dos formas de abordar el problema. El primero de ellos es desde el punto de vista del administrador de una zona DNS, el otro desde el punto de vista de un usuario que desea mantener un servidor web (por ejemplo) usando una IP dinámica.

2.10.1 DNS dinámico para administradores de zona

El sistema DNS incorpora, desde el RFC2136, un mecanismo denominado «UPDATE» que permite que un cliente DNS registre de forma dinámica su nombre y dirección IP ante su servidor DNS y que esta provoque que se actualice la zona de forma automática. Este modo de funcionar requiere que se configuren dos entidades:

- **Configurar el cliente DNS:** es decir, configurar el ordenador cuya IP queremos que se registre de forma automática. Esto depende de cada sistema operativo pero, por ejemplo, Windows incorpora este comportamiento en la configuración «por defecto» de TCP/IP (Propiedades TCP/IP->Configuración avanzada).
- **Configurar el servidor DNS:** naturalmente, si se permitiera que cualquier cliente DNS actualizara una zona tendríamos un serio problema de seguridad. Por defecto los servidores DNS no aceptan el mecanismo «UPDATE» a no ser que lo configuremos de otra forma. Esta configuración dependerá, obviamente, del servidor DNS que utilicemos.

2.10.2 DNS dinámico para usuarios

En los párrafos anteriores se describe, muy brevemente, el sistema que tiene el propio protocolo DNS para gestionar las actualizaciones dinámicas de direcciones IP que se puedan producir en una determinada zona. No obstante el uso de esta facilidad queda restringido al administrador de una red de una empresa en la que, además, gestionen sus propios servidores DNS (es decir, gestionan sus zonas).

no-ip.com es una empresa que ofrece servicios gratuitos de DNS dinámico para uso personal.

Pero en Internet también se conoce como DNS dinámico al mecanismo por el que un determinado ordenador (p.ej. un servidor web) informa a un proveedor de servicios (de DNS dinámico) del cambio de su dirección IP. Ese ordenador tendrá instalado una pequeña aplicación que, usando un protocolo específico diseñado por el proveedor (nada tiene que ver con el DNS), informa del cambio en la dirección IP. Una vez que el cliente ha informado de su cambio, el proveedor modificará los datos de la zona para reflejar ese cambio.

La ventaja de este sistema es que, aunque no forme parte del estándar, es mucho más sencillo de gestionar dado que el usuario (cliente DNS) tan sólo tiene que instalar una aplicación en su ordenador. Es, por lo tanto, el mecanismo más habitual que usaremos si queremos tener instalado un servicio web en un ordenador con IP dinámica. Existen dos formas de hacer esto:

- **Usando un dominio de tercer nivel:** algunas empresas proveen este servicio sobre un dominio de segundo nivel de su propiedad, de esta forma si la empresa provee el servicio sobre, por ejemplo, «no-ip.org» nosotros podremos configurar un servidor web con IP dinámica con el nombre «mi-empresa.no-ip.org». Algunas empresas incluso ofrecen este servicio de forma gratuita para uso personal.
- **Usando nuestro propio dominio:** si tenemos comprado un dominio pero la gestión de los servidores DNS de nuestro dominio la realiza una empresa, esta puede ofrecernos un servicio de actualización dinámica. No siempre ocurre así, pero hay empresas que ofrecen esto.

TEN EN CUENTA QUE:

Si gestionas la red de una PYME, puede que te interese usar los servicios de DNS dinámico en vez de tener que comprar una dirección IP estática.

ACTIVIDAD PROPUESTA 2.9

¿Por qué una zona como «no-ip.org» tiene un valor de TTL muy bajo, en comparación con otras zonas?

ACTIVIDAD PROPUESTA 2.10

Accede a www.no-ip.com y date de alta para usar el servicio gratuito de DNS dinámico. Configúralo para usarlo con un servidor web instalado en tu ordenador y comprueba que puedes acceder a este usando la dirección que te ofrece esta empresa.

2.11 Clientes DNS en sistemas operativos libres y propietarios

2.11.1 Sistemas Windows

Un cliente DNS en Windows, al igual que en cualquier otro sistema operativo, necesita una configuración mínima. Esta normalmente se recibe a través del protocolo DHCP si este existe en la LAN a la que estamos conectados. Sin embargo, puede ser necesario realizar una configuración manual del cliente DNS.

Especificar el servidor DNS en un cliente Windows

Para que un cliente DNS funcione correctamente, es necesario especificar la dirección IP de, al menos, un servidor DNS. En Windows esto se realiza desde el panel de propiedades de la conexión de red de área local que deseamos configurar. La forma de llegar a la pantalla de «Propiedades de Conexión de área local» puede variar ligeramente dependiendo del sistema Windows que estemos utilizando; en la Figura 2.9 se muestra paso a paso cómo llegar a esa pantalla, partiendo del Panel de control. Dado que modificar las propiedades de la tarjeta de red requiere permisos de administrador, puede que en el paso 3 el sistema operativo nos solicite nuestra autorización para continuar.

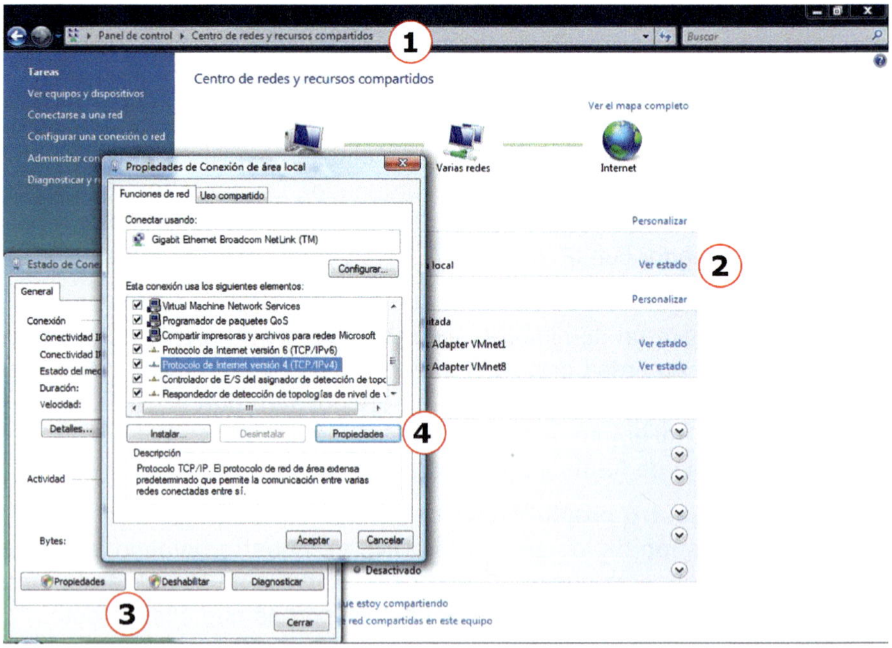

Figura 2.9. Propiedades de conexión de área local.

Como se puede ver, en el panel de «Propiedades de Conexión de área local» deberemos seleccionar la opción de «Protocolo de Internet versión 4» y luego hacer clic en el botón «Propiedades» (paso 4).

Si pulsamos en Propiedades, nos aparecerá la pantalla que aparece en la Figura 2.10. En esta pantalla se muestran las propiedades básicas de la interfaz de red. Puede observarse que, en este caso, no estamos usando DHCP dado que ni la dirección IP ni los servidores DNS se obtienen automáticamente. En cualquier caso, a nosotros nos interesa las propiedades de DNS: «Usar las siguientes direcciones de servidor de DNS». Como puede verse, nos ofrecen la posibilidad de configurar hasta dos servidores DNS. El primero de ellos (preferido) es obligatorio, dado que si no lo especificamos nuestro ordenador no podrá resolver ningún nombre.

El servidor DNS alternativo se utiliza si el preferido no está disponible. La mayor parte de los ISP nos van a proporcionar dos servidores DNS, por lo que es recomendable configurar tanto el preferido como el alternativo. Téngase en cuenta que si solo tuviéramos configurado el servidor DNS preferido y este fallase, no podríamos acceder a Internet con normalidad.

TEN EN CUENTA QUE:

Debemos usar siempre los servidores DNS que nos haya suministrado nuestro proveedor de Internet. Si cambiamos de proveedor, deberemos cambiar también los servidores DNS a los que nos diga el nuevo proveedor.

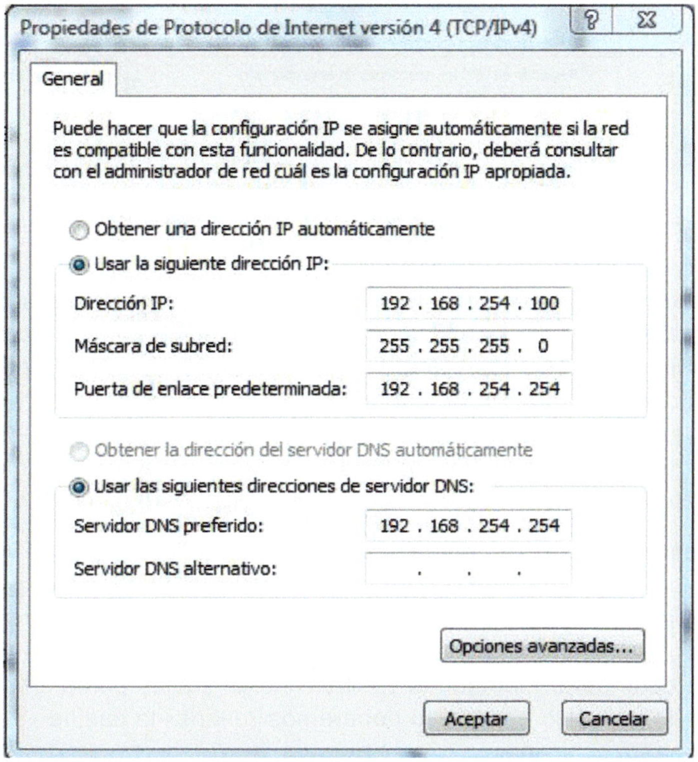

Figura 2.10. Configuración básica DNS.

Si queremos realizar una configuración más avanzada del cliente DNS, deberemos pulsar en el botón «Opciones avanzadas» con lo que se abrirá una pantalla similar a la que se muestra en la Figura 2.11.

En la pestaña DNS podremos acceder a las propiedades avanzadas del DNS. En la parte superior de esa ventana (marcado con el número 1) aparece el listado de los servidores DNS que se van a utilizar. Como puede verse, el listado de servidores DNS del PC al que se refiere la Figura 2.11 tan solo tiene un único servidor DNS. Mediante el botón de «Agregar» podremos añadir más servidores DNS, y no solo dos como sucede en la configuración básica. Además, mediante las flechas de color verde podremos modificar el orden en el que se usan esos servidores. Modificar el orden de consulta puede ser útil si, por ejemplo, queremos distribuir la carga de las consultas DNS entre distintos servidores. Para ello bastaría con cambiar el orden de consulta en los distintos ordenadores de nuestra red.

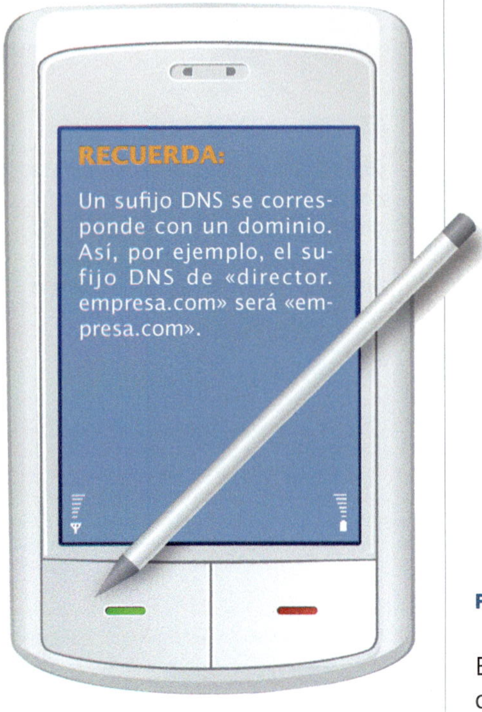

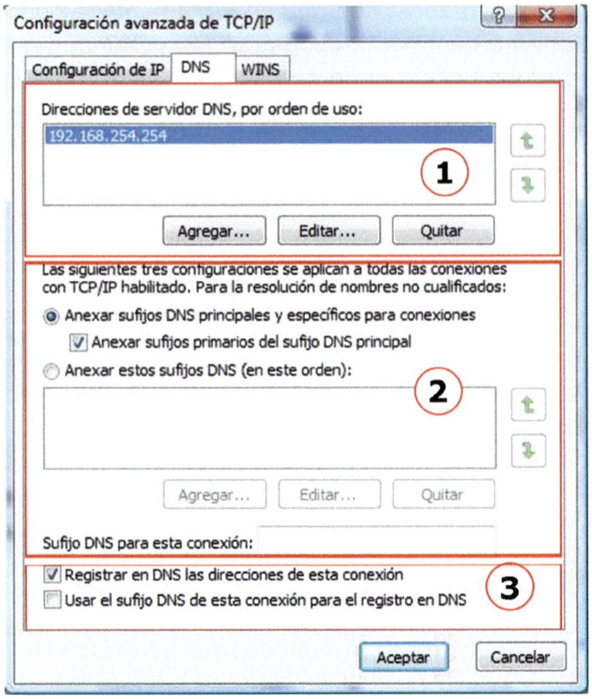

Figura 2.11. Configuración avanzada DNS.

En la parte central, marcada con el número 2, se configuran los sufijos DNS que se deben añadir si se utiliza un nombre no completamente cualificado. Por ejemplo, si tecleamos «ping director» estamos usando un nombre no cualificado y, por tanto, en la resolución DNS se añadirá automáticamente los sufijos DNS que aparezcan aquí (por ejemplo: «empresa.com»). La pantalla que se muestra en la Figura 2.11 se corresponde con la configuración por defecto en Windows. Veamos para qué sirve cada opción:

- **Anexar sufijos DNS principales y específicos:** indica que se van a añadir los sufijos principales, es decir, el nombre de dominio que hemos configurado cuando se configuró el nombre de ese PC y uno específico que se indica más adelante. Para que se añadan los sufijos principales, debe estar marcada la casilla «Anexar sufijos primarios...» y para añadir un sufijo específico deberemos rellenar la casilla «Sufijo DNS para esta conexión».
- **Anexar estos sufijos DNS:** si seleccionamos esta opción tendremos que especificar un conjunto de sufijos DNS que se añadirán en ese orden. En ese caso, las consultas DNS se realizarán añadiendo los sufijos especificados en el orden indicado.

En la última parte, marcada con el número 3, se especifica si queremos configurar nuestro PC para que actualice su dirección IP en el servidor DNS. Normalmente esto solo tiene sentido en una configuración de red en la que también gestionamos ese servicio y, aún así, no es muy habitual. Para evitar que el PC haga esas actualizaciones debemos desmarcar la opción «Registrar en DNS las direcciones de esta conexión».

Configurar el nombre DNS en un cliente Windows

Cuando instalamos Windows, normalmente le asignamos un nombre a nuestro ordenador. Sin embargo, si queremos tener totalmente configurado el cliente DNS en Windows será necesario configurar no solo el nombre sino también el dominio DNS al que pertenece. Esto se hace modificando las propiedades del sistema, por tanto desde el Panel de control accederemos al icono de «Sistema», ahí haremos clic sobre «Cambiar la configuración».

Con ello estaremos en disposición de cambiar algunos parámetros de configuración del PC y, entre ellos, la configuración del nombre DNS. En la Figura 2.12 se muestran los pasos que hay que seguir.

En la ventana Propiedades del sistema, pulsaremos sobre el botón Cambiar (indicado con el número 2 en la figura). En la ventana «Cambios en el dominio o el nombre del equipo» podremos cambiar el nombre de nuestro PC (que, en nuestro caso, se llama DUAL) por otro cualquiera. Ese nombre del PC se corresponde con el nombre de un nodo, según la nomenclatura que hemos usado a lo largo de este capítulo.

Además puede observarse que, en este caso, este PC no tiene configurado ningún nombre de dominio dado que el nombre completo del equipo es «DUAL» a secas, sin nada más. Para configurar el nombre del dominio al que pertenece este PC deberemos pulsar sobre el botón «Más» (indicado en la figura con el número 3) y nos aparecerá la ventana «Sufijo DNS y nombre NetBIOS del equipo». En esa casilla podremos configurar el nombre del sufijo DNS principal del dominio al que pertenece este ordenador.

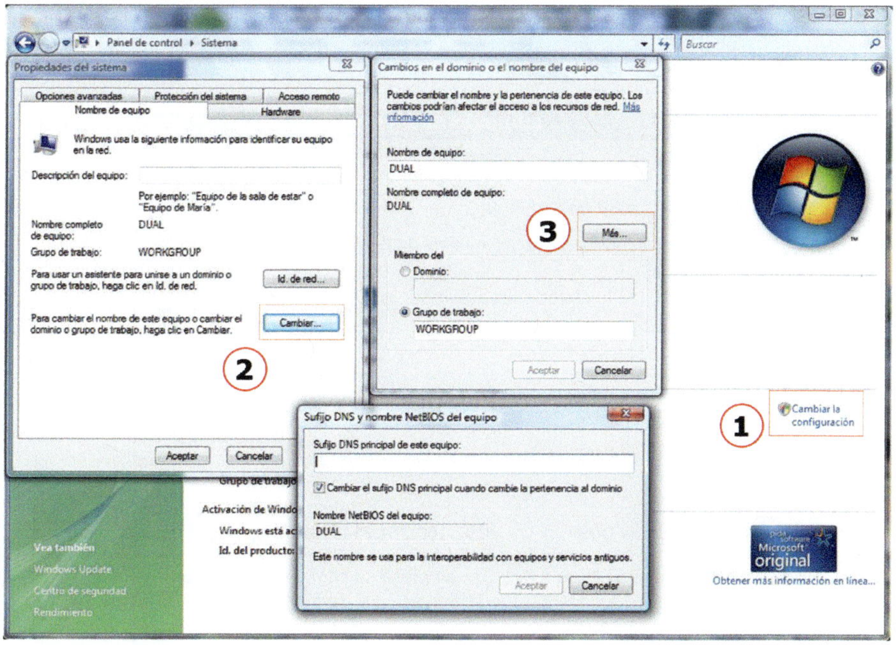

Figura 2.12. Modificar nombre DNS en Windows.

Aunque el PC accederá correctamente a Internet sin necesidad de configurar el sufijo DNS principal, puede ser buena idea configurarlo si gestionamos los ordenadores de una empresa bajo un mismo dominio DNS. Este sufijo se añadirá automáticamente a un nombre no cualificado, tal y como veíamos anteriormente.

2.11.2 Sistemas Linux-Ubuntu

La configuración de un cliente DNS en Linux también es sencilla. Si en nuestra red tenemos configurado un servidor DHCP, ocurre lo mismo que en Windows y, por tanto, no hace falta configurar nada.

TEN EN CUENTA QUE:

Si configuramos correctamente el sufijo DNS principal de nuestro ordenador, podremos acceder a todos los servicios de la empresa (suponiendo que estén bajo el mismo dominio DNS) sin tener que poner el nombre completo. Bastará con poner el nombre del ordenador al que quiero acceder.

Si queremos configurar manualmente el cliente DNS, podemos hacerlo a través de la interfaz gráfica que nos ofrece Ubuntu: «Network Manager» a la que se accede desde el menú de «Preferencias->Conexiones de red». En la pantalla que aparece, seleccionaremos la interfaz de red que deseamos configurar, tal y como se muestra en la Figura 2.13, y pulsamos en el botón «Editar».

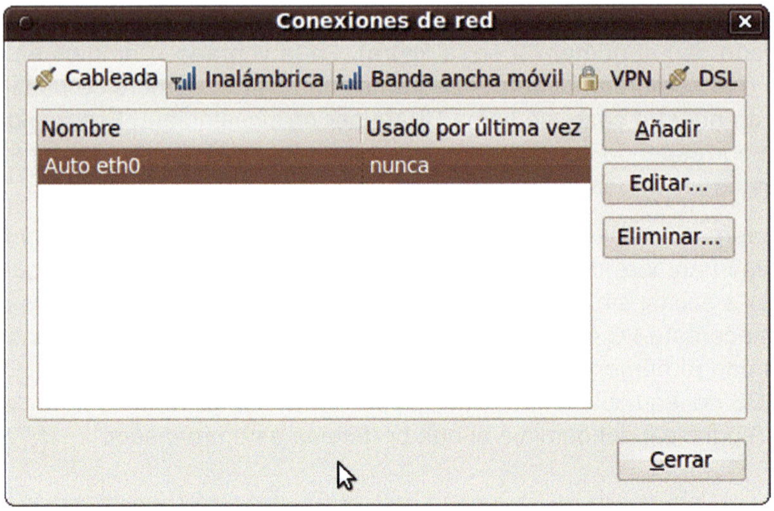

Figura 2.13. **Conexiones de red.**

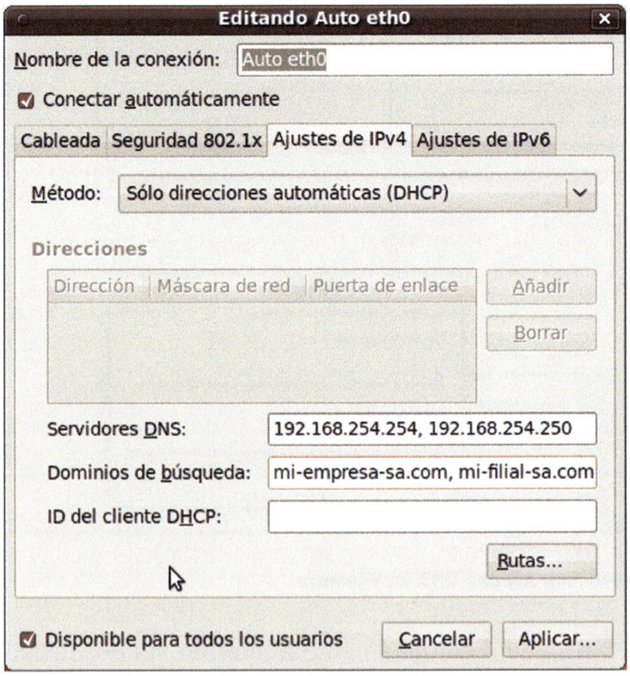

Figura 2.14. **Configuración cliente DNS en Ubuntu.**

En la Figura 2.14, se muestra la pantalla de configuración que debemos manipular. Para poder modificar las propiedades del cliente DNS, debemos tener seleccionada o bien la opción «Sólo direcciones automáticas» o la opción Manual. En ese caso podremos configurar los parámetros «Servidores DNS» y «Dominios de búsqueda». Como puede verse, se puede poner más de un servidor y dominio de búsqueda siempre que los separemos por comas.

TEN EN CUENTA QUE:

En estas páginas hemos usado el interfaz «Network Manager» disponible en Ubuntu. En otras distribuciones de Linux, las pantallas pueden ser distintas.

El cliente DNS, en este caso, tendrá configurados dos servidores DNS a los que puede acceder y dos dominios de búsqueda. Al igual que sucedía con los sufijos DNS que veíamos en la parte de Windows, los dominios de búsqueda se usan para el caso en el que utilice un nombre no cualificado. Así, por ejemplo, si tecleamos «ping pc-dire», el sistema operativo, si no encuentra esa dirección, continuará probando con «pc-dire.mi-empresa-sa.com» y con «pc-dire.mi-filial-sa.com».

Configuración del cliente DNS mediante ficheros en Linux

Si queremos configurar el cliente DNS editando directamente los ficheros de configuración, tendremos que editar el fichero «/etc/resolv.conf». En la Figura 2.15 se muestra el fichero resolv.conf que se corresponde con la configuración de la Figura 2.14.

```
jaime@jaime-desktop: ~
Archivo  Editar  Ver  Terminal  Ayuda
more jaime@jaime-desktop:~$ more /etc/resolv.conf
# Generated by NetworkManager
search mi-empresa-sa.com mi-filial-sa.com
nameserver 192.168.254.254
nameserver 192.168.254.250
jaime@jaime-desktop:~$
```

Figura 2.15. Fichero /etc/resolv.conf.

SABÍAS QUE:

El nombre del ordenador en Linux se especifica mediante el fichero /etc/hostname.

Como puede verse, la opción «search» permite especificar una lista de dominios DNS de búsqueda mientras que la opción «nameserver» contiene la dirección IP de un solo servidor. Por tanto, para configurar más de un servidor deberemos utilizar varias líneas «nameserver». Adicionalmente, la opción «domain» permite especificar el dominio al que pertenece ese ordenador.

OJO, si tenemos alguna aplicación como NetworkManager o algún cliente DHCP no debemos editar a mano este fichero, dado que es probable que se sobreescriba transcurrido un tiempo o al reiniciar.

Adicionalmente, existe un fichero denominado «/etc/hosts» que nos permite establecer una configuración estática nombre_ordenador,dirección_IP. Este fichero, como se puede ver en la Figura 2.16, contiene dos columnas. En la primera se especifica el nombre del ordenador, que podrá ser un FQDN o no. En la segunda columna se especifica la dirección IP. Este fichero tiene prioridad sobre las consultas DNS, por lo que si algo se encuentra aquí, no se consultará al servidor DNS.

```
jaime@jaime-desktop: ~
Archivo  Editar  Ver  Terminal  Ayuda
jaime@jaime-desktop:~$
jaime@jaime-desktop:~$ more /etc/hosts
127.0.0.1       localhost
127.0.1.1       jaime-desktop

# The following lines are desirable for IPv6 capable hosts
::1     localhost ip6-localhost ip6-loopback
fe00::0 ip6-localnet
ff00::0 ip6-mcastprefix
ff02::1 ip6-allnodes
ff02::2 ip6-allrouters
ff02::3 ip6-allhosts
jaime@jaime-desktop:~$
```

Figura 2.16. Fichero /etc/hosts.

SABÍAS QUE:

En Windows también existe un fichero «hosts». Está ubicado en \Windows\System32\drivers\etc y tiene el mismo formato que el fichero en Linux.

2.12 Servidores DNS en sistemas operativos libres y propietarios

En esta parte del capítulo vamos a ver cómo se configura un servidor DNS en Windows 2008 Server y en Ubuntu. Aunque observaremos diferencias, las bases son comunes. Antes de iniciar el proceso de instalación es importante que se entiendan los fundamentos teóricos del sistema DNS que hemos estado explicando a lo largo del capítulo.

TEN EN CUENTA QUE:

Si vamos a instalar un servidor DNS en un ordenador que usa direccionamiento privado, debemos tener en cuenta que debemos abrir el puerto 53 TCP y UDP para que las peticiones entrantes se redirijan desde el router al servidor en cuestión.

Nota: Durante todo este apartado se usarán direcciones públicas que, en la actualidad, no están asignadas. Se trata del prefijo de red 100/8. Se han usado direcciones públicas para enfatizar que, en general, se usarán direcciones públicas al configurar un servicio DNS. Por tanto, a la hora de configurar realmente un servidor DNS deberán usarse o bien las direcciones públicas que tenemos asignadas o bien direcciones privadas, si estamos haciendo pruebas en un laboratorio de redes.

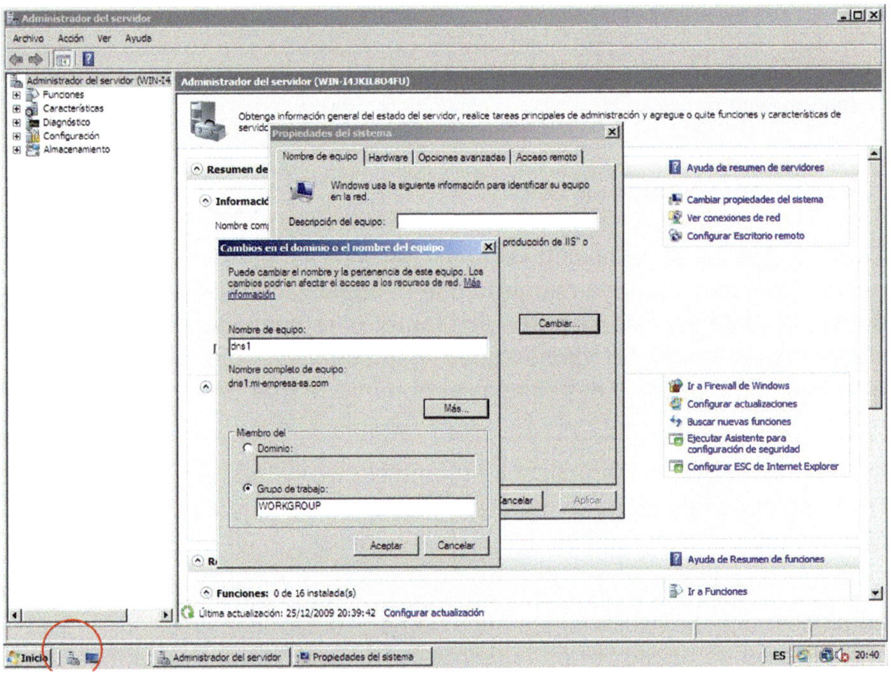

Figura 2.17. Configuración nombre en Windows 2008 Server.

2.12.1 Servidores DNS en Windows 2008 Server

TEN EN CUENTA QUE:

Aunque el proceso de instalación y configuración es distinto, sí que hay un paso común a ambas plataformas. Es necesario que la configuración IP del servidor DNS sea manual. Además, deberemos asegurarnos de que el nombre y el dominio están correctamente configurados, tal y como se ha señalado en el apartado 2.11 de este capítulo.

Comenzaremos considerando que tenemos nuestro servidor de forma que la configuración IP está establecida manualmente y que le hemos configurado un nombre y un dominio. Este proceso es muy parecido al que veíamos en el apartado anterior por lo que aquí solo vamos a poner el resultado, que se muestra en la Figura 2.17. A esta pantalla se puede acceder fácilmente desde el icono que está marcado en rojo en la figura.

Como puede verse, el nombre FQDN de este servidor es: «dns1.mi-empresa-sa.com». Ahora el siguiente paso será el de instalar el servidor DNS. Esto se puede hacer o bien haciendo clic en el enlace «Agregar funciones» de la misma pantalla que se muestra en la Figura 2.17, o bien hacerlo desde la pantalla de «Tareas de Configuración Inicial», que es como se muestra en la Figura 2.18.

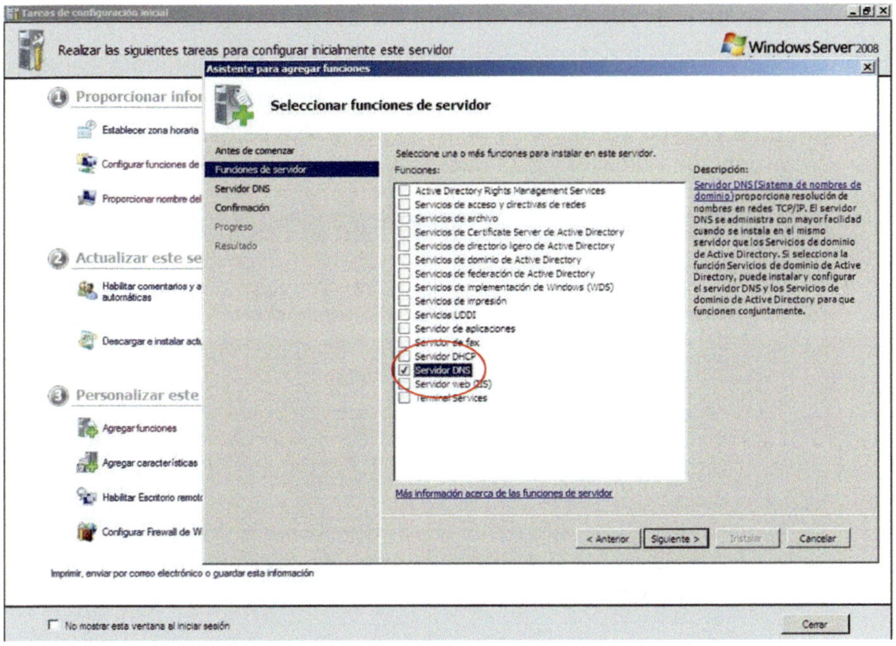

Figura 2.18. **Instalación servidor DNS en Windows 2008 Server.**

En esa pantalla tendremos que seleccionar «Servidor (DNS)» y pulsar en Siguiente. En la pantalla que aparece después, pulsamos «Siguiente» y finalmente pulsaremos en el botón «Instalar». Si todo va bien, habremos instalado el servidor DNS en el ordenador.

El siguiente paso será configurarlo, para lo cual desde el menú Inicio de Windows accederemos a «Herramientas administrativas» y ahí seleccionaremos la opción que pone «DNS». Al hacer esto, se abrirá la pantalla que se muestra en la Figura 2.19.

Figura 2.19. **Configuración inicial servidor DNS.**

RECUERDA:

Siempre debemos comenzar con el servidor primario. Una zona DNS siempre tendrá un servidor primario asociado.

Configurar un servidor principal y su zona correspondiente

Una vez hecho esto, se abrirá el asistente. Después de la primera pantalla, se mostrará una que nos permite seleccionar el tipo de zona que deseamos configurar, tal y como se muestra en la Figura 2.20, seleccionaremos la opción Crear una zona de búsqueda directa.

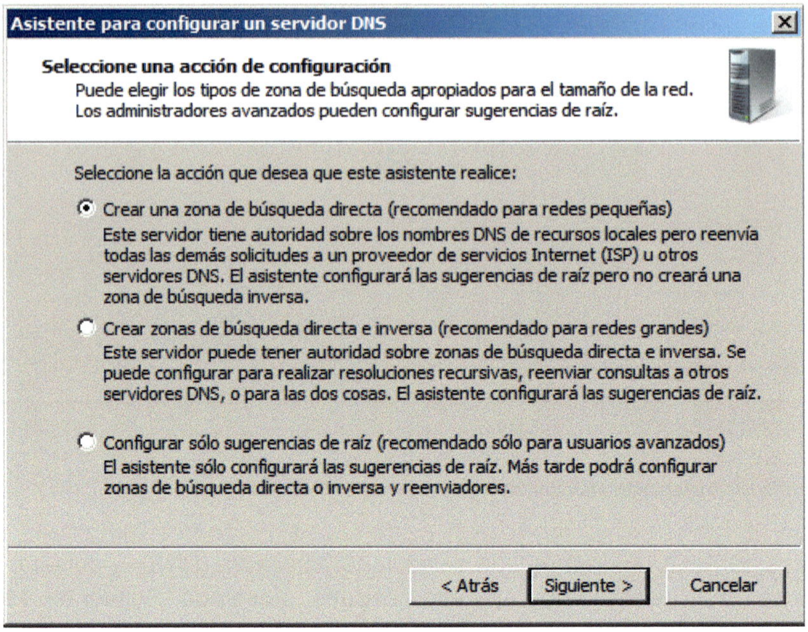

Figura 2.20. Crear solo zona directa.

No utilizaremos la opción Crear zona directa e inversa porque, como hemos dicho anteriormente (apartado 2.5.4), no siempre vamos a tener delegada la zona inversa.

En la siguiente pantalla, que se muestra en la Figura 2.21, seleccionaremos que deseamos que nuestro servidor DNS tenga los datos de la zona (que sea primario).

TEN EN CUENTA QUE:

Si también tenemos delegada la zona inversa, será necesario crear tanto la zona directa como la zona inversa en la pantalla de la Figura 2.20.

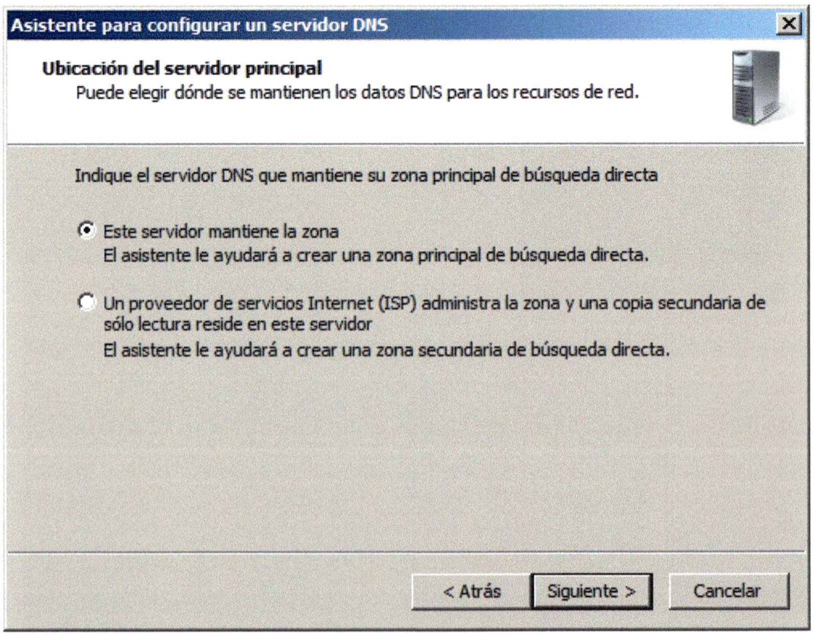

Figura 2.21. Seleccionar configuración zona primaria.

Si pulsamos en el botón Siguiente, nos aparece la siguiente pantalla en la que escribiremos el nombre de la zona DNS que vamos a usar. En este caso será «mi-empresa-sa.com», tal y como se muestra en la Figura 2.22.

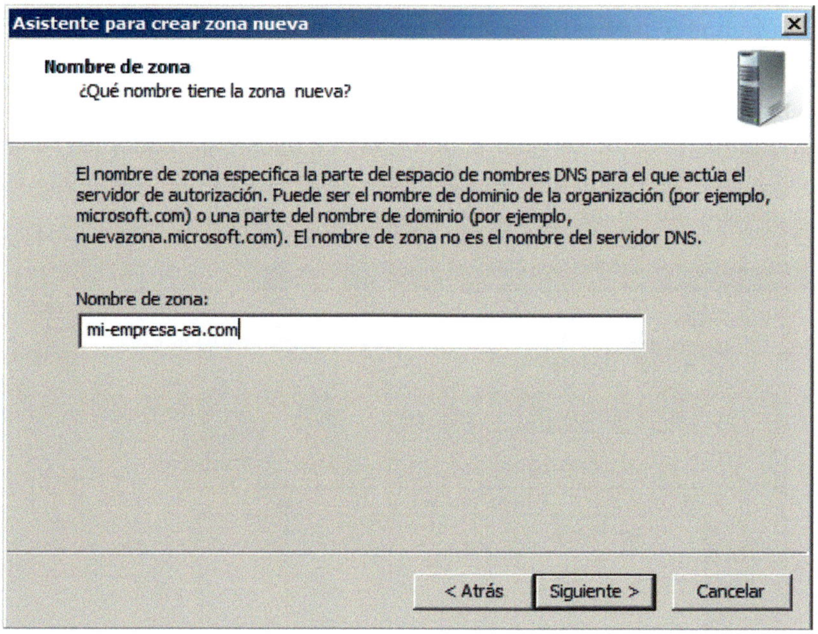

Figura 2.22. Selección del nombre de la zona.

La siguiente pantalla (que no mostramos) que aparecerá será la de selección del nombre del fichero de la zona. Dejaremos que sea el sistema operativo el que cree y determine el nombre del fichero de la zona. Después de seleccionar el nombre del fichero de la zona, pasaremos a determinar si queremos que funcione el mecanismo de actualizaciones automáticas o no (Figura 2.23).

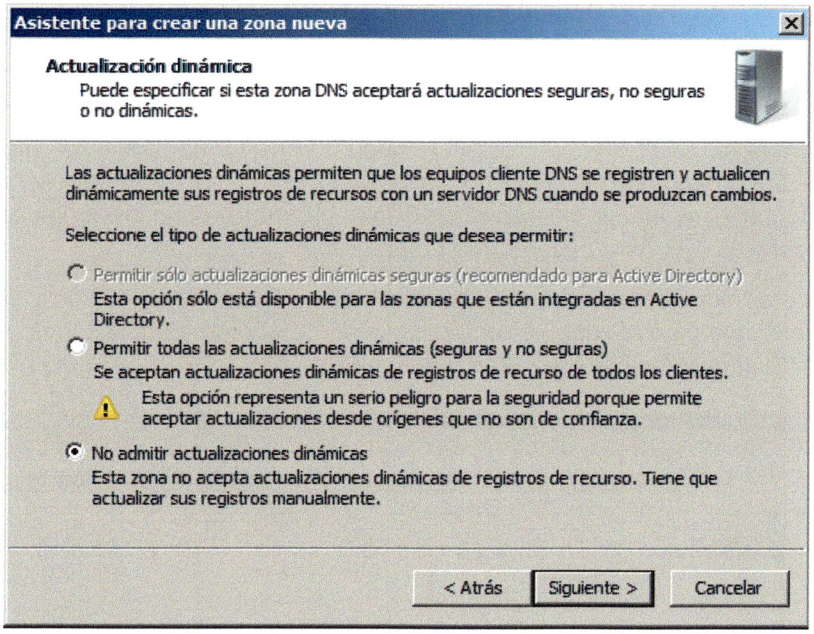

Figura 2.23. Actualizaciones dinámicas.

Es importante que señalemos la opción «No admitir actualizaciones dinámicas». Las actualizaciones dinámicas permiten que un cliente DNS informe al servidor que la dirección IP del cliente ha cambiado, con objeto de que el servidor actualice la entrada A automáticamente. Esto representa una ventaja a la hora de administrar una red, pero es un serio problema de seguridad si no se permite que solo los clientes DNS autorizados realicen las actualizaciones. En este caso estamos configurando una zona sencilla, por lo que no vamos a usar esta opción.

Finalmente, en la pantalla siguiente (Figura 2.24), se muestra la opción de seleccionar o no el uso del reenvío en este servidor. Si se hace uso de los reenviadores, nuestro servidor contactará con ellos para poder responder a las consultas sobre las que no tiene datos; en ese caso deberíamos poner ahí el nombre de un servidor DNS proporcionado por nuestro ISP.

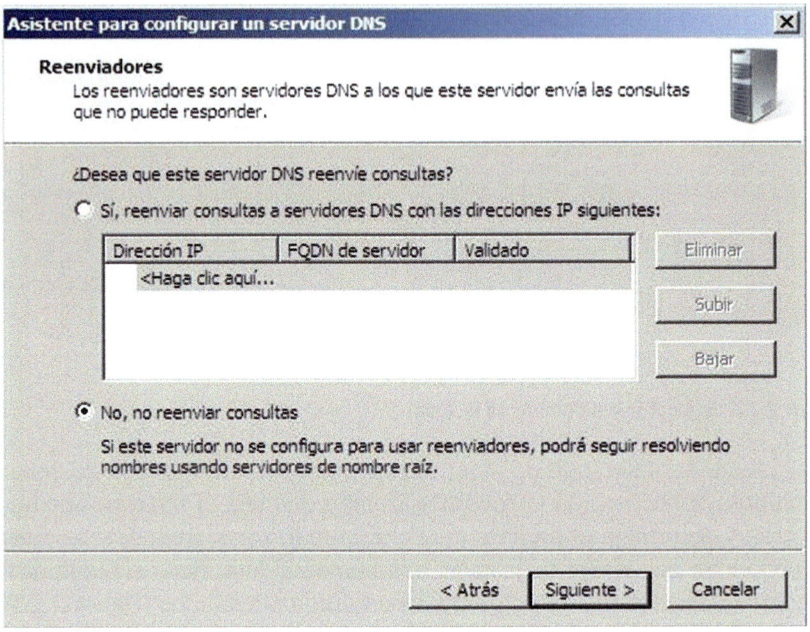

Figura 2.24. Uso o no de reenviadores.

> **TEN EN CUENTA QUE:**
>
> Al no reenviar consultas hacemos que nuestro servidor DNS sea independiente del servidor DNS del ISP, de esta forma si el servidor DNS del ISP falla, nuestro servidor seguirá funcionando.

Sin embargo, nosotros no vamos a hacer uso de esta facilidad dado que no queremos depender del servidor DNS de nuestro ISP. Por tanto, seleccionaremos la opción «No, no reenviar consultas» de forma que si hay alguna consulta que nuestro servidor no supiera responder, nuestro propio servidor contactará con los servidores raíz, usando los mecanismos estudiados en el apartado 2.5, para encontrar la respuesta.

Una vez hecho esto, ya tendremos configurado el servidor DNS como servidor primario para la zona «mi-empresa-sa.com», ahora nos falta terminar de configurar la zona y añadir datos a la misma.

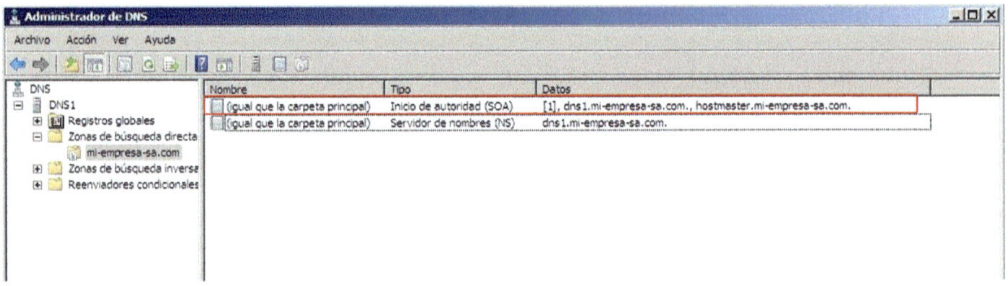

Figura 2.25. Zona «mi-empresa-sa.com» recién creada.

En la Figura 2.25 se muestra una sección de la pantalla de configuración del servidor DNS justo después de añadir la nueva zona. A continuación vamos a ajustar algunos detalles de la configuración y a explicar cómo se configuran los parámetros principales de la zona. Para ello haremos doble clic en el primer registro, el que se refiere al SOA, y nos aparecerá una pantalla de configuración general de la zona, tal y como se muestra en la Figura 2.26.

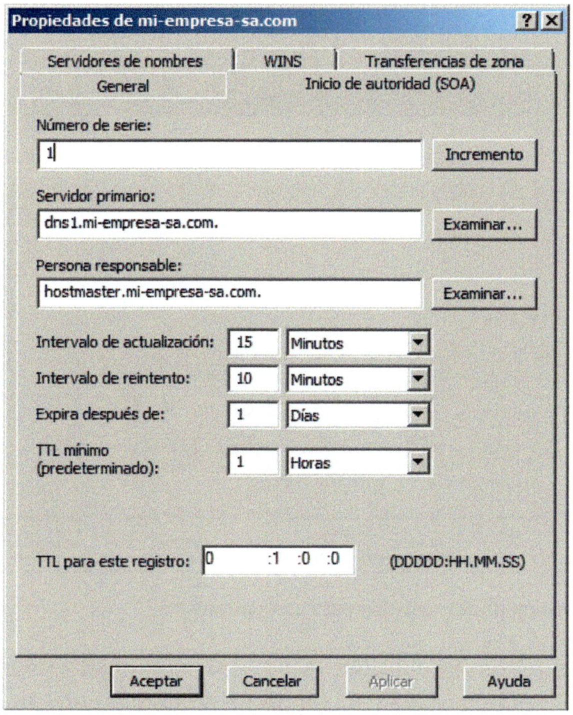

Figura 2.26. Configuración del SOA.

> **RECUERDA:**
> El SOA indica los datos de inicio de autoridad del dominio, entre otros, indica la frecuencia de actualización y el FQDN del servidor primario.

Configurar SOA

En la Figura 2.26 se muestra la configuración del RR SOA. Dado que en los apartados anteriores estudiamos este registro con detenimiento, no nos detendremos en explicar cada parámetro. No obstante, sí puede ser interesante destacar que en Windows el número de serie comienza en 1 y se va incrementando conforme se realicen modificaciones en la zona. Cada vez que modifiquemos algo, el número de serie se incrementará automáticamente, por lo que no es necesario preocuparse de esto. No obstante, si fuera necesario podemos pulsar el botón «Incremento» para forzar un cambio en el número de serie del SOA. Es importante que nos aseguremos que el campo servidor primario se corresponde con el FQDN de nuestro servidor. También deberemos asegurarnos que la dirección de email que aparece representada en el campo «Persona responsable» se corresponde con una dirección de email que pueda leer el administrador del servicio DNS.

> **RECUERDA:**
> Si la dirección de email de la persona responsable es hostmaster@mi-empresa-sa. es, en el campo correspondiente deberemos rellenar hostmaster. mi-empresa-sa.es.

Configurar entradas NS

Antes de continuar, es importante que nos aseguremos que la lista de servidores de nombres de la zona está correctamente configurada y que se corresponde con lo que aparece en la zona padre «.com». Para configurar los registros NS de esta zona, deberemos seleccionar la pestaña «Servidores de nombres», aparecerá una pantalla similar a la de la Figura 2.27.

En este caso puede observarse que tan solo hay una entrada NS y que, además, no se conoce la dirección IP de este servidor. Por tanto, se hace preciso, antes de continuar, configurar el resto de entradas NS y, además, las direcciones IP de estos.

RECUERDA:

Las entradas NS son los distintos servidores de nombres para esa zona.

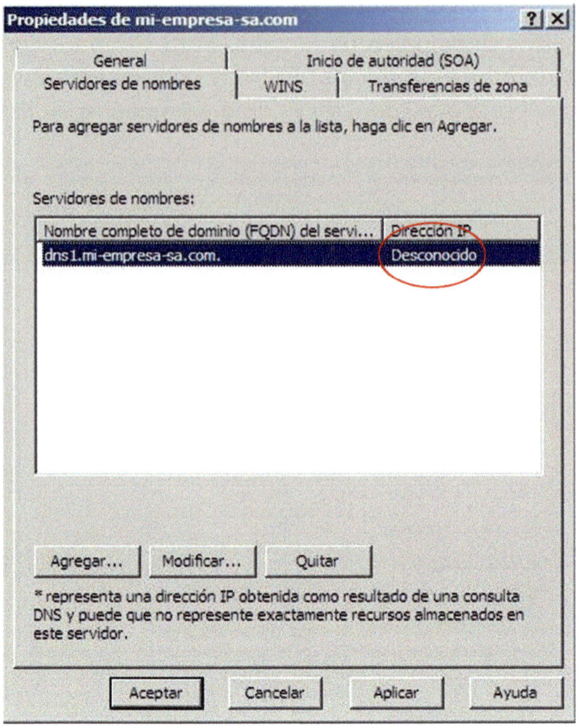

Figura 2.27. Dirección IP desconocida para una entrada NS.

Para ello pulsaremos en el botón «Modificar» con objeto de indicar la dirección IP para el servidor «dns1.mi-empresa-sa.com». Esto se muestra en la Figura 2.28. Si el nombre del servidor tampoco fuera correcto, tendríamos que eliminar la entrada (Quitar) y agregar una nueva.

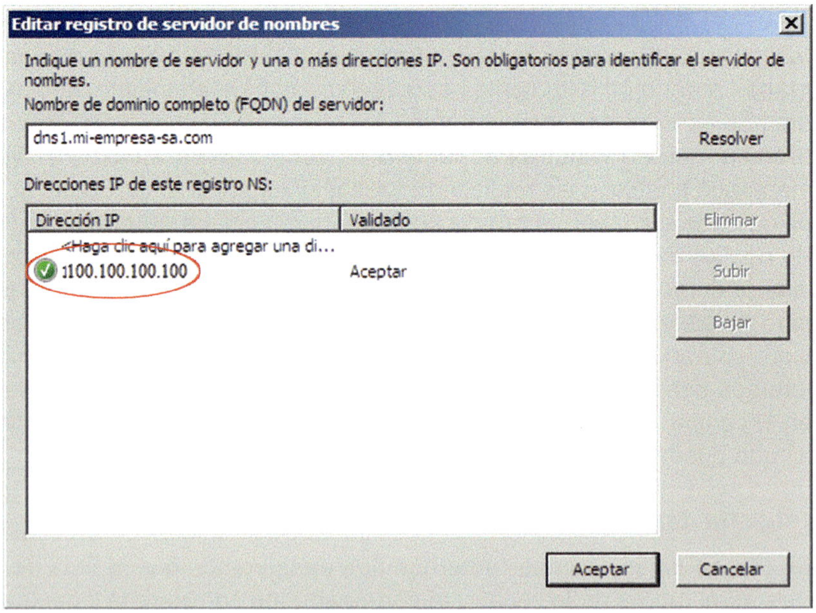

Figura 2.28. Especificando una dirección IP para un servidor de nombres.

RECUERDA:

Además de configurar nuestro servidor DNS, es preciso «enlazarlo» en la jerarquía DNS.

Para ello deberemos acceder a la página web de la empresa donde hemos registrado el dominio y suministrarle la lista de servidores de nombres y las direcciones IP de los mismos.

En este caso hemos especificado que la dirección IP del servidor de nombres «dns1.mi-empresa-sa.com» es 100.100.100.100.

Si nuestra zona tiene más servidores, este puede ser un buen momento para configurarlos. En la Figura 2.29 se muestra un ejemplo con tres servidores de nombres, uno de ellos fuera de la zona.

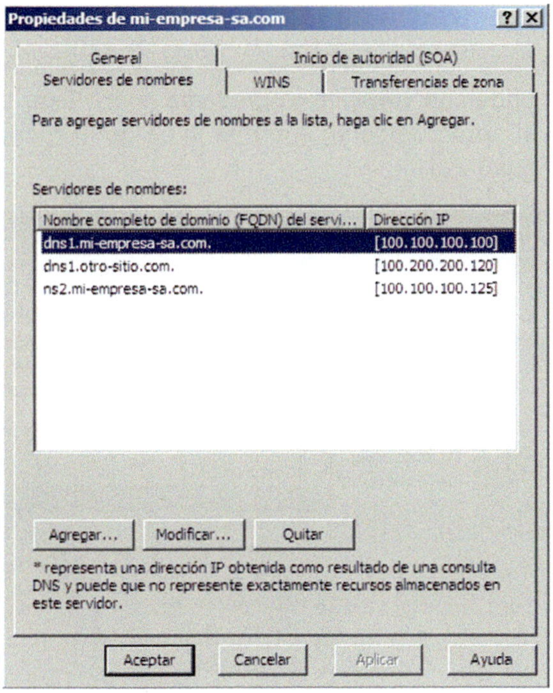

Figura 2.29. Lista de NS completa.

Transferencia de zona

El siguiente paso es especificar desde qué ordenadores se va a permitir una transferencia de zona. La transferencia de zona consiste en una petición especial que hace un ordenador para que nuestro servidor le envíe el contenido completo de la zona. Normalmente, solo los servidores secundarios van a necesitar hacer esta operación dado que los servidores y clientes DNS en Internet solo deben preguntar por una entrada determinada. Por tanto, se debe restringir la transferencia de zona de forma que solo se responda si se trata de alguno de los servidores secundarios.

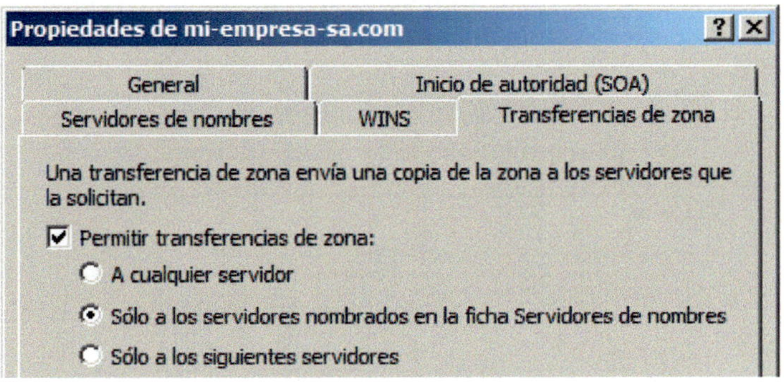

Figura 2.30. Controlando las transferencias de zona.

Esta opción se puede configurar en la pestaña «Transferencias de zona», tal y como se muestra en la Figura 2.30. En este caso, hemos dejado la opción señalada por defecto que solo permite las transferencias de zona a los servidores secundarios. Si los servidores secundarios tuvieran varias direcciones IP distintas de la que aparece en la lista de NS, tendríamos que especificar manualmente todas las direcciones IP que queremos que estén autorizados (opción: «Sólo a estos servidores»). La opción «A cualquier servidor» solo debe usarse si estamos buscando un fallo y queremos asegurarnos que no es debido a una falta de permisos a la hora de hacer la transferencia.

TEN EN CUENTA QUE:

Para configurar una zona y conectarla a Internet, nuestro Registrar nos va a pedir que configuremos, como mínimo, dos servidores de nombres distintos.

TEN EN CUENTA QUE:

Por razones de seguridad solo debe permitirse la transferencia de zona a los servidores secundarios.

Añadir nuevas entradas en la zona

Una vez configurada correctamente la zona, vamos a añadir una entrada A que se corresponde con «www.mi-empresa-sa.com». Esto se puede hacer pulsando, con el botón derecho, sobre la línea de la zona, tal y como se muestra en la Figura 2.31.

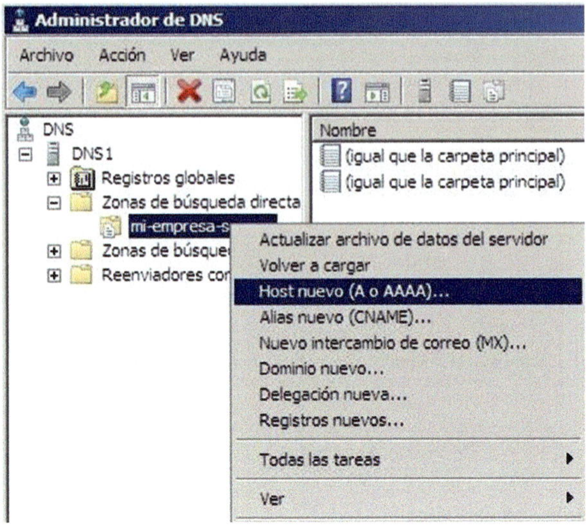

Figura 2.31. Añadir una entrada A.

Como se puede observar, desde este menú se puede añadir cualquier RR, crear un nuevo subdominio e incluso una nueva delegación. Añadiremos una nueva entrada A denominada «www.mi-empresa-sa.com» con la IP 100.100.200, tal y como se muestra en la Figura 2.32.

En este caso es necesario señalar que, en primer lugar, el nombre que deberemos usar al teclearlo es el nombre sin cualificar ya que será el propio servidor el que le añada, al final, el nombre de la zona. Además, en este caso, y dado que no hemos configurado la zona inversa, la opción de crear el registro inverso debe estar NO marcada. Al pulsar en «Agregar Host», esa nueva entrada A estará creada.

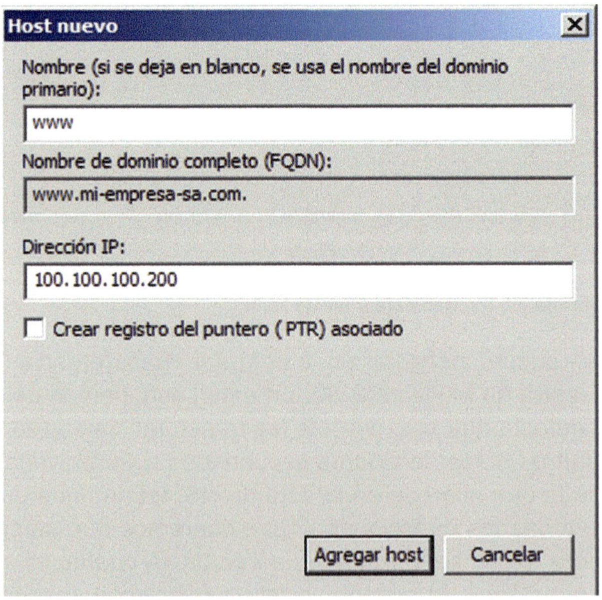

Figura 2.32. Especificar una nueva entrada A.

SABÍAS QUE:

Existen empresas que ofrecen el servicio de servidor secundario de nuestra zona. Incluso algunos son gratuitos. ¡Búscalos en Internet!

Finalmente, observemos cómo ha quedado todo. Para ello seleccionamos la zona que hemos estado editando y pulsamos en el botón Actualizar (marcado con un círculo rojo). Todo esto se muestra en la Figura 2.33.

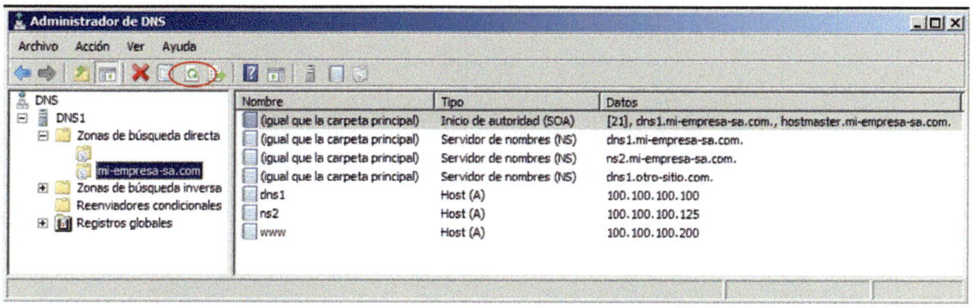

Figura 2.33. Configuración final.

Aquí es importante destacar lo siguiente:

- El número de serie del SOA se ha incrementado con cada cambio que hemos hecho.
- Las entradas A de los NS dentro de la zona se han creado automáticamente a la hora de especificar los servidores de nombres. Las entradas A de los NS fuera de la zona no aparecen porque no hace falta. No obstante, el servidor tiene registradas todas las entradas A de todos los servidores de la zona.
- Los nombres, en la parte izquierda, son relativos. Eso significa que para construir el FQDN hay que añadir «mi-empresa-sa.com».

ACTIVIDAD PROPUESTA 2.11

Continúa configurando el servidor DNS añadiendo una entrada CNAME para ftp.mi-empresa-sa.com que apunte al servidor web de la empresa. Así mismo, añade un servidor de correo, con prioridad 10, que se llame «mx.mi-empresa-sa.com» y con dirección IP 100.100.100.10.

Configuración de la zona inversa

Para configurar una zona inversa, basta con hacer clic con el botón derecho del ratón en la opción «Zonas de búsqueda inversa» que está justo debajo de las zonas directas. La diferencia consiste en que tendremos que especificar la red IP a la que se refiere esa zona que vamos a gestionar, por ejemplo, 100.100.100.0 o indicar directamente la zona dentro del dominio «in-addr.arpa» que vamos a gestionar. Por lo demás, se configura de la misma forma que lo hemos hecho para la zona directa. Eso sí, con las diferencias intrínsecas a este dominio.

No obstante, conviene recodar que así como para gestionar una zona directa basta con comprar el dominio, para gestionar la zona inversa es necesario que nuestro ISP (que es quien nos ha dado las direcciones IP que usamos) nos delegue la gestión de la zona inversa.

Configurar un servidor secundario

Para configurar un servidor secundario, basta con crear una nueva zona. Para ello situaremos el ratón sobre la opción «Zonas de búsqueda directa» y pulsaremos el botón derecho. A continuación seleccionaremos «Nueva zona». En la pantalla que aparece pulsamos en «Siguiente» y nos aparecerá la pantalla que se muestra en la Figura 2.34.

RECUERDA:

Un servidor secundario es aquel que no tiene los datos originales de la zona sino que tiene una copia. Los servidores secundarios contactarán con el primario para obtener, mediante una transferencia de zona, esa copia.

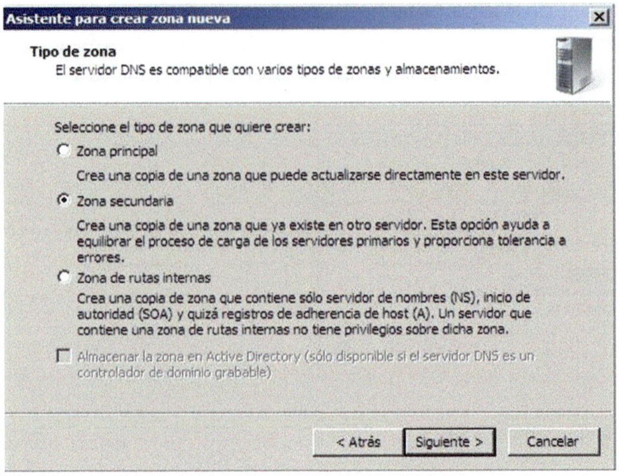

Figura 2.34. Selección de zona secundaria.

En esta pantalla seleccionaremos la opción «Zona secundaria» y pulsamos en «Siguiente». La pantalla que nos aparecerá a continuación es muy parecida a la de la Figura 2.22; en ella tan solo deberemos rellenar el nombre de la zona en cuestión. Una vez hecho esto se nos mostrará una pantalla en la que tendremos que teclear la dirección IP del servidor principal o maestro. Una vez hecho esto deberíamos tener configurado nuestro servidor como secundario de esa zona.

Hay que tener en cuenta que un servidor puede ser, a la vez, primario de una serie de zona y secundario de otras. La única limitación es, obviamente, que no puede ser a la vez primario y secundario de la misma zona.

Configurar un servidor como reenviador

Cuando configuramos el servidor DNS como primario de la zona directa «miempresa-sa.com», la configuramos para que nuestro servidor contactara con los servidores raíz si, para alguna consulta, no tenía la respuesta por no ser de la zona o por no estar almacenada en la caché.

Sin embargo, en algunas configuraciones de red, nos interesa que un servidor DNS sea capaz de resolver cualquier consulta pero, en vez de buscar la respuesta en la jerarquía DNS preferimos que las consultas externas se realicen a otro servidor de nombres, por ejemplo el de nuestro ISP. El funcionamiento del servidor reenviador lo estudiábamos en el apartado 2.7.

Para configurar un servidor DNS para que en vez de consultar a la raíz, consulte a otro servidor de nombres hay que hacer clic con el botón derecho en la zona marcada con una elipse de color rojo (ver Figura 2.35) y seleccionar la opción «Propiedades».

Aparecerá la ventana de propiedades y seleccionamos la pestaña «Reenviadores». Una vez hecho esto, seleccionamos la pestaña «Editar». A la hora de editar los servidores de reenvío deberemos usar la dirección IP que nos haya dicho nuestro ISP. Una vez que tecleemos ahí la dirección IP, nuestro servidor comprobará si esa IP que hemos puesto es válida como servidor de reenvío. Si lo es, aparecerá una señal de «OK» de color verde, tal y como aparece en la Figura 2.35. Deberemos configurar al menos dos servidores de reenvío en esta pantalla, aunque no es obligatorio.

Hecho esto, ya tenemos configurado nuestro servidor para que actúe como reenviador. No obstante, es importante señalar que solo debemos establecer como servidores de reenvío aquello que nos haya suministrado nuestro

RECUERDA:

Un reenviador es un servidor DNS que para aquellas consultas que no sepa responder, en vez de consultar a los servidores raíz, consulta al servidor DNS del ISP.

ISP. Por ejemplo, la dirección IP que aparece como servidor de reenvío en la Figura 2.35 se corresponde con una IP de Telefónica. Sólo debemos usar esa IP si nuestro ISP es Telefónica y si esta compañía nos ha dicho que usemos ese servidor.

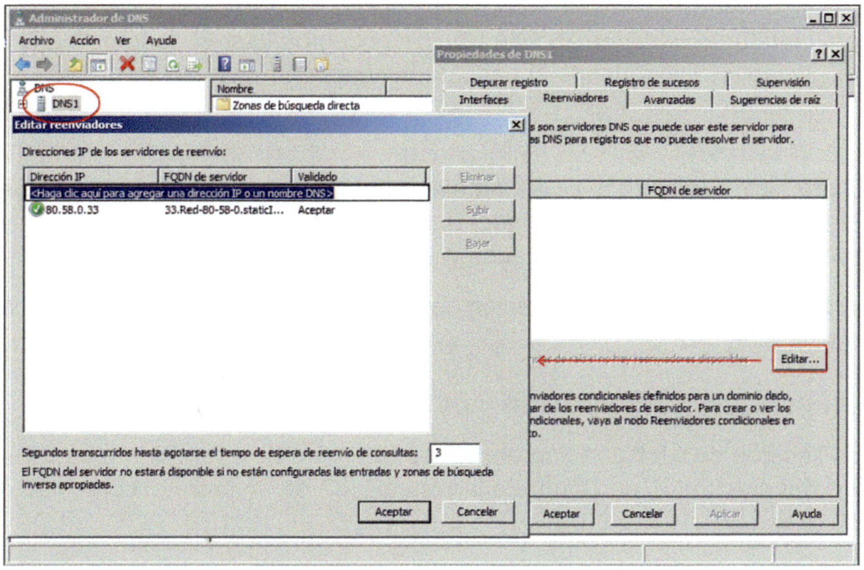

Figura 2.35. **Configuración de un reenviador.**

Arranque y parada del servidor

Para arrancar y parar el servidor DNS en Windows puede, o bien usarse los mecanismos habituales de Windows para arrancar y parar servicios o usar una opción disponible directamente desde la aplicación de configuración del servidor, tal y como se muestra en la Figura 2.36.

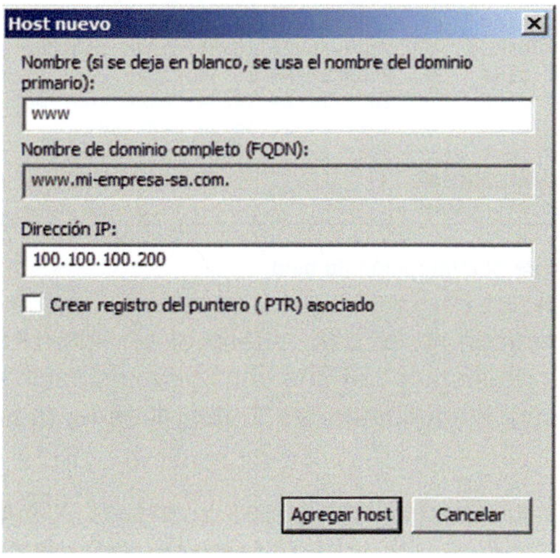

Figura 2.36. **Parada del servidor DNS.**

2.12.2 Servidores DNS en Linux

El servidor más extendido en sistemas operativos basados en Linux, y en general en todos los sistemas Unix, se llama BIND y lo desarrolla una empresa sin ánimo de lucro denominada ISC (*Internet Systems Consortium*). Nos basaremos, por tanto, en este programa por ser el más extendido y porque nos permitirá configurar un servidor DNS en cualquier plataforma Unix/Linux.

Aunque usaremos como base la distribución de Linux «Ubuntu», todo lo que expliquemos aquí puede ser trasladado, con pequeñas diferencias como la ubicación de los ficheros, a cualquier otra distribución.

Instalación del servidor DNS

Para instalar el servidor DNS en Ubuntu podemos usar el gestor de paquetes «Synaptic» o instalando el paquete directamente mediante apt-get:

```
# apt-get –install bind9
```

Es probable que, a la hora de instalar, el programa de instalación nos pregunte si queremos instalar paquetes adicionales como, por ejemplo, «dnsutils». Son paquetes recomendados y, por tanto, debemos instalarlos.

Todos los ficheros de configuración deben ser editados con los permisos del usuario root.

Ficheros de configuración y estructura general de bind

Los ficheros de configuración en la instalación de bind en Ubuntu están debajo del directorio /etc/bind. En la Figura 2.37 se muestra el contenido de ese directorio.

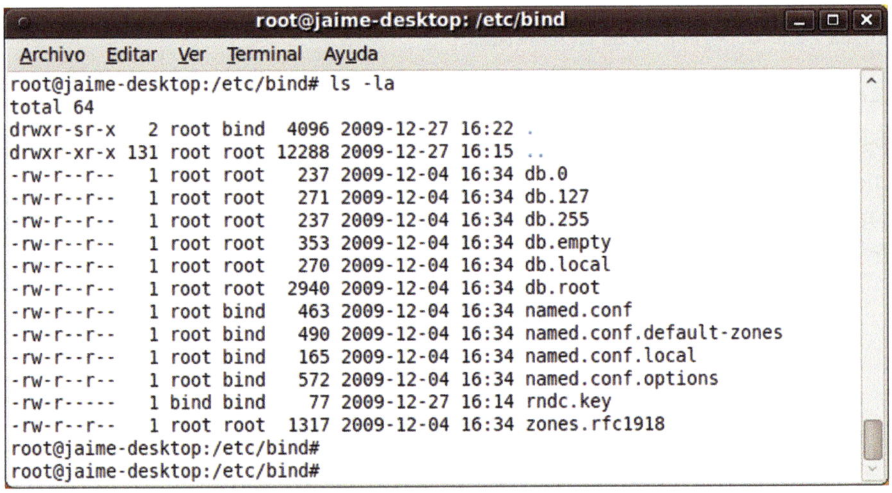

Figura 2.37. Ficheros de configuración de bind.

Estos ficheros aparecen nada más instalar el servidor DNS, esto es debido a que el programa de instala con una configuración básica e incluso con determinadas zonas ya preconfiguradas. Estos ficheros más importantes son los siguientes:

- **Ficheros db:** contienen tres zonas inversas: 0.in-addr.arpa, 127.in-addr.arpa y 255.in-addr.arpa.Estas tres zonas están siempre configuradas y hacen referencia al nodo local: localhost. Además, contiene una zona directa vacía «db.empty» que usaremos como punto de partida para crear nuestras propias zonas, la zona directa local (para usarlo con el nombre localhost) y, finalmente, el fichero «db.root» que realmente contiene las direcciones IP de los trece servidores raíz.
- **Ficheros named.*:** hacen referencia a los ficheros de configuración del servidor. Aunque toda la configuración podría escribirse en el fichero «named.conf», en este caso no se hace así. El fichero «named.conf»

SABÍAS QUE:

BIND son las siglas de *Berkeley Internet Name Domain* dado que fue en la Universidad de Berkeley, Estados Unidos, donde se desarrollaron las primeras versiones de este programa.

En la actualidad, el desarrollo de este programa lo realiza una entidad sin ánimo de lucro que se llama ISC.

SABÍAS QUE:

Localhost es un nombre especial que se usa para referirnos a nuestro propio ordenador. Utiliza la dirección IP de loopback, es decir 127.0.0.1.

Bind configura por defecto una serie de zonas directas e inversas para referirse a este nodo y a esta dirección IP.

no se debe tocar, el fichero «named.conf.options» se usará para especificar las opciones globales del servidor y, finalmente, el fichero «named.conf.local» será el que tengamos que editar para crear las nuevas zonas.

Es importante señalar que el proceso del servidor DNS se llama «named» y que se ejecuta como el usuario «named». Esto es importante a la hora de localizar el propio proceso y para identificar posibles problemas con los permisos de los ficheros.

Crear una zona primaria

A continuación vamos a describir cómo se configura una zona primaria. Comenzaremos editando el fichero «named.conf.local» en el que especificaremos el nombre de la zona, el tipo y otros parámetros de interés. En la Figura 2.38 se muestra la zona primaria «mi-empresa-sa.com», también se muestra una zona secundaria que estudiaremos más adelante.

En este y otros ficheros de configuración, todas las líneas que comiencen por «//» se consideran comentarios escritos y, por tanto, no van a ser procesados por el servidor al arrancar.

Se puede observar que hemos introducido los datos de las zonas en mitad del fichero (la parte de comentarios que está escrita en inglés pertenece al fichero original), hemos especificado dos zonas distintas «mi-empresa-sa.com» que es una zona primaria y «otra-empresa-sa-com» que es una zona secundaria y que estudiaremos más adelante.

SABÍAS QUE:

Una buena forma de eliminar provisionalmente una zona o un opción de configuración es anteponer «//» de forma que el servidor lo considere un comentario y pase por alto esa línea.

```
root@jaime-desktop: /etc/bind
Archivo  Editar  Ver  Terminal  Ayuda
//
// Do any local configuration here
//

zone "mi-empresa-sa.com" {
        type master;
        file "/etc/bind/primario/db.mi-empresa-sa.com";
        allow-transfer { 100.100.100.200; };
};

zone "otra-empresa-sa.com" {
        type slave;
        masters  { 100.200.200.200; };
        file "/etc/bind/secundario/db.otra-empresa-sa.com";
        allow-transfer  { none; };
};

// Consider adding the 1918 zones here, if they are not used in your
// organization
//include "/etc/bind/zones.rfc1918";
```

Figura 2.38. Definición de zonas.

RECUERDA:

La transferencia de zona consiste en una petición especial que hace un ordenador para que nuestro servidor le envíe el contenido completo de la zona.

Respecto a la zona «mi-empresa-sa.com» es importante señalar lo siguiente:

- Con **type** especifico el tipo de zona que voy a usar; «master» significa que se trata de una zona en la que este servidor es el primario. Es decir, una zona primaria.
- Con **file** especifico el fichero que contiene los datos de esa zona. Por ahora no existe, ya lo crearemos en el siguiente paso.
- Con **allow-transfer** limito las direcciones IP que pueden solicitar una transferencia de zona. Normalmente solo los servidores secundarios

TEN EN CUENTA QUE:

Para modificar los permisos de un fichero se puede usar el gestor de ficheros o bien, desde un terminal, usar la orden «chmod». En el caso de añadir permiso de escritura al grupo, se debe teclear «chmod g+w <nombre_de_fichero>».

RECUERDA:

En el apartado 2.9 veíamos que el valor de TTL es un campo que puede existir para cada RR y que si no se especifica, se tomaría uno por defecto. La variable $TTL especifica ese valor por defecto.

Si se especificara, se escribiría justo después del nombre del RR y antes de «IN».

van a necesitar hacer esta operación dado que los servidores y clientes DNS en Internet solo deben preguntar por una entrada determinada. Por tanto, se debe restringir la transferencia de zona de forma que solo se responda si se trata de alguno de los servidores secundarios. Las direcciones IP que aparezcan aquí serán las únicas que están autorizadas. Si no se especifica esta directiva, se permitirá la transferencia de zona desde cualquier dirección IP.

Para crear el nuevo fichero de zona, primero crearemos un directorio bajo «/etc/bind/» denominado «primario» y, posteriormente, copiaremos el fichero db.empty a ese directorio usando como nombre de destino «db.mi-empresa-sa.com» (cp /etc/bind/db.empty /etc/bind/primario/db.mi-empresa-sa.com». Deberemos asegurarnos de que tanto el directorio como el propio fichero de la zona tienen, al menos, permisos de lectura para el grupo y que el grupo sea «bind».

Hecho esto, editaremos el fichero, siendo el resultado el que se muestra en la Figura 2.39.

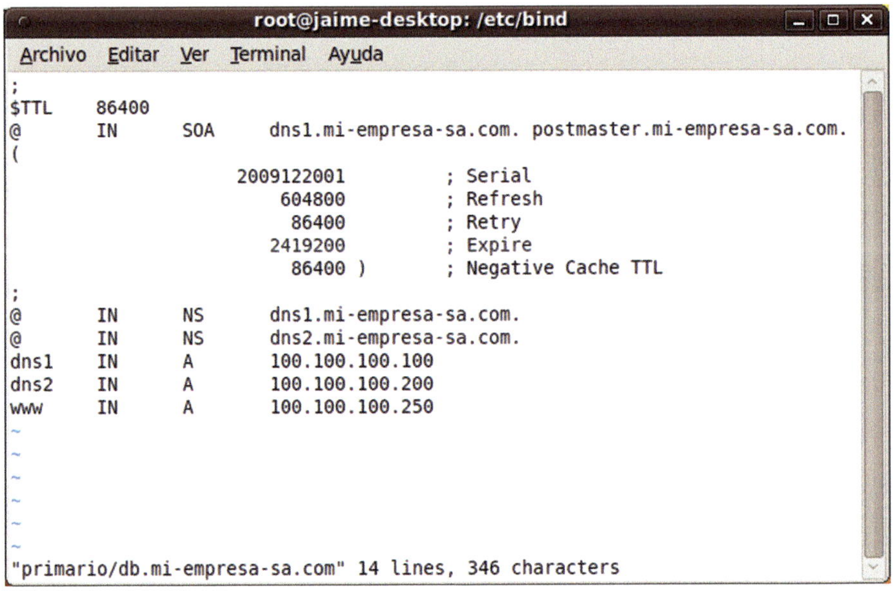

```
;
$TTL    86400
@       IN      SOA     dns1.mi-empresa-sa.com. postmaster.mi-empresa-sa.com.
(
                     2009122001         ; Serial
                         604800         ; Refresh
                          86400         ; Retry
                        2419200         ; Expire
                          86400 )       ; Negative Cache TTL
;
@       IN      NS      dns1.mi-empresa-sa.com.
@       IN      NS      dns2.mi-empresa-sa.com.
dns1    IN      A       100.100.100.100
dns2    IN      A       100.100.100.200
www     IN      A       100.100.100.250
~
~
~
~
~
~
"primario/db.mi-empresa-sa.com" 14 lines, 346 characters
```

Figura 2.39. **Zona «mi-empresa-sa.com».**

En el fichero de la zona es importante destacar lo siguiente:

- **$TTL** permite especificar el valor por defecto del TTL de cada RR. El valor se especifica en segundos.
- **El carácter @** se sustituye por la zona. En este caso se sustituye por mi-empresa-sa.com. Esto evita tener que teclear continuamente el nombre de la zona.
- **SOA RR:** es un registro obligatorio, en el apartado 2.9 se describe su sintaxis y el significado de cada campo. Debemos acordarnos de incrementar el valor del número de serie cada vez que se realicen cambios en este fichero.
- **NS RR:** en este caso se han especificado dos servidores de nombres. Uno es el primario y, aunque también aparece en el SOA, es necesario especificarlo de nuevo. El otro es otro servidor dentro de la zona. El nombre que aparece a la izquierda está completamente cualificado porque termina en el carácter «.».

- **A RR:** se han especificado tres direcciones IP. Las dos primeras se refieren a los dos servidores de nombres, mientras que la tercera se refiere a un servidor web. Obsérvese que no se trata de nombres completamente cualificados o FQDN, por lo que a la hora de procesar el fichero, esas entradas se leerán como «dns1.mi-empresa-sa.com» o «www.mi-empresa-sa.com».

Una vez que hemos hecho todo esto, es necesario reiniciar el servidor DNS. Esto se hace con «/etc/init.d/bind9 restart» y con ello tendríamos configurado este servidor primario. No obstante, existen algunos parámetros de configuración adicionales que es importante tener en cuenta; estos parámetros se especifican al final de este apartado.

TEN EN CUENTA QUE:

Cada vez que hagamos algún cambio en alguna zona o fichero de configuración debemos reiniciar el servidor DNS.

Crear una zona secundaria

Para crear una zona secundaria, también hay que editar el fichero «named.conf.local» tal y como se hacía para crear una zona primaria. En la Figura 2.38 tenemos también un ejemplo de la configuración de la zona secundaria «otra-empresa-sa.com». En este caso se pueden observar los siguientes cambios respecto a lo que veíamos cuando configurábamos la zona primaria:

- El tipo de zona ahora es «slave».
- Hay una nueva directiva, «masters», en la que se indican los servidores principales con los que se debe poner en contacto para transferir la zona. Normalmente, solo aparecerá el servidor principal, pero se pueden poner varios.
- La directiva «allow-transfers» ahora especifica que los autorizados a una transferencia de zona son «none» es decir, ninguno. Con esto se prohíben las transferencias de zona desde cualquier dirección IP. Ojo, las consultas normales sobre esa zona sí se permitirán.

Una vez hecho esto, deberemos crear el directorio «secundario» y asignar permisos de escritura al grupo para que el servidor DNS pueda crear ahí el fichero de la zona secundaria. Recordemos que los permisos se cambian mediante «chmod», en este caso concreto sería «chmod g+w <nombre_fichero>»

Arranque y parada del servidor

Para arrancar el servidor tecleamos: «/etc/init.d/bind9 start»

Para detener el servidor tecleamos: «/etc/init.d/bind9 stop».

Para reiniciar el servidor tecleamos: «/etc/init.d/bind9 restart».

RECUERDA:

Si un servidor no acepta consultas recursivas, sólo responderá con los datos que tiene en la caché y con los de las zonas de las que es autoritativo.

Configuración de opciones adicionales

El servidor bind tiene muchas más opciones que permiten ajustar la configuración. Estas opciones se especifican en el fichero «named.conf.options». En la Figura 2.40 se muestra este fichero con una directiva muy interesante.

```
root@jaime-desktop: /etc/bind
Archivo  Editar  Ver  Terminal  Ayuda
options {
        directory "/var/cache/bind";

        auth-nxdomain no;    # conform to RFC1035
        listen-on-v6 { any; };
        allow-recursion {  100.100.100.0/24; 127.0.0.1; ::1; };
};

"named.conf.options" 8 lines, 170 characters
```

Figura 2.40. Fichero named.conf.options.

Se trata de la directiva «allow-recursion» que, si aparece, limita el funcionamiento recursivo. Es decir, el servidor solo aceptará consultas recursivas si provienen de las direcciones IP que ahí están especificadas. En este ejemplo, se permitirá acceso a la red de área local de la empresa, es decir 100.100.100.0/24, y a las dos direcciones de loopback de nuestro servidor (la IPv4 y la IPv6, es importante poner ambas).

Es importante que si tenemos un servidor DNS conectado a Internet, este solo acepte consultas recursivas de los clientes autorizados.

TEN EN CUENTA QUE:

En bind, a la hora de especificar una dirección IP puedo, o bien poner una IP concreta o bien un prefijo de red. En este caso, 100.100.100.0/24 hace referencia a todas las direcciones IP en el rango 100.100.100.0 a 100.100.100.255.

Configurar un servidor DNS como reenviador

Para configurar un servidor DNS para que actúe como reenviador, sin contactar nunca con los servidores raíz, se debe añadir lo siguiente al fichero «named.conf.options».

```
forwarders { 80.58.0.33; };
forward only;
```

Con estas dos opciones se especifica que las consultas que no se puedan responder sean reenviadas a la dirección IP 80.58.0.33 y que si ese servidor no responde no intente usar los servidores raíz.

Ficheros de log

Al igual que otros servidores en Linux, bind genera trazas de su funcionamiento en el directorio /var/log. Por tanto, es ahí donde debemos buscar los mensajes de error, en concreto en los ficheros «messages» y «syslog» de ese directorio.

2.13 Herramientas para consultar a un servidor DNS

TEN EN CUENTA QUE:

En apartados anteriores hemos usado dig, en este apartado aprenderemos a usar otra herramienta parecida denominada *nslookup*.

Desde la línea de comandos existen dos aplicaciones que se pueden usar para realizar consultas manualmente al sistema de DNS: nslookup (herramienta antigua pero disponible tanto para Linux como para Windows) y dig (disponible para Linux aunque también existen versiones para Windows en la red). Nosotros describiremos la primera, por ser la que se puede encontrar más fácilmente en ambas plataformas.

El programa «nslookup» se puede arrancar sin parámetros adicionales, Figura 2.41.

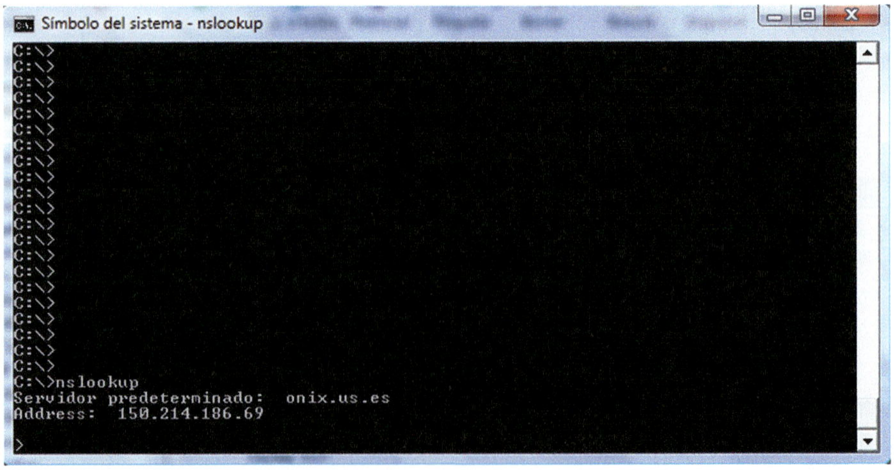

Figura 2.41. Arranque de nslookup.

Como se puede ver, el «prompt» cambia y el programa nos dice cuál es el servidor predeterminado, es decir, el servidor al que se van a realizar las consultas. Sobre el símbolo «>» podremos indicar la consulta que queremos hacer pero antes debemos especificar qué tipo de registros queremos buscar. Por ejemplo, si deseamos buscar la lista de servidores de nombres del dominio «google.com», teclearemos: «set q=NS» y luego «google.com», tal y como se muestra en la Figura 2.42.

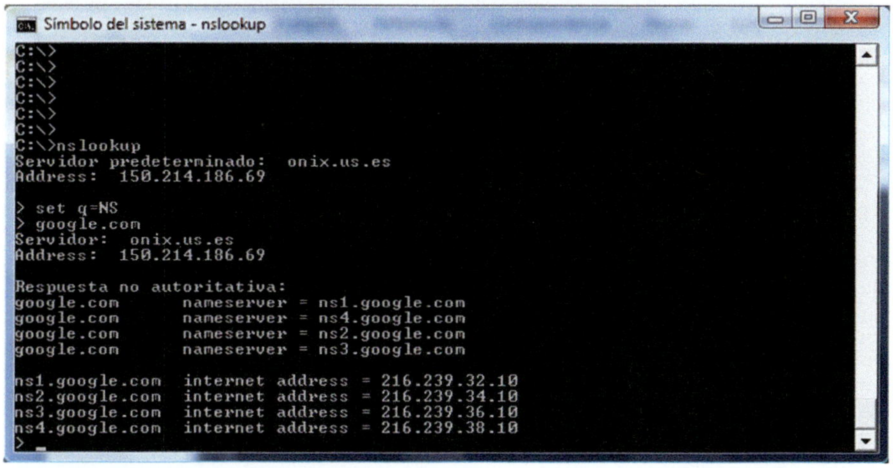

Figura 2.42. Consulta NS de google.com.

Se pueden observar varias cosas respecto a la respuesta que nos ha dado el programa:

- Nos indica qué servidor se ha utilizado para realizar la consulta: onix.us.es.
- Nos indica que la respuesta no es autoritativa. Eso lo único que significa es que onix.us.es NO es servidor (ni primario ni secundario) de la zona «google.com» y que, por tanto, la respuesta que nos da la conoce porque onix.us.es ha tenido que buscarla en la infraestructura DNS. OJO, eso no significa que la respuesta no sea correcta sino que simplemente nuestro servidor ha tenido que buscarla (o la tenía «cacheada»).
- Finalmente nos suministra la información que habíamos pedido, es decir, la lista de servidores de nombres de «google.com». Adicionalmente, aunque no se lo habíamos pedido, nos da también las direcciones IP (registros A) de cada uno de los servidores de la zona «google.com».

Si quisiéramos hacer preguntas a otro servidor, no tenemos más que teclear: «server <nombre o IP del servidor>» tal y como se muestra en esta pantalla (en la que, además, hemos hecho una consulta a ese servidor), ver Figura 2.43.

En esta pantalla podemos observar lo siguiente:

- El servidor DNS al que se consulta ha cambiado (eso se puede ver tanto en lo que aparece después de teclear «server ns1.google.com» como en la pregunta que se hace después.
- Se ha cambiado el tipo de pregunta (antes solo buscábamos entradas NS) al haber tecleado «set q=ANY». Con esto lo que hacemos es pedir que nos devuelva cualquier tipo de registro (NS, MX, SOA, etc.) que coincida con la pregunta que hagamos (en este caso será «google.com»). Es decir, con «set q=» podemos indicar qué registro en concreto buscamos (A, NS, MX, etc.) o bien que buscamos cualquier cosa (ANY).

- Finalmente observamos la respuesta del servidor DNS. Se puede ver que nos devuelve mucha información. En concreto nos ha devuelto: los registros NS, un par de registros A (direcciones IP), varios registros MX, el registro SOA y un registro tipo «text».

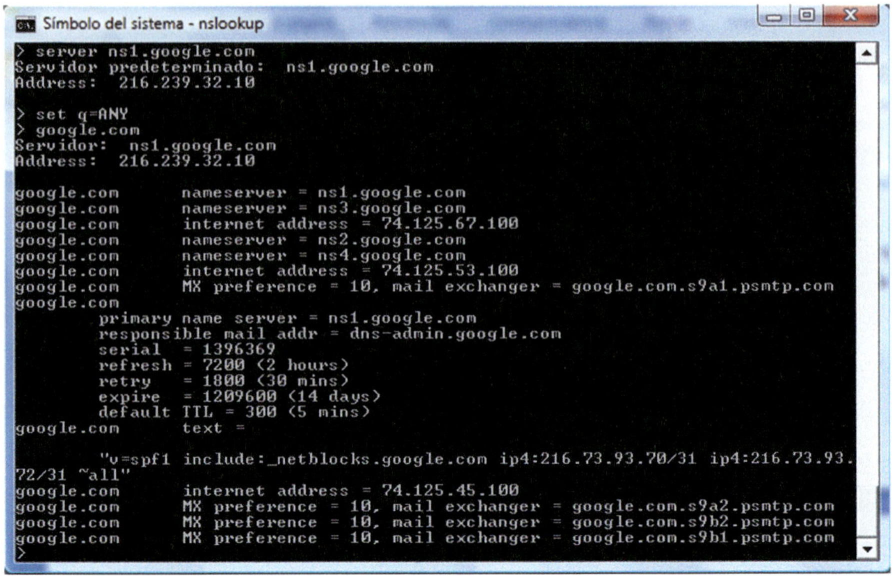

Figura 2.43. Otra consulta.

Esta herramienta es muy útil a la hora de comprobar si un DNS que hemos configurado funciona correctamente. En concreto, los pasos que deberíamos dar a la hora de comprobar un servidor nuevo son:

1. Comprobar si responde a una pregunta con q=ANY para el dominio que estemos probando, por ejemplo «mi-empresa-sa.com». Comprobar que devuelve la lista de NS completa.
2. Comprobar si responde a una pregunta por una entrada A concreta.
3. Comprobar si responde a una consulta recursiva desde los ordenadores donde debe hacerlo y que la rechaza desde los que no están autorizados.

Los pasos 1 al 3 se deberán probar primero desde el propio servidor DNS, posteriormente desde un ordenador dentro de la misma red de área local y, finalmente, desde un ordenador externo.

Las pruebas desde un ordenador externo se pueden realizar usando alguna herramienta accesible desde la web.

Una vez que hemos comprobado que esto funciona, deberemos comprobar que el servidor se ha enlazado correctamente a la jerarquía DNS. Para ello deberemos preguntar por nuestro dominio a cualquier otro servidor que no sea ni el servidor principal ni ninguno de los secundarios que hayamos configurado.

SABÍAS QUE:

En el mismo sitio web que la herramienta online para el programa «dig», tenemos disponible una herramienta web para «nslookup»: http://www.kloth.net/services/nslookup.php.

- El servicio de DNS forma una estructura jerárquica.
- La estructura DNS sigue una forma de árbol. De la raíz cuelgan los dominios de primer nivel que son de dos tipos: los ccTLD o dominios geográficos y los gTLD o dominios genéricos.
- En general se suelen comprar dominios de segundo nivel, pero nunca podremos comprar un dominio de primer nivel.
- La infraestructura DNS define una serie de servidores, cada uno de ellos se encarga de una zona. De esta forma se distribuye la gestión y el tráfico entre millones de servidores en Internet.
- Existen servidores primarios y secundarios. Ambos responden con el mismo rigor a las preguntas de los clientes, sin embargo los secundarios solo tienen copias de las zonas de los primarios.

ACTIVIDADES DE ENSEÑANZA Y APRENDIZAJE

DE COMPROBACIÓN

2.1. La entidad que es propietaria de un dominio de segundo nivel es:

a) ICANN.
b) Registrar.
c) Registry.
d) Registrant.
e) Ninguna de las anteriores.

2.2. Indica, de las siguientes afirmaciones, cuáles son correctas:

a) Una zona DNS es lo mismo que un dominio DNS.
b) En la zona «in-addr.arpa» los números de las direcciones IP aparecen en el orden contrario (primero se pone el último).
c) Mediante el registro SOA se indican todos los servidores DNS de una determinada zona.
d) Se pueden comprar dominios de primer nivel.
e) Un servidor SMTP con número de prioridad 100 (registros MX) es menos prioritario que otro con prioridad 200.

2.3. ¿Cuál de los siguientes no es un tipo de registro en DNS? (marque una o más opciones):

a) DNS RR.
b) MX RR.
c) SOA RR.
d) PTR RR.
e) ALIAS RR.
f) Todos los RR indicados existen.

2.4. ¿Qué entidad es la que gestiona un dominio de segundo nivel en Internet?

a) Registrar.
b) Registry.
c) Registrant.
d) Ninguna de las anteriores.

2.5. La resolución directa siempre será coherente con la resolución inversa:

a) Verdadero.
b) Falso.

2.6. ¿Qué organismo decide sobre la creación de los dominios de primer nivel?

a) Ninguno, la primera empresa que lo pida lo va a tener disponible.
b) DNS Corp.
c) ICANN.
d) Cada país en concreto.
e) Ninguna de las anteriores.

2.7. Indica, de las siguientes afirmaciones, cuáles son correctas:

a) «.name» fue creado en los años chenta.
b) En la actualidad solo existen 7 dominios genéricos.
c) Los dominios genéricos se dividen en tres categorías.
d) «.eu» es un dominio genérico, dado que no se corresponde con país alguno.
e) La parte derecha de un RR CNAME es una dirección IP.

2.8. Si «empresa.com» es un dominio delegado a una determinada empresa, ¿qué datos deben aparecer sobre ese dominio en la zona «.com»?

a) Ninguno, ya que «empresa.com» es un dominio delegado.
b) Los registros NS de la zona «empresa.com».
c) Los registros A de los servidores de nombres bajo el dominio «empresa.com».
d) Las opciones b y c.

2.9. Un servidor caché es autoritativo para:

a) Todas las zonas, dado que debe responder a las consultas de los clientes.
b) De la zona raíz, dado que tiene un fichero en el que se indican los servidores de esa zona.
c) De todas las zonas sobre las que se hayan hecho previamente alguna consulta.
d) Ninguna de las anteriores.

DE APLICACIÓN

2.1. ¿Qué diferencias existen entre los sistemas de nombres planos y los jerárquicos?

2.2. ¿Qué tipos de dominios de alto nivel existen en Internet?

2.3. ¿Pueden tener el mismo nombre dos ordenadores que tienen el mismo dominio padre?

2.4. ¿Qué diferencias existen entre un dominio absoluto y uno relativo?

2.5. Indica qué tipo de TLD son los dominios: .tv, .org, .com, .asia, .es.

2.6. ¿Para qué se utiliza, fundamentalmente, el dominio de primer nivel «.arpa»?

2.7. ¿Qué diferencias existen entre un sTLD y un uTLD?

2.8. ¿Qué diferencias existen entre un servidor de nombres primario o principal y uno secundario o esclavo?

2.9. ¿En qué consiste el proceso de delegación de un dominio? ¿Qué datos debe conocer el dominio padre (para este caso) del dominio delegado?

2.10. Suponga que el servidor DNS de un determinado ISP recibe, en un breve periodo de tiempo, cuatro consultas. La primera por «www.google.com», la segunda por «www.marca.com», la tercera «www.marca.es» y la última «smtp.marca.com». Suponiendo que inicialmente ese servidor DNS no tiene ningún dato en la caché y que no es autoritativo de esos dominios, ¿cuántas veces se consultará a cualquiera de los servidores raíz? ¿Y a los servidores de los TLD .com y .es? ¿Y a los servidores de «marca.com» y «marca.es»?

2.11. ¿Qué significan las siglas FQDN?

2.12. ¿Qué pasaría si el TTL de todos los RR fuera 1?

2.13. ¿Para qué sirve el DNS dinámico?

2.14. ¿Qué contiene el registro SOA?

2.15. En la Actividad Resuelta 2.5 se mostraba un ejemplo del uso de la zona inversa para control de acceso basado en IP. En realidad, se hace una segunda comprobación. Es decir, después de comprobar que la resolución inversa de la dirección IP del host que está intentando acceder coincide con «smtp.cica.es», se realiza una consulta al mapa directo. ¿Por qué crees que se realiza esta segunda comprobación?

2.16. Usando la herramienta «nslookup» determina el servidor principal y los servidores secundarios de los dominios «.es» y «.us.es».

2.17. Usando la herramienta «nslookup» obtén el SOA de «no-ip.org» y «dnsdyn.com» e indica el valor de TTL que tiene establecido. Compáralo con el TTL de otros tres dominios de segundo nivel de tu elección.

2.18. Usando la herramienta «nslookup» determina los servidores de correo de los dominios «us.es.», «rediris.es» y «red.es».

2.19. ¿Qué registros de adherencia (*blue record*) serán necesarios para el dominio google.com, microsoft.com y marca.es?

2.20. Configura un servidor secundario para la zona primaria del ejemplo de configuración de un servidor DNS que aparece en el libro. Considera que la dirección IP del servidor principal es 100.100.100.100 y que la dirección IP del nuevo servidor secundario es 200.200.200.200. Indica cómo configurar ese nuevo servidor así como los cambios que hay que realizar en el servidor principal (nuevas entradas en la zona y/o cambios en los ficheros de configuración).

DE AMPLIACIÓN

2.1. Busca información en la página web www.iana.org y encuentra los países a los que se refieren los dominios «.tv», «.fm» y «.tk».

2.2. Busca información en la página web www.iana.org y encuentra la lista de servidores de nombres así como la entidad que gestiona las zonas «.es», «.cat», «.eu» y «.com».

2.3. Busca en Internet páginas web que sirvan de interfaz a la herramienta nslookup.

2.4. Existe una herramienta denominada «dig» que, en versiones actuales de Linux, ha reemplazado a nslookup. Busca en Internet información sobre esta herramienta e indica las diferencias que hay en su manejo.

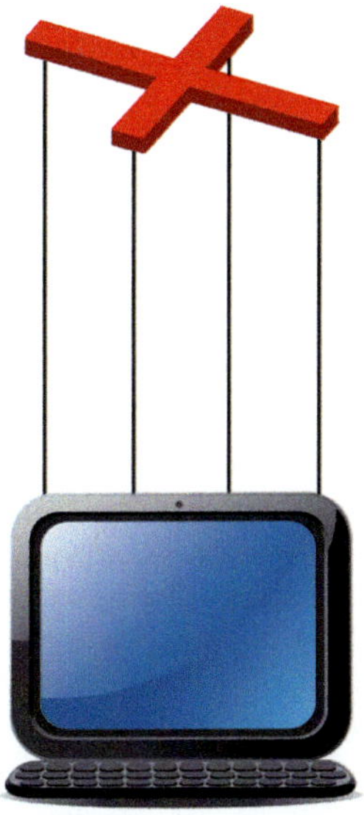

3

Instalación y configuración de servicios de acceso remoto

En redes de computadoras, los servicios de acceso remoto sirven para acceder desde un ordenador a otro ordenador o a un recurso ubicado físicamente en este ordenador, a través de una red local o externa; es decir, Internet. En el acceso remoto se ven implicados protocolos para la comunicación entre máquinas, y aplicaciones en ambos ordenadores que permitan recibir y enviar los datos. Además, deben contar con un fuerte sistema de seguridad (tanto la red, como los protocolos y las aplicaciones).

Remotamente se puede acceder prácticamente a cualquier recurso que ofrece uno o más ordenadores. Se pueden acceder a archivos, dispositivos periféricos (como impresoras), configuraciones, etc. Por ejemplo, se puede acceder a un servidor de forma remota para configurarlo, controlar el estado de sus servicios, transferir archivos, etc.

Contenido

Objetivos

- Entender la finalidad de los diferentes protocolos de acceso remoto.
- Estudiar el funcionamiento del protocolo y de la aplicación Telnet.
- Estudiar el funcionamiento del protocolo y de la aplicación SSH.
- Estudiar el funcionamiento del protocolo y de las aplicaciones de terminales gráficos
- Entender los protocolos y funcionamiento para el uso de escritorios remotos.
- Saber configurar un servidor de acceso remoto.
- Saber configurar un cliente de acceso remoto.

RECUERDA:

En comunicaciones, IP puede hacer referencia a:

- Dirección IP: número que identifica a cada dispositivo dentro de una red con protocolo IP.
- Protocolo IP: protocolo usado para la comunicación de datos.
- TCP/IP: conjunto de protocolos de red en la que se basa Internet.

3.1 Terminales en modo texto

3.1.1 Introducción a Telnet

Telnet es una herramienta que se utiliza para emular un terminal remoto. Es decir, que sirve para ejecutar comandos introducidos con un teclado y un monitor en un equipo remoto. La herramienta Telnet es una implementación del protocolo Telnet. Por tanto, Telnet también es un protocolo. Lo que hace la herramienta Telnet es una traducción del protocolo a un lenguaje de alto nivel con el fin de ser utilizado como terminal remoto.

La estructura de funcionamiento de Telnet es la de un equipo remoto que recibe y ejecuta las peticiones y un equipo cliente que solicita dichas peticiones y recibe la información emitida por el equipo remoto. A esto se le denomina una estructura cliente/servidor, donde el equipo remoto se configura como servidor, a la espera que el otro equipo le solicite un servicio. En Linux/Unix, este servicio se ofrece por medio de lo que se conoce como un demonio (*daemon*), un proceso que se ejecuta de fondo. El daemon de Telnet se denomina telnetd.

Como Telnet también es un protocolo, un conjunto de reglas y procedimientos que se definieron para estandarizar las comunicación entre equipo remoto y terminal cliente, se implementó en muchas plataformas, en base a las especificaciones del protocolo, ya que la idea de la estructura cliente/servidor es que podamos tener acceso independientemente de la estructura hardware y del sistema operativo del servidor y del cliente.

3.1.2 Cómo ejecutar Telnet

La aplicación Telnet viene incluida en la estructura básica de varias plataformas, incluidas UNIX, Linux, Windows XP, Windows Vista, Windows 7, etc.

El comando y los parámetros para iniciar una sesión Telnet es:

```
telnet nombre_del_servidor
```

donde nombre_del_servidor representa el nombre o la dirección IP del equipo remoto al que se quiere conectar el usuario. También se puede usar directamente su dirección IP, por ejemplo:

```
telnet 143.34.156.199
```

De forma adicional, también se puede especificar el puerto que se desea usar introduciéndolo después de la dirección IP o del nombre del servidor:

```
telnet 125.64.124.77 23
telnet nombre_del_servidor 23
```

Una vez que tengamos conexión con el equipo remoto, nos solicitará que introduzcamos un nombre de usuario y una contraseña válidos. Esto obviamente se realiza por razones de seguridad para permitir el acceso únicamente a los usuarios autorizados en el sistema remoto.

3.1.3 El protocolo Telnet

El protocolo Telnet es un protocolo de Internet estándar que permite conectar terminales y aplicaciones de forma remota a un equipo servidor. El protocolo proporciona reglas básicas que permiten conectar a un cliente, con un intérprete de comandos ubicado en el lado del servidor.

El protocolo Telnet se basa en una conexión TCP (para conectar un host remoto a un equipo que funciona como servidor, a este protocolo se le asigna el puerto 23) y envía datos en formato ASCII codificados en 8 bits.

En las especificaciones Telnet no se mencionan la autenticación porque Telnet se encuentra totalmente separado de las aplicaciones que lo utilizan, el protocolo Telnet no es un protocolo de transferencia de datos seguro, ya que los datos que se transmiten circulan en la red como texto sin codificar.

Las especificaciones básicas del protocolo Telnet se encuentran disponibles en la RFC 854, mientras que las distintas opciones están descritas en la RFC 855 hasta la RFC 861.

RFC (peticiones de comentarios) relacionadas con Telnet	
RFC 854	Especificaciones del protocolo Telnet
RFC 855	Especificaciones de opciones de Telnet
RFC 856	Transmisión binaria en Telnet
RFC 857	Opción Eco de Telnet
RFC 858	Opción de suprimir continuación en Telnet
RFC 859	Opción Estado de Telnet
RFC 860	Opción Marca de tiempo de Telnet
RFC 861	Opción Lista extendida de opciones de Telnet

SABÍAS QUE: ?

RFC, *Request for Comments* (Petición de comentarios) son una serie de documentos cuyo contenido es una propuesta oficial para un nuevo protocolo de la red Internet, que se explica con todo detalle para que en caso de ser aceptado pueda ser implementado sin ningún tipo de ambigüedad.

Cualquiera puede enviar una propuesta de RFC a la IETF, pero es esta la que decide finalmente si el documento se convierte en una RFC o no. Si luego resulta lo suficientemente interesante, puede llegar a convertirse en un estándar de Internet.

Cada RFC tiene un título y un número asignado, que no puede repetirse ni eliminarse aunque el documento se quede obsoleto.

3.1.4 Introducción a SSH

SSH trabaja de forma similar a como se hace con Telnet. La diferencia principal es que SSH usa técnicas de cifrado que hacen que la información que viaja por el medio de comunicación vaya de manera no legible y ninguna tercera persona pueda descubrir el usuario y contraseña de la conexión ni lo que se escribe durante toda la sesión.

A igual que Telnet, SSH (*Secure SHell*) es el nombre de un protocolo y del programa que lo implementa, y sirve para acceder a máquinas remotas a través de una red. De la misma manera que Telnet, con SSH tomamos por completo el control del ordenador remoto mediante órdenes que son ejecutadas a través de un intérprete de comandos.

Además de la conexión a otras máquinas, SSH nos permite otros servicios adicionales como copiar datos de forma segura, simulando sesiones FTP, gestionar claves RSA para no tener que escribir claves cada vez que nos conectemos a las máquinas, hacer tunelizado, es decir hacer pasar datos desde cualquier aplicación por un canal seguro mediante SSH y también puede redirigir el tráfico de X para poder ejecutar programas gráficos si tenemos un Servidor X corriendo (habitual en equipos con sistema operativo Unix/Linux).

OpenSSH es una versión libre del protocolo Secure Shell (SSH) que es una familia de herramientas para control remoto o transferencia de archivos entre equipos. OpenSSH proporciona un demonio y unos clientes para facilitar un control remoto seguro y encriptado, así como operaciones de transferencia de archivos. El demonio de OpenSSH, sshd, escucha continuamente a través del puerto TCP 22 a la espera de conexiones de clientes. Cuando aparece una petición de conexión, sshd establecerá, con la aplicación cliente ssh, una sesión de control remoto tras la autenticación

SABÍAS QUE:

Ubuntu es una distribución Linux basada en Debian GNU/Linux que se actualiza en ciclos de 6 meses desde la primera versión en 2004. El número de versión se basa en el año y en el mes en que se libera dicha versión. Actualmente está disponible la versión 10.04 aparecida en abril de 2010. Es un sistema operativo actualizado continuamente y estable para un usuario común, con un fuerte enfoque en la facilidad de uso y de instalación del sistema. Está patrocinado por Canonical Ltd., una compañía británica propiedad del empresario sudafricano Mark Shuttleworth.

SABÍAS QUE:

Debian o Proyecto Debian es una comunidad conformada por desarrolladores y usuarios, que mantiene un sistema operativo basado en software libre. El sistema se encuentra precompilado, empaquetado y en un formato sencillo para ser instalado.

Debian GNU/Linux ofrece además del propio sistema operativo más de 25.000 paquetes, programas precompilados distribuidos en un formato que hace más fácil la instalación en el ordenador.

La última versión estable de Debian es la 5.0. La última actualización de esta versión se publicó el 30 de enero de 2010.

3.1.5 Instalación y configuración de SSH

La instalación de cliente y servidor OpenSSH es simple. Para instalar las aplicaciones cliente de OpenSSH en un sistema basado en Debian, como por ejemplo Ubuntu, usamos el siguiente comando en la terminal:

```
sudo apt-get install openssh-client
```

Para instalar la aplicación servidor de OpenSSH, y los archivos de soporte relacionados, escribe en una línea de comandos la siguiente instrucción:

```
sudo apt-get install openssh-server
```

También podemos hacerlo a través de la herramienta gráfica que Ubuntu proporciona en Sistema → Administración → Gestor de paquetes Synaptic.

Si pulsamos en el icono de búsqueda y escribimos open-ssh, nos aparecerá la siguiente ventana:

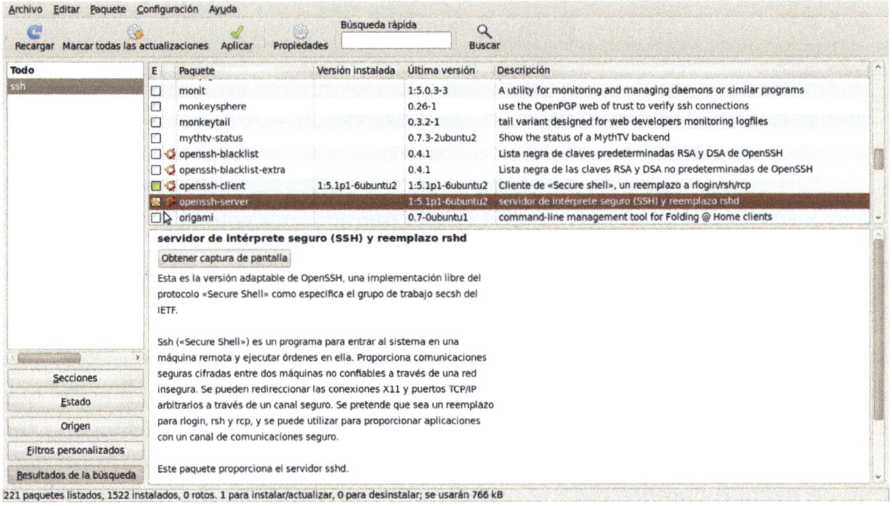

Figura 3.1.

Seleccionamos openssh-server y pulsamos en Aplicar, veremos una pantalla de confirmación. Tras la instalación veremos una ventana, con la confirmación de que los cambios se han aplicado con éxito:

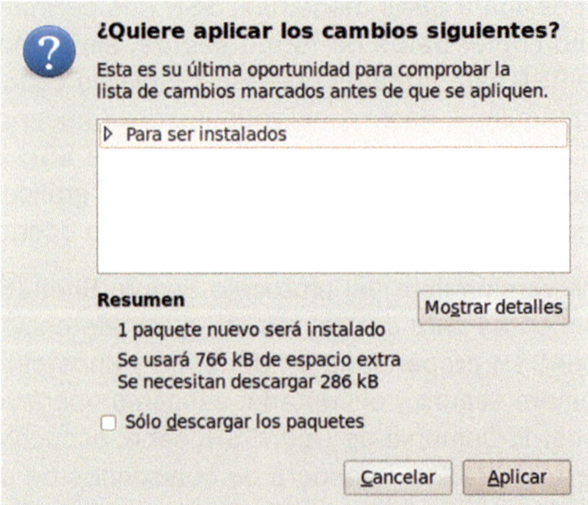

Figura 3.2.

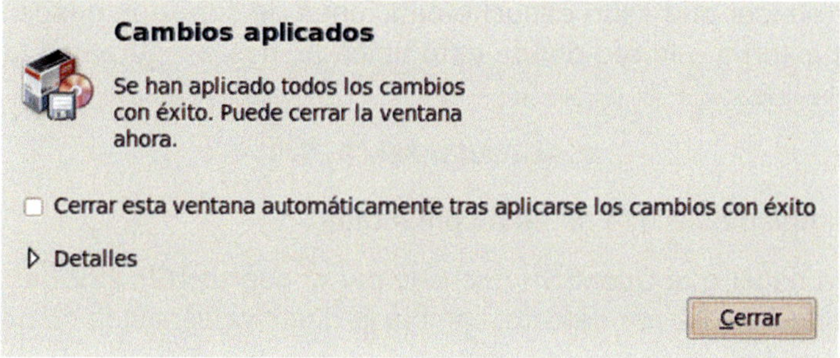

Figura 3.3.

Una vez instalado podemos configurar algunos parámetros del comportamiento predeterminado del servidor OpenSSH, sshd, editando el archivo que está ubicado en /etc/ssh/sshd_config.

Para una información más completa las directivas de configuración usadas en este archivo, puedes ver la página del manual con la siguiente orden, introducida en una terminal:

```
man sshd_config
```

Existen muchas directivas en el archivo de configuración de sshd que controlan cosas como los parámetros de comunicaciones y modos de autentificación.

Los siguientes ejemplos de directivas de configuración son los más habituales en una configuración básica de OpenSSH.

Antes de realizar cualquier cambio en el archivo de configuración, debes hacer una copia del archivo original y protegerlo contra escritura; así tendrás la configuración original como referencia y podrás volver a usarla si es necesario. Además, si el único método de acceso que tenemos a un servidor es ssh, debemos ser extremadamente cuidadosos ya que si cometemos un error al realizar la configuración, podemos hacer que el servidor sshd no pueda iniciarse debido a una directiva de configuración incorrecta. Perderemos, en este caso, toda posibilidad de comunicación con el servidor.

Copia el archivo /etc/ssh/sshd_config y protéjelo contra escritura con los siguientes comandos:

```
sudo cp /etc/ssh/sshd_config /etc/ssh/sshd_config.original
sudo chmod a-w /etc/ssh/sshd_config.original
```

En una instalación básica, algunos ejemplos de directivas de configuración que podemos cambiar son:

- Para hacer que sshd permita credenciales de inicio de sesión basados en clave pública, en el archivo /etc/ssh/sshd_config simplemente añade o modifica la línea:

  ```
  PubkeyAuthentication yes
  ```

  normalmente está presente y lo único que hay que hacer es asegurarnos que la línea no está comentada.

- Para hacer que el servidor OpenSSH muestre el contenido del archivo /etc/issue.net como banner antes del login, simplemente añade o modifica la línea:

  ```
  Banner /etc/issue.net
  ```

SABÍAS QUE:

El comando man en Linux nos proporciona un manual del programa que indiquemos. Si encuentra un manual que coincida con dicho programa, nos lo muestra en pantalla. En caso contrario, nos avisa de que no hay ningún manual asociado.

Si quisiéramos ver el manual asociado al comando "ls", escribiríamos:

man ls

Esta sentencia nos muestra en la misma pantalla de terminal la información disponible sobre el comando "ls" y sus funciones.

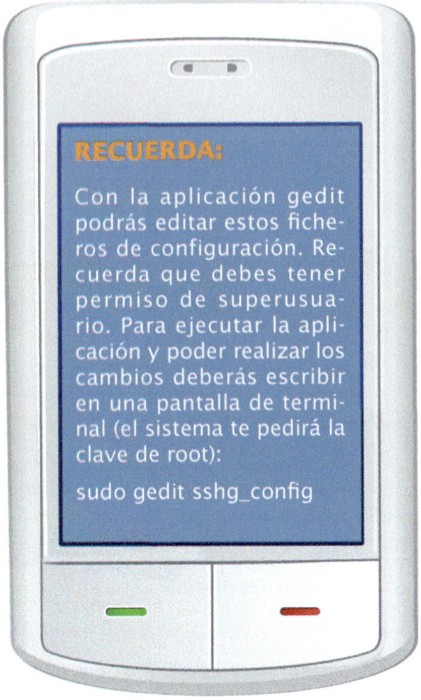

- Para hacer que sshd escuche peticiones de conexión desde cualquier red externa a la red donde está ubicado, nos aseguramos que aparece la línea:

  ```
  ListenAddress 0.0.0.0
  ```

  o simplemente que no está comentada.

- Para hacer que OpenSSH escuche por el puerto TCP 2222 en lugar del puerto TCP 22 por defecto, cambia la directiva asociada como sigue:

  ```
  Port 2222
  ```

- Para evitar ataques no deseados y hacerles a los hackers más difícil que se conecten, se debe desactivar la opción para que se puedan conectar como usuario «root», cambiando a no en la siguiente línea:

  ```
  PermitRootLogin no
  ```

Después de hacer cualquier cambio en el archivo /etc/ssh/sshd_config, debemos guárdalo, y muy importante reiniciar el servidor sshd para que los cambios tengan efecto.

Para ello usamos en un terminal la siguiente orden:

```
sudo /etc/init.d/ssh restart
```

Existen muchas otras directivas de configuración disponibles para sshd que cambian el comportamiento de la aplicación servidor para ajustarlo a sus necesidades.

En todos los sistemas Linux disponemos de un cliente SSH por defecto para conectarnos con un servidor SSH remoto, por eso en la pantalla de instalación anterior la casilla de *openssh-client* aparecía marcada de forma previa. En cambio en los sistemas Windows no existe ese cliente por defecto, hay que instalar de forma adicional un cliente, como por ejemplo, el programa *Putty*.

En los sistemas Linux, usar el cliente es muy sencillo, basta con teclear desde una consola o terminal el siguiente comando:

```
ssh host_remoto
```

donde *host_remoto* es la IP del servidor SSH o el nombre de este.

De esta forma nos conectaremos con el nombre de usuario que tenemos en el ordenador desde donde estamos haciendo la conexión. Si queremos conectar como un usuario diferente en el servidor remoto teclearemos:

```
ssh usuario_remoto@host_remoto
```

De esta forma el sistema nos pide la contraseña del usuario remoto.

La primera vez que nos conectemos a un servidor SSH tarda un poco más y nos pide confirmación tecleando «yes» con todas sus letras, las siguientes veces no se pide dicha confirmación.

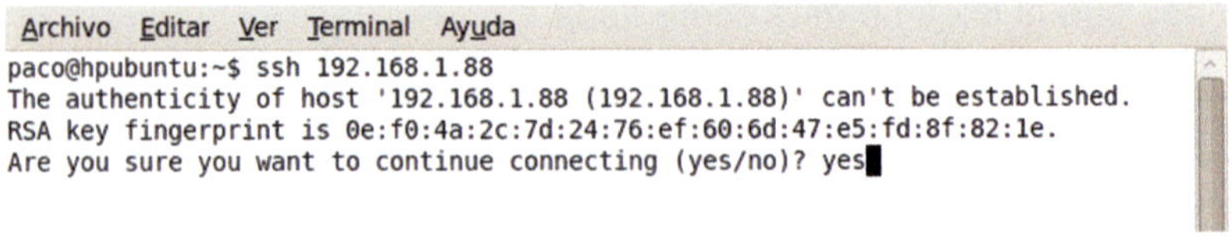

Figura 3.4.

A partir de aquí estamos conectados al sistema remoto. Veremos que el prompt cambia y aparece en lugar del nombre de nuestro equipo el nombre del sistema remoto.

Los comandos y programas que ejecutemos tras conectarnos se ejecutarán en la máquina a las que nos hayamos conectado, utilizando los recursos del equipo remoto (CPU, memoria RAM, discos duros, etc.).

Con esta arquitectura podemos tener un servidor más potente y varios clientes con menos recursos que ejecutan sus aplicaciones en dicha máquina.

Para ejecutar aplicaciones gráficas en la máquina a la que nos conectamos tenemos dos opciones:

- La primera consiste en definir la variable $DISPLAY apuntando a la máquina desde la que nos conectamos.

  ```
  export DISPLAY=host_local:0.0
  ```

  Este mecanismo no se recomienda por motivos de seguridad (el protocolo X11 no se encuentra cifrado).

- Una solución mejor es utilizar un túnel SSH para encapsular el protocolo X11, este mecanismo hace que se pueda transmitir la información de manera más segura

  Para poder ejecutar aplicaciones gráficas en el host remoto de forma segura, necesitamos dos cosas.

  — La primera, que en la configuración del servidor SSH del host remoto (/etc/ssh/sshd_config) se encuentre activada la siguiente opción:

  ```
  X11Forwarding yes
  ```

  — La segunda es que tenemos que conectarnos usando el parámetro -X, en el comando SSH aparte de la dirección IP o nombre de host y el usuario remoto, lo que exportará la configuración de la variable $DISPLAY con lo que podremos ejecutar aplicaciones gráficas de forma remota:

  ```
  ssh -X usuario_remoto@host_remoto
  ```

Ahora, si ejecutamos el programa xterm, verás que la ventana sale en tu escritorio:

```
xterm
```

SABÍAS QUE:

X Window System (en español sistema de ventanas X) es un software que fue desarrollado a mediados de la década de los ochenta para dotar de una interfaz gráfica a los sistemas Unix. Generalmente se refiere a la versión 11 de este protocolo, X11, el que está en uso actualmente. X es el encargado de mostrar la información gráfica de forma totalmente independiente del sistema operativo, bajo una estructura cliente/servidor.

3.2 Terminales en modo gráfico

3.2.1 Introducción

A diferencia de los terminales en modo texto, un terminal gráfico puede mostrar tanto imágenes como texto. Los terminales gráficos en general están divididos bajo dos tecnologías diferentes; terminales modo de vector, y modo de trama (rasterizado).

Una presentación de modo vectorial dibuja directamente líneas en la superficie del monitor bajo el control del sistema operativo del ordenador huésped. Las líneas son formadas continuamente, pero puesto que la velocidad de la electrónica es limitada, el número de líneas concurrentes que pueden ser exhibidas a un tiempo es limitado. En la actualidad este modo no es usado. Prácticamente todas las representaciones gráficas modernas son de modo rasterizado, en el cual los elementos visuales son una composición de píxeles. Puesto que la imagen es solamente perceptible al ojo humano como un todo por un muy breve pe-

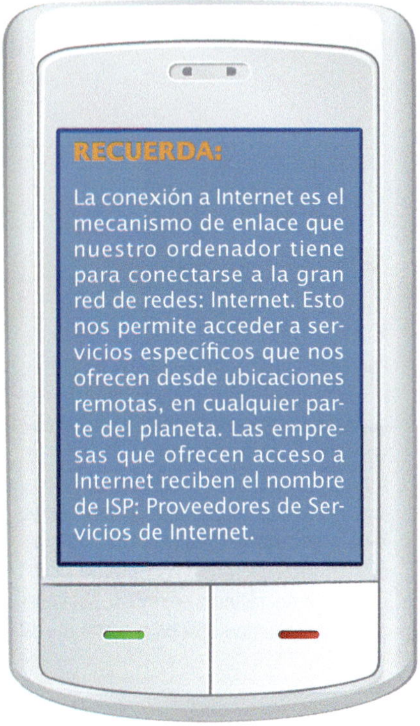

riodo de tiempo, la trama debe ser refrescada muchas veces por segundo para dar el aspecto de una imagen estática y persistente. Para conseguir esto de forma rápida y eficaz necesitábamos una electrónica bastante más potente y rápida, lo que significó que los terminales gráficos fuesen desarrollados posteriormente que los terminales de texto, e inicialmente su coste era mucho mayor.

Todos los terminales de hoy en día son gráficos, es decir, pueden mostrar imágenes en la pantalla. El término acuñado para el terminal gráfico es «cliente ligero». Típicamente, un cliente ligero usa un protocolo como el RDP para Microsoft Windows, o el X11 para los terminales Unix. El ancho de banda necesario depende de tres aspectos fundamentales: del protocolo usado, de la resolución y de la profundidad del color.

Los terminales gráficos modernos permiten la representación de imágenes en color, y de texto en varios tamaños, colores y fuentes (tipografías).

Si queremos conectarnos a un ordenador por ssh en modo grafico también lo podemos hacer. Es bastante más simple de ejecutar pero para hacer ciertas cosas puedes tardar bastante más que haciéndolo por consola; si bien para algunas operaciones básicas puede ser más fácil.

Figura 3.5.

Para hacer la conexión entraremos en Lugares → Conectarse al servidor..., tal como se muestra en la Figura 3.5.

Elegiremos en el combo de arriba en lugar de FTP público, SSH y pondremos la IP o el nombre DNS del servidor al que queramos conectarnos. De forma opcional podemos incluir el puesto (por defecto 22), la carpeta (por defecto el directorio home del usuario del equipo remoto) y el nombre de usuario o login. Después de teclear la contraseña y aceptar estaremos ya dentro del sistema remoto.

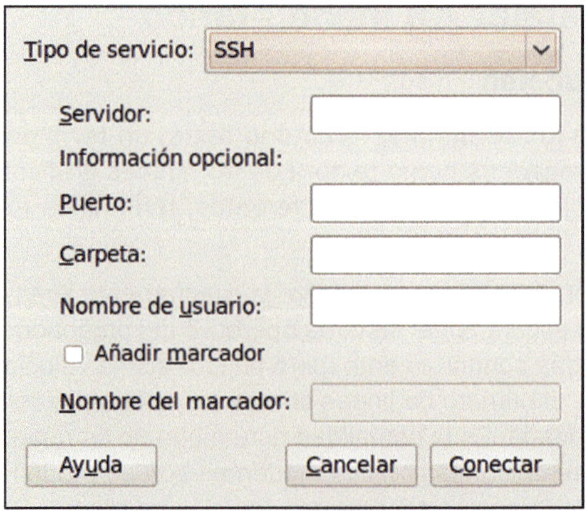

Figura 3.6.

3.2.2 Escritorio remoto

Al final de la década de los ochenta, las interfaces de usuario sufren una revolución, abandonando la vieja interfaz en modo texto en favor de una interacción más gráfica. Debido a esta revolución surgen dos tecnologías nuevas:

1. Los escritorios gráficos. Los dos escritorios gráficos más populares son los creados para Apple Macintosh y MS-DOS (Microsoft Windows). Estos escritorios gráficos solamente podían ser utilizados directamente en el ordenador donde se estaban ejecutando, por tanto, aún no son escritorios remotos.
2. Los terminales gráficos, también denominados clientes ligeros o thin-client. Comentados en el apartado anterior.

El primer sistema operativo que incluye un verdadero escritorio remoto es X-Window, originalmente desarrollado por el *Massachusetts Institute of Technology* (MIT) con el nombre de *proyecto Athena* en 1984. El objetivo fundamental de este proyecto era garantizar la compatibilidad de los terminales gráficos de los diversos fabricantes.

En 1988, se creó la fundación X-Consortium (hoy conocida como *X.Org*), organismo encargado del desarrollo y estandarización de *X-Window*. Actualmente es el núcleo de todos los escritorios de los sistemas operativos Unix/Linux, tanto locales como remotos.

Con la tecnología de escritorio remoto podemos ejecutar aplicaciones que generalmente se ejecutan en el sistema donde está ubicado el usuario, como programas de gestión, procesadores de textos, navegadores. Con esta estructura, el entorno de usuario se transforma en un simple terminal de entrada/salida, donde la imagen en pantalla de dicha aplicación es retornada al terminal cliente cada cierto tiempo.

Podemos incluso simular pulsaciones de teclas o movimientos de ratón, enviando estos eventos al servidor remoto, donde la aplicación los recibe como eventos locales. Incluso si disponemos de los permisos adecuados, podemos transferir la secuencia *Ctrl+Alt+Del* para realizar un reinicio del sistema remoto.

De esta forma conseguimos un grado de seguridad superior, ya que realmente las aplicaciones se están ejecutando en una sola máquina.

Los eventos de pulsación de teclas y movimientos de ratón se transmiten a un servidor central donde la aplicación los procesa como si se tratase de eventos locales. La imagen en pantalla de dicha aplicación es retornada al terminal cliente cada cierto tiempo.

Pero como en cualquier sistema de comunicaciones, el elemento diferenciador y característico de cualquier implementación de escritorio remoto, es su protocolo de comunicaciones, que varía dependiendo del fabricante y programa que usemos. Si bien todos buscan proporcionar un acceso rápido y eficaz. Para ello deben cumplir una serie de requisitos básicos:

- Funcionalidad cliente/servidor. Las aplicaciones deben ser operativas y ser ejecutadas de forma adecuada bajo esta estructura.
- Latencia. Más importante que el ancho de banda proporcionado para la comunicación, es el retardo entre servidor y cliente. Debemos garantizar una baja latencia para que la información gráfica fluya de forma eficiente.
- Modos de representación gráfica. Nos indica el tipo de visualización del escritorio remoto. Básicamente existen cuatro posibilidades: gráficos de alto nivel, gráficos de bajo nivel, primitivas de dibujo en 2D y píxeles.

SABÍAS QUE:

Massachusetts Institute of Technology (MIT) o Instituto Tecnológico de Massachusetts es una de las principales instituciones dedicadas a la docencia y a la investigación en Estados Unidos. MIT es considerada como una de las mejores universidades de ciencia e ingeniería del mundo. El Instituto está situado en Cambridge, Massachusetts, y cuenta con numerosos premios Nobel.

SABÍAS QUE:

Ctrl+Alt+Supr

Esta combinación de teclas, fuerza a los ordenadores bloqueados a detener su tarea o reiniciarse cuando ningún otro comando o programa responde.

El inventor del código fue David Bradley, ingeniero jubilado de IBM tras 28 años y medio en la compañía. En una convención para celebrar los 20 años del PC de IBM, ante una pregunta de un periodista sobre su famoso código, Bradley afirmó en tono irónico, refiriéndose a Bill Gate: "Yo lo inventé; pero Microsoft lo hizo famoso". La combinación clave Ctrl+Alt+Supr, como ya sabemos y hemos empleado todos, también es usada cuando el sistema operativo Windows se bloquea y falla.

SABÍAS QUE:

TCP (*Transmission Control Protocol*, Protocolo de control de transmisión) es uno de los protocolos fundamentales en Internet y que junto con el protocolo IP forman TCP/IP usado en todos los ordenadores para acceder a Internet.

El protocolo garantiza que los datos serán entregados en su destino sin errores y en el mismo orden en que se transmitieron. También proporciona un mecanismo para distinguir distintas aplicaciones dentro de una misma máquina, a través del concepto de puerto. Cada puerto está relacionado unívocamente con un determinado servicio o aplicación.

TCP da soporte a muchas de las aplicaciones más populares de Internet, incluidas HTTP, SMTP, SSH y FTP.

- Compresión. Buena parte de las diferencias de los distintos programas están en las técnicas de compresión utilizadas para la actualización de la pantalla de nuestro terminal remoto.

Entre los principales protocolos asociados a los diferentes programas y fabricantes tenemos:

- Independent Computing Arquitectura (ICA), utilizado por Citrix de la empresa MetaFrame.
- Adaptive Internet Protocol (AIP), utilizado por Secure Global Desktop de la compañía *Tarantella* (anteriormente parte integral de Santa Cruz Operation SCO).
- Virtual Network Computing (VNC), utilizado por el producto del mismo nombre, actualmente de la compañía RealVNC, software de código abierto de carácter gratuito.
- Remote Desktop Protocol (RDP), utilizado por Terminal Services de Microsoft
- X11, utilizado por X-Window.

3.2.2.1 Remote Desktop Protocol (RDP) de Microsoft

Este servicio utiliza por defecto el puerto TCP 3389 en el servidor para recibir las peticiones.

La información gráfica que genera el servidor es convertida a un formato propio RDP y enviada a través de la red al terminal, que interpretará la información contenida en el paquete del protocolo para reconstruir la imagen a mostrar en la pantalla del terminal. En cuanto a la introducción de órdenes en el terminal por parte del usuario, las teclas que pulse el usuario en el teclado del terminal así como los movimientos y pulsaciones de ratón son redirigidos al servidor. El protocolo proporciona dos características adicionales: un cifrado de los mismos por motivos de seguridad, y una compresión de toda la información que intercambien cliente y servidor para un mejor rendimiento en las redes de menor velocidad.

Configurando el equipo remoto en Windows XP

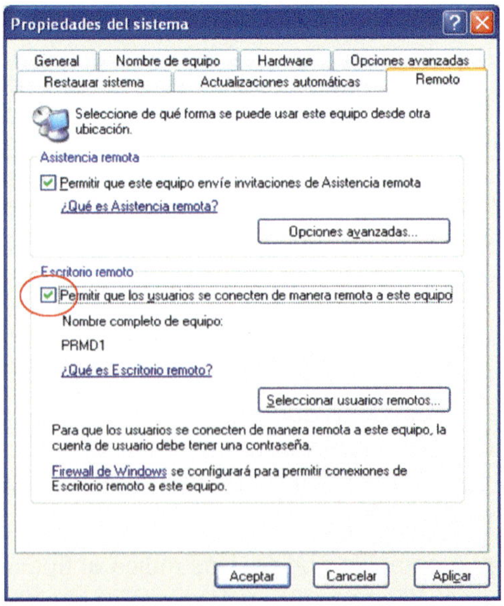

Figura 3.7.

Primero debemos habilitar la opción que permita utilizar el escritorio remoto, para eso debemos hacer clic con el botón derecho en MI PC e ir a Propiedades. En la ventana que se abre hacemos clic en Remoto y seleccionamos la opción *Permitir a los usuarios conectarse remotamente a este equipo.* Esto habilitará el acceso remoto al equipo.

Por defecto, los usuarios con privilegio de administrador en el equipo ya tendrán desde este momento permisos para acceder al equipo remotamente. Todos los usuarios incluido el administrador deben tener clave para el acceso. Si queremos habilitar más usuarios para que accedan remotamente al equipo presionaremos el botón *Seleccionar usuarios remotos*, en la pantalla anterior. Se nos abrirá un panel donde podremos añadir o quitar usuarios para que puedan acceder a nuestro escritorio remoto. Seleccionamos a los usuarios que tendrán acceso al escritorio remoto y seleccionamos Aceptar.

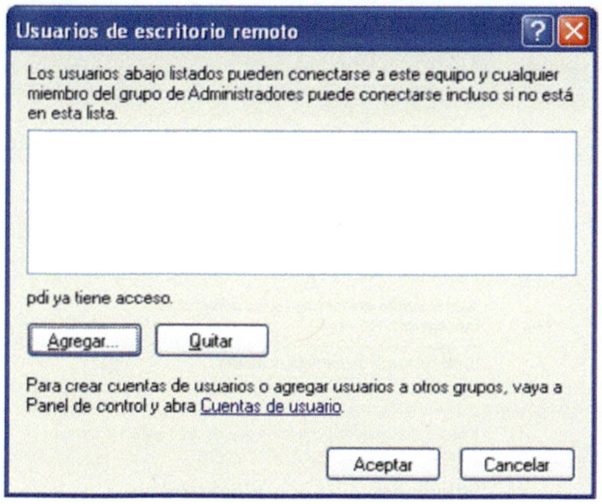

Figura 3.8.

Conectarse al equipo remoto desde Windows XP

Primero, si nos vamos a conectar desde otro Windows que no es XP necesitamos un cliente de escritorio remoto, que podremos descargar desde la página de Microsoft. Si estamos en Windows XP debemos ir a *Inicio*, seleccionar *Todos los programas*, *Accesorios* y, por último, hacer clic en **Conexión a Escritorio remoto**.

Figura 3.9.

En **Equipo** debemos poner el nombre del equipo al cual queremos conectarnos, o la dirección IP del equipo. A continuación se nos mostrará una ventana de login, allí escribimos el nombre de usuario y contraseña con el que queremos acceder al equipo remoto. El escritorio del equipo remoto se mostrará en una ventana de nuestro escritorio y podremos trabajar con él tal cual si estuviéramos sentados delante del equipo servidor.

SABÍAS QUE:

Windows XP Profesional, siempre hay un administrador por defecto desde la instalación del sistema operativo. En un determinado momento de la instalación se pide que se introduzca contraseña para el usuario Administrador. Si hemos dejado esos campos en blanco, habrá un usuario llamado Administrador que tiene acceso con permisos totales al equipo y sin contraseña.

ACTIVIDAD RESUELTA 3.1

Descargar o subir archivos desde o hacia el equipo remoto.

Solución:

Si queremos descargar o subir archivos desde o hacia el equipo remoto debemos hacer una breve configuración antes de conectarnos al escritorio remoto. Para ello utilizaremos la **redirección de unidades locales**. Antes de conectarnos al escritorio remoto, en nuestra ventana de *Conexión a escritorio remoto* presionamos el botón *Opciones*, se abrirán varias pestañas con grupos de opciones, en este caso iremos a la pestaña *Recursos locales*, y luego hacemos clic en el botón *Más*. Aquí se nos permite redireccionar recursos locales para que sean utilizados en el escritorio remoto como si fueran recursos que están conectados directamente al equipo servidor.

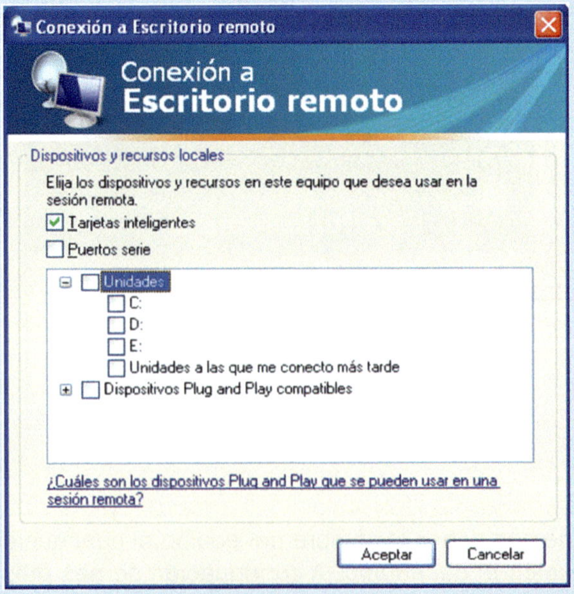

Una vez realizada esta configuración, podremos disponer de nuestras unidades locales en el equipo remoto. Estas unidades adicionales son nuestras unidades de disco locales, donde copiar un archivo es una tarea común como se realiza en cualquier entorno gráfico.

De la misma forma podemos tener disponible impresoras, redireccionamiento de sonido, unidades de almacenamiento ubicadas en el equipo remoto desde nuestra posición local.

ACTIVIDAD PROPUESTA 3.1

Tener acceso a recursos compartidos en el equipo remoto, como impresoras y dispositivos de almacenamiento conectados al equipo.

3.2.2.2 X Windows System

X11 hace referencia a versión 11 de este protocolo. Desde el 26 de octubre del 2009 está disponible la X11 R7.5 y está prevista para octubre de 2010 la R7.6, lo que nos indica el grado de actividad de este protocolo. La comunicación entre el cliente X y el servidor se realiza por medio de un protocolo conocido como Xprotocol, que consiste en una serie de bytes interpretados como comandos básicos para generar ventanas, posicionarlas o controlar eventos. Los clientes X acceden al Xprotocol mediante el uso de una biblioteca llamada Xlib, que evita al programador de clientes X tener que lidiar con el código binario del Xprotocol.

X no es un gestor de ventanas, necesita de uno para controlar el manejo de ventanas. Esto nos proporciona la ventaja de que permite al usuario instalar uno o más administradores de ventanas de su preferencia. GNOME, KDE o XFCE son gestores que nos permite ese control del manejo de ventanas además de proporcionarnos un sin fin de aplicaciones de usuario complementarias.

Configurando el equipo remoto en Ubuntu

Primero debemos habilitar la opción que permita utilizar el escritorio remoto, para eso debemos acceder a *Sistema → Preferencias → Escritorio remoto* y seleccionar la opción *Permitir a otro usuarios ver mi escritorio*. Si queremos que el usuario remoto pueda controlar dicho escritorio debemos seleccionar de forma adicional *Permitir a otro usuario controlar su escritorio*.

En el campo de seguridad podemos confirmar cada acceso y/o requerir que el usuario introduzca una contraseña.

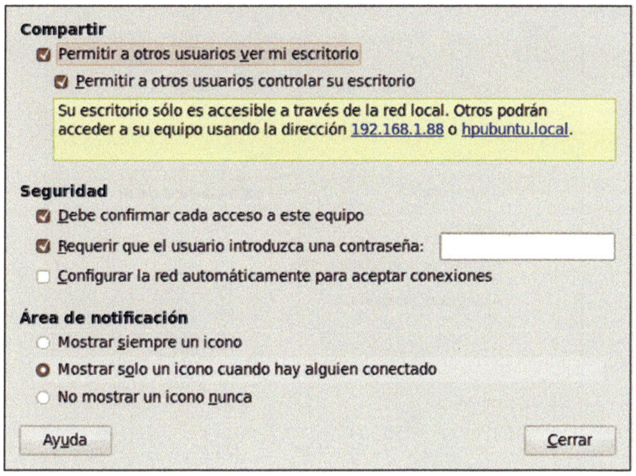

Figura 3.10.

SABÍAS QUE:

Un gestor o administrador de ventanas es un programa informático que controla la ubicación y apariencia de las ventanas bajo un entorno determinado en una interfaz gráfica de usuario. Las acciones asociadas al gestor o administrador de ventanas suelen ser, abrir, cerrar, minimizar, maximizar, mover, escalar y mantener un listado de las ventanas abiertas.

Las plataformas Windows y Mac OS X ofrecen un gestor de ventanas estandarizado para sus diferentes versiones, integrado en el propio sistema operativo. En cambio el sistema gráfico X Windows, permite al usuario escoger entre varios gestores. Los gestores de ventanas difieren entre sí de muchas maneras, incluyendo apariencia, consumo de memoria, opciones de personalización, escritorios múltiples o virtuales etc.

Conectarse al equipo remoto desde Ubuntu

Si nos vamos a conectar desde otro sistema que no es Ubuntu necesitamos un cliente de escritorio remoto, como por ejemplo *vncviewer*. Si estamos en Ubuntu debemos ir a *Aplicaciones*, seleccionar *Internet* y, por último, hacer clic en ***Visor de escritorios remotos.***

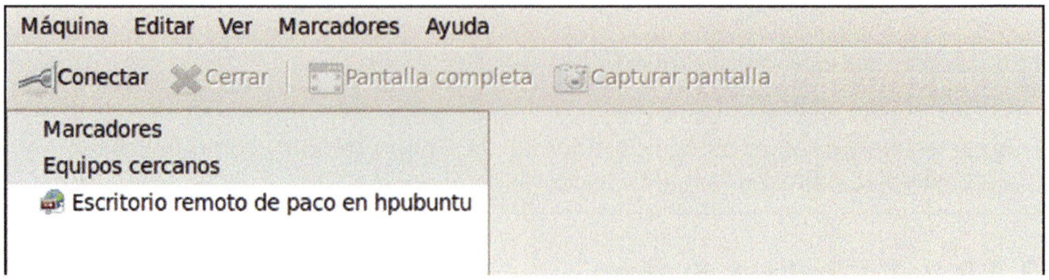

Figura 3.11.

3.2.2.3 Otros accesos

Conectarse al equipo remoto Windows XP desde Ubuntu

Es frecuente que, en una misma red local, convivan ordenadores que tienen instalado Ubuntu con otros cuyo sistema operativo es Windows.

Si utilizas Ubuntu, pero también realizas algunas tareas sobre las máquinas Windows puedes conectarte si recurres al Cliente de Terminal Server incluido de forma predeterminada en la instalación de Ubuntu.

Una vez que tenemos Windows correctamente configurado, vamos a acceder a su escritorio desde Ubuntu:

En *Aplicaciones* → *Internet* → *Cliente de Terminal Server*, ejecutamos *Cliente de Terminal Server*.

Veremos que aparece la ventana *Cliente de Terminal Server*. En la solapa General escribe, en el campo Equipo, la dirección IP del ordenador Windows. En el campo Protocolo debes mantener el valor RDP y, por último, escribe el usuario y la contraseña de la cuenta de acceso al ordenador Windows. Para terminar, pulsa el botón **Conectar**.

Figura 3.12.

A partir de aquí visualizamos la ventana de inicio de Windows XP, solicitándonos usuario y contraseña

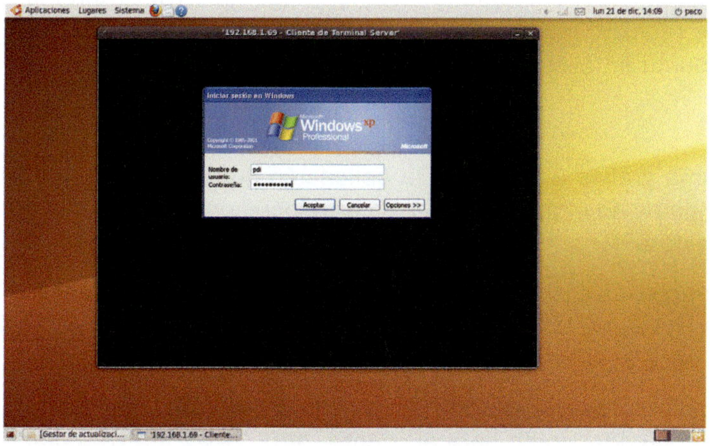

Figura 3.13.

Escribimos nombre de usuario y contraseña del sistema Windows y entraremos en el equipo remoto.

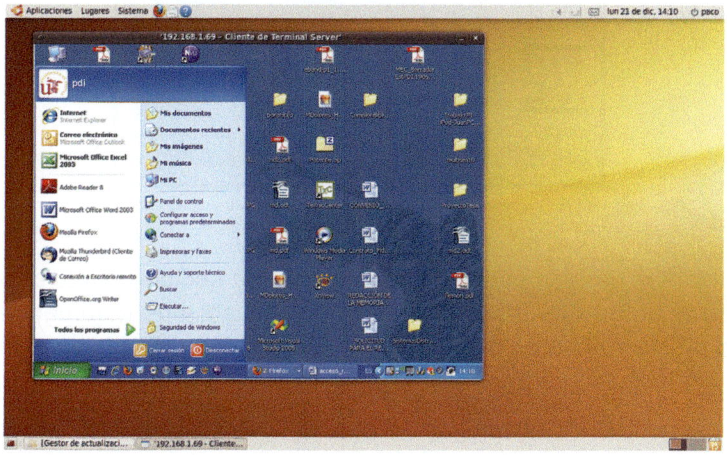

Figura 3.14.

Podemos observar que, al mismo tiempo, la pantalla de tu ordenador Windows ha salido de la sesión. Esto es porque Windows XP es un sistema multitarea, pero no multiusuario, por lo que no permite que se mantengan abiertas a la vez una cuenta local y otra remota, ni siquiera aunque utilices usuarios diferentes. Se cierra la sesión local.

Conectarse al equipo remoto Ubuntu desde Windows XP

Para este acceso es necesario utilizar software no incluido de forma nativa en los diferentes sistemas operativos Windows de Microsoft. Existen muchas aplicaciones cliente/servidor, tanto de libre distribución como de pago, que nos permite realizar esta comunicación, dando acceso y control a escritorios remotos, entre sistemas operativos heterogéneos.

Uno de los más utilizados y de libre distribución es **VNC**. La versión original del **VNC** se desarrolló en el Reino Unido, concretamente en los laboratorios AT&T, en Cambridge. El programa era de código abierto por lo que cualquiera podía modificarlo; ese es el motivo de que en la actualidad existan varios programas para el mismo uso.

SABÍAS QUE:

La Compañía AT&T debe sus siglas a su antiguo nombre, *American Telephone and Telegraph* y se trata de una compañía estadounidense de telecomunicaciones. Es una de las proveedoras de servicios de voz, vídeo, datos, e Internet a negocios, clientes y agencias del gobierno más grande del mundo. Tiene su sede central en Dallas, Texas, en Estados Unidos; pero dispone de varios laboratorios en todo en el mundo.

SABÍAS QUE:

APT son las siglas de *Advanced Package Tool.* APT es un sistema de gestión de paquetes de software desarrollado por el APT Team del Proyecto Debian bajo licencia GNU/GPL.

Es el sistema de gestión de paquetes más avanzado en la actualidad y el que más flexibilidad y potencia posee para entornos de red.

apt-get es la utilidad para usar desde la línea de comandos que hace de interfaz entre el usuario y APT.

En el fichero /etc/apt/sources.list se guardan las direcciones que usará apt para tomar los paquetes que queremos instalar por vez primera o actualizar a versiones más recientes.

RECUERDA:

La instalación gráfica de paquetes en Ubuntu se realiza con Synactic. Un programa informático que proporciona una interfaz gráfica de los comandos APT, para el sistema de gestión de paquetes basados en Debian GNU/Linux.

Lo tienes accesible en Sistema → Administración → Gestor de paquetes Synactic

El software servidor viene incluido en el paquete de aplicaciones y servicios que por defecto aparecen en la mayoría de las distribuciones de linux, con lo que no es necesario instalarlo. Si por algún motivo tuviéramos la necesidad de realizar una instalación podemos hacerlo en Debian y derivados como Ubuntu a través del siguiente comando:

```
apt-get install vnc
```

o de forma gráfica a través de la aplicación que nos presenta Ubuntu, tal como hicimos en el apartado 3.1.5 correspondiente a la instalación y configuración de SSH.

Sin embargo, en los sistemas Windows sí tenemos que realizar la instalación a través de los ficheros correspondiente de cliente y/o servidor. En nuestro caso solo realizaremos la instalación del software cliente.

En la siguiente dirección web podemos acceder para bajarnos tanto la versión para servidor como para el cliente: *http://www.realvnc.com/products/free/4.1/index.html*

Una vez instalado, hacemos doble clic en el icono e introducimos la dirección ip o nombre del host en la pantalla inicial:

Figura 3.15.

Tras pulsar OK estaremos conectados a nuestro equipo Ubuntu con control total. En el botón *Options* podemos configurar algunos parámetros, como número de colores para poder realizar una conexión más rápida o configuraciones del teclado y ratón.

Una vez conectados, a través de F8 podemos acceder al menú de opciones de la aplicación.

En la siguiente imagen podemos observar en nuestro equipo Windows el escritorio Ubuntu del equipo remoto.

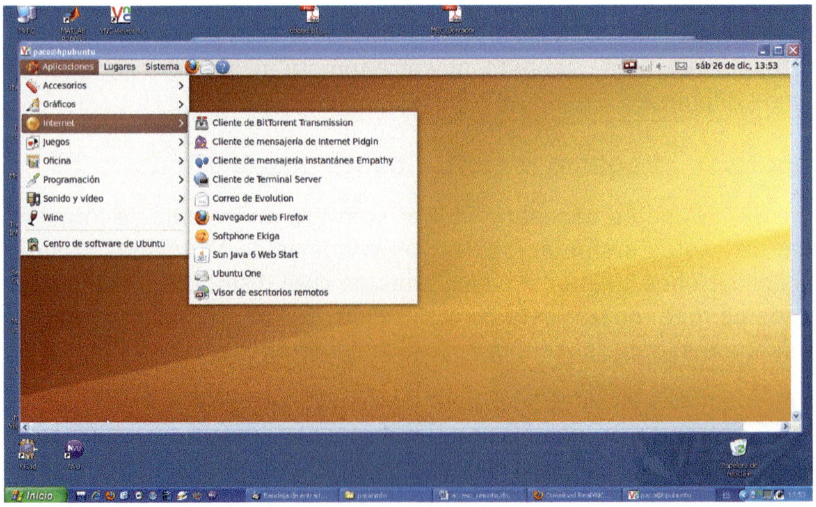

Figura 3.16.

3.3 Redes privadas virtuales

En la estructura básica de cualquier empresa, las redes de área local (LAN) realizan la conexión entre los diferentes equipos de la organización. Estas redes se conectan cada vez con más frecuencia a Internet mediante un equipo de interconexión, denominado router. En muchas ocasiones, las empresas tiene la necesidad de comunicarse con sucursales de dicha empresa, con agentes comerciales que viajan constantemente o incluso con clientes que están alejados geográficamente.

Sin embargo, los datos transmitidos a través de Internet viajan de forma más vulnerable que cuando lo hacen por la red interna y pueden ser interceptados por alguna persona ajena a la entidad, ya que la ruta tomada no está definida por anticipado. Esto significa que los datos deben atravesar una infraestructura de red pública que pertenece a distintas entidades. Por esta razón, es posible que a lo largo de la línea, un usuario escuche la red y se apropie de los datos. Por este motivo, la información de una organización o empresa no debe ser enviada bajo tales condiciones de inseguridad, sobre todo si son datos confidenciales.

Tenemos dos posibles soluciones para poder corregir este problema:

- La primera solución se basa en la utilización de redes dedicadas para establecer una comunicación segura entre dos puntos alejados geográficamente. Sin embargo, esta solución no es fácil ni económica, lo que hace inviable para la mayoría de las compañías adoptar esta comunicación, por lo que en la mayoría de los casos es necesario usar Internet como medio de transmisión. Las posibles comunicaciones entre redes de área local y accesos a Internet lo veremos en el Capítulo 7.
- Una posible solución consiste en utilizar el medio inseguro de Internet como medio de transmisión, con un protocolo de túnel, que nos aporte seguridad y privacidad en los datos transmitidos. Esto significa que los datos se van a encapsular antes de ser enviados de manera cifrada. El término **Red privada virtual**, en ingles *Virtual Private Network*, abreviado **VPN,** se utiliza para hacer referencia a este tipo de red creada de esta manera artificial. El término *virtual* hace referencia a la conexión de dos redes físicas de área local a través de una conexión poco fiable como es Internet y el término *privada* porque solo los equipos que pertenecen a una red de área local de uno de los lados de la VPN pueden acceder a los datos y recursos de la red del otro lado de la red privada virtual.

De esta forma, las redes privadas virtuales nos posibilitan una conexión segura a un bajo coste, ya que no requerimos una línea dedica contratada a un operador de comunicaciones. Sin embargo, no garantiza una calidad de servicio comparable con una línea dedicada, ya que la red física es pública y, por tanto, no segura al cien por cien.

El funcionamiento de una red privada virtual se basa en un protocolo denominado protocolo de túnel, es decir, un protocolo que cifra los datos que se transmiten desde un lado de la VPN hacia el otro.

El protocolo de túnel es el encargado de garantizar que los datos estén cifrados desde el momento que entran a la VPN hasta que salen de ella y, por tanto, son incomprensibles para cualquiera que no se encuentre en uno de los extremos de la VPN. En una VPN existe un equipo, que cifra y descifra los datos del lado del usuario y el servidor VPN que es el elemento que descifra los datos del lado de la organización.

SABÍAS QUE:

IETF (*Internet Engineering Task Force*) es una organización internacional sin ánimo de lucro de normalización, que tiene como objetivos el contribuir a la ingeniería de Internet, actuando en diversas áreas, como transporte, encaminamiento, seguridad... en redes.

Fue creada en EE. UU. en 1986, y está formada por técnicos en Internet e informática cuya misión es velar por la arquitectura de la red y que los protocolos que unen a millones de usuarios de todo el mundo funcionen correctamente.

SABÍAS QUE:

Las RFC (*Request For Comments*) son una serie de notas sobre Internet que comenzaron a publicarse en 1969. Cada una de ellas individualmente es un documento cuyo contenido es una propuesta oficial para un nuevo protocolo de Internet, que se explica con todo detalle para que en caso de ser aceptado pueda ser implementado sin ambigüedades.

Cualquiera puede enviar una propuesta de RFC a la IETF, pero es esta la que decide finalmente si el documento se convierte en una RFC o no. Cada RFC tiene un título y un número asignado, que no puede repetirse ni eliminarse aunque el documento se rechace.

Cada protocolo de los que hoy existen en Internet tiene asociado un RFC que lo define. Por ejemplo, el protocolo IP se detalla en el RFC 791, el FTP en el RFC 959, y el HTTP en el RFC 2616.

SABÍAS QUE:

Cuando no contamos con líneas directamente conectadas a Internet se utilizan líneas telefónicas, la red más utilizada para conectarse a Internet. Esta conexión comunica a los equipos a la velocidad de la línea telefónica, más lenta en comparación con la de una red local. Es necesario utilizar, por tanto, un protocolo que permita la comunicación estándar entre diferentes equipos de forma eficiente, para no sobrecargar la línea telefónica. Uno de estos protocolos es PPP, Protocolo Punto a Punto.

De esta manera, cuando un usuario necesita acceder a la red privada virtual, su solicitud se transmite sin cifrar al equipo que realiza el cifrado, que se conecta con la red remota mediante una red pública como es Internet; para transmitir la información de manera cifrada. El equipo remoto le proporciona los datos al servidor VPN en su red y este envía la respuesta cifrada. Cuando el cliente de VPN del usuario recibe los datos, los descifra y los envía al usuario que ha realizado la petición.

Buena parte de los routers que nos ofrecen los operadores de comunicaciones tienen la posibilidad de actuar como cliente/servidor de VPN.

La configuración de una red privada virtual se basa principalmente en el protocolo de túnel que implementa para el cifrado de la información.

Los principales protocolos de túnel son:

- PPTP (Protocolo de túnel punto a punto) es un protocolo de capa 2 desarrollado por el conjunto de empresas: Microsoft, 3Com, Ascend, US Robotics y ECI Telematics.
- L2F (Reenvío de capa dos) es un protocolo de capa 2 desarrollado por las compañías: Cisco, Northern Telecom y Shiva.
- L2TP (Protocolo de túnel de capa dos) es un protocolo de capa 2 basado en PPP e incluye características de PPTP y L2F. Surge como resultado del trabajo del IETF (RFC 2661).
- IPSec es un protocolo de capa 3 creado por el IETF que puede enviar datos cifrados para redes IP.

Protocolo PPTP

El principio del Protocolo de túnel punto a punto consiste en crear tramas con el protocolo PPP y después encapsularlas mediante un datagrama de IP.

Con este tipo de conexión, gracias al protocolo PPP, los equipos remotos en dos redes de área local se conectan con una conexión de igual a igual, con un sistema de autenticación y cifrado, posteriormente el paquete se envía dentro de un datagrama IP. De esta manera, los datos de la red de área local y las direcciones de los equipos que se encuentran en el encabezado del mensaje no serán visibles.

Protocolo L2TP

El protocolo de túnel de capa 2 es un protocolo muy similar al PPTP. L2TP encapsula tramas PPP, que a su vez encapsulan otros protocolos (como IP, IPX o NetBIOS).

Protocolo IPSec

IPSec es un protocolo definido por el IETF que se usa para transferir datos de manera segura en la capa de red (capa 3). Realmente se trata de un protocolo que mejora el propio protocolo IP para garantizar la privacidad, integridad y autenticación de los datos que enviamos.

IPSec se basa en tres módulos:

- AH: Encabezado de autenticación IP, que proporciona integridad, autenticación y protección contra ataques de REPLAY.

- ESP: Carga útil de seguridad encapsulada, que define el cifrado. ESP brinda privacidad, integridad, autenticación y protección contra ataques de REPLAY.
- SA: Asociación de seguridad, que define configuraciones de seguridad e intercambio de claves.

SABÍAS QUE:

Los ataques de REPLAY son ataques que interceptan paquetes de datos y los reproducen, para reenviarlos tal como están (sin descifrar) al equipo receptor.

De esta forma podemos obtener los derechos de usuarios acreditados en el sistema remoto.

RESUMEN

- Los servicios de acceso remoto permiten tener acceso a los recursos de un equipo, que está ubicado en nuestra misma red local o en una red externa a través de Internet.
- Existen varios procedimientos para poder acceder a los recursos del equipo remoto; pero en todos ellos debe prevalecer la seguridad de la información transmitida.
- También necesitamos acceder a equipos de forma remota para realizar tareas de configuración. Por ejemplo, se puede acceder a un servidor de forma remota para configurarlo, controlar el estado de sus servicios, transferir archivos, etc.
- Telnet y SSH son protocolos y programas de acceso remoto en modo texto.
- A diferencia de los terminales en modo texto, un terminal gráfico puede mostrar tanto imágenes como texto.
- Con la tecnología de escritorio remoto podemos ejecutar de forma remota aplicaciones que generalmente se ejecutan en el sistema donde está ubicado el usuarios como, programas de gestión, procesadores de textos, navegadores.
- En muchas ocasiones, las empresas tienen la necesidad de comunicarse con sucursales de dicha empresa, alejadas geográficamente.
- Los datos transmitidos a través de Internet viajan de forma más vulnerable que cuando lo hacen por la red interna y pueden ser interceptados por alguna persona ajena a la entidad. Las redes privadas virtuales (VPN) intentan dar una solución a este inconveniente a través de un protocolo de túnel, que nos aporta seguridad y privacidad en los datos transmitidos.

ACTIVIDADES DE ENSEÑANZA Y APRENDIZAJE

DE COMPROBACIÓN

3.1. ¿Qué protocolo de la capa de transporte presta servicios al protocolo SSH?

a) TCP.
b) UDP.
c) IPX.
d) NetBeui.

3.2. Para la comunicación entre dos equipos mediante SSH:

a) Se establece una conexión a través del puerto 22.
b) Se establece una conexión a través del puerto 21.
c) Se establece una conexión por el primer puerto que esté libre.
d) No es necesario ningún tipo de conexión a través de ningún puerto para SSH.

3.3. ¿Qué modos de conexión existen en un acceso remoto?

a) Acceso remoto en modo texto.
b) Acceso remoto en modo gráfico.
c) Acceso a través de VPN.
d) Todas las anteriores.

3.4. ¿Cuál es el primer sistema operativo que incluye un escritorio remoto?

a) Microsoft Windows 98.
b) Apple Macintosh.
c) Microsoft Windows XP.
d) X-Windows.

3.5. Una vez instalado, los parámetros de un servidor SSH no se pueden modificar.

a) No, nunca.

b) Depende de la instalación realizada.
c) Sí, con permisos de root podemos editar el fichero de configuración y modificar los parámetros por defecto.

3.6. El usuario root en un acceso remoto:

a) No se puede conectar nunca.
b) En remoto no tienen permiso para realizar tareas administrativas.
c) Por seguridad es aconsejable que no tenga acceso.

3.7. En Linux, la instalación del servidor de escritorio remoto VNC se realiza:

a) En Linux no se puede tener acceso a escritorio remoto.
b) Mediante dos ficheros de configuración denominados vncserver.conf y uservnc.conf.
c) Ejecutando desde la línea de comandos apt-get install vnc.

3.8. Las redes privadas virtuales se utilizan para:

a) Establecer una red donde no existen recursos.
b) Disponer acceso seguro a bajo coste.
c) Tener acceso a Internet a muy bajo coste.

3.9. El protocolo IPsec:

a) Es un protocolo IP de segundo orden, utilizado en redes no seguras.
b) Es un protocolo definido por el IETF que se usa para transferir datos de manera segura en la capa de red.
c) Las dos respuestas anteriores son correctas.

DE APLICACIÓN

3.1. Monta una red de área local en la que el router tenga la dirección IP 192.168.0.100, con dos PC con direcciones IP 192.168.0.101 y 192.168.0.102. En el primero de los PC, con sistema operativo Linux, instala un servidor SSH. Realiza distintas operaciones desde el otro PC, que actuará como cliente para tener acceso remoto al servidor SSH.

DE AMPLIACIÓN

3.1. Busca en Internet servidores SSH gratuitos que nos permitan acceder a través de una cuenta personal, mediante un sistema de alta de usuarios.

4

Instalación de servicios de transferencia de ficheros

El protocolo FTP (Protocolo de transferencia de archivos) es, como su nombre indica, un protocolo para transferir archivos. La primera realización de FTP se remonta a 1971 cuando se desarrolló un sistema de transferencia de archivos entre equipos del Instituto Tecnológico de Massachusetts (MIT, *Massachusetts Institute of Technology*). Desde entonces, se ha mejorado el protocolo básico, aunque las innovaciones más importantes se llevaron a cabo en julio de 1973.

Actualmente, el protocolo FTP está definido por la RFC 959 (Protocolo de transferencia de archivos (FTP) - Especificaciones). El protocolo FTP define la manera en que los datos deben ser transferidos a través de una red TCP/IP.

El objetivo del protocolo FTP es:

- Permitir que equipos remotos puedan compartir archivos.
- Permitir la independencia entre los sistemas de archivo del equipo del cliente y del equipo del servidor.
- Permitir una transferencia de datos eficaz.

Contenido

Objetivos

- Conocer el funcionamiento del protocolo de transferencia de archivos.
- Entender el modo de funcionamiento cliente/servidor.
- Ser capaz de gestionar un servidor FTP
- Aprender el uso de los comandos que debe utilizar un cliente FTP.

SABÍAS QUE:

Una RFC (*Request For Comments*) es una publicación sobre todo lo relacionado con Internet y los sistemas que se conectan a través de ella.

SABÍAS QUE:

Existe un protocolo de transferencia de archivos trivial, denominado TFTP, mucho más sencillo, y que funciona sobre UDP en vez de sobre TCP/IP.

4.1 Protocolo de transferencia de ficheros FTP

4.1.1 Funcionamiento

El protocolo FTP (*File Transfer Protocol*, Protocolo de transferencia de ficheros) es un protocolo de aplicación (recordemos que corresponde al nivel 7 del modelo OSI), cuyos principales objetivos son los siguientes:

- Promocionar el uso compartido de ficheros.
- Animar al uso indirecto o a través de programas de servidores remotos.
- Hacer transparente al usuario las variaciones entre la forma de almacenar ficheros en diferentes ordenadores.
- Transferir datos fiable y eficientemente.

FTP utiliza los servicios que le presta el protocolo de transporte TCP, el cual garantiza la fiabilidad de la comunicación, estableciéndose dos conexiones:

- Una conexión de datos (es decir, por donde van los datos transferidos), abierta en el puerto 20.
- Una conexión para el control de la comunicación (diálogo de control), por el puerto 21. Permite al usuario aspectos tales como moverse por la estructura de directorios o subir y bajar archivos mediante una serie de comandos.

4.1.2 Modelo cliente/servidor

El protocolo FTP está basado en un modelo cliente/servidor, en el que el cliente FTP envía una petición al servidor para pedirle el establecimiento de la conexión. El cliente inicia la conexión hacia el servidor FTP mediante el puerto 21, estableciendo un canal de control. A partir de este punto el cliente FTP envía al servidor las acciones que este debe ejecutar para poder llevar a cabo el envío de datos. Estas acciones incluyen parámetros para la conexión de datos así como también la manera en como serán gestionados y tratados estos datos. Estos parámetros incluyen:

- El puerto para datos.
- El modo de conexión (activo o pasivo).
- El tipo de transferencia (ASCII o binario).

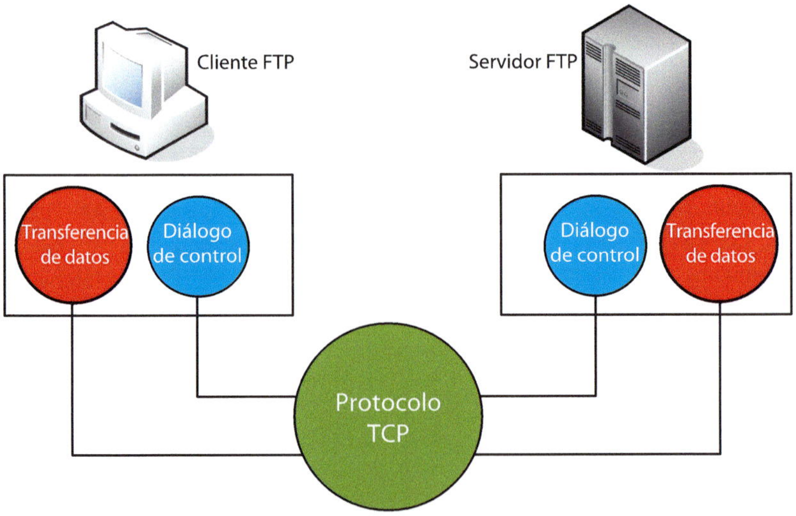

Figura 4.1. Conexiones en FTP.

Tanto el modo de conexión como el modo de transferencia se explican en próximos apartados de este capítulo.

El proceso de transferencia de datos desde el servidor hacia el cliente debe esperar a que el servidor inicie la conexión al puerto de datos especificado (en modo activo) y después transferir los datos en función de los parámetros de conexión especificados.

4.1.3 Modos de conexión

Existen dos tipos de modos de conexión en FTP:

- **Modo activo.** También se conoce como modo estándar. Se basa en el establecimiento de dos conexiones, la primera de ellas establece una comunicación para la transmisión de comandos a través de un puerto aleatorio mayor que el 1024 del cliente FTP hacia el puerto 21 del servidor FTP, notificándose al servidor FTP cuál es el puerto del cliente FTP que espera los datos.

  La segunda conexión es la conexión de datos. El servidor FTP inicia la transmisión de datos desde su puerto 20 al puerto que el cliente FTP le indicó en la primera conexión. Se le llama modo activo porque la transmisión de datos es iniciada por el propio servidor FTP.

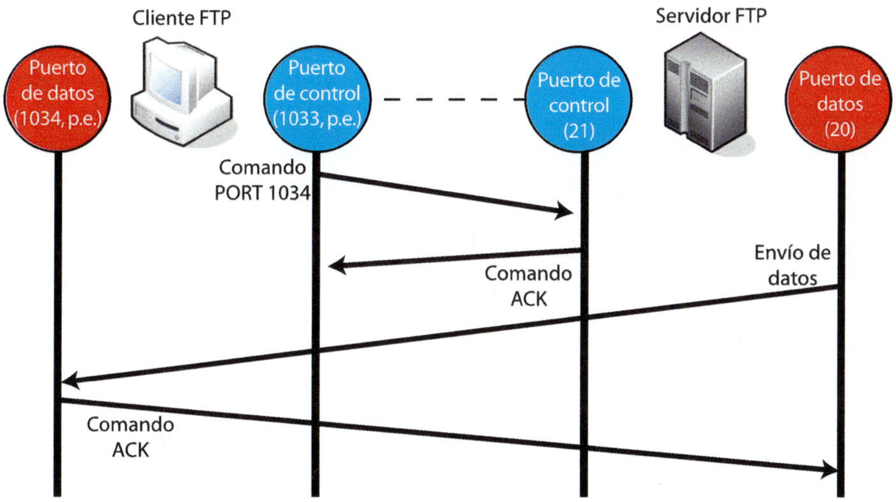

Figura 4.2. Funcionamiento en modo activo.

En la Figura 4.2, las líneas gruesas representan el tiempo de forma descendente. Se puede ver que, en primer lugar, el cliente inicia la conexión abriendo un puerto con un número mayor de 1024. El servidor abre entonces el puerto 21 para control, y puede comenzar el envío de datos desde el servidor por el puerto 20.

- **Modo pasivo.** En este caso, es el cliente FTP quien inicia la conexión con el servidor FTP mediante el envío del comando PASV. En este punto el cliente FTP establece una comunicación mediante un canal de control, el cual generalmente utiliza un puerto aleatorio mayor al 1024 para comunicarse con el servidor FTP a través de su puerto 21. Al pasar a modo pasivo el cliente FTP pedirá al servidor FTP que abra un puerto, el cual deberá ser aleatorio y mayor al 1024, recibida la contestación, será el cliente FTP el que establezca la conexión de datos al servidor FTP a través del puerto especificado anteriormente.

TEN EN CUENTA QUE:

Un puerto es una interfaz (consistente en un número, denominado número de puerto) para comunicarse con un programa a través de la red. La implementación del protocolo en el destino utiliza ese número para decidir a qué programa debe entregar los datos recibidos.

SABÍAS QUE:

FTP utiliza los servicios que le presta el protocolo TCP de la capa de transporte, el cual le aporta a los datos orden, acuse de recibo, control del flujo de datos y control de errores, entre otras funciones.

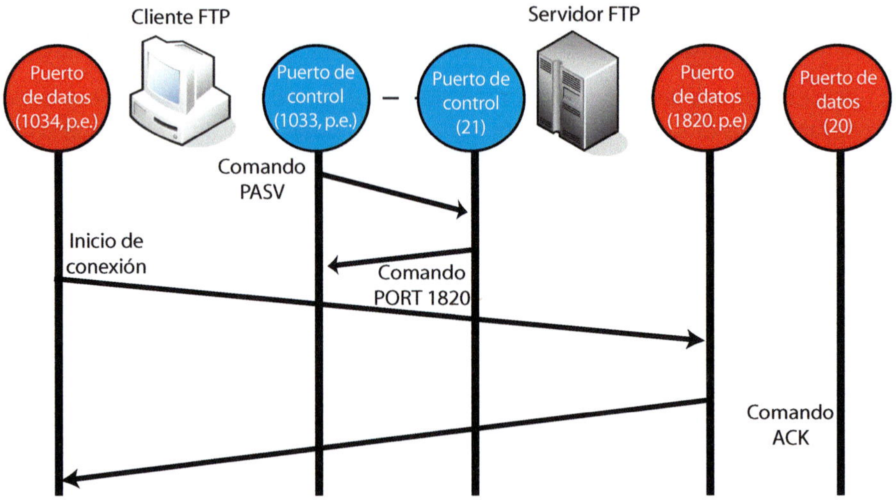

Figura 4.2b. Funcionamiento en modo pasivo.

4.1.4 Tipos de transferencia

El protocolo de transferencia de archivos especifica parámetros de transferencia de archivo de tipo, modo, forma y estructura. El protocolo ftp soporta los tipos de archivos ASCII y binario. El código ASCII (*American Standard Code for Information Interchange*, Código Estándar Americano para Intercambio de Información) fue creado en 1963 por el Comité Estadounidense de Estándares, ASA, cuyo nombre cambió en 1969 por el de Instituto Estadounidense de Estándares Nacionales o ANSI (*American National Standard Institute*), como se le conoce desde entonces. Este código nació a partir de reordenar y expandir el conjunto de símbolos y caracteres ya utilizados por ese entonces en telegrafía por la compañía Bell. En un primer momento solo incluía las letras mayúsculas, pero en 1967 se agregaron las letras minúsculas y algunos caracteres de control, formando así lo que se conoce como US-ASCII, es decir los códigos del 0 al 127. Así con este conjunto de solo 128 caracteres (codificables con 7 bits) fue publicado en 1967 como estándar, conteniendo todos lo necesario para escribir en el idioma ingles. En 1986, se modificó el estándar para agregar nuevos caracteres latinos, necesarios para la escrituras de textos en otros idiomas, como por ejemplo el español, así fue como se agregaron los caracteres que van del ASCII 128 al 255 (y, por tanto, un octavo bit para codificación).Casi todos los sistemas informáticos de la actualidad utilizan el código ASCII para representar caracteres y textos.

ASCII es el tipo ftp por defecto, utilizándose el comando **binary** para transferir los archivos en modo binario. Se pueden seguir las siguientes normas generales:

- Si el archivo que se quiere transferir contiene solo texto, como es el caso de los archivos HTML o de texto, se debe usar el modo ASCII.
- Si se quiere transferir un archivo gráfico u otro archivo multimedia, un archivo comprimido o un programa se debe usar el modo binario.

4.2 Servidores FTP en sistemas operativos libres y propietarios

En esta sección vamos a ver cómo funciona un servidor FTP. La mejor forma de verlo es con ejemplos, por lo que estudiaremos un servidor FTP para sistemas operativos propietarios (Windows) y otro servidor FTP para sistemas operativos libres (Linux).

4.2.1 Instalación

En Windows, existen una gran cantidad de servidores FTP que se pueden descargar de forma gratuita. En nuestro caso, elegimos el Servidor Quick'n Easy FTP Server 3.1 Lite. Una vez descargado, basta con hacer un doble clic para que se ejecute.

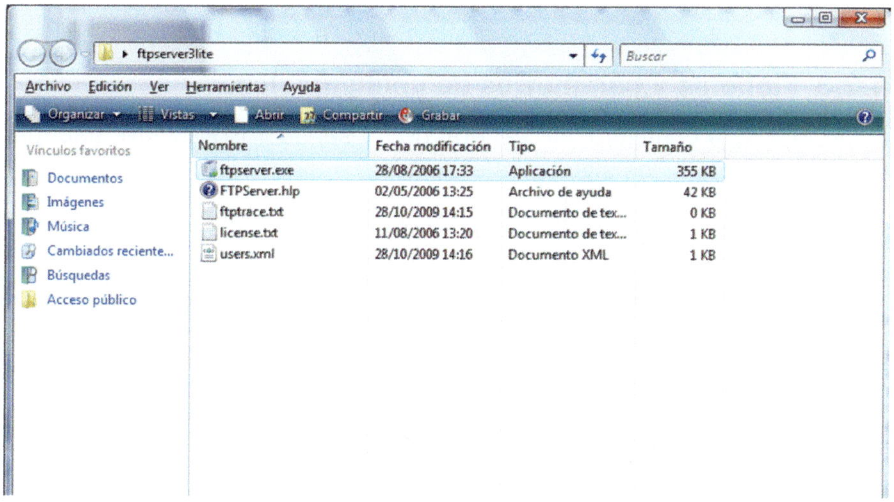

Figura 4.3. Instalación de un servidor FTP en Windows.

Para Linux, elegimos el servidor FTP VSFTPD (*Very Secure FTP Daemon*). VSFTPD es el servidor FTP por defecto de la distribución Ubuntu, además de Fedora Core, Red Hat y otras distribuciones.

La instalación de VSFTPD es relativamente sencilla, debiéndose solo teclear en el terminal el siguiente comando recordando que se debe ejecutar como root.

```
[root@ localhost ~]# yum install -y vsftpd
```

4.2.2 Arranque y parada

El arranque del servidor FTP en Windows es sencillo. Basta con pulsar el botón correspondiente (Start). Así mismo, junto a él, se puede observar el botón de parada.

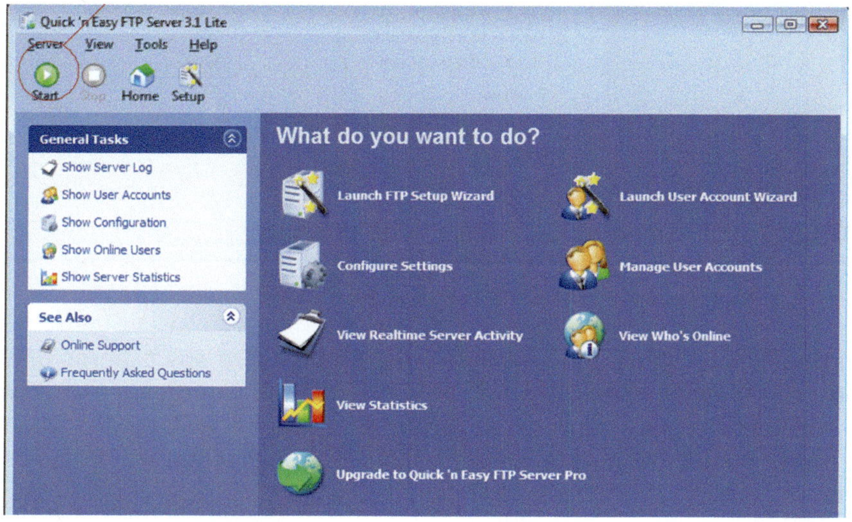

Figura 4.4. Pantalla de arranque del servidor Quick'n Easy.

PARA AMPLIAR:

En páginas web como Softonic existen una gran variedad de programas, entre los que se encuentran servidores FTP.

En Linux, para iniciar el servidor, es necesario escribir en el terminal, como usuario root, lo siguiente:

```
service vsftpd start
```

Para detener el servidor, como root, hay que escribir:

```
service vsftpd stop
```

4.2.3 Ficheros y parámetros de configuración

En Windows, la configuración general de un servidor FTP incluye habitualmente, entre otros, los siguientes aspectos:

- El puerto FTP a utilizar como puerto de control (por defecto, el puerto 21).
- El número máximo de conexiones al servidor y el máximo de conexiones por cada dirección IP.
- El tiempo máximo de conexión.
- Un mensaje de bienvenida y otro de despedida.
- Los puertos a utilizar para el modo de funcionamiento pasivo.

En la Figura 4.5, se observa la configuración para el servidor Quick'n Easy.

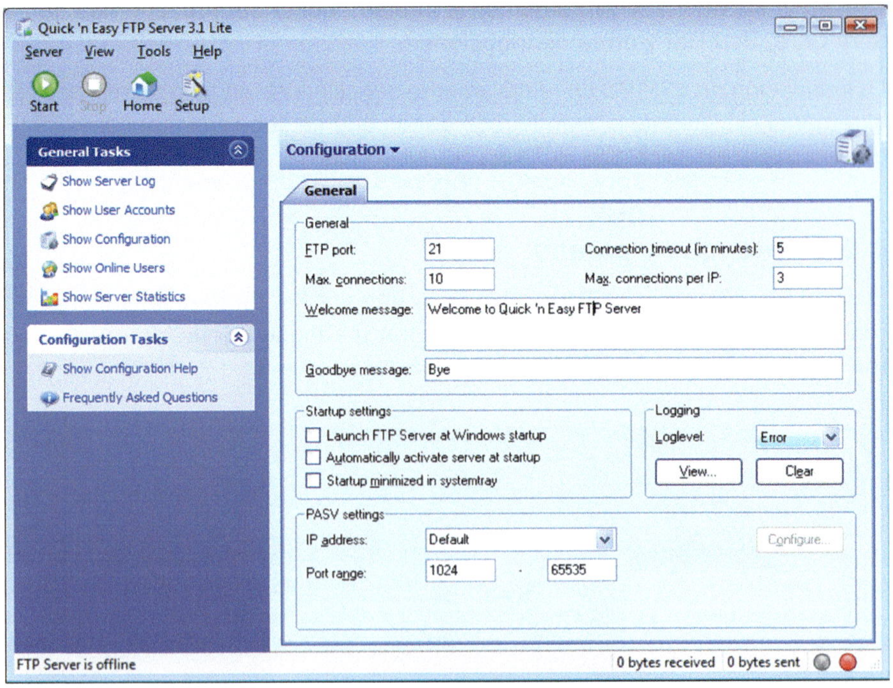

Figura 4.5. Pantalla de configuración del servidor Quick'n Easy.

En Linux, la configuración de VSFTPD se realiza sobre dos ficheros distintos, uno de configuración general propio de VSFTPD y otro para especificar al servidor FTP los usuarios que van a hacer uso del acceso de invitado. El primer fichero de configuración de VSFTPD se encuentra en la siguiente ruta:

```
/etc/vsftpd/vsftpd.conf
```

RECUERDA:

En una conexión FTP es necesario abrir dos puertos: el puerto 20 para transmisión de datos y el puerto 21 para el control de la comunicación.

El segundo fichero de configuración debe ser creado por el usuario, ya que de otra forma no se pueden especificar al servidor FTP los usuarios que harán uso del acceso de invitado. La ruta en la que se debe crear dicho fichero es la que viene dada a continuación:

```
/etc/vsftpd
```

A este archivo, creado por el usuario, se le debe dar el nombre siguiente:

```
chroot_list
```

A este fichero se deben agregar los nombres de los usuarios de FTP que accederán al directorio de trabajo, restringiéndose de esta manera a estos usuarios el acceso a otras partes del sistema operativo; lo contrario sería un grave fallo de seguridad.

El tipo de aspectos que se pueden fijar en un servidor FTP de Linux es muy similar al de Windows. Se exponen algunos ejemplos a continuación:

- **Establecer un mensaje de bienvenida en el servidor FTP:** para agregar este mensaje al servidor FTP se debe buscar la siguiente línea en el fichero de configuración y editarla.

```
ftpd_banner=Bienvenido al Servidor FTP de Linux
```

- **Limitar el número de conexiones hacia el servidor FTP:** para esto solo hay que añadir la siguiente línea al final del archivo de configuración.

```
max_clients=3
```

  Como se puede observar, hemos limitado el acceso a solamente 3 clientes FTP.

- **Limitando el número de conexiones por IP hacia el servidor FTP:** para esto solo hay que añadir la siguiente línea al final del archivo de configuración.

```
max_per_ip=3
```

  Como se puede observar, hemos limitado el acceso a simultáneo a solamente 3 IP.

4.2.4 Usuarios y grupos

La gestión de usuarios dentro del servidor FTP es una de la tareas más importantes y delicadas, ya que depende de ella la seguridad del contenido del servidor y del propio ordenador donde esté está instalado. A un servidor FTP se puede acceder con dos tipos de usuarios:

- **Usuarios autentificados:** son aquellos que poseen un **login** y **password** propio. Estos se han dado de alta en el servidor.
- **Usuario anónimo:** este usuario no se identifica en el servidor. Este usuario va configurado en el servidor por defecto, aunque se recomienda deshabilitarlo, o bien darle de baja y permitir el acceso únicamente a usuarios autentificados.
- **Grupos:** se trata de un grupo de usuarios, que comparten las mismas propiedades de acceso a un servidor FTP.

TEN EN CUENTA QUE:

Un usuario anónimo no debería tener los mismos privilegios que un usuario autenticado.

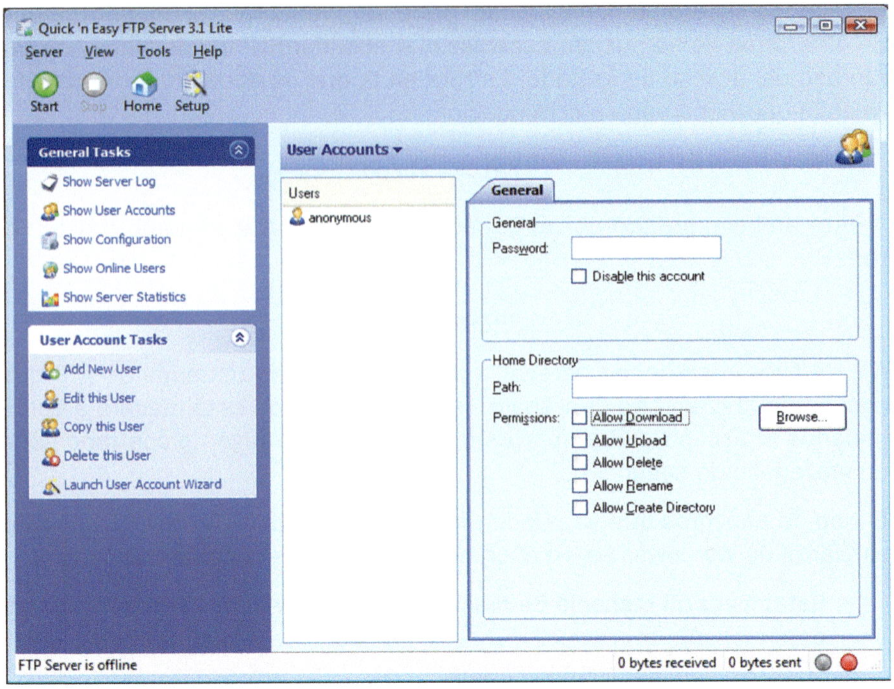

Figura 4.6. Pantalla de cuentas de usuario del servidor Quick'n Easy.

TEN EN CUENTA QUE:

Los permisos que asignemos a un usuario dictaminarán qué puede realizar dicho usuario en el servidor FTP. Por ejemplo, al administrador del servidor podría no interesarle que los usuarios dejaran archivos en el servidor por cuestiones de espacio o seguridad.

En la Figura 4.6 se observa la pantalla de cuentas de usuario de Quick'n Easy. Se pueden destacar los siguientes elementos configurables:

- **Disable Account (Deshabilitar cuenta):** permite negar momentáneamente el acceso desde una cuenta sin necesidad de borrar su configuración.
- **Password (Contraseña):** permite asignar una clave de acceso a un usuario.
- **Home directory (Directorio raíz):** carpeta de nuestra máquina que aparecerá al usuario cuando se conecte, y desde la que se pueden descargar o subir archivos. Esta carpeta principal (o raíz para el usuario) a su vez podrá contener más carpetas. A esta carpeta se le pueden asignar una serie de permisos:
  - **Allow Download (Permitir descargas):** el usuario podrá descargar información desde el servidor FTP a su ordenador.
  - **Allow Upload (Permitir subidas):** el usuario podrá introducir información en el servidor FTP desde su ordenador.
  - **Allow Rename (Permitir renombrar):** el usuario podrá cambiar de nombre los ficheros contenidos en su carpeta principal.
  - **Allow Delete (Permitir borrar):** el usuario podrá borrar los ficheros contenidos en su carpeta principal.
  - **Allow Create Directory (Permitir crear directorios):** el usuario podrá crear nuevas carpetas dentro de su carpeta principal.

En Linux, Crear cuentas de usuario en el servidor FTP es un proceso muy parecido a dar de alta usuarios en Linux. La sintaxis general para dar de alta usuarios es la siguiente:

```
useradd –d carpeta/usuario
```

Igualmente, en Linux también se pueden configurar estos aspectos. Algunos ejemplos se exponen a continuación:

- **Habilitar o negar accesos anónimos al servidor FTP:** al abrir el fichero de configuración, se debe de buscar la línea siguiente:

  ```
  anonymous_enable=YES|NO
  ```

  Para habilitar el acceso anónimo al servidor FTP se debe teclear la palabra **YES**; en caso contrario se debe escribir la palabra **NO**.

- **Habilitar o negar autenticarse a los usuarios:** al abrir el fichero de configuración, se debe buscar la línea siguiente:

  ```
  local_enable=YES|NO
  ```

- **Habilitar o negar la escritura en el servidor FTP:** al abrir el fichero de configuración, se debe buscar la línea siguiente:

  ```
  write_enable=YES|NO
  ```

- **Habilitar el acceso de invitado para ciertos usuarios FTP:** al abrir el fichero de configuración, se debe buscar la línea siguiente:

  ```
  Chroot_list_enable=YES|NO
  ```

- **Habilitar el usuario anónimo para subir contenido al servidor FTP:** al abrir el fichero de configuración, se debe buscar la línea siguiente:

  ```
  Anon_upload_enable=YES|NO
  ```

- **Habilitar el usuario anónimo la función de crear carpetas en el servidor FTP:** al abrir el fichero de configuración, se debe buscar la línea siguiente:

  ```
  Anon_mkdir_write_enable=YES|NO
  ```

ACTIVIDAD PROPUESTA 4.1

Buscar tres líneas de configuración en el fichero de configuración vsftpd.conf para el sistema operativo Linux que permitan habilitar o negar funciones a distintos usuarios del servidor FTP y que sean distintas a los ejemplos anteriores.

4.2.5 Permisos y límite de ancho de banda

Aunque el servidor Quick'n Easy no lo permite, es posible establecer permisos de escritura, lectura y ejecución al contenido albergado en el servidor FTP.

Hay 3 permisos para el propietario, 3 para el grupo y 3 para el resto de usuarios: estos tres permisos son lectura, escritura y ejecución (rwx). Se reemplaza el rwx por 3 dígitos: si existe el permiso, el dígito es 1; si no, es 0. Los 3 dígitos se entienden como un número binario y se pasan a decimal. Por ejemplo, en Linux, la siguiente línea indica que los archivos subidos al servidor quedan con los permisos 022 (000, 010, 010), es decir, solo escritura para el grupo y el resto de usuarios.

```
local_umask=022
```

RWX:

Read, Write, eXecution.

Si se desea agregar otro tipo de permisos sobre el contenido albergado en el servidor FTP solo hay que modificar el valor 022. Por ejemplo, es recomendable usar el permiso **644** (110, 100, 100), es decir, lectura y escritura para el propietario del fichero, y solo lectura para el grupo y los demás usuarios.

```
local_umask=664
```

TEN EN CUENTA QUE:

Registrar la actividad del servidor permite, entre otras cosas, dotar de una mayor seguridad a dicho servidor, además de poder descubrir aspectos como las preferencias de los usuarios o los horarios de máxima actividad.

ACTIVIDAD PROPUESTA 4.2

En Linux, dar permiso de lectura, escritura y ejecución para el propietario del fichero, y lectura y escritura para el grupo y los demás usuarios.

Así mismo, también se puede limitar la tasa de transferencia de un fichero. Por ejemplo, si se quiere limitar la tasa de transferencia a solo 10 Kb para los usuarios anónimos, se debe agregar la siguiente línea al final del archivo de configuración.

```
anon_max_rate=10240
```

Para limitar la tasa a los usuarios autenticados, se debe agregar la siguiente línea al final del archivo de configuración.

```
local_max_rate=10240
```

4.2.6 Logs y registros de actividad

En un servidor FTP, es habitual que exista un log o registro de actividad, es decir, un registro de eventos durante un cierto espacio de tiempo. Se usa para registrar datos o información sobre los usuarios que se han conectado, desde dónde, y cuándo y sobre posibles errores del sistema. En la Figura 4.7 se observa la pantalla de logs del servido Quick'n Easy para Windows.

TEN EN CUENTA QUE:

El objetivo de una interfaz gráfica es que el programa resulte más agradable al usuario sin perder funcionalidad.

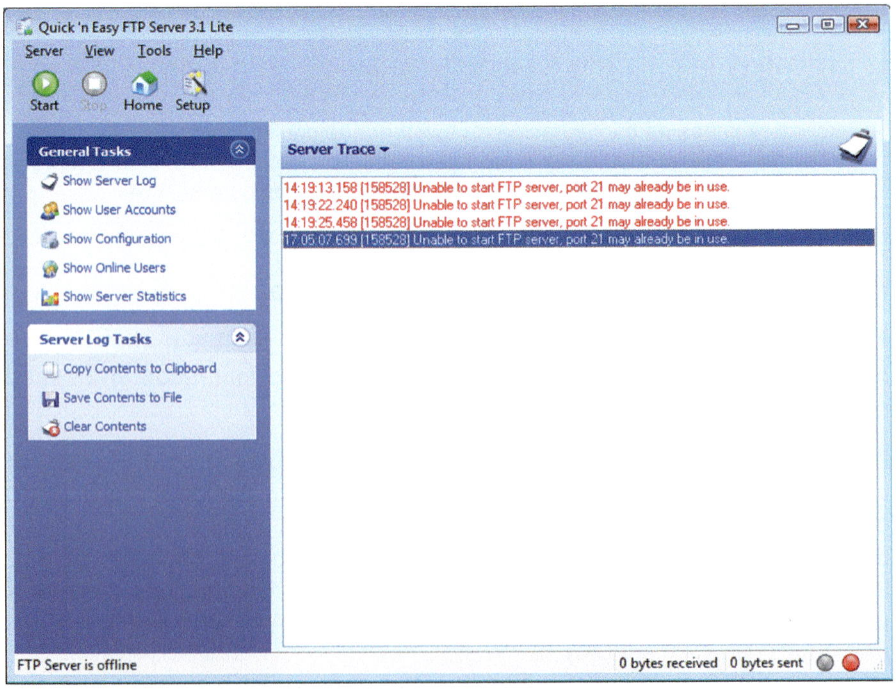

Figura 4.7. Pantalla de logs y registros de actividad del servidor Quick'n Easy.

4.3 Clientes FTP en sistemas operativos libres y propietarios

Para acceder a un servidor FTP, se abre una ventana de Símbolo del sistema y se escribe lo siguiente:

```
ftp dirección_IP_servidor
```

En la Figura 4.8, se observa una conexión al servidor ftp.microsoft.com, al cual se pueden hacer conexiones como usuario anónimo con solo proporcionar una dirección de correo electrónico como contraseña.

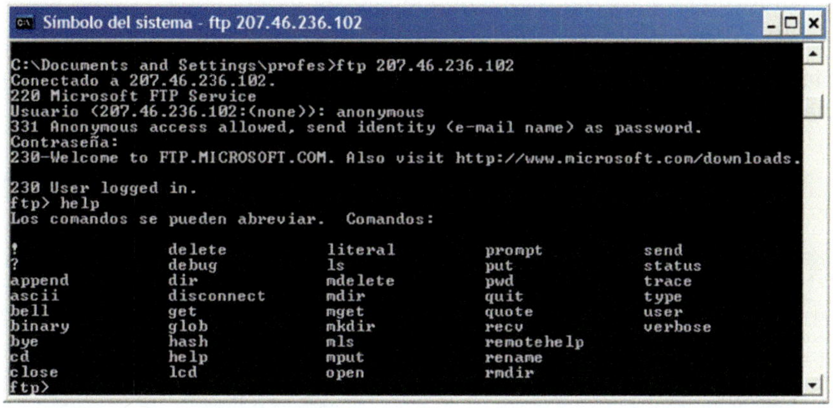

Figura 4.8. Conexión a un servidor FTP.

La Tabla 4.1 explica alguno de los comandos que pueden ser utilizados con FTP:

Comando	Función
cd [rutaRemota]	Cambia de directorio dentro del servidor remoto
lcd [rutaLocal]	Cambia de directorio en el equipo local
chgrp [grp] [rutaRemota]	Cambia el grupo de trabajo de un fichero remoto. [grp] = group
chmod [opciones] [rutaRemota]	Cambia los permisos de lectura, escritura o de ejecución a un fichero remoto
get [rutaRemota] [rutaLocal]	Copia un recurso remoto en un equipo local
lmkdir [rutaLocal]	Crea una carpeta en el equipo local
lpwd	Imprime la ruta local en la cual estamos trabajando
mkdir [rutaRemota]	Crea una carpeta en el equipo remoto
put [rutaLocal] [rutaRemota]	Sube un fichero o archivo desde una ruta local hasta una ruta remota
pwd	Imprime la ruta remota en la cual estamos trabajando
exit	Sale de FTP
rename [rutaLocal] [rutaRemota]	Renombra un un fichero remoto
rmdir [rutaRemota]	Borra una carpeta remota
rm [rutaRemota]	Borra un fichero remoto

Tabla 4.1. Comandos FTP.

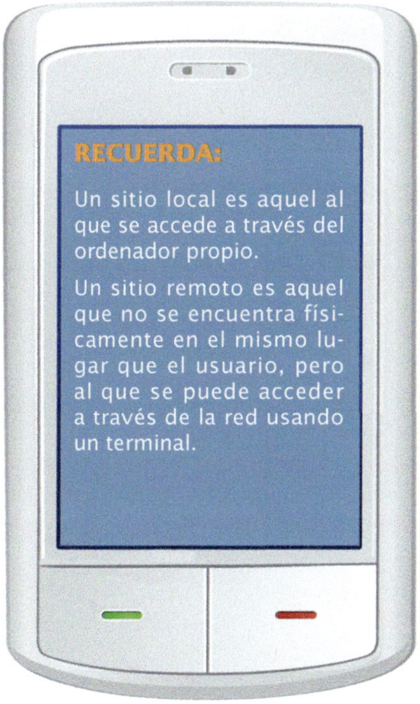

La conexión a servidores FTP inicialmente se realizaba (y aún se sigue haciendo) en modo texto. Aunque no sea lo más habitual, puede darse el caso de que haya que realizar este tipo de conexión ya sea por emergencia, necesidad o no encontrarnos en nuestro puesto habitual, donde poder usar un sencillo cliente gráfico. Aprender las pautas básicas de conexión a un servidor remoto usando una ventana de Símbolo del sistema tiene grandes ventajas, como puede ser la realización de una correcta actualización de un servidor.

Las conexiones a FTP usando un programa gráfico se denominan **conexiones desde un cliente de FTP**.

Un cliente de FTP muy utilizado es el cliente de Linux gFTP, distribuyéndose con la mayoría de las distribuciones Linux. Se puede conseguir en la dirección http://www.gftp.org

En la Figura 4.9 se ve la pantalla inicial de gFTP. En ella se advierten determinadas secciones, cada una con una utilidad distinta.

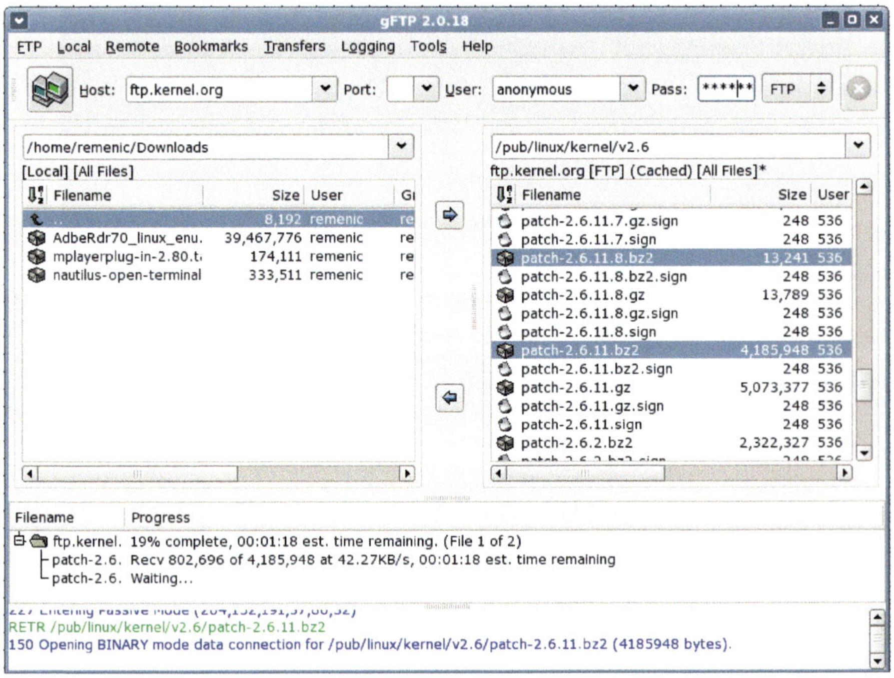

Figura 4.9. Cliente FTP en modo gráfico.

El proceso de conexión a un servidor remoto es idéntico al de una conexión en modo texto. Para lograr una conexión exitosa, es necesario saber:

- Servidor al cual queremos conectar.
- Puerto a través del cual efectuaremos la transacción de datos.
- Nombre de usuario.
- Contraseña.

Estos son los únicos datos necesarios que se deben tener disponibles para lograr la comunicación.

- El protocolo FTP es un protocolo usado para transferir archivos entre dos hosts remotos.
- FTP usa los servicios del protocolo de transporte para establecer dos conexiones, una para el intercambio de datos y otra para el control de la comunicación.
- FTP está basado en un modelo cliente/servidor.
- Existen dos modos de conexión: activo y pasivo.
- Se pueden establecer servidores FTP en sistemas libres y propietarios, existiendo una serie de ficheros de configuración, que determinan aspectos tales como los permisos de los usuarios o los registros de actividad, entre otros.
- Los clientes FTP pueden usar una serie de comandos para el uso de FTP.

ACTIVIDADES DE ENSEÑANZA Y APRENDIZAJE

DE COMPROBACIÓN

4.1. ¿Qué protocolo de la capa de transporte presta servicios al protocolo FTP?

a) TCP.
b) UDP.
c) ODT.
d) Ninguna de las anteriores es correcta.

4.2. Para la comunicación entre dos hosts mediante FTP:

a) Se establece una conexión a través del puerto 20.
b) Se establecen dos conexiones, una de datos y otra de control, a través de los puertos 20 y 21.
c) No existen conexiones en FTP.

4.3. ¿Qué modos de conexión existen en FTP?

a) Modo cliente y modo servidor.
b) Modo de datos y modo de control.
c) Modo activo y modo pasivo.

4.4. ¿Qué tipos de transferencia de ficheros existen en FTP?

a) Modo ASCII y modo binario.
b) Modo estándar y modo octeto.
c) Modo activo y modo pasivo.

4.5. ¿Cuál de los siguientes parámetros no se puede configurar habitualmente en un servidor por defecto?

a) El puerto FTP a utilizar como puerto de control.
b) El tiempo máximo de conexión.
c) El número máximo de datos a transmitir.

4.6. Un usuario anónimo en un servidor FTP:

a) Posee un login y un password propio.
b) Tiene habitualmente los mismos permisos que un usuario autenticado.
c) a) y b) son falsas.

4.7. Se quiere limitar el número de conexiones simultáneas a un servidor FTP a 4. ¿Cuál es el comando a utilizar en Linux?

a) max_clients = 4.
b) max_per_ip = 4.
c) max_connect = 4.

4.8. En Linux, la configuración del servidor FTP VSFTPD se realiza:

a) Mediante un único fichero de configuración denominado vsftpd.conf.
b) Mediante dos ficheros de configuración denominados vsftpd.conf y chroot_list.
c) No es necesaria la presencia de ficheros de configuración, realizándose esta a través de la línea de comandos.

4.9. Se desea subir el fichero imagen.jpg a un servidor FTP, ¿qué comando es necesario utilizar en el Símbolo del sistema de MS-DOS?

a) put imagen.jpg
b) get imagen.jpg
c) pwd imagen.jpg.

4.10. Abre una ventana de Símbolo del sistema y ejecuta el comando ftp ftp.microsoft.com. Introduce en el nombre de usuario la palabra anonymous y proporciona como contraseña una dirección de correo electrónico. Introduce el comando help, con lo que tendrás un listado de los comandos ftp. Ejecuta el comando dir: ¿Cuántos directorios están disponibles?

4.11. Entra en el primer directorio de la lista. ¿qué comando hay que utilizar?

4.12. Con el comando dir, lista los directorios y archivos del directorio en el que te encuentras. Descárgate el primer fichero de la lista con el comando get.

4.13. Intenta mandar un fichero tuyo mediante el comando put. ¿Es posible?

4.14. Cierra la conexión FTP con el comando bye.

4.15. ¿Cuáles son las principales diferencias entre los modos de funcionamiento activo y pasivo?

4.16. ¿Cuáles de los siguientes parámetros son configurables habitualmente en un servidor FTP?

a) El número máximo de conexiones al servidor.
b) El tiempo máximo de conexión al servidor.
c) Los puertos que se deben utilizar en el modo de funcionamiento pasivo.
d) Todas las anteriores son correctas.

4.17. ¿Qué razón o razones se te ocurren para limitar el número de conexiones simultáneas a un servidor FTP?

4.18. Establece un mensaje de bienvenida en Linux con el servidor VSFTPD. Escribe el comando utilizado.

4.19. ¿Qué operaciones podría realizar un usuario con todos los permisos en un servidor FTP?

4.20. En un servidor FTP, ¿con qué comando puede saber cuáles son los comandos que puede utilizar?

DE APLICACIÓN

4.1. Monta una red de área local en la que el router tenga la dirección IP 192.168.1.1, con dos PC con direcciones IP 192.168.1.2 y 192.168.1.3. En el primero de los PC, monta un servidor FTP. Realiza distintas operaciones desde el otro PC, que actuará como cliente y observa el tráfico con un analizador de protocolos (por ejemplo, Wireshark).

4.2. Se dispone de un servidor VSFTPD en Linux en el que queremos dar de alta a dos usuarios llamados pepe y carmen, negar el acceso a los usuarios anónimos y dar permiso a pepe para lectura, escritura y ejecución y a carmen solo para lectura. Escribir los comandos necesarios en el fichero de configuración.

5

Instalación y configuración de servicios de correo electrónico

Uno de los servicios más importantes que existen en Internet, junto con el servicio Web, es el de correo electrónico. De forma análoga al servicio de correo postal (tradicional), el servicio de correo electrónico permite que dos personas se intercambien «cartas».

Naturalmente, existen ciertas diferencias entre el correo electrónico y el correo postal. Se podrían resumir en las siguientes:

- **Rapidez:** una carta enviada por correo postal puede tardar varios días en llegar a su destino mientras que un correo electrónico tarda en llegar tan solo unos minutos al buzón del destinatario.
- **Coste:** enviar un correo electrónico al vecino de abajo o a una amiga que vive en Alaska cuesta lo mismo. Eso no sucede con el correo postal. Lo único que se necesita para usar el servicio de correo electrónico es una cuenta de correo (hay muchas gratis) y un acceso a Internet (esto, normalmente, no es gratis).
- **Flexibilidad:** el servicio de correo postal es poco flexible. Es sencillo enviar una carta (unos cuantos folios) pero si se quiere enviar algo más entonces el tema se complica. El correo electrónico es mucho más flexible porque se puede (dentro de un límite) enviar no solo texto sino ficheros de cualquier tipo adjuntos al correo electrónico. Además, es posible enviar, en una sola operación, el mismo correo a múltiples destinatarios.

Contenido

Objetivos

- Conocer el funcionamiento básico del sistema de correo electrónico.
- Identificar los distintos elementos que forman parte de un servicio de correo electrónico.
- Comprender el proceso de entrega de un correo electrónico, desde que se envía hasta que se recibe.
- Saber distinguir las funcionalidades de los distintos protocolos usados en el servicio de correo electrónico.
- Reconocer el formato interno de los mensajes de correo electrónico.
- Identificar los distintos tipos de spam existentes y la forma de evitarlo.
- Configurar correctamente y de forma segura servidores de correo electrónico.
- Conocer las técnicas básicas de cifrado.
- Aprender a usar el correo electrónico seguro.
- Identificar los servicios de correo electrónico vía web y diferenciarlo del sistema tradicional.

SABÍAS QUE:

A finales de los años noventa el uso de Internet en España comenzó a generalizarse. En esa época para tener una cuenta de correo electrónico era necesario pagar una cuota. En la actualidad esto no sucede así.

5.1 Cuentas de correo, alias y buzones de usuario

En el mundo del correo electrónico existe cierta terminología básica que debe conocerse:

- **Cuenta de correo:** una cuenta de correo nos permite enviar y recibir correos electrónicos. Asociado a cada cuenta de correo tendremos que tener, necesariamente, un nombre de usuario y una contraseña que nos identifican como usuario legítimo de correo electrónico. Ese nombre de usuario y contraseña nos permiten enviar correos y leer los que hemos recibido. Básicamente consiste en un espacio de almacenamiento (buzón de usuario) que un determinado proveedor nos ofrece y un conjunto de facilidades asociadas a la cuenta de correo.
- **Buzones de correo:** se refiere al espacio de almacenamiento disponible en un servidor de correo que almacena los correos electrónicos dirigidos a una determinada dirección de email (usuario@dominio.com). El buzón de correo electrónico es similar al buzón de correo postal que tenemos en nuestras casas; el cartero depositará en el buzón todas las cartas dirigidas a nosotros y, posteriormente, nosotros con nuestra llave del buzón accederemos a este y recogeremos las cartas. Siguiendo esta analogía, la llave del buzón sería nuestro nombre de usuario y contraseña.
- **Alias de correo:** el alias de correo es una dirección de email (usuario@dominio.com) que no tiene un buzón asociado sino que lo que se hace es que todo el correo dirigido a esa dirección será reenviado a un conjunto de direcciones de correo que sí tienen buzón. El uso típico de los alias es el de tener una dirección genérica (comercial@empresa.es) frente a una personal (menganito@empresa.es) en los casos en los que interese.

Un alias de correo no solo permite redirigir una dirección de correo a otra sino que permite que ese correo se multiplique y llegue a muchos destinatarios.

Por ejemplo, la cuenta ventas@empresa.es puede llegar a todos los agentes de ventas de una empresa.

ACTIVIDAD PROPUESTA 5.1

Busca en Internet cuatro proveedores de correo electrónico que ofrezcan cuentas de correo electrónico gratuitas. Haz un análisis de las prestaciones de esas cuentas gratuitas y de los «extras» (de pago) que ofrecen.

5.2 Descripción general

El correo electrónico existe desde principios de los años ochenta (la primera especificación del protocolo SMTP es de 1982) y, aunque desde entonces ha ido evolucionando y se le han añadido nuevas funcionalidades (uso de adjuntos, cifrado de la comunicación, autentificación de usuarios, etc.), podríamos decir que su funcionamiento básico no ha cambiado mucho.

5.2.1 Estándares relacionados con el correo electrónico

Los estándares (RFC) relacionados con el correo electrónico no suelen cambiar mucho, por lo que la referencia que aparece a continuación es relativamente estable. No obstante en el año 2009 los principales RFC relacionados son (se hace referencia al último RFC, aunque sea un borrador):

- **Simple Mail Transfer Protocol (SMTP):** definido en el RFC5321, describe el funcionamiento del protocolo que permite que los correos electrónicos circulen en Internet.

- **Internet Mail Format (IMF):** definido en el RFC5322, describe el formato que deben seguir los correos electrónicos. En este RFC se definen, por ejemplo, las cabeceras de un email las cuales permiten a los clientes de correo electrónico identificar correctamente el asunto, fecha, remitente o destinatario (entre otros) independientemente de la localización (idioma) en el que se ha escrito ese correo.
- **Multipurpose Internet Mail Extensions (MIME):** definido en los RFC2045, RFC2046, RFC2047, RFC4289 (antiguo RFC2048) y RFC2049, describe el mecanismo mediante el cual se pueden enviar ficheros adjuntos y mensajes de texto internacional (con tildes, por ejemplo) en un email.

Adicionalmente, existen dos protocolos que, aun estando relacionados con el correo electrónico, son estudiados de forma diferenciada, ya que no especifican ni el formato de un mensaje de correo electrónico ni la forma en la que se distribuye. Se trata de dos protocolos que permiten a un cliente de correo electrónico descargarse o leer el correo electrónico que está almacenado en un servidor; son estos:

- **Post Office Protocol (POP):** la versión 3 (la actual) está definida en el RFC1939. POP es un protocolo de descarga de correo muy simple que nos permite traer (descargar) el correo electrónico almacenado en el servidor al disco duro de nuestro PC. Este protocolo está diseñado para ser muy simple por lo que únicamente permite descargarse email con la opción de dejar una copia en el servidor. No soporta, por lo tanto, una organización en carpetas.
- **Internet Message Access Protocol (IMAP):** la última versión (4rev1) está definida en el RFC3501. Este protocolo se usa para lo mismo que el protocolo POP pero es mucho más potente (y por ello requiere más recursos). La característica fundamental de este protocolo es que permite una organización por carpetas del correo electrónico y que, al contrario que el protocolo POP, está diseñado para que el correo electrónico esté almacenado en el servidor. La principal ventaja del uso del protocolo IMAP es que tenemos acceso siempre a nuestro correo, incluso si lo leemos desde diferentes clientes. Y, además, «recuerda» qué correo hemos leído y cuál no.

El proceso de envío de correo electrónico se muestra esquematizado en la Figura 5.1. En esa figura podemos ver cómo se utiliza siempre el protocolo SMTP para hacer entrega del correo electrónico y que se usan los protocolos POP o IMAP para que un cliente de correo en un PC se lo descargue. En esta figura aparecen varios componentes cuyo comportamiento es necesario explicar ahora:

- **Mail User Agent (MUA):** con estas siglas (a veces aparece simplemente reflejado como UA) nos referimos al cliente de correo electrónico (Outlook, Thunderbird, etc.) desde el cual se envía un correo electrónico o en el que se recibe un correo electrónico. En general los MUA usarán lo que se suele denominar «servidor de correo saliente» para enviar los correos y el «servidor de correo entrante» para leerlos. En el primer caso, el cliente de correo electrónico contactará con el servidor de correo saliente designado y, usando el protocolo SMTP, entregará a este servidor el correo que se desea enviar. En el segundo caso (recepción de email), el cliente de correo usará el servidor de correo entrante designado para «descargar» los correos electrónicos almacenados en el servidor; en este caso, tal y como se muestra en la figura, el protocolo que se usa es otro distinto: o bien se usa POP o bien se usa IMAP.
- **Mail Transfer Agent (MTA):** con estas siglas nos referimos al servidor de correo electrónico. Como puede verse en la Figura 5.1 el envío de un correo electrónico se hace en dos fases. En la primera fase, el MUA

SABÍAS QUE:

RFC son las siglas de *Request for Comments* y son un conjunto de documentos en los que se especifican los distintos protocolos que se usan en Internet. Están disponibles libremente en la red, por ejemplo desde http://www.ietf.org/

El protocolo SMTP hace las veces de cartero, permite que los correos lleguen a su destinatario.

Los protocolos POP e IMAP permiten leer el correo almacenado en nuestro buzón.

Si existen problemas en la entrega final del email, se le devolverá al remitente un aviso de que el correo que ha enviado no se ha podido entregar.

entrega el correo electrónico (en este caso dirigido a «alguien@empresa.com») al servidor de correo electrónico que el proveedor de acceso a Internet haya designado (se trata del servidor de correo saliente). Una vez que el MUA ha entregado el correo electrónico al servidor de correo saliente, el MUA puede desconectarse de Internet ya que el resto del trabajo lo hará el servidor de correo (con eso se evita tener que mantener arrancado el cliente de correo electrónico todo el rato). Este primer MTA, analizará la dirección de correo del destinatario y buscará (mediante DNS) el servidor o servidores de correo electrónico designados para ese dominio (en nuestro caso «empresa.com»). Una vez localizados, se producirá una conexión MTA-MTA. Mediante esta segunda conexión, se estará entregando el correo al servidor que, alberga el buzón de correo del destinatario.

- **Mail Delivery Agent (MDA):** este agente no siempre aparece o bien está incluido en el propio servidor de correo del destinatario. Técnicamente hablando el MDA es el agente que se encarga de, una vez recibido el correo en el MTA final, copiar ese correo electrónico en el buzón de usuario.

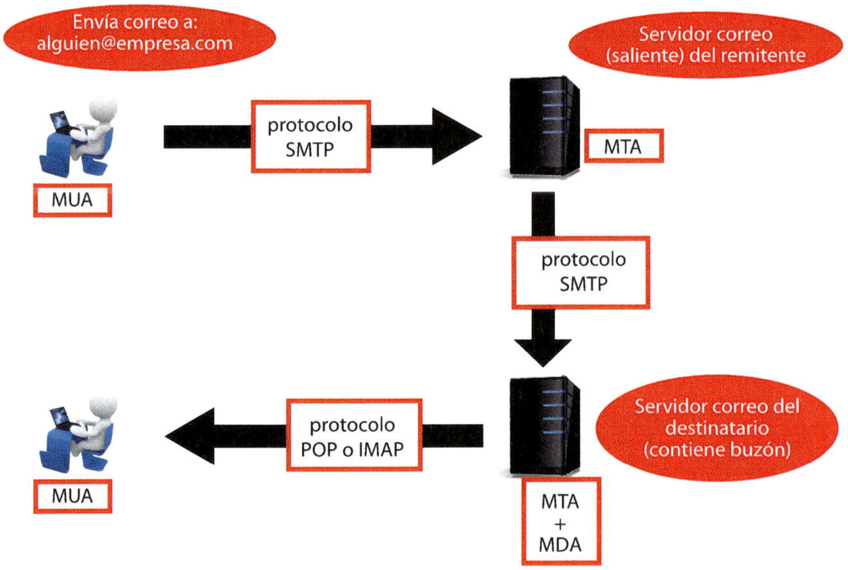

Figura 5.1. Proceso de envío de correo electrónico.

Esta es, de modo resumido, la forma de funcionar del correo electrónico en Internet. Podremos encontrar diferencias y excepciones en casos concretos pero, en la mayor parte de los casos, cada vez que pulsamos al botón Enviar de nuestro gestor de correo lo que ocurre es lo que se acabamos de explicar.

ACTIVIDAD RESUELTA 5.1

A la hora de configurar un cliente de correo electrónico se configuran dos servidores: el servidor de correo entrante y el de correo saliente. Identifica la función de cada uno de ellos y relaciónalos con los protocolos que acabamos de estudiar.

Solución:

El servidor de correo saliente se encargará de distribuir los correos electrónicos que nosotros enviemos, por tanto, el servidor de correo saliente usará el protocolo SMTP. El servidor de correo entrante, por el contrario, se encarga de leer el correo almacenado en el buzón y, por tanto, usará o bien el protocolo POP o bien el protocolo IMAP.

ACTIVIDAD PROPUESTA 5.2

Si, al enviar un correo, no se me muestra ningún mensaje de error, ¿significa eso que el email ya ha llegado al destinatario sin problemas?

5.3 Formato de los mensajes de correo electrónico

El formato de los mensajes de correo electrónico es muy simple. Debemos tener en cuenta que el origen del correo electrónico es muy antiguo (años ochenta) y que en esa época a los usuarios les bastaba con enviarse mensajes de texto en los que no había caracteres ASCII extendidos (tildes, eñes y demás). Naturalmente, el correo electrónico ha ido evolucionando pero las bases del mismo no han cambiado.

El formato básico de un email está definido en el RFC 5322. En este documento se describe el formato de un mensaje de correo electrónico en el que no se permite el uso de caracteres ASCII extendidos y en el que los emails simplemente consisten en líneas de hasta 998 caracteres (excluidos CRLF). En esta especificación se dice que un correo electrónico se compone de cabeceras y de un cuerpo del mensaje, un ejemplo lo podemos ver en la Figura 5.2.

SABÍAS QUE:

CRLF es la forma de referirse a dos caracteres ASCII: retorno de carro (CR) y cambio de línea (LF).

Cualquier email sigue, necesariamente, este formato. Un mensaje de correo electrónico está formado por una serie de cabeceras, una línea en blanco, y el cuerpo del mensaje.

```
Delivered-To: destinatario@gmail.com
Received: by 10.211.180.10 with SMTP id h10cs234293ebp;
   Tue, 29 Sep 2009 19:02:37 -0700 (PDT)
Received: by 10.210.32.28 with SMTP id f28mr5535966ebf.25.1
254276156918;
   Tue, 29 Sep 2009 19:02:36 -0700 (PDT)
Received: from smtp.empresa.com (smtp.empresa.com
[13.103.130.1])
   by mx.google.com with ESMTP id 25si799367ewy.22.2009.09.
29.19.02.36;
   Tue, 29 Sep 2009 19:02:36 -0700 (PDT)
From: Juan <juan@empresa.com>
To: destinatario@gmail.com
Date: Wed, 30 Sep 2009 04:01:14 +0200
Subject: Hola
Message-ID: <OF926DC8BF.7426E557-ONC1257641.000B1939@empre-
sa.com>

Hola, soy Juan.
Te escribo para saber de ti.
Un saludo.
```

Figura 5.2. Ejemplo email sencillo.

Las cabeceras de un email están estandarizadas. Al hacerlo así, se identifica de la misma forma el texto correspondiente al asunto de un correo, al remitente, al destinatario, la fecha, etc. Y lo importante es que eso se hará de la misma forma independientemente del idioma que se utilice en el cliente de correo electrónico del remitente. Las cabeceras más habituales son las siguientes:

- **Subject:** indica el asunto del correo electrónico.
- **From:** identifica al remitente del correo. El formato es «Texto <dirección_email>» donde Texto se corresponde con el nombre completo de la persona (o lo que se quiera poner ahí, por ejemplo «El gran Juan») y detrás de este la dirección de correo electrónico delimitada por < y >. El Texto previo es opcional. El gestor de correo electrónico que usemos podrá optar por mostrarnos los dos datos (Thunderbird, por ejemplo) o solo el Texto (Outlook, por ejemplo).
- **To:** identifica al destinatario del correo. Se sigue el mismo formato que en el caso anterior. Si esta cabecera se omite, el gestor de correo puede mostrar como destinatario la frase «destinatarios desconocidos» o algo parecido.
- **Date:** muestra la fecha del ordenador desde el que se ha enviado el correo. El formato también está estandarizado y es el que se muestra en el ejemplo. Se puede observar que, al final de la hora, aparece «+0200» que indica que la hora que ahí se ha puesto está desfasada dos horas con la hora del meridiano de Greenwhich (GMT). Esto sirve para que se sepa la zona horaria que se ha usado y, de esta forma, si este correo lo recibe alguien en Canadá (con otra zona horaria) el destinatario visualice la hora adaptada a su propia zona horaria.

TEN EN CUENTA QUE:

Además, puede observarse en el ejemplo la existencia de unas cabeceras que pone «Received:». Dichas cabeceras son añadidas por cada MTA (servidor de correo) por el que pasa un email. De esta forma se puede hacer un seguimiento de los «saltos» que ha ido dando el correo electrónico para llegar a su destino así como la fecha en la que pasó por cada salto.

ACTIVIDAD PROPUESTA 5.3

Cuando recibo un email de un amigo de Alemania, al abrirlo aparecen los campos «Asunto», «De», «A» y «Fecha» en español, pero mi amiga alemana los ve en alemán. ¿Cómo sabe identificar mi cliente de correo esos campos? ¿Acaso conoce todos los idiomas del mundo?

TEN EN CUENTA QUE:

En un mismo instante, la hora es distinta en diferentes partes del mundo. En el campo Date aparece la hora local, pero se añade, por ejemplo, +0100 que esa hora local está desplazada una hora respecto a la hora GMT. Si indicara -0700 se trataría de 7 horas menos.

ACTIVIDAD PROPUESTA 5.4

Si tenemos en cuenta que, en un instante determinado, en España tenemos 1 hora más que GMT, ¿a qué hora se envió un correo cuyo campo «Date» pone Wed, 16 Dec 2009 07:18:51 -0800?

ACTIVIDAD RESUELTA 5.2

Selecciona en tu cliente de correo un email que solo contenga texto (sin adjuntos) y busca la forma de visualizar las cabeceras. ¿En qué se parecen y diferencian estas de las que se muestran en el ejemplo de la Figura 5.2?

Solución:

Para poder visualizar las cabeceras dependerá del cliente de correo que estemos usando:

- Thunderbird: seleccionar el mensaje y teclear Ctrl-U.
- Outlook: seleccionar el mensaje y pulsar en este con el botón derecho del ratón. Seleccionar «Opciones» (se muestra como «encabezados de Internet»).
- Outlook Express: seleccionar el mensaje y teclear Ctrl-F3.

A la hora de buscar las semejanzas y diferencias, podemos señalar que, por ejemplo, las cabeceras «Subject:», «From:», «Date:», entre otras, aparecen siempre. Pero también podremos ver otras cabeceras distintas como, por ejemplo, la que indica el cliente de correo electrónico que se ha utilizado.

5.4 Protocolos y servicios de descarga de correo electrónico (POP/IMAP)

Como se ha comentado anteriormente, en el apartado 5.2, los protocolos para descarga de correo electrónico usados en la actualidad son dos:

- **Post Office Protocol (POP):** la versión 3 (la actual) está definida en el RFC1939. Como se vió antes, POP es un protocolo muy sencillo que no permite organizar los correos en el servidor. Está pensado para que el usuario se descargue a su ordenador los correos, no obstante puede decidir dejar una copia en el servidor, aunque sin ningún tipo de organización. POP se parece un poco a SMTP dado que en ambos existe un diálogo entre el cliente (MUA) y el servidor POP. Las siguientes órdenes son habituales en un diálogo con POP:
  - **USER:** indica el identificador de usuario.
  - **PASS:** indica la contraseña del usuario.
  - **RETR n:** indica que nos queremos descargar el mensaje n.
  - **DELE n:** indica que queremos eliminar del servidor el mensaje n.
  - **QUIT:** se usa para terminar la sesión POP.
- **Internet Message Access Protocol (IMAP):** la última versión (4rev1) está definida en el RFC3501. Este protocolo sigue una filosofía distinta de la del protocolo POP. El protocolo IMAP permite establecer una serie de carpetas para organizar nuestro correo. El protocolo IMAP está pensado para que todos los mensajes se queden almacenados en el servidor, de forma que estén accesibles desde cualquier sitio. No obstante, eso requiere una gran capacidad de disco en el servidor, dado que ningún mensaje se va a descargar al disco duro de nuestro ordenador. El modo de operación, aún siguiendo la misma filosofía que los protocolos SMTP y POP, es algo más complejo.

5.5 Protocolo SMTP

En la Figura 5.1 se describía la forma en la que se hace entrega de un correo electrónico (normalmente va «dando saltos» entre distintos servidores hasta llegar a su destino).

El protocolo que se usa en este caso se denomina *Simple Mail Transfer Protocol* (SMTP) y, con pocas diferencias, es el mismo que se ha venido usando desde los años ochenta. Su funcionamiento es muy sencillo y se basa en el uso de una serie de instrucciones que el nodo que hace de cliente (el que quiere entregar el correo, sea un MUA o un MTA) hace al servidor (siempre será un MTA). Las principales órdenes (comandos) que se pueden enviar son (ver en la Figura 5.3 un ejemplo completo):

- **EHLO (o HELO, en sistemas antiguos):** lo usa el cliente para «saludar» al servidor una vez que este ha aceptado la conexión. Sirve para que el cliente se identifique con FQDN. Por ejemplo: EHLO smtp.empresa.com.
- **MAIL FROM:** se utiliza para indicar el remitente del correo o, más exactamente, la dirección de correo que se va a usar para informar de cualquier problema con la entrega del correo que se está intentando enviar. Ejemplo: MAIL FROM: <remitente@empresa.com>
- **RCPT TO:** se utiliza para indicar el destinatario de ese correo. Si se quieren especificar múltiples destinatarios el cliente tendrá que repetir esta instrucción tantas veces como sea preciso. Ejemplo: RCPT TO: <destinatario@gmail.com>

RECUERDA:

En el capítulo dedicado a DNS se explicaba que las siglas FQDN se refieren, en el ámbito del DNS, a Fully Qualified Domain Name o dominio completamente cualificado (ej: www.dominio.com).

- **DATA:** se utiliza (después de haber indicado el saludo, el remitente y los destinatarios) para indicar que se va a comenzar a enviar el correo propiamente dicho. El correo se entregará tal cual (se envía exactamente lo mismo que aparece en el ejemplo anterior) y se indicará el final del correo con el carácter «.» solo en una línea.
- **QUIT:** se utiliza para cerrar la sesión SMTP que tienen abierta un cliente y el servidor. Esta instrucción, **al igual que todas las demás**, la genera siempre el cliente.

Existen otras instrucciones que no están comentadas aquí como, por ejemplo, las que permiten abrir una conexión segura o autentificar al usuario que está enviando el correo. Aquí se han reflejado sólo las más básicas.

SABÍAS QUE:

Dado que la forma de indicar el fin de un mensaje de correo es «.» como único carácter en una línea, podrían surgir conflictos si alguien quisiera, precisamente, enviar esa secuencia en un email.

Para evitar esto, el cliente de correo analiza el mismo y si se encuentra esa secuencia como parte del correo, añade otro «.» de forma que el servidor no se crea que ya ha terminado el correo.

Naturalmente, al guardar el correo, el servidor deberá eliminar ese «.» extra que se ha añadido.

A continuación se muestra un ejemplo completo de la secuencia de entrega de un correo por parte de un cliente de correo electrónico al servidor de correo que tiene configurado (la parte que pone «Serv» se refiere a lo que dice el servidor mientras que la parte que pone «Client» se refiere a lo que dice el cliente).

```
Serv>  220 smtp.empresa.com ESMTP; Sun, 8 May 2005 03:41:02
+0200
Client>  HELO dir.empresa.com.
Serv>  250 smtp.empresa.com Hello dir.empresa.com
[15.20.7.5], pleased to meet you
Client>  MAIL FROM: <dire@empresa.com>
Serv>  250 2.1.0 <dire@empresa.com>... Sender ok
Client>  RCPT TO: <rrhh@competencia.com>
Serv>  250 2.1.5 <rrhh@competencia.com>... Recipient ok
Client>  DATA
Serv>  354 Enter mail, end with "." on a line by itself
Client>  From: Director <dire@empresa.com>
Client>  To: Departamento RRHH <rrhh@competencia.com>
Client>  Subject: Hora para la entrevista
Client>
Client>  Me parece bien esa hora, quedamos a las 12.
Client>  .
Serv>  250 2.0.0 j481f2rZ000107 Message accepted for delivery
Client>  QUIT
Serv>  221 2.0.0 smtp.empresa.com closing connection
```

Figura 5.3. Diálogo completo para enviar un correo electrónico.

Con este simple proceso, el cliente de correo del director de esa empresa habrá enviado un correo, entregándolo al servidor de correo de su propia empresa para que este, en una nueva conexión, se lo entregue al servidor de correo de «competencia.com».

5.5.1 Códigos de error

Se puede observar que cada vez que el servidor responde lo hace con un mensaje que se compone de un código de tres cifras y un texto. El texto es libre (cada servidor de correo puede usar el mensaje que quiera, en el idioma que quiera) pero los códigos de error no. En concreto el primer dígito nos indica si esa orden o comando ha tenido éxito o no. Los códigos de error 4xx y 5xx indican que ha existido un error y que no se va a poder realizar la entrega:

- **Error temporal (4xx):** indica que no se ha podido realizar la entrega debido a un error temporal (servidor muy ocupado, fallo en la red, usuario con la cuota excedida, etc.). Mediante un código de error temporal el servidor está indicando al cliente que si lo intenta de nuevo es posible que la entrega se produzca correctamente.

- **Error permanente (5xx):** indica que el error que ha provocado que no sea posible continuar con la entrega es un error permanente (usuario no existe, cuenta bloqueada, dominio inexistente, etc.). Mediante un código de error de este tipo se está indicando al cliente que si lo intenta sucesivas veces, siempre se llegará a lo mismo: un mensaje de error.

Un error temporal (4xx) es tan solo un aviso de que existe algún problema temporal en la entrega de ese correo.
No significa, por tanto, que el correo no se haya entregado.

Un error permanente (5xx) significa que el email no se ha podido entregar. Esa respuesta es definitiva, no hay nada que hacer.

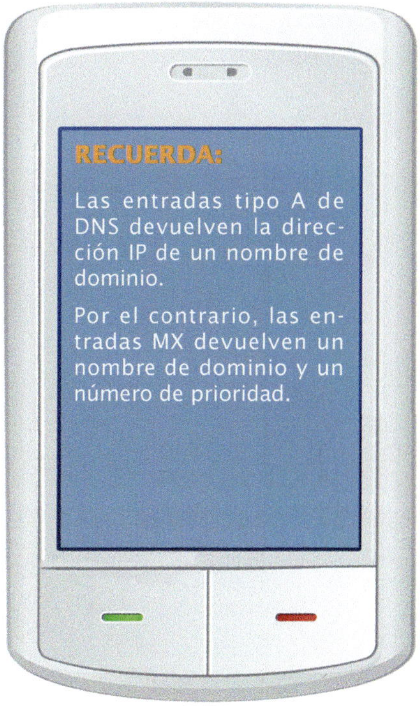

ACTIVIDAD RESUELTA 5.3

Usando las herramientas dig o nslookup (ver tema DNS), averigua los servidores de correo de tu proveedor favorito y conéctate (usando el programa Telnet) al puerto 25 de uno de ellos. Intenta enviar un correo con remitente «pepe@mi-empresa-sa-com» dirigido a «pepi@mi-empresa-sa-com». ¿Funciona? ¿Cómo lo sabes?

Solución:

Usando el programa Telnet y especificando como puerto de destino el puerto 25 nos estamos conectando al servidor de correo electrónico de ese proveedor. Podíamos haber escogido cualquiera pero probemos con gmail:

1. El primer paso es obtener, usando nslookup (o dig), la lista de servidores de correo de gmail.com (teclear «nslookup –query=MX gmail.com»). Escogemos cualquiera de ellos, por ejemplo: gmail-smtp-in.l.google.com
2. Mediante el programa Telnet accedemos al servidor de correo, habría que teclear (en una ventana de terminal) lo siguiente: «Telnet gmail-smtp-in.l.google.com 25», a continuación el servidor nos debe responder con un mensaje como este: 220 mx.google.com ESMTP y37si16697890wby.82
3. Ahora se trata de intentar enviar el correo, los mensajes que aparecen en negrita son los mensajes que devuelve el servidor; los que no aparecen resaltados son los que tendremos que teclear nosotros:

   HELO localhost
   250 mx.google.com at your service
   MAIL FROM: <pepe@mi-empresa-sa.com>
   250 2.1.0 OK y37si16697890wby.82
   RCPT TO: pepi@mi-empresa-sa.com
   550-5.1.1 The email account that you tried to reach
   does not exist. Please try
   550-5.1.1 double-checking the recipient's email address for typos or
   550-5.1.1 unnecessary spaces. Learn more at
   550 5.1.1 http://mail.google.com/support/bin/answer.py?answer=6596
   y37si16697890wby.82

Después de un código de error (4xx o 5xx) no podremos continuar el envío. Por tanto no es posible enviar el correo a esa destinataria. Esto es debido a que estamos intentado usar un servidor externo para enviar correo a un destinatario que no pertenece a ese dominio. El servidor de correo de gmail rechaza el correo por este motivo.

Como el error es de tipo 5xx, no merece la pena volver a intentarlo más tarde dado que obtendremos siempre un mensaje de error

5.5.2 Servidores principales y secundarios

En la Figura 5.1 se mostraba el camino que sigue un correo electrónico para llegar al buzón del destinatario. Veíamos que para hacer entrega del correo, se hace entrega del mismo al servidor SMTP de nuestro proveedor de servicios y que luego este servidor lo entregará al servidor SMTP del destinatario tras realizar la consulta DNS para buscar los servidores de correo designados para el dominio del destinatario (lo que aparece detrás de la «@»).

Si hacemos memoria, recordaremos que en el capítulo sobre DNS estudiábamos la existencia de un RR denominado MX, que es el que se utiliza para determinar el servidor de correo electrónico de un determinado dominio. Las entradas MX son las primeras que se buscan y, en ausencia de estas, se intentará con las entradas A. Si no existe ni una ni otra se devolverá el correo indicando que ese dominio no existe. Ojo, puede que existan entradas NS, entradas SOA, etc., pero si no existen ni entradas MX ni entradas A, el dominio (desde el punto de vista de correo electrónico) no existirá.

Si para un determinado dominio existen entradas MX, serán estas las que definan los servidores de correo a los que hay que entregar un email. Si hay varias se comenzará por aquella que tenga un número de prioridad más pequeño (ya que eso indica mayor prioridad). Si el servidor SMTP con mayor prioridad acepta el mensaje, el proceso habrá terminado. En caso contrario, si ese servidor devuelve un código de error temporal (tipo 4xx) o bien tarda mucho en responder, se intentará entregar al siguiente servidor, de acuerdo con el orden de prioridad establecido (número menor, más prioridad).

Si ningún servidor de correo responde, el correo puede permanecer en el servidor SMTP del proveedor a la espera de que alguno de los servidores de correo del dominio del destinatario esté disponible.

Debe tenerse en cuenta que si el correo es aceptado por uno de los servidores de correo que no sea el de más prioridad puede que este deba encargarse de entregarlo a otro de más prioridad cuando esté disponible.

Además, debe tenerse en cuenta que si cualquiera de los servidores SMTP de un dominio (independientemente de su rango de prioridad) rechaza el correo con un código de error permanente (5xx), el correo se devolverá al remitente sin más intentos.

ACTIVIDAD RESUELTA 5.4

Si un servidor de correo electrónico desea enviar un código de error permanente (5xx), ¿está obligado a avisar antes enviando un código temporal (4xx)?

Solución:

No, el tipo de error lo que indica es la severidad del problema. El error temporal no se diseñó para avisar al remitente y que ese solucione el problema. En estos casos se devolverá directamente un error permanente. Por ejemplo: si el usuario no existe o si el dominio no existe, es decir, si hemos tecleado mal la dirección.

ACTIVIDAD PROPUESTA 5.5

Usando las herramientas de consulta de DNS estudiadas en el tema de DNS, determina a qué servidor/es, si es que los hay, se entregará un email dirigido a los siguientes dominios:

- rediris.es.
- us.es.
- es.

5.6 Extensiones MIME

Como decíamos anteriormente, MIME (*Multipurpose Internet Mail Extensions*) hace referencia a un conjunto de extensiones que añaden funcionalidades al servicio de correo electrónico. El formato original de un correo electrónico solo permite el envío de caracteres ASCII de 7 bits y, por tanto, no permite que se envíen ni ficheros en binario ni caracteres extendidos del código ASCII (tildes y eñes, entre otros).

Mediante MIME se permite el envío de ficheros adjuntos y el uso del ASCII extendido sin tener que cambiar el formato del correo electrónico. Mediante una estructuración del cuerpo del email y la definición de nuevas cabeceras veremos que esto es posible.

MIME define una serie de cabeceras nuevas a las ya existentes (y que hemos visto anteriormente). Las más relevantes son:

- **Mime-version:** indica que se está utilizando MIME en este correo y la versión de MIME que se usa. Actualmente 1.0.
- **Content-type:** le indica al cliente de correo (MUA) el tipo y subtipo del mensaje o trozo de mensaje. El contenido por defecto es «text/plain» que indica que ese mensaje o trozo de mensaje contiene simplemente texto plano. Sin embargo, se pueden especificar muchos tipos de contenido distinto. Estos tipos de contenido están definidos en lo que se denomina «tipos MIME» y son los mismos que se usan en el protocolo HTTP. Los tipos MIME van a permitir a la aplicación de correo electrónico (MUA) saber de qué tipo de fichero se trata (independientemente de la extensión que pudiera tener el nombre asignado) y, de esta forma, saber con qué programa debe abrirse. Por ejemplo, si se especifica lo siguiente: *Content-Type: application/x-tar; name=»practica1.tar«*, se está indicando que se trata de un fichero adjunto de tipo TAR y con el nombre «practica1.tar». De manera similar, si se especifica: *Content-Type: application/pdf; name=»EvalBasicoURV.pdf»*, se está indicando que se trata de un fichero tipo PDF con el nombre «EvalBasicoURV.pdf».
- **Content-Description:** es un campo de información sobre el email o una determinada parte de este.
- **Content-Transfer-Encoding:** indica el tipo de codificación que se ha utilizado en ese correo o su parte correspondiente. Esto es lo que nos va a permitir enviar caracteres ASCII extendidos sin usar ASCII de 8 bits. Existen tres tipos de codificación:
  - 7bit: se refiere al US-ASCII (de 7 bits), no sirve para enviar ni binarios ni caracteres especiales.
  - 8bit y binary: ligeramente diferentes, permiten el envío de ASCII de 7 bits, y por tanto, caracteres acentuados (p.ej.). Los MTA nuevos lo soportan, pero no los antiguos.
  - quoted-printable y base64: permiten enviar caracteres ASCII extendidos y ficheros adjuntos manteniendo la compatibilidad con servidores de correo antiguos (que solo soportan ASCII de 7 bits).

La codificación denominada «quoted-printable» permite enviar caracteres ASCII extendidos sin tener que usar ASCII de 8 bits. Esto se hace de la siguiente forma:

- Los caracteres ASCII cuyo código esté situado entre el 29 y el 127 (caracteres imprimibles) se envían sin cambios.
- El resto, se representan con «=XX» donde XX es el número hexadecimal de ese carácter.

Las extensiones MIME son las que nos permiten escribir correctamente en español y otros idiomas, como el francés o el alemán.

TEN EN CUENTA QUE:

La codificación quoted-printable también se puede usar si el MTA soporta 8 bits. A veces se usa quoted-printable simplemente para garantizar que no hay problemas en la entrega de este correo, incluso si este soporta 8 bits.

- Ejemplo: considerando que F3 es el código hexadecimal para el carácter «ó» y que F1 es el código hexadecimal para la «ñ», la frase «Transmisión de una eñe» se codificaría como «Transmisi=F3n de una e=F1e».

La codificación Base64 es algo más compleja y no la vamos a estudiar con detalle. Simplemente diremos que nos permite enviar ficheros binarios codificados con caracteres ASCII de 7 bits. Se puede identificar fácilmente porque es una ristra de caracteres que no tienen ningún sentido aparente.

La mejor forma de aprender cómo funciona MIME es mediante ejemplos que ilustren su funcionamiento. Veremos dos ejemplos, uno en el que se envía un correo con un adjunto (Figuras 5.4 y 5.5).

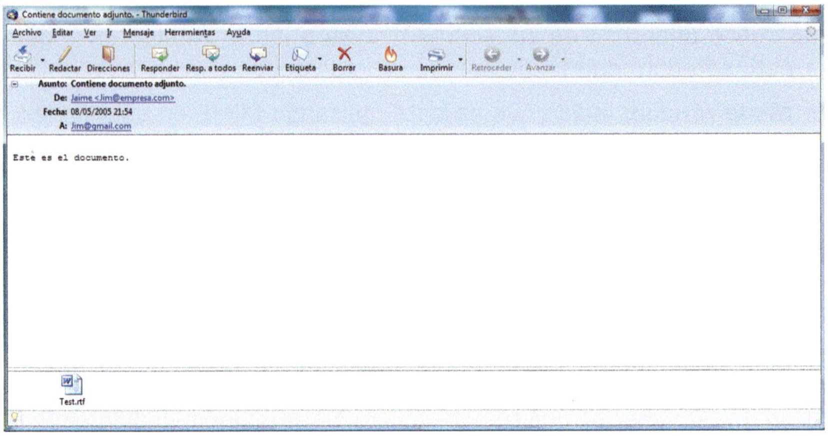

Figura 5.4. Correo electrónico con adjunto.

```
Message-ID: <427E6E8C.8040106@empresa.com>
Date: Sun, 08 May 2005 21:54:52 +0200
From: Jaime <Jim@empresa.com>
User-Agent: Mozilla/5.0 (Windows; U; Windows NT 5.1;
en-US; rv:1.7.2)
   Gecko/20040803
X-Accept-Language: en-us, en
MIME-Version: 1.0
To: Jim@gmail.com
Subject: Contiene documento adjunto.
Content-Type: multipart/mixed;
 boundary=010305090604020608050503

This is a multi-part message in MIME format.
--010305090604020608050503
Content-Type: text/plain; charset=us-ascii; format=flowed
Content-Transfer-Encoding: 7bit
Este es el documento.
--010305090604020608050503
Content-Type: application/msword;
name="Test.rtf"
Content-Transfer-Encoding: base64
Content-Disposition: inline;
filename="Test.rtf"
e1xydGYxXGFuc2lcYW5zaWNwZzEyNcdWMxXGRlZmYwXHN0c2hmZGJja
xzdHNoZmhpY2gwXHN0c2hmYmkwXGRlZmxhbmczMDgyXGRlZmxhbmdm
bGluMFxpdGFwMCBcZnMyNFxsYW5nMzA4MlxsYW5nZmUzMDgyXGNnc
uZ2ZlbnAzMDgyIHtcaW5zcnNpZDE5NzcxNzYgVEVTVA0KXHBhciB9fQ==
--010305090604020608050503--
```

Figura 5.5. «Código fuente» del correo electrónico.

En la Figura 5.4 se muestra un correo recibido que contiene un fichero adjunto (Test.rtf), veamos cómo se organiza esto para poder enviar este correo usando MIME.

El cuadro de texto de la Figura 5.5 muestra el contenido fuente del correo al que se refiere la Figura 5.4 (parcialmente truncado, para facilitar su análisis). Para facilitar la tarea se han añadido números de línea que, naturalmente, no pertenecen al correo realmente.
Revisemos ese correo paso a paso:

- Línea 6: indica que se trata de un correo con contenido MIME y la versión que se está usando de esta extensión.
- Línea 8: el asunto, no tiene ninguna codificación especial porque no hay ni tildes ni eñes ni caracteres extendidos.
- Líneas 9 y 10: especifican qué tipo de contenido tiene este correo. «Multipart» indica que el correo va a estar divido en varias partes. Cuando un correo contiene adjuntos, este correo se denomina multiparte. En ese caso, será necesario delimitar qué parte del correo se corresponde con el, por ejemplo, cuerpo del correo y qué parte con el fichero adjunto. Para este caso concreto, se utiliza el subtipo «mixed» para indicar que se deben visualizar todas las partes (es decir, que no hay contenido en HTML y texto a la vez, por ejemplo). Si hubiera contenido que a la vez fuera HTML y texto se usaría el subtipo «alternative». Además se especifica cuál va a ser el delimitador de cada parte. El cliente de correo busca una cadena arbitraria de caracteres de tal forma que sea una cadena que no aparezca como parte del propio mensaje que se quiere enviar.
- Línea 12: si el MUA que se utiliza soporta MIME, no visualizará esta línea. Si el MUA no soporta MIME (solo pasaría con clientes muy antiguos), no sabrá interpretar nada de MIME y, por tanto, lo primero que le aparecerá al usuario será esa línea (junto con el resto del mensaje sin interpretar) que le indicará que debe buscar una versión actualizada del cliente de correo si quiere ver este mensaje.
- Línea 13: la línea 13 contiene el delimitador de cada parte (ver líneas 9 y 10), en este caso indica el comienzo de la primera parte. Se puede observar que se indica simplemente con la misma cadena que se especificó antes como delimitador (líneas 9 y 10) a la que se le ha antepuesto «–». En este caso está indicando el comienzo del mensaje de correo («Este es el documento»).
- Líneas 14 y 15: indican, para esta parte, el tipo de contenido y la codificación que se usa. El contenido es «text/plain», indicando que se trata de texto simple (no es HTML). La codificación indica que se ha usado ASCII de 7 bits.
- Línea 17: indica el final de la primera parte y el comienzo de la siguiente (en este caso, un fichero adjunto).
- Líneas 18 a 22: indican (en su conjunto) que se trata de un fichero adjunto de tipo «msword», que el nombre del fichero es «Test.rtf» y que la codificación que se ha usado es base64.
- Líneas 23 a 26: representa el contenido, codificado en base64, del fichero binario «Test.rtf». Aunque parece que se están enviando caracteres sin sentido, realmente toda esa secuencia de caracteres representa el fichero. La codificación base64 permite, por tanto, enviar cualquier fichero binario. La contrapartida es que el correo ocupará más. Efecti-

vamente, si nos fijamos, si enviamos un correo con un adjunto de 10 MB, el tamaño real del correo (a efectos de uso de espacio de disco) será mayor.

- Línea 27: indica el final de esa parte e indica también que no hay más partes después (eso se sabe porque al final de la cadena de delimitación aparecen los caracteres «–»).

ACTIVIDAD RESUELTA 5.5

Si no se permiten caracteres especiales en las cabeceras de un email, ¿cómo es posible enviar un correo en el que el asunto ponga «Documentación»?

Solución:

Para eso existen las extensiones MIME. En el caso de las cabeceras, lo habitual es usar la codificación que se llama «quoted-printable». De esta forma, ese asunto se envía como «=?iso-8859-1?q?Documentaci=F3n?=».

ACTIVIDAD PROPUESTA 5.6

Busca información sobre base64 y comenta por qué un fichero codificado con bas64 ocupa más que el fichero binario al que representa.

ACTIVIDAD PROPUESTA 5.7

Busca información sobre cómo se organiza un email que contiene un mensaje en HTML y en texto plano. Recuerda que eso se realiza mediante el subtipo «alternative». Puede que ayude si analizas el código fuente de un correo electrónico que se haya enviado como texto y HTML.

5.7 Spam: tipos de spam, precauciones

El spam puede hacer que nuestro buzón de correo se llene y no puedan entrar los correos «buenos».

El correo electrónico es una herramienta muy potente, pues nos permite ponernos en contacto con muchas personas a un coste muy bajo. Sin embargo, precisamente esta ventaja se convierte en inconveniente, pues existen personas que utilizan este sistema para enviar lo que se denomina spam.

La definición de spam no es clara, dado que existen ciertos matices, pero en general podemos describirlo como «correo masivo no solicitado». Esta definición, con ciertas salvedades, es la definición más correcta (y a la vez suficientemente amplia) de este tipo de correo. Es importante destacar las dos palabras: masivo significa que está dirigido a un conjunto muy amplio de personas (sin aplicar ningún tipo de catalogación del destinatario) y no solicitado significa que el destinatario no ha pedido ni autorizado (directa o indirectamente) que se le envíe este tipo de correo.

5.7.1 Tipos de spam

El spam se puede distribuir de muchas formas, por email, por mensajería instantánea, por SMS, por VoIP, etc. Aquí nos vamos a centrar exclusivamente en el spam que se distribuye a través del correo electrónico.

En este caso, se considera spam lo siguiente:

- **Comercial:** un tipo de spam en el que nos anuncian un determinado producto. El producto que se anuncia puede ser de lo más variado: productos farmacéuticos, programas de ordenador, productos bancarios (tarjetas de crédito, reducción de deudas), venta de lotería, etc. Todos ellos provenientes de entidades que son, cuanto menos, de dudosa legalidad.

- **Spam nigeriano:** se conoce de esta forma (desde un punto de vista genérico, dado que no siempre provienen de ese país), al tipo de spam en el que nos anuncian que, o bien somos los únicos herederos de una fortuna en cierto país (habitualmente africano) o que contactan con nosotros para servir de intermediarios (es decir, nosotros no somos los destinatarios de la herencia pero nos piden «que echemos una mano»). En general, en este caso nos suelen pedir un número de cuenta corriente para o bien ingresarnos la herencia o bien para que nuestra cuenta sea intermediara de la persona que debe recibir la herencia (nos dicen que nos darán una suculenta comisión). Evidentemente, se trata de una trampa para hacerse con nuestro número de cuenta o, peor aún, podría tratarse de algún tipo de blanqueo de dinero.
- **Phishing:** se trata de correos que intentan hacer que el destinatario suministre datos confidenciales a terceras personas. Normalmente, lo que intentan hacer con este tipo de correos, es que el destinatario suministre el nombre de usuario y contraseña de acceso a un determinado servicio. El ataque más usual es el de hacerse pasar por nuestra entidad bancaria de forma que nos envían un correo diciendo que o bien están sorteando algo o bien que existe un problema de seguridad (paradójico ¿eh?) con nuestra cuenta corriente y que debemos acceder inmediatamente para solventar ese problema. Ese tipo de correo incluye un hipervínculo que nos dirige a una página web muy parecida a la de nuestro banco pero que, en realidad, permite al atacante hacerse con nuestros datos de acceso. También suele ser habitual encontrar correos similares supuestamente enviados por nuestro proveedor de acceso a Internet e, incluso, por el departamento de informática de nuestra propia empresa. En todos estos casos el resultado es el mismo, el atacante se hace con nuestros datos de acceso para poder suplantar nuestra identidad (hacerse con datos de la cuenta corriente o enviar spam usando nuestra cuenta de correo electrónico, por ejemplo).
- **Otros:** aquí podemos encontrar temas de lo más variado. Desde venta de todo tipo de productos hasta noticias falsas, casinos online, etc.

Mediante el phising, nos pueden robar los datos de nuestra tarjeta de crédito o los de acceso a la cuenta corriente si no tenemos cuidado.

Esta clasificación, no obstante, varía con el tiempo. Por ejemplo, el «phishing» es relativamente reciente (últimos 7-8 años) mientras que el spam comercial es tan antiguo como el propio spam.

5.7.2 Origen y características del spam

Para conocer las medidas de prevención del spam es importante conocer cómo se envía, cómo se obtienen las direcciones de los destinatarios y hasta qué punto el «spammer» falsifica determinadas cabeceras del correo electrónico para hacer más complicada su localización.

- **Origen del spam:** ¿Desde dónde se genera el spam? Pues la respuesta a esta pregunta suele tener varias respuestas. El spam puede enviarse directamente desde el ordenador de la persona que envía el spam en el caso de que use un proveedor de acceso a Internet que sea, en cierto modo, permisivo con los «spammers». También pueden usarse servidores de correo electrónico o servidores proxy que estén incorrectamente configurados (el spammer entrega el correo a ese servidor mal configurado para que sea este el que envíe todo el correo spam) de

Uno de los orígenes más habituales de spam es el de un ordenador infectado con algún tipo de virus informático.

forma que aparezca como culpable una tercera parte que no tenía (en principio) nada que ver. Este mismo esquema se puede utilizar teniendo como objetivo el ordenador de un usuario de Internet, ya sea explotando un agujero de seguridad en el sistema operativo de ese usuario o bien instalando un troyano (programa que inadvertidamente instala el usuario en su PC), se usa el PC de este usuario para enviar spam.

- **¿Cómo obtienen mi dirección?** existen varias formas de obtener nuestra dirección de email. Una de ellas es muy simple: adivinarla; es lo que ocurre si nuestra dirección de email (la parte que está a la izquierda de la «@») es muy simple, por ejemplo si se trata de nombres comunes «juan», «pepe», etc. Los spammers tienen una lista de nombres comunes y, sencillamente, no tienen que obtener nuestra dirección de ningún sitio porque la adivinan. El otro sistema consiste en buscarla en cualquier página web en Internet, lo cual incluye páginas en los foros, páginas HTML e incluso documentos PDF. Cualquier dirección que aparezca publicada en Internet sin ningún tipo de protección comenzará a recibir spam en pocas semanas incluso si jamás se ha enviado ningún correo desde esa dirección. Finalmente, también se pueden obtener direcciones de email a través de un ordenador infectado con un virus o con un troyano que busca en la libreta de direcciones de ese usuario.
- **Falsificación de las cabeceras de correo:** los spammers también falsifican las cabeceras de correo electrónico, especialmente la que se refiere al remitente (campo From:). Es más, lo habitual es que el remitente que aparezca en un correo spam o bien no exista o bien sea una tercera persona que no tiene nada que ver con el tema. La dirección de correo del remitente se puede falsificar de la misma forma que se puede escribir cualquier cosa en el «remite» de una carta tradicional. El propósito de esto es el de desviar la atención respecto al verdadero remitente del correo. En ocasiones, recibiremos correo spam teóricamente remitido incluso por nosotros mismos.

5.7.3 Formas de evitar el spam

El spam se puede evitar de dos formas. Impidiendo o dificultando la obtención de direcciones de correo electrónico a la que enviar spam o bien identificándolo de forma eficiente. Ambas opciones deben aplicarse a la vez dado que aunque la primera es imposible de asegurar, es buena idea aplicarla de forma que el volumen de spam que reciba nuestra cuenta de correo sea mínimo.

Las principales medidas que pueden aplicarse para minimizar la posibilidad de recibir spam son las siguientes:

- **No publicar nunca nuestra dirección de email:** debemos evitar, en la medida de lo posible, que nuestra dirección de email aparezca publicada en Internet. No importa si esta se publica en una página web o en un documento PDF, si está publicada estará disponible también a los spammers.
- **Publicar nuestra dirección de email protegida:** esta medida es, en cierto modo, contradictoria con la anterior. Nuestra norma básica debe ser la de no publicar nuestra dirección de email, pero si no hay más remedio que hacerlo, al menos debe publicarse de forma que no sea tan fácil obtenerla. Por ejemplo: Separando la «@» del resto: Jim -@- gmail.com, poniendo texto adicional que claramente no forma parte de la dirección: Jim@quitaesto.gmail.com, usando código javascript, publicán-

Si usamos a menudo foros en Internet, blogs o cualquier sistema de redes sociales debemos tener la precaución de que nuestro email no quede fácilmente accesible.

Y si eso no es posible, usar direcciones de correo alternativas.

dola como imagen, etc. El problema de esta opción es que los spammers también conocen estas técnicas y actúan en consecuencia.

- **Usar direcciones alternativas en determinadas ocasiones:** cada vez que nos suscribimos a un foro, o usamos un servicio web, o cualquier otra cosa, siempre nos piden nuestra dirección de email. Bien, ¿por qué no usar una dirección de email distinta a nuestra dirección de email para estos casos? Dado que existen múltiples proveedores que nos permiten crear cuentas de correo gratuitas, es recomendable usar una dirección distinta de la habitual para estos casos. Cuando esa dirección alternativa empiece a recibir mucho spam, simplemente pasaremos a otra distinta. La idea que subyace con esta medida es que solo usemos nuestra dirección de email «principal» en los casos en los que sea realmente importante y utilicemos la otra para los casos menos importantes.
- **Vigilar la seguridad de nuestro ordenador:** la actualización de los parches de seguridad del sistema operativo de nuestro PC, el uso de un cortafuegos y el uso de un antivirus son herramientas fundamentales para que no se instale en nuestro ordenador software dañino que pueda servir a los propósitos de los spammers. Si bien esta medida no sirve para que nosotros no recibamos spam sino para que otros no reciban spam a través de nuestro PC, esta medida es fundamental en este y otros ámbitos. Además, si somos los responsables de la red informática de una empresa, deberemos asegurarnos que todos los ordenadores tienen los últimos parches de seguridad y antivirus. Fundamentalmente porque si un PC está mal configurado y empieza a enviar spam, esto afectará tanto a la reputación de nuestra empresa como a la capacidad de enviar correo (dado que si un ordenador de nuestra red envía spam, esto repercutirá en el envío de correo electrónico por parte de otros ordenadores de la empresa).

TEN EN CUENTA QUE:

El uso de antivirus no solo protege nuestro ordenador, sino que evita que en nuestro ordenador se instale software que pueda hacer daño a otros

En cuanto a las medidas dirigidas a evitar que el spam llegue a nuestro buzón o que, al menos, el spam sea clasificado como tal, existen varias alternativas que no son excluyentes:

- **Medidas instaladas en el cliente:** son aquellas que están instaladas en el ordenador del usuario. Puede tratarse o bien de una extensión del programa de antivirus que marca el correo que sea sospechoso de ser spam antes de que aparezca en el buzón del cliente de correo (el antivirus intercepta la descarga del correo y lo analiza). O bien puede tratarse de un módulo del propio cliente de correo (por ejemplo, Thunderbird lo lleva incorporado) mediante el cual el propio MUA analiza el correo y lo marca o no como spam. En este caso, se trata de un sistema que aprende, dado que el usuario podrá marcar correo como spam o bien indicar que un correo marcado como spam realmente no lo es. En el caso de que se use el sistema del antivirus, este suele consultar una base de datos que periódicamente actualiza el fabricante. En ambos casos, el tipo de filtrado que se establece es por contenido, el aspecto del correo electrónico es lo que determina si se marca o no como spam.
- **Medidas instaladas en el servidor:** en este caso, se trata de un programa antispam que analiza cada correo que entra en el servidor y automáticamente marca como spam aquello que sea sospechoso (se pueden establecer umbrales de detección). La diferencia de este esquema con el anterior es que la aplicación que analiza el correo está centralizada, por lo que siempre podremos asegurar que está correctamente actualizada y que los criterios de filtrado son los mismos para todos los

SABÍAS QUE:

En muchos casos, los antivirus incluyen herramientas de detección de spam usuarios. Además, en el caso de instalar las medidas antispam en el servidor, se podrá realizar un filtrado por dirección IP de forma que se impida la entrega del correo a aquellas direcciones IP que son conocidas como generadoras de spam. En este caso, el contenido del correo da igual, dado que lo que determina que el correo se identifique como spam es una dirección IP. Finalmente, es importante señalar que si las medidas antispam se instalan en el servidor se puede configurar este para que rechace (impida la entrega) del correo electrónico por lo que ni siquiera llegará marcado al buzón del usuario.

5.7.4 Precauciones con los filtros antispam

Debemos ser cuidadosos a la hora de configurar los filtros antispam, dado que la primera tendencia es la de establecer criterios rigurosos a la hora de marcar o rechazar un mensaje como spam. Si bien es útil no tener mucho spam en el buzón de entrada (ya sea porque el spam marcado aparece en otra carpeta o porque se haya rechazado), también es importante señalar que si somos rigurosos a la hora de marcar spam es posible que marquemos como spam algo que no lo es.

Debemos, por tanto, tener en cuenta lo siguiente:

- Es imposible tener un buzón de entrada sin spam, debemos, por tanto, esperar que algunos mensajes spam se «cuelen» como no-spam.
- Es importante revisar de vez en cuando la carpeta «spam» (o como sea que se llame) con los mensajes marcados como spam para ver si se ha marcado alguno de forma incorrecta. En nuestro caso, además, lo tenemos fácil porque la mayor parte del spam está escrito en inglés y con supuestos remitentes con nombres no españoles.
- Si vamos a instalar alguna medida que rechace el correo spam (es decir, que impida que se entregue) o que lo borre sin guardarlo en ninguna parte, solo debemos aplicarla si el nivel de confianza es alto (alta probabilidad de que sea spam). Además, si esta medida se instala en el servidor de correo deberíamos avisar a los usuarios y permitirles desactivar este filtro.
- Dadas las implicaciones que tiene, cualquier medida antispam que instalemos en una empresa (especialmente si borramos correo automáticamente o si lo rechazamos) debe ser apoyada expresamente por la directiva de la empresa.

5.8 Servidores de correo electrónico en sistemas propietarios

En sistemas Linux e incluso en sistemas propietarios como lo son Solaris, AIX, etc. existen muchas opciones gratuitas para instalar un servidor de correo. Sin embargo, incluso las plataformas servidor de Windows no tienen un sistema de correo electrónico completo.

Por ejemplo, la versión Standard de 2008 Server dispone tan solo de un pequeño servidor SMTP que está orientado, sobre todo, a ser usado con IIS es decir, con su servidor web. Además, no está disponible ningún servidor POP3 o IMAP que nos permita descargarnos el correo por lo que, incluso si instalamos este servidor SMPT, leer los correos se hace una tarea casi imposible.

Esto se debe a que la plataforma de correo electrónico de Microsoft es otro programa «Microsoft Exchange» que incorpora, además, otras funcionalidades.

Por tanto, debemos buscar software de terceras empresas que nos den la funcionalidad de un servicio de correo electrónico. Al menos el protocolo SMTP y alguno de los protocolos para leer correo (POP3 o IMAP). Existe cierta variedad de software de este tipo pero la mayor parte de este es de pago, con algunas excepciones que permiten configurar un servidor de correo para no más de cinco usuarios. No obstante, existe un programa hMailServer que nos permite disponer de un servidor SMTP, POP3 e IMAP de forma gratuita.

5.8.1 Instalación de hMailServer

La instalación es muy sencilla. Basta con descargarnos el programa de http://www.hmailserver.com e instalarlo. Es suficiente con que aceptemos las opciones que se nos ofrecen por defecto. Nos pedirá, en un momento de la instalación, una contraseña que será la que nos permita acceder a la aplicación.

Además, será necesario configurar el firewall de Windows para que permita aceptar tráfico dirigido a esa aplicación. Para ello, en el menú Inicio pulsamos en Panel de control y ahí en «Firewall de Windows». A continuación tendremos que seguir la secuencia que se muestra en la Figura 5.6.

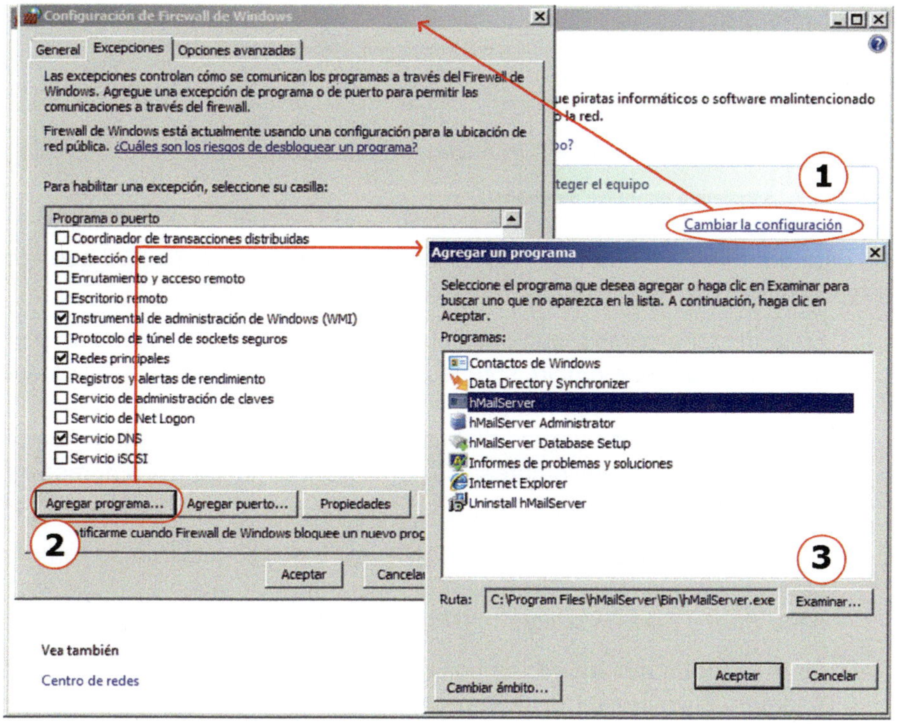

Figura 5.6. Configurar Firewall de Windows.

Al pulsar en el botón «Examinar» debemos tener en cuenta que el programa se instala por defecto en «\Archivos de Programa\hMailServer\bin». Hecho esto pulsamos aceptar la ventana «Agregar programa» y en la de «Configuración del Firewall» y con ello permitiremos el uso de los protocolos SMTP, POP3 e IMAP desde el exterior.

5.8.2 Configurar un dominio de correo electrónico

Para configurar el programa deberemos usar su propia aplicación de gestión que se encuentra disponible en «Inicio->Todos los progamas->hMailServer->

TEN EN CUENTA QUE:

En este libro hemos instalado un servidor de correo gratuito, tanto en Windows como en Linux, pero existen también servidores comerciales. En Windows, uno de los más habituales es Microsoft Exchange

RECUERDA:

Nombre público se refiere al nombre completamente cualificado o FQDN del servidor. Repasa el capítulo sobre DNS si no recuerdas qué significa.

hMailServer Administrator». Al ejecutarla nos pedirá que indiquemos un servidor (en este caso será «localhost») y al pulsar en Conectar nos pedirá la contraseña de acceso que habíamos establecido anteriormente.

En la pantalla que nos aparece seleccionaremos «Add Domain» y nos aparecerá una ventana como la de la Figura 5.7 en la que teclearemos el nombre del dominio que deseamos configurar. Siguiendo los mismos ejemplos que en el capítulo de DNS teclearemos «mi-empresa-sa.com».

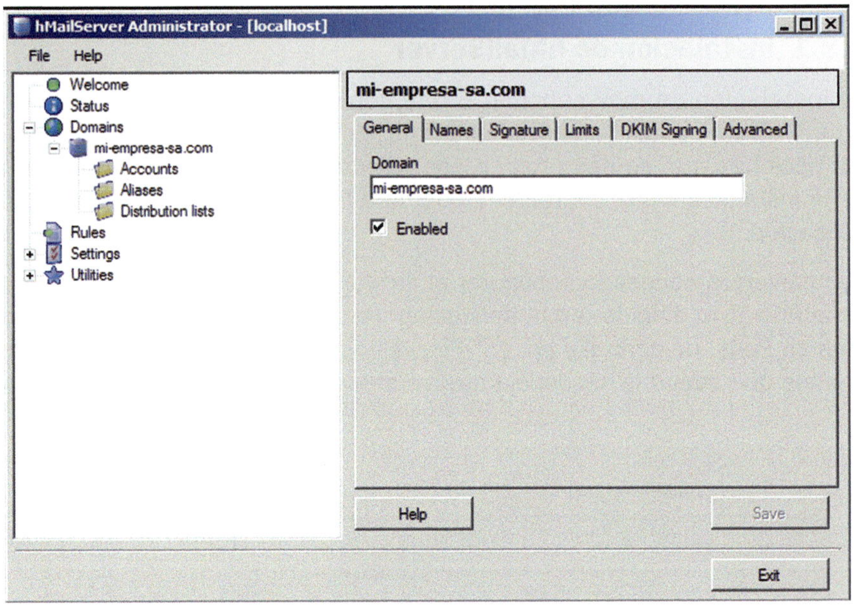

Figura 5.7. Añadiendo un nuevo dominio.

En esta pantalla, además, se pueden configurar algunos aspectos que son interesantes. Nos detendremos tan solo en algunos de ellos:

- En la pestaña **names**: podemos configurar dominios que son alias para ese dominio. Por ejemplo, si tenemos el nombre de dominio «mi-empresa-sa.com» y «mi-empresa-sa.es» no hace falta crear dos dominios independientes, con cuentas distintas. Bastaría con crear, como hemos hecho, el dominio «mi-empresa-sa.com» y añadir luego «mi-empresa-sa.es» como alias.
- En la pestaña **limits**: podemos configurar el límite máximo de tamaño para el dominio (Max. Size), para los mensajes individuales (Max. Message Size) y para cada cuenta (Max. Size of Accounts).
- En la pestaña **advanced**: se puede configurar una dirección «Catch-All Address» cuyo propósito es especificar una dirección de correo a la que enviar emails dirigidos a usuarios no existentes.

Pasemos a continuación a la opción «Status» que aparece justo debajo de «Welcome» en la parte izquierda de la aplicación. Si pulsamos ahí veremos el estado general del servidor y podremos acceder a las estadísticas principales de uso. Observaremos que hay un mensaje de advertencia que nos indica: «You haven't specified the public host name for this computer in the SMTP settings.» Este mensaje nos está indicando que no hemos especificado el nombre público de nuestro servidor en la configuración SMTP.

Por tanto, seleccionaremos la opción «SMTP» que está debajo del menú «Settings->Protocols», tal y como se muestra en la Figura 5.8

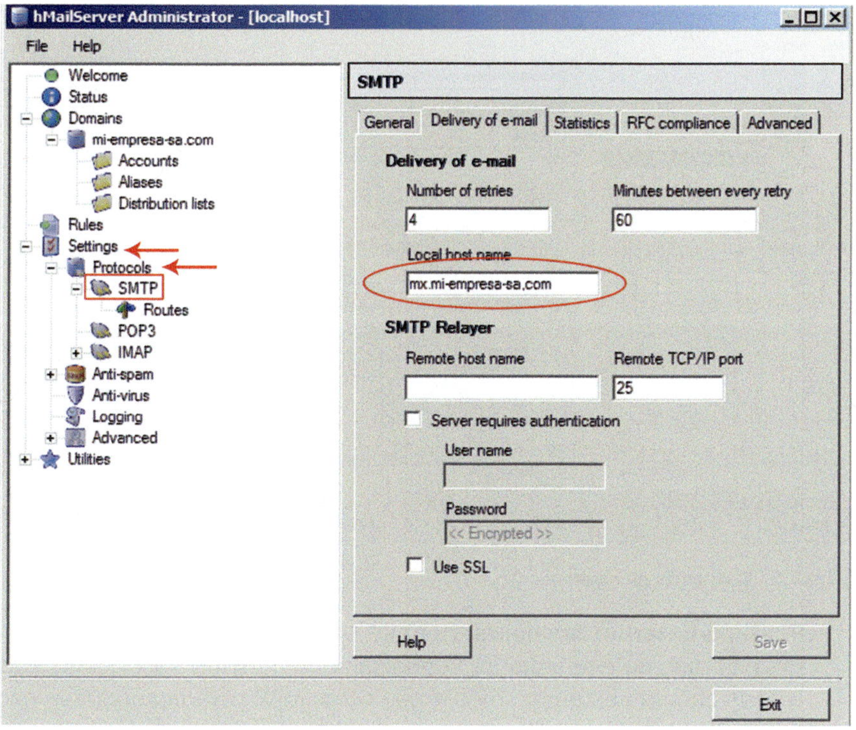

Figura 5.8. Configurar nombre del servidor.

Como se puede ver, el nombre que hemos puesto es «mx.mi-empresa-sa.com» que, en este caso, se corresponde con la entrada MX de ese dominio. Normalmente, en este campo deberemos rellenar el FQDN que nos devuelve el DNS si preguntamos por la dirección IP de nuestro servidor. Además, en esta pantalla de configuración podemos hacer lo siguiente:

- En la pestaña **general**: podemos configurar el mensaje con el que el servidor responde a un inicio de conexión. También podemos fijar un límite del número de conexiones simultáneas para evitar que nos saturen el servidor si este está «justito» de recursos. También se puede establecer un límite global de tamaño de mensaje. Es importante establecer, al menos, un límite para el tamaño del mensaje, aunque este sea alto, para evitar ataques de denegación de servicio.

5.8.3 Añadir cuentas de correo

En la pestaña «Accounts» configuraremos las cuentas de correo para ese dominio. Una vez configurada una cuenta, ese usuario podrá recibir correo y leerlo. También podremos, como administradores, configurar las propiedades de la cuenta. La pantalla de configuración se muestra en la Figura 5.9. Algunos de los parámetros que podemos configurar desde esta pantalla son:

- **Pestaña General:** nos ofrece la posibilidad de desactivar al usuario temporalmente, especificar una cuota para este usuario en concreto o cambiar la contraseña.

- **Pestaña Auto-reply:** permite establecer una respuesta automática, por ejemplo un aviso de que el usuario está de vacaciones, para los mensajes que entren en el buzón de este usuario.

- **Pestaña Forwarding:** permite establecer una dirección de email de reenvío del correo dirigido a este usuario. Se puede configurar si se desea mantener una copia en el servidor o no.

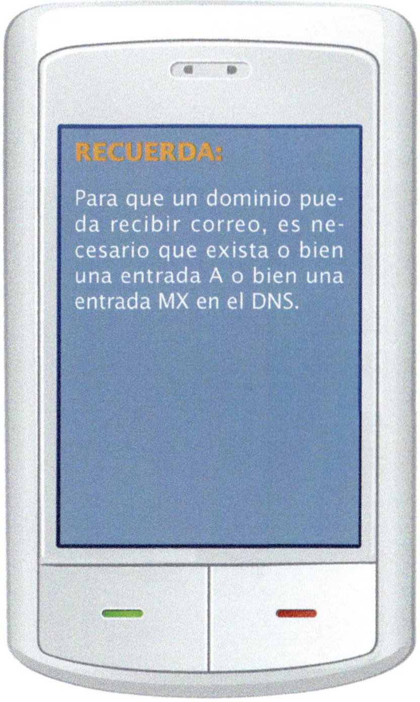

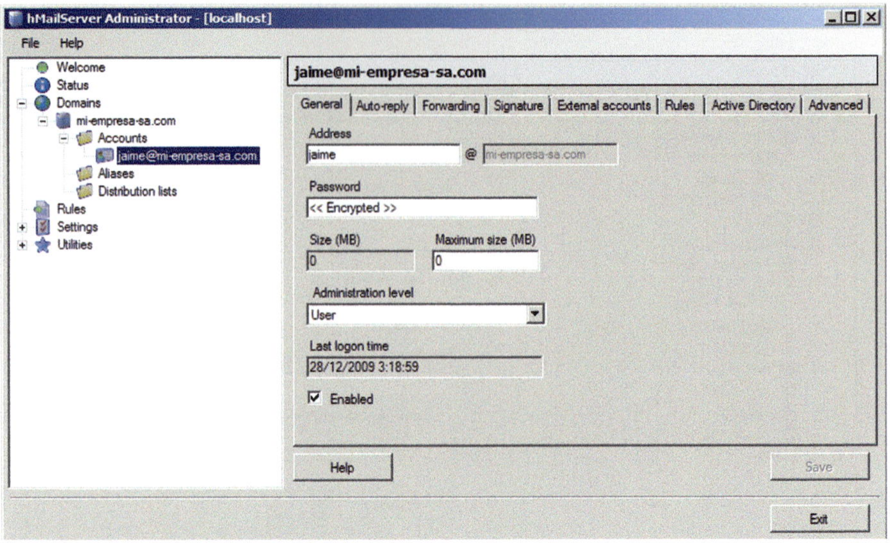

Figura 5.9. Cuenta de un usuario.

- **Pestaña External Accounts:** permite especificar un conjunto de cuentas externas de ese usuario. Periódicamente nuestro servidor accederá a esas cuentas externas, mediante POP o IMAP para descargarse el correo y dejarlo en el buzón de ese usuario.

5.8.4 Parada y arranque del servidor

Se puede hacer desde la propia aplicación del programa.

5.8.5 Últimas cuestiones

Como puede verse, este programa es complejo ya que todo lo relacionado con el sistema de correo electrónico lo es. No obstante, es importante señalar algunos aspectos que hemos dejado fuera pero que podrían ser de interés, a modo de ejercicios de ampliación:

- Este programa incluye un sistema de protección antispam que, por defecto, está desactivado. El sistema de protección antispam que implementa hMailServer incluye varios mecanismos de detección, desde listas negras hasta el programa SpamAssassin. Permite, además, o bien marcar el correo como spam, o bien borrarlo e incluso rechazarlo. Es una herramienta muy potente y a la vez muy peligrosa por lo que se recomienda usarla con precaución si no queremos perder correo importante.
- También incluye la posibilidad filtrar virus, ya sea incluyendo un antivirus de terceros o bien filtrando determinadas extensiones peligrosas.
- Escondido bajo el menú «Advanced» también existen una serie de parámetros interesantes como puede ser el control de relay que hace el propio servidor, es decir, si permite enviar o no un correo dirigido a un usuario de otro dominio sin pedir antes autentificación de usuario. Estos parámetros nos permitirían, por ejemplo, especificar que desde una dirección IP se pueda enviar correo a cualquier parte sin tener que autentificarse. OJO: a no ser que sepamos lo que estamos haciendo, es preferible no cambiar la configuración que viene de fábrica.
- Seguridad: el programa incluye también la posibilidad de usar TLS/SSL para cifrar las conexiones. Por defecto las conexiones entre los clientes de correo y el servidor no van cifradas, con el consiguiente peligro que

esto supone. Para poder hacer uso de esta facilidad y que las conexiones entre los clientes de correo y el servidor sean seguras, tendremos que instalar un certificado SSL. Este se puede obtener mediante una herramienta llamada openssl.

5.9 Servidores de correo electrónico en sistemas libres

Para sistemas operativos tipo Unix tradicionalmente se ha usado el servidor denominado «sendmail» que, además, era y sigue siendo software de código abierto. Sin embargo, a lo largo del tiempo se han ido desarrollando nuevos servidores, especialmente con la aparición de Linux en la escena.

En nuestro caso nos hemos decantado por usar el servidor llamado Postfix, por ser uno de los más potentes y más fáciles de configurar. Adicionalmente, y con el objeto de poder tener también un servicio IMAP y POP3, deberemos buscar la forma de instalarlos y que todo quede perfectamente integrado.

Afortunadamente, en Ubuntu existe un paquete denominado dovecot-postfix que incorpora un servidor IMAP, un servidor POP3 y el propio Postfix. Además incorpora directamente las prestaciones de TLS/SSL, por lo que podremos configurar nuestros clientes de correo para que la conexión sea siempre segura.

SABÍAS QUE:

SSL y TLS son las siglas de *Secure Socket Layer* y *Transport Layer Security*. Ambos protocolos están muy ligados a las páginas web seguras pero, realmente, se pueden usar para cifrar el tráfico de cualquier conexión, incluidas las de correo electrónico.

5.9.1 Instalación de postfix

La instalación de postfix es muy sencilla, basta con teclear:

```
# apt-get install dovecot-postfix
```

E indicar que sí que queremos instalar esos paquetes más las dependencias que se detecten.

Durante el proceso de instalación aparecerán una serie de pantallas de configuración, las más interesantes se muestran en las Figuras 5.10 y 5.11.

Una vez terminada la instalación tendremos los servidores SMTP, POP3 e IMAP listos para utilizarse. La base de datos que se usará será la propia base de datos de usuarios del sistema en el que hayamos instalado el paquete. Los correos se almacenarán en la cuenta de cada usuario.

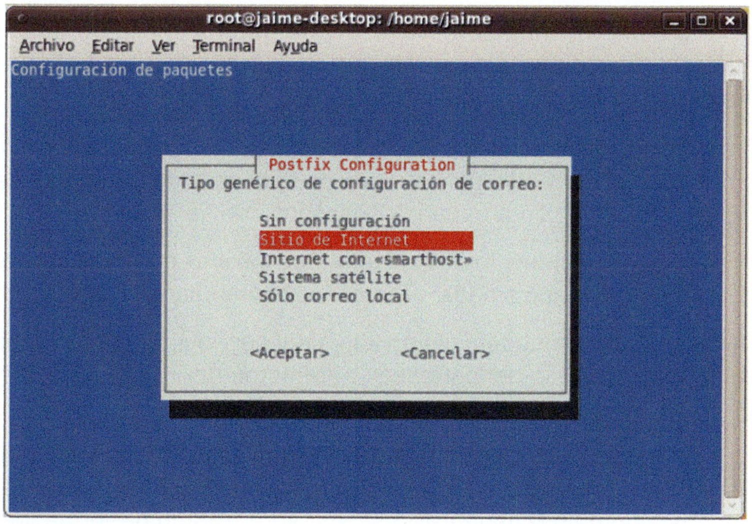

Figura 5.10. Selección de «Sitio de Internet» como tipo de configuración.

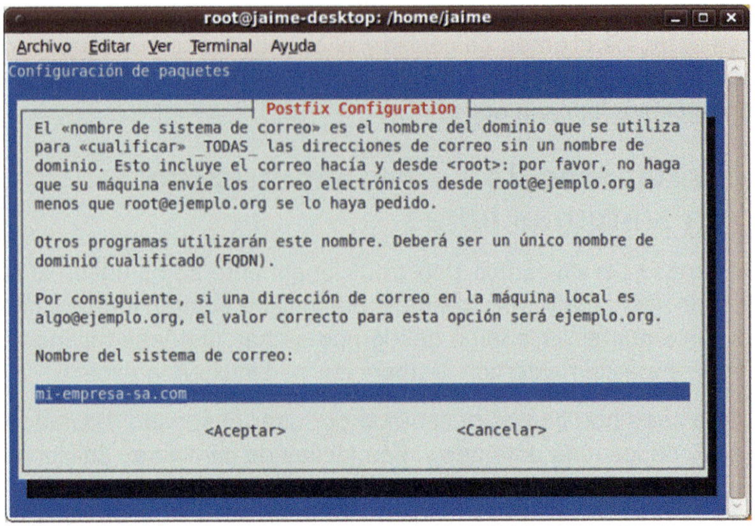

Figura 5.11. **Selección del dominio de correo.**

No obstante, es preciso señalar dónde debemos «tocar» para modificar la instalación. Para ajustar los parámetros de la instalación deberemos editar el fichero «main.cf» que se encuentra localizado en el directorio /etc/postfix. En nuestro caso, hemos editado ese fichero para hacer cambios en la directiva «myhostname», dado que nos interesa que tenga el FQDN público y no el nombre local con el que se ha configurado, esto se ve en la Figura 5.12.

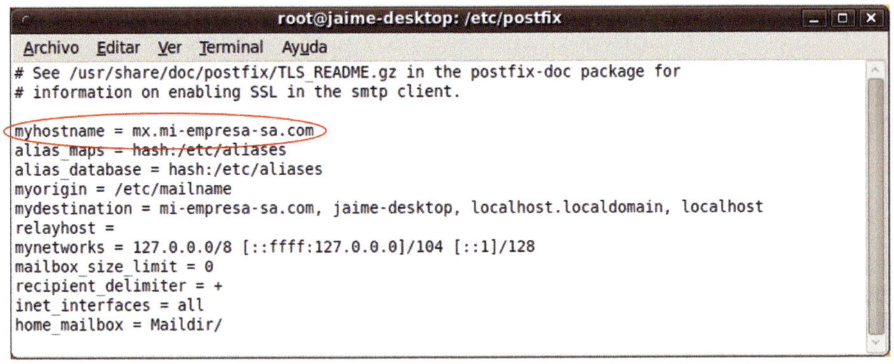

Figura 5.12. **Fichero de configuración main.cf.**

Este fichero tiene muchos parámetros, dado que es el fichero principal de configuración. Veamos a continuación algunos de los más interesantes para nuestra instalación:

- luser_relay: indica la dirección «catch-all», es decir, una dirección que recibirá todo el correo dirigido a usuarios desconocidos. Si no se especifica, el correo dirigido a usuarios desconocidos se rechazará.
- message_size_limit: indica el tamaño máximo de cada mensaje en bytes. Si no se indica nada, el tamaño máximo será 10240000 bytes.
- mydomain: indica el dominio principal del servidor. Si no se indica nada se toma el dominio del parámetro «myhostname».
- mydestination: especifica el conjunto de dominios que se van a considerar locales. Es decir, en este ejemplo, todo lo que vaya dirigido a usuario@mi-empresa-sa.com, usuario@jaime-desktop, usuario@localhost.localdomain o usuario@localhost será tratado de forma idéntica y entragado a «usuario» en este servidor. Esto nos permite crear alias de

dominio. OJO, no los confundamos con los alias de usuario que son distintos y que se configuran en el fichero /etc/aliases.

- myhostname: indica el nombre completo del servidor y es la cadena que se usa cuando el servidor envía al cliente el mensaje inicial en el diálogo SMTP. En este caso, hemos tenido que modificarlo manualmente.
- mynetworks: son la lista de direcciones IP a las que se les permite hacer «relay» sin autentificarse. Es decir, que se les permite enviar un correo a un usuario no local sin tener que autenticarse. En caso de ser imprescindible, debe quedar limitado a nuestra red de área local. Por ejemplo, 192.168.254.0/24
- proxy_interfeces: esta opción se usa si nuestro ordenador está detrás de un router NAT o de un proxy. Sirve para indicar la dirección IP pública del servidor.

5.10 Breves nociones sobre cifrado de datos y firma digital

Aunque sea muy brevemente, describiremos en qué consisten los sistemas de cifrado y de firma digital aplicados al correo electrónico.

Un sistema de cifrado permite enviar un correo electrónico de forma que solo el destinatario va a ser capaz de leerlo. Lo que sucede es que mediante un sistema de cifrado se transforma el mensaje original en otro que es ininteligible excepto para el destinatario del correo. Por otra parte, un sistema de firma digital permite al receptor del email verificar el remitente del mensaje y, además, verificar si ese mensaje se ha modificado o no después de haberse enviado.

Para ello se utilizan unos elementos denominados certificados que contienen los mecanismos necesarios para identificar a una persona. Esto se hace mediante lo que se denomina «**clave pública**» de ese usuario. Los sistemas criptográficos (cifrado y/o firma digital) que se usan en el correo electrónico están basados en una serie de algoritmos matemáticos que transforman un mensaje de forma que se pueda cifrar y firmar. Estos algoritmos matemáticos son siempre los mismos y la transformación que se realice de un mensaje dependerá de, obviamente, el mensaje y de la clave de cifrado.

En el caso que nos ocupa, cada persona tiene dos claves. La denominada «**clave privada**» que debe permanecer en secreto y la denominada «**clave pública**» que se da a conocer a todo el mundo. La clave pública es el elemento que sirve para verificar la identidad de una persona y es uno de los elementos que forman parte del certificado de un usuario de correo electrónico. El algoritmo matemático usado es de la familia que se denomina «**cifrado asimétrico**» y permite, usando esas dos claves, cifrar y descifrar un mensaje tal y como se muestra en la Figura 5.13.

De esta figura se deduce que, para enviar un correo cifrado a alguien, el emisor debe usar la clave pública del destinatario para cifrar el mensaje y enviarlo. El sistema está diseñado de tal forma que, aunque todo el mundo puede generar un mensaje cifrado con esa clave pública, solo la persona que tiene la clave privada (solo el destinatario) podrá invertir el proceso de cifrado (lo que se conoce como descifrar el mensaje) y obtener el mensaje original.

Por tanto, para enviar un mensaje cifrado debemos usar la clave pública del destinatario.

¿Y para firmar un mensaje? Pues se usa un proceso similar al que acabamos de describir solo que funciona justo al contrario. Cuando un remitente

Si ciframos nuestro correo, será imposible que otra persona acceda a su contenido.

La clave pública y privada se pueden almacenar en una tarjeta criptográfica. La clave privada nunca sale de la propia tarjeta, ni siquiera cuando se firma.

Solo la persona que conoce el PIN de la tarjeta puede usarla para firmar y para cifrar.

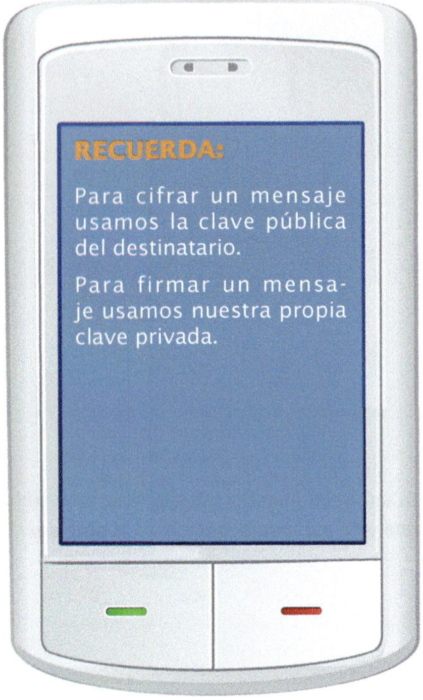

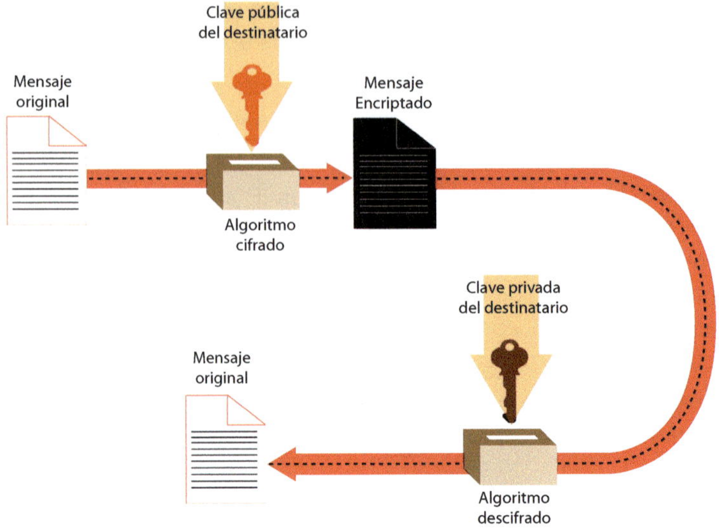

Figura 5.13. Cifrado asimétrico.

le da al botón de firmar, se utiliza la clave privada del remitente para «cifrar» un código de verificación del mensaje (llamado hash) y adjuntarlo al mensaje a enviar. Los destinatarios de ese mensaje usarán, en este caso, la clave pública del remitente para descifrar el código de verificación y, de esta forma, comprobar si se corresponde con el mensaje que se ha enviado

OJO: los procesos de cifrado y firmado son totalmente independientes. En un correo en el que solo se haya aplicado cifrado no se podrá garantizar que el remitente es quien dice ser. Análogamente, un correo en el que solo se ha firmado podrá ser leído por cualquiera.

5.11 Correo seguro: firma digital y cifrado de mensajes

Una de las principales debilidades del correo electrónico es la ausencia de mecanismos de seguridad. En concreto, no existen, en el protocolo original, mecanismos que garanticen que un correo electrónico solo va a poder ser leído por el destinatario (cifrado) ni mecanismos que garanticen que un correo no se haya modificado en tránsito (lo que se conoce como integridad y no repudio, es decir firma digital).

Para ello se utilizan unas estructuras de datos (que pueden estar en un fichero) denominadas certificados (X509 o PGP) que contienen los elementos necesarios para verificar la identidad de un remitente. Estos certificados están firmados digitalmente por una entidad que, se supone, ha verificado previamente la identidad del propietario del certificado. Esto se puede hacer de dos formas:

- **Usar certificados X.509 y S/MIME:** es el mecanismo implementado de fábrica en clientes de correo electrónico como son Thunderbird y Outlook. Su funcionamiento se basa en el uso de una infraestructura de clave pública jerárquica (uso de certificados X.509) y en el uso de una extensión MIME denominada S/MIME. El uso de una infraestructura de clave pública jerárquica implica que existen determinadas entidades, denominadas **autoridades de certificación**, que garantizan la autenticidad del certificado. Un ejemplo de autoridad de certificación es, por ejemplo, el Cuerpo Nacional de Policía (CNP) en el caso del DNI electrónico. Por tanto, la principal desventaja de este sistema es que requiere el uso de una autoridad de certificación reconocida, lo cual implica o bien implan-

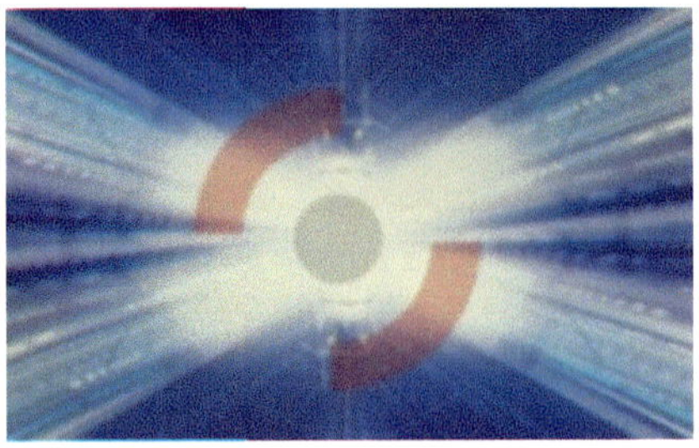

CERES es el nombre del proyecto de certificación impulsado por la Fábrica Nacional de Moneda y Timbre (FNMT). Fue la primera entidad a nivel estatal en expedir certificados electrónicos, es decir, la primera autoridad de certificación oficial en España.

Puedes ampliar más información en http://www.cert.fnmt.es

tar una autoridad de certificación propia para la empresa o bien el uso de certificados X.509 de correo electrónico suministrados por una de las autoridades de certificación reconocidas de fábrica por el cliente de correo electrónico. En el primer caso, tendremos el problema de que la firma digital (o el cifrado) no funcionará al menos que el cliente de correo del receptor instale el certificado de la autoridad de certificación de la empresa (con la posible reticencia para aquellas personas de fuera de la empresa). En el segundo caso tenemos el problema de que deberemos comprar a una autoridad de certificación comercial un certificado para email, aunque hay algunas que lo ofrecen de forma gratuita.

- **Usar PGP:** PGP (o cualquiera de sus distintas modificaciones como gnuPG u openPGP) es una plataforma de cifrado que no solo abarca el correo electrónico (se puede usar también para cifrar ficheros en el disco duro, por ejemplo). Al contrario que el sistema anterior, PGP utiliza un sistema de clave público no jerárquico en el que no existe una autoridad de certificación sino personas que verifican la autenticidad de una clave de otra persona. El principal problema de esta opción es que no viene instalada de fábrica en los clientes de correo más habituales (excepto Evolution en Linux). Dadas sus características no jerárquicas, PGP es un sistema que está pensado para un uso más bien personal (grupo de amigos) que empresarial pero, no obstante, ofrece las mismas características de seguridad que el uso de X.509 y S/MIME.

TEN EN CUENTA QUE:

Los certificados expedidos por autoridades de certificación distintas, son distintos.

Una misma persona puede tener un certificado de la FNMT y del CNP, pero ambos certificados serán distintos aunque identifiquen a la misma persona.

5.11.1. Uso de correo electrónico seguro usando Thunderbird y S/MIME

A modo de ejemplo, mostraremos los pasos que hay que dar para enviar un correo electrónico cifrado y para firmar digitalmente un email.

Paso 1. Conseguir un certificado de email e importarlo en el cliente de correo: si estamos usando X.509 será necesario generar nuestra clave pública, la privada y conseguir un certificado de email firmado por una autoridad de certificación reconocida que contenga nuestros datos. Existen varias empresas que ofrecen este servicio, algunas veces son de pago y otras no. En el ejemplo que se muestra hemos usado una de las que ofrecen ese servicio de forma gratuita (aunque se podría haber escogido cualquier otra). Para obtener el certificado suele bastar con acceder a una página web y rellenar los datos personales (nombre y email), tal y como se ve en la Figura 5.14.

Tras este paso, el propio navegador generará las claves públicas y privadas. La clave privada se guardará en el ordenador (o en una tarjeta criptográfica si la tuviéramos) y la clave pública se envía al servidor para que la empresa pueda generar nuestro certificado.

Tras ese paso, nos enviarán un email con un enlace para que nos podamos descargar el certificado (eso hay que hacerlo en el mismo ordenador y con el mismo navegador en el que hemos hecho la petición). Tras ese paso nos aparecerá un mensaje como el de la Figura 5.15.

Tras estos pasos, el certificado estará almacenado en el cliente web (Firefox en este caso). Antes de poder usarlo en el cliente de correo electrónico puede que haya que exportarlo (desde Firefox en este caso) e importarlo (en Thunderbird). También puede ser buena idea aprovechar para copiar el certificado en un dispositivo externo a modo de copia de seguridad (si perdemos el certificado no será posible recuperarlo).

TEN EN CUENTA QUE:

Para que el sistema de cifrado y firma funcione, es necesario que el cliente de correo del remitente y del destinatario tengan instaladas las autoridades de certificación del certificado de email. En el caso del ejemplo, van a estar instaladas pero en otros casos (como la FNMT o el CNP) será necesario instalarlo manualmente (en el emisor y en el destinatario).

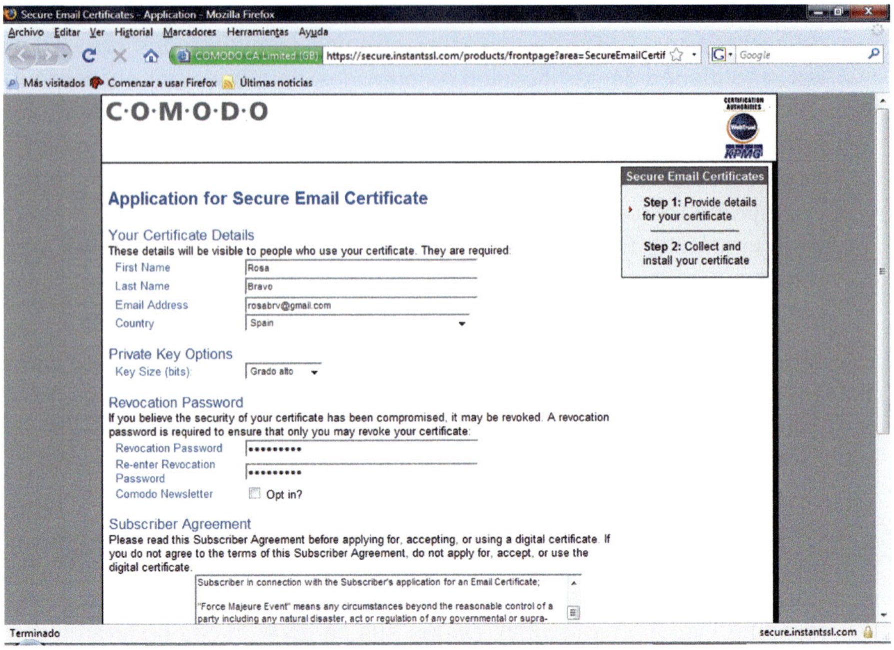

Figura 5.14. **Petición de un certificado de correo.**

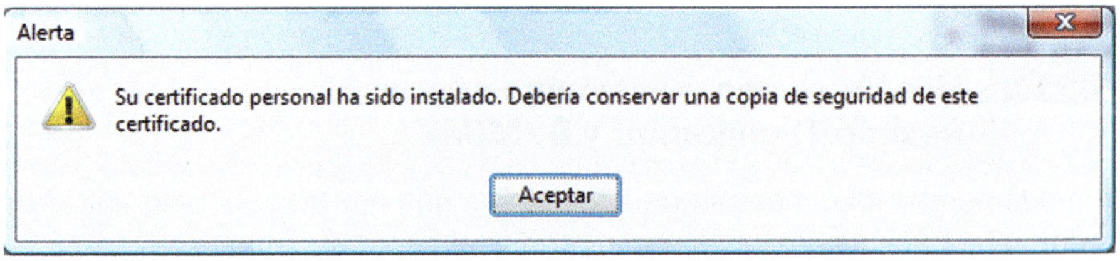

Figura 5.15. **Instalación de certificado personal.**

En Firefox, el certificado se puede exportar en: Herramientas->Opciones y seleccionamos la pestaña Avanzado, tal y como se muestra en la Figura 5.16.

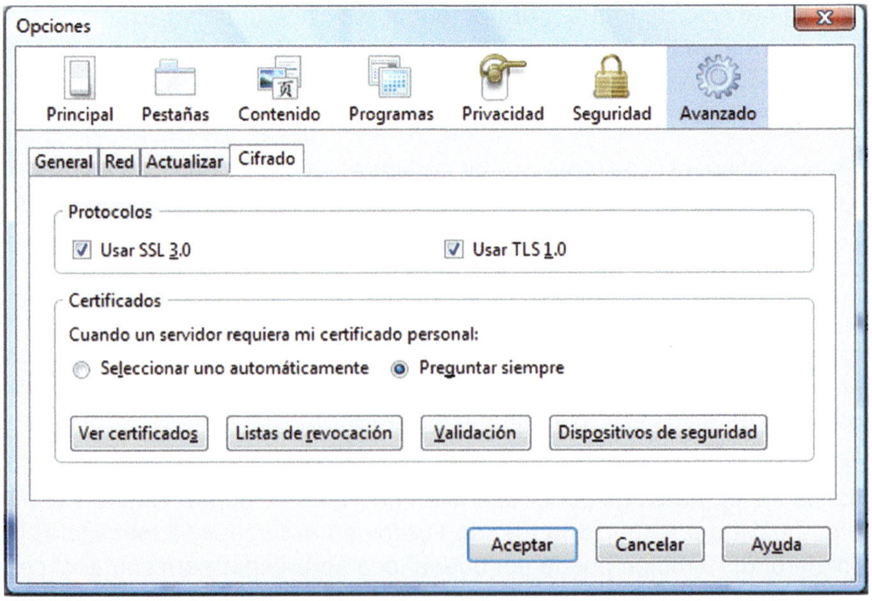

Figura 5.16. **Exportar e importar certificado (Paso 1).**

Ahí pulsamos en «Ver certificados» y luego en «Sus certificados», seleccionamos nuestro certificado y pulsamos en «Hacer copia» para indicar dónde queremos almacenarlo. El certificado que hemos exportado contiene también la clave privada (imprescindible) por lo que es posible que a la hora de exportar nos pida una contraseña para impedir que otras personas accedan a la clave pública. Es muy importante señalar que el certificado que acabamos de exportar solo lo debemos usar nosotros y no se lo podemos/debemos dar a nadie (porque, como se ha indicado, contiene no solo la clave pública sino que también tiene la clave privada).

El siguiente paso será importar el certificado, para lo cual deberemos arrancar Thunderbird. Para importar el certificado en el cliente de correo, se hace un proceso similar: «Herramientas->Opciones» (ver Figura 5.17).

Figura 5.17. Exportar e importar certificado (Paso 2).

Dentro de la pestaña «Avanzadas» pulsamos en «Certificados» y en «Ver certificados», en la siguiente pantalla (pestaña «Sus certificados») pulsamos en «Importar» y seleccionamos el fichero que habíamos exportado antes.

Una vez que hemos hecho esto, es un buen momento para copiar el fichero del certificado a un dispositivo externo y borrar el fichero del certificado del disco duro del ordenador (ya que, después de todo, está importado en la aplicación y no será necesario por ahora).

Paso 2: Asociar el certificado a una cuenta de correo en el cliente: el paso siguiente es hacer que el certificado que hemos importado sea usado para nuestra cuenta de correo. Eso se hace en «Herramientas->Configuración de las cuentas» y luego pinchamos en «Seguridad». Esto nos permite, mediante el botón «Seleccionar» del apartado «Firma digital», escoger el certificado que queremos usar, tal y como se ve en la Figura 5.18:

En ese momento el cliente de correo nos preguntará si queremos usar ese mismo certificado para cifrar/descifrar mensajes que nos envíen. En este caso diremos que sí.

Paso 3. Enviar un mensaje firmado: bien, probemos ahora cómo se envía un correo firmado. Es muy sencillo, se escribe el mensaje y se selecciona la opción de firmar tal y como se muestra en la Figura 5.19

Tras darle al botón de enviar, el destinatario recibirá un email firmado. Eso se advierte por un sobre especial que aparece al leer el mensaje (aparece recuadrado en la imagen), si pulsamos sobre ese sobre, veremos las características de la firma y sabremos si el mensaje se ha recibido intacto, tal y como se muestra en la Figura 5.20

SABÍAS QUE:

La clave privada NO se puede exportar si el certificado está instalado en una tarjeta criptográfica.

TEN EN CUENTA QUE:

Si hemos exportado el certificado con la clave privada, podremos importarlo (y, por tanto, usarlo) en cualquier otro ordenador.

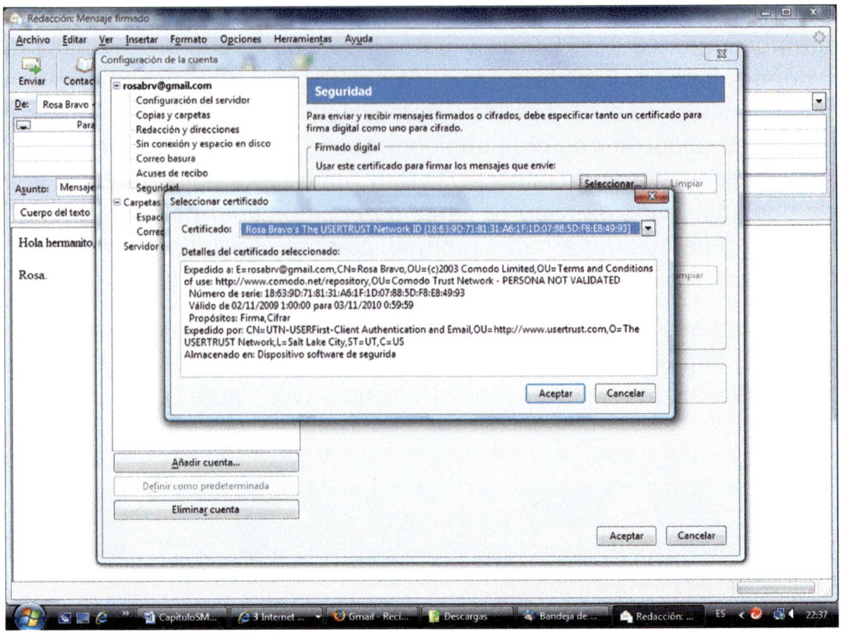

Figura 5.18. Selección de certificado.

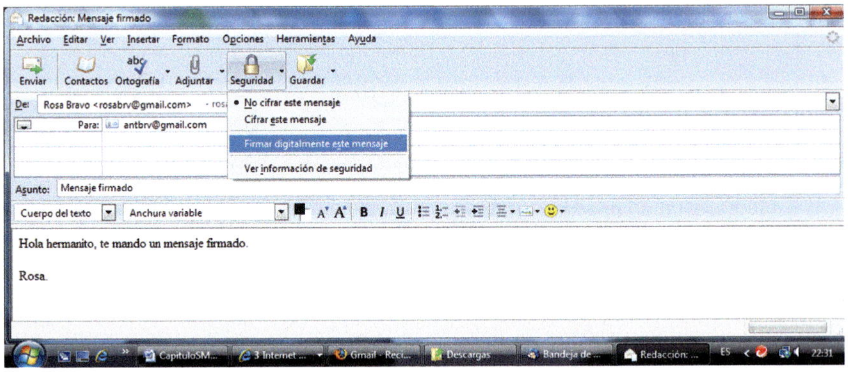

Figura 5.19. Firmar un mensaje.

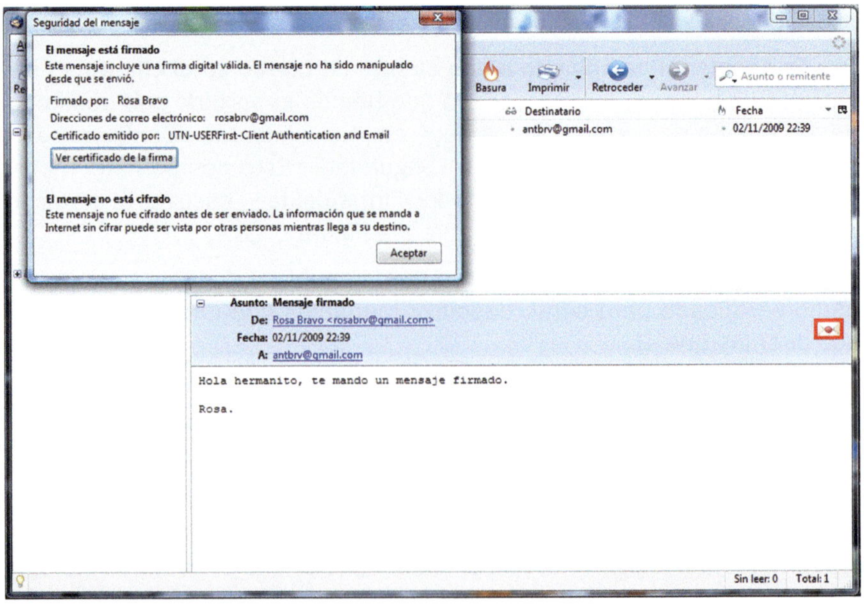

Figura 5.20. Comprobación de la firma.

De esta forma, habremos enviado un mensaje firmado y el destinatario habrá podido comprobar que este mensaje se ha recibido correctamente.

Para firmar un mensaje no hace falta nada, basta con que tengamos nuestro propio certificado instalado en el cliente de correo electrónico.

Paso 4. Cifrado de mensajes: para enviar un mensaje cifrado a un destinatario, necesitamos conocer su clave pública, esto es, necesitamos tener un certificado de esa persona que contenga la clave pública.

Firefox comprobará automáticamente si disponemos de un certificado con la clave pública del destinatario antes de cifrar el mensaje. Si no disponemos de él, nos mostrará el siguiente mensaje de error

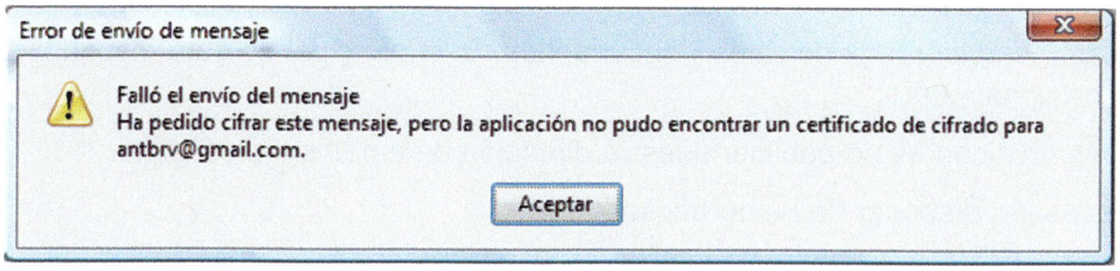

Figura 5.21. **Error al cifrar.**

5.12 Servicios de correo electrónico vía web

A lo largo de todo este capítulo en el que hemos descrito el servicio de correo electrónico, siempre nos hemos centrado en el uso de un cliente de correo electrónico (es decir, una aplicación instalada en el PC).

Pero esta no es la única forma de acceder al correo electrónico. Casi todos los proveedores de correo electrónico nos ofrecen la posibilidad de acceder a nuestro correo electrónico (y enviarlo) a través de una página web.

Un cliente webmail no es otra cosa que un MUA integrado en una página web. De esta forma podremos acceder a nuestro correo electrónico desde cualquier parte sin necesidad de instalar ni configurar nada (útil si accedemos desde un cibercafé o desde una biblioteca). De hecho a veces el cliente webmail es tan potente que podemos perfectamente convertirlo en nuestro cliente de correo habitual y prescindir de las aplicaciones separadas como son Thunderbird y Outlook.

Sin embargo, si usamos los dos sistemas (cliente webmail de forma esporádica y cliente tradicional de forma habitual) debemos tener precaución, dado que puede que perdamos algún correo. Por ejemplo, si usamos POP en el cliente instalado en el PC debemos tener en cuenta que la configuración por defecto es la de borrar del servidor los mensajes descargados. Si esto sucede no podremos acceder a estos mensajes desde el cliente webmail. Para evitar eso, en los clientes de correo electrónico existe la opción de dejar los mensajes en el servidor.

De todas formas, si pretendemos usar los dos sistemas a la vez, claramente la mejor opción es usar IMAP dado que eso hace que todos los mensajes estén siempre en el servidor y, por tanto, disponibles independientemente del sistema con el que accedamos.

SABÍAS QUE:

La forma más sencilla de enviarle a otra persona nuestro certificado con la clave pública (de forma que nos pueda enviar mensajes cifrados) es enviarle un mensaje firmado, ya que en los mensajes que nosotros firmemos se incluirá una copia de nuestro certificado conteniendo la clave pública (solo la clave pública, recordemos que la clave privada nunca se le puede dar a terceras personas).

RESUMEN

- En el correo electrónico se utilizan normalmente tres protocolos: SMTP, POP e IMAP.
- El formato del correo electrónico está estandarizado y para enviar adjuntos se usa la extensión MIME.
- A los servidores de correo se les llama MTA, a los clientes de correo se les llama MUA.
- El cliente de correo nunca entrega el correo electrónico en el buzón del destinatario. En vez de eso se lo entrega al MTA de su proveedor de acceso a Internet.
- El servicio de correo está ligado al DNS. Es necesario definir entradas A o entradas MX si queremos recibir correo para un dominio.
- En el servicio de correo electrónico existen servidores principales y secundarios. Si el principal no está disponible, los secundarios guardarán el correo provisionalmente.
- Para no recibir spam, una de las mejores técnicas es no publicar nuestra dirección de email sin protegerla.
- Para poder usar el correo seguro es necesario disponer de un certificado X.509.

ACTIVIDADES DE ENSEÑANZA Y APRENDIZAJE

DE COMPROBACIÓN

5.1. ¿Qué protocolos y estándares están relacionados directamente con el correo electrónico? (marca una o más opciones).

a) SMTP.
b) MAIL.
c) MIME.
d) PLOF.
e) SSH

5.2. ¿Qué protocolo se usa para descargarse correo pero que no permite organizar carpetas en el servidor?

a) POP.
b) IMAP.
c) SMTP.
d) MIME
e) Ninguno de los anteriores.

5.3. El MDA, Mail Delivery Agent, se encarga de distribuir el correo electrónico entre servidores:

a) Verdadero.
b) Falso.

5.4. Indica cuál de las siguientes son cabeceras de un correo electrónico:

a) Tema:
b) Asunto:
c) Rcpt:
d) Mail From:
e) Ninguna de las anteriores.

5.5. ¿Con qué comando SMTP se especifica el destinatario de un correo electrónico?

a) MAIL TO:
b) RCPT TO:
c) To:
d) Para:
e) Ninguna de las anteriores.

5.6. Entre las cabeceras y el cuerpo de un email siempre hay una línea en blanco:

a) Verdadero.
b) Falso.

5.7. El texto de un mensaje de error producido durante la entrega de un correo electrónico:

a) Será un texto estandarizado, al igual que las cabeceras de un email.
b) Eso no existe.
c) El texto es libre.

5.8. Sin el protocolo MIME no sería posible escribir un email con la palabra «niña»:

a) Verdadero.
b) Falso.

5.9. Un fichero adjunto enviado por email se enviará siempre en binario:

a) Verdadero.
b) Falso.

5.10. Para poder firmar un mensaje es necesario:

a) Un sistema de cifrado simétrico.
b) Un sistema de cifrado asimétrico.
c) a y b son ciertas.
d) Ninguna de las opciones es correcta.

5.11. Para poder firmar un mensaje es necesario:

a) Un sistema de cifrado simétrico.
b) Un sistema de cifrado asimétrico.
c) a y b son ciertas.
d) Ninguna de las opciones es correcta.

5.12. ¿Necesito el certificado de un usuario para enviarle un correo firmado? ¿Y si quiero enviarle un correo cifrado?

5.13. ¿Es necesario que el destinatario de un correo tenga instalada la autoridad de certificación del certificado que se usó para firmar?

5.14. ¿Qué diferencias existen entre las medidas antispam instaladas en el cliente y las instaladas en el servidor? ¿Cuál sería preferible en el caso de una gran empresa?

5.15. ¿Por qué es recomendable no usar nuestra dirección de email verdadera en un foro en Internet?

5.16. ¿Qué tipo de error (4xx o 5xx) nos mostrará un servidor de correo si el usuario destinatario no existe? ¿Y si ha excedido la cuota de disco?

DE APLICACIÓN

5.1. Comenta brevemente qué diferencias hay entre un buzón y un alias.

5.2. Si leemos frecuentemente el correo desde múltiples lugares, por ejemplo desde casa de un amigo a través de un webmail y en nuestra casa con Thunderbird, ¿qué protocolo recomendarías que se usara, POP o IMAP?

5.3. ¿Qué relación existe entre un MTA, un MUA y un MDA? ¿Cuáles de ellos usan los protocolos SMPT, POP e IMAP?

5.4. ¿Existe algún tipo de prioridad si, para un dominio, existe más de un servidor de correo? Si es así, ¿cómo se establece?

5.5. Si uno de los servidores de correo devuelve un error permanente, ¿se sigue intentado con el siguiente?

5.6. Si uno de los servidores de correo devuelve un error temporal, ¿qué ocurre?

5.7. ¿Qué ocurre si no se encuentran entradas MX para un determinado dominio pero sí entradas A?

5.8. Al visualizar el código fuente de un correo electrónico observamos que aparece esta cadena: «Subject: =?ISO-8859-1?Q?=BFQu=E9_d=EDa_hemos_quedado=3F?=». ¿Qué significa esto? ¿Cuál es el asunto de ese mensaje?

5.9. Usando dig o nslookup descubre la lista de servidores de correo de un proveedor de correo en el que tengas una cuenta abierta. Selecciona el servidor más prioritario y, mediante Telnet, conéctate a ese servidor para enviar un correo en el que tú seas el destinatario y el remitente, el asunto «Hola», la fecha la de hoy y como cuerpo del mensaje: «Hola, esto es una prueba».

5.10. Repite el ejercicio anterior pero ahora especifica, como destinatario, un usuario que no existe (por ejemplo: fsajkkflddafjlkafljk). ¿Se muestra algún error? ¿Qué ocurre si especificas un remitente desconocido pero tú eres el destinatario del mensaje?

5.11. Configura un servidor de correo mediante posfix de la forma especificada en el apartado 5.9. Comprueba (mediante Telnet al puerto 25 del servidor) si, desde el propio servidor, es posible enviar un email a un usuario externo. Comprueba si es posible repetir la operación desde un ordenador distinto. Indica, en caso de que haya error, qué parámetro habría que cambiar del fichero de configuración.

5.12. Especifica el contenido del fichero main.cf de postfix para que el servidor haga de relay de la red de área local (100.100.100.0 máscara 255.255.255.0) y para que reciba correo de los dominios «dom1.es» y «dom2.es».

DE AMPLIACIÓN

5.1. En tu gestor de correo favorito, o en tu webmail busca la forma de mostrar el contenido fuente, tal y como lo hemos mostrado en este tema, de un correo electrónico.

5.2. Muestra el contenido fuente de un correo electrónico y busca una cabecera que nos indique el cliente de correo electrónico que ha usado el remitente.

5.3. En este tema hemos estudiado tan solo 5 órdenes o comandos que se pueden usar en SMTP. Busca en Internet los siguientes comandos «extendidos»: AUTH y STARTTLS. Indica para qué sirve cada uno de ellos y si tienen algo que ver con lo estudiado a lo largo de todo este tema.

6

Instalación y configuración de servicios web

Aunque muchas veces se confunde Internet con la World Wide Web o las propias páginas web, en realidad, los sitios web son solo una de las aplicaciones que Internet ofrece (el correo electrónico o la mensajería instantánea, por ejemplo, también son aplicaciones de Internet). Es más, la mayor parte de la existencia de Internet ha pasado sin contar con esta utilidad.

Sin embargo, la sociedad actual sería inimaginable sin la existencia de los sitios web y del conglomerado de servicios que ofrecen. Y es que la World Wide Web ha sido el verdadero motor de Internet, puesto que la llegada de las páginas web hizo que lo que hasta ese momento era una herramienta de comunicación para científicos se convirtiera en un nuevo medio de comunicación de masas.

Contenido

Objetivos

- Conocer la estructura de la WWW.
- Reconocer la sintaxis de una URL.
- Comprender el funcionamiento del protocolo HTTP.
- Entender la necesidad de un modo seguro para el protocolo HTTP (HTTPS).
- Conocer la estructura de las aplicaciones web.
- Saber configurar un servidor web.

TIM BERNERS-LEE:

Nacido en Londres en 1955, Tim-Berners-Lee es considerado el creador de la Web. Recibió el premio Príncipe de Asturias de la Investigación Científica y Técnica en 2002.

6.1 Estructura de la World Wide Web

La World Wide Web, habitualmente conocida como WWW o como Web, y que podríamos traducir como Red Mundial, es un entramado de documentos a escala planetaria, escritos en un fotmato de texto denominado hipertexto. El hipertexto se basa en que un texto tiene una serie de lo que se denomina marcas, vínculos, enlaces, links o hipervínculos, que permiten establecer enlaces a otros documentos de hipertexto. Cualquier usuario de la WWW puede crear su página web, ponerla a disposición de otros usuarios y establecer enlaces a cualquier parte de la Web.

El lenguaje basado en hipertexto más conocido es el lenguaje HTML (*HyperText Markup Language*, Lenguaje de Marcas de Hipertexto) sirviéndose de un reducido conjunto de etiquetas estructurales y semánticas apropiadas para la realización de documentos relativamente simples. Además de simplificar la estructura de los documentos, HTML soporta el hipertexto. Ha habido una constante invención de nuevos elementos para usarse dentro de HTML como estándar y para adaptar HTML a las nuevas posibilidades de la Web, como la posibilidad de usar elementos multimedia o la utilización de elementos dinámicos (animaciones Java, uso de Flash, controles ActiveX, etc.) que hacen las páginas web mucho más llamativas e interactivas para el usuario. Los documentos HTML son archivos de texto plano (con caracteres ASCII) que pueden ser creados mediante cualquier editor de texto, aunque también existen programas específicos para editar HTML. Los editores HTML más conocidos son Microsoft FrontPage, Macromedia Dreamweaver y Adobe PageMill.

En la Web, cada página web es un **nodo**, y cada palabra remarcada (puede ser con determinado color o subrayada) representa la entrada de un **enlace**. La Web también permite relacionar documentos multimedia (imágenes, sonidos, vídeo, etc.) y recursos existentes en múltiples servidores mundiales.

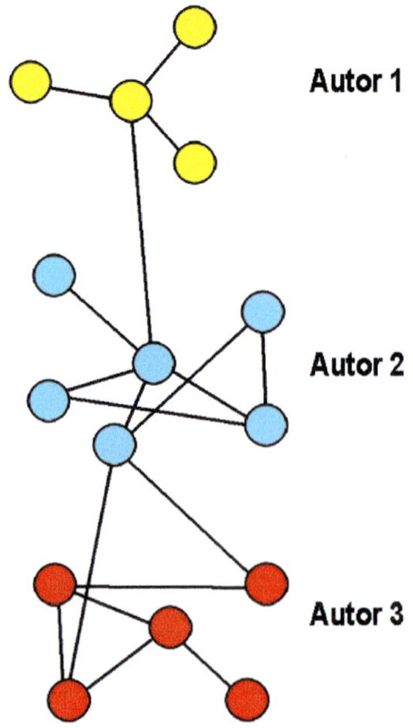

Figura 6.1. Esquema Web.

La Figura 6.1 representa una serie de páginas web creadas por autores diferentes (cada autor está representado por un círculo de color distinto). Cada página web puede estar enlazada con páginas del mismo autor o bien con páginas de autores diferentes.

6.2 Direcciones URL (*Uniform Resources Locator*)

Según la RFC1738, un Localizador Uniforme de Recursos (URL, *Uniform Resources Locator*) no es más que una secuencia de caracteres, de acuerdo a un formato estándar, que se usa para nombrar recursos para su localización. Las URL no son pues más que las direcciones de los distintos recursos de Internet, es decir, de las distintas páginas web.

Aunque la sintaxis del resto de las URL puede variar dependiendo del esquema particular elegido, los esquemas de URL que utilizan directamente protocolos basados en IP para acceder a una máquina determinada de Internet tienen una sintaxis común para los datos específicos del esquema:

```
Protocolo://<usuario>:<contraseña>@<máquina>:
                <puerto>/<ruta-del-url>
```

Se pueden excluir algunas de las siguientes partes, o todas ellas: «<usuario>:<contraseña>@», «:<contraseña>», «:<puerto>», y «/<ruta-del-url>». Los datos específicos del esquema comienzan con una doble barra «//» para indicar que cumplen con la sintaxis común del esquema Internet. Por ejemplo, http://www.google.es solo especifica el protocolo (HTTP, el cual veremos en el punto siguiente) y la máquina (www.google.es). Los diferentes componentes siguen las siguientes reglas:

- **Usuario:** un nombre de usuario opcional. Algunos esquemas (por ejemplo, ftp) permiten especificar un nombre de usuario.
- **Contraseña:** una contraseña opcional. Si está presente, sigue al nombre de usuario separada de él por dos puntos.

El nombre de usuario (y la contraseña), si están presentes, van seguidas por el signo de la arroba «@». Dentro de los campos de usuario y contraseña, cualquier signo «:», «@» o «/» debe ir codificado.

El hecho de poner un nombre de usuario o contraseña vacíos es distinto de no poner nombre de usuario o contraseña; no hay ninguna forma de especificar una contraseña sin especificar un nombre de usuario. Por ejemplo, <URL:ftp://@host.com/> tiene el nombre de usuario vacío y ninguna contraseña, <URL:ftp://host.com/> no tiene ningún nombre de usuario, mientras que <URL:ftp://fulanito:@host.com/> tiene el nombre de usuario «fulanito» y una contraseña vacía.

- **Máquina o host:** el nombre completo con dominio de una máquina de una red, o su dirección IP como conjunto de cuatro grupos de números decimales separados por «.». Los nombres completos con dominio son una secuencia de etiquetas de dominio separadas por «.», cada una de ellas comienza y termina con un carácter alfanumérico y con la posibilidad de contener los caracteres «-». La etiqueta de dominio de más a la derecha nunca comenzará con un dígito, lo cual distingue sintácticamente todos los nombres de dominio de las direcciones IP.
- **Puerto:** el número de puerto al que se conecta. La mayoría de los esquemas designan protocolos que tienen un número de puerto por defecto. Opcionalmente se puede proporcionar otro número de puerto, en decimal, separado de la máquina por un signo de dos puntos. Si el puerto es omitido, también lo son los dos puntos.
- **Ruta-del-url:** el resto del localizador consiste en datos específicos del esquema y se conoce como la «ruta-del-url». Suministra los detalles de cómo el recurso especificado puede ser accedido. Nótese que la barra «/» entre la máquina (o el puerto) y la ruta-del-url NO es parte de la ruta-del-url.

SABÍAS QUE:

Una RFC (*Request For Comments*) es una publicación sobre todo lo relacionado con Internet y los sistemas que se conectan a través de ella.

Un ejemplo típico de dirección URL podría ser el siguiente:

`http://www.dte.us.es:80/docencia/etsii/ii/`

donde HTTP es el protocolo, www.dte.us.es es el host, 80 el puerto, y docencia/etsii/ii la ruta del URL.

6.3. Protocolo HTTP

6.3.1 Mensajes HTTP

El Protocolo de Transferencia de Hipertexto (*HyperText Transfer Protocol*, HTTP) es un protocolo de nivel de aplicación para sistemas de información distribuidos. HTTP ha sido utilizado en la WWW desde 1990.

El protocolo HTTP permite el intercambio de información hipertextual (enlaces) en las páginas web. Se trata de un protocolo genérico orientado a objetos, que puede usarse para muchas tareas como en servidores de nombres y sistemas distribuidos orientados a objetos, por extensión de los comandos o los métodos usados. Una de sus características principales es la independencia en la visualización y presentación de los datos, lo que permite que los sistemas se construyan independientemente del desarrollo de nuevos avances en la representación de los datos. Para visualizar los datos de la Web se precisa de un navegador instalado en la máquina del cliente. En el protocolo HTTP existen una serie de características tales como:

- El protocolo HTTP está fundado en un modelo cliente/servidor.
- Para la comunicación, se establece en una conexión TCP a través del puerto 80 (puerto por defecto)
- La comunicación HTTP está basada en mensajes solicitud/respuesta en formato ASCII.

TEN EN CUENTA QUE:

Si no se especifica nada, el puerto utilizado por un servidor web (es decir, el puerto por defecto), es el puerto 80. En todo caso, se pueden utilizar otros puertos, aunque habrá que indicarlo en la dirección URL introducida.

Por tanto, una sesión HTTP es una secuencia de transacciones solicitud/respuesta. Un cliente HTTP inicia una petición, estableciéndose una conexión TCP a un puerto del host (habitualmente el 80). Un servidor HTTP espera el mensaje de petición del cliente en dicho puerto. Para recibir la petición, el servidor devuelve una línea de estado, como «HTTP/1.1 200 OK», y un mensaje propio cuyo cuerpo es, por ejemplo, el recurso solicitado, un mensaje de error, o alguna otra información.

El mensaje de solicitud consiste en lo siguiente:

- Línea de solicitud (por ejemplo, *GET HTTP/1.1/images/logo.gif*), la cual solicita un recurso llamado /images/logo.gif del servidor.
- Cabeceras (por ejemplo, *Accept-Language: en*)
- Una línea vacía.
- Un cuerpo de mensaje opcional.

La línea de solicitud y la cabecera deben acabar con <CR> <LF> (es decir, un retorno de carro seguido de un fin de línea). La línea vacía debe consistir en solo <CR> <LF>.

En HTTP, se definen ocho de los denominados métodos, los cuales indican la acción que se desea que sea realizada sobre el recurso identificado. Los métodos definidos son los siguientes:

- GET: solicita una representación del recurso especificado. Mediante este método el cliente solicita, por ejemplo, una página HTML (index.html) o una imagen (foto.jpg).

- HEAD: pide una respuesta idéntica a la que que correspondería a una petición GET, pero sin el cuerpo de respuesta (es decir, sin que nos devuelvan la página HTML o la imagen, por ejemplo). Es útil para recuperar la información escrita en cabeceras de respuesta, sin necesidad de llevar el contenido entero.
- POST: envía datos para ser procesados (por ejemplo, un documento HTML) al recurso identificado. Los datos se incluyen en el cuerpo de la petición. Esto puede causar la creación de un nuevo recurso y/o las actualizaciones de recursos existentes. POST puede usarse para enviar a un servidor web los datos de un formulario.
- PUT: carga una representación del recurso especificado.
- DELETE: suprime el recurso especificado.
- TRACE: provoca que el servidor devuelva en la respuesta la petición recibida. Se suele usar para tareas de diagnóstico.
- OPTIONS: devuelve los métodos HTTP que el servidor suministra para un URL especificado. Puede usarse para comprobar la funcionalidad de un servidor web solicitando «*» en vez de un recurso específico.
- CONNECT: convierte la conexión de solicitud en un túnel transparente TCP/IP, por lo general para facilitar la comunicación SSL cifrada (el denominado protocolo HTTPS, que veremos más adelante) a través de un proxy HTTP no encriptado.

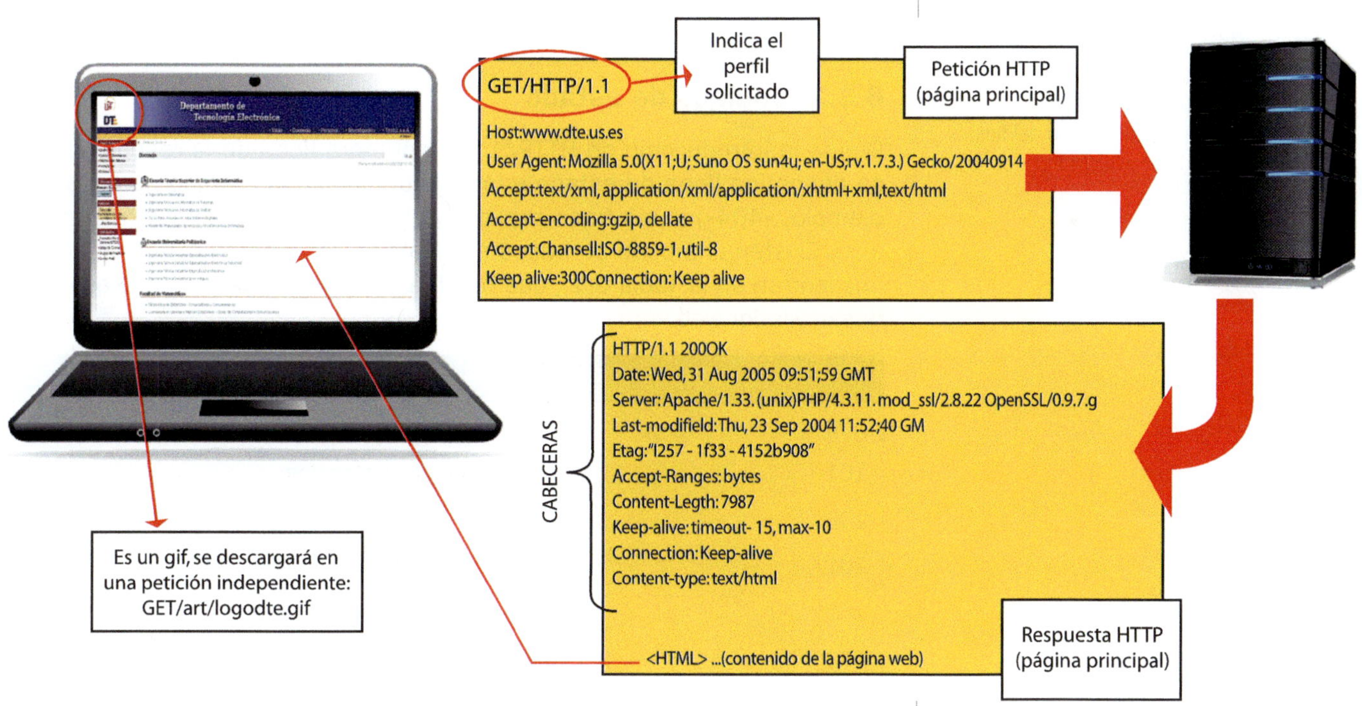

Figura 6.1b. Ejemplo: funcionamiento de HTTP.

- Las peticiones y las repuestas llevarán unas cabeceras y, opcionalmente, un contenido (datos).
- Primero se descarga la página, y luego cada gif u objeto que haya en ella.
- Cada petición es independiente; si se usa HTTP/1.0 se hace en conexiones TCP distintas, si se usa HTTP/1.1 se puede hacer varias en una misma conexión.

ACTIVIDAD RESUELTA 6.1

En el siguiente diálogo HTTP, explicar qué es lo que realizan cliente y servidor.

Solicitud:

```
GET /index.html HTTP/1.0
From: yo@miHost.com
User-Agent: HTTPTool/1.0
[Línea en blanco]
```

Respuesta:

```
HTTP/1.0 200 OK
Date: Mon, 23 May 2005 23:59:59 GMT
Content-Type: text/html
Content-Length: 1221
<html>
<body>
<h1>Página principal</h1> (Contenido) . . .
</body>
</html>
```

Solución:

El cliente HTTP (que utiliza la versión 1.0 del protocolo), pide que se le envíe la página web index.html al host yo@miHost.com. El servidor responde con la fecha y hora, el tipo de contenido, la longitud de este y el contenido en sí de la página web en lenguaje HTML. Se observan algunas etiquetas como <html> (indicativa de que se trata de un documento HTML), <body> (cuerpo del documento) o <h1> (cabecera de primer nivel).

SABÍAS QUE:

HTTP también utiliza los servicios que le presta el protocolo TCP de la capa de transporte, el cual le aporta a los datos orden, acuse de recibo, control del flujo de datos y control de errores entre otras funciones.

6.3.2 Códigos de estado

Desde la introducción de HTTP/1.0, la primera línea de la respuesta HTTP se denomina línea de estado e incluye un código de estado numérico (por ejemplo, «404») y una frase explicativa textual (por ejemplo «No, Encontrado»). Existen una serie de frases explicativas estándar (algunas de ellas se encuentran en la Tabla 6.1), que pueden ser cambiadas en todo caso por el desarrollador web.

Código	Descripción
100	Continuar.
101	Conmutación de protocolos.
200	Ok.
201	Creado.
202	Aceptada.
203	Información no-autoritativa.
204	Sin contenido.
205	Reset del contenido.
206	Contenido parcial.
300	Múltiples opciones.
301	Movido permanentemente.
302	Renombra un fichero remoto.
303	Ver otra.

Código	Descripción
304	No modificado.
305	Utilizar proxy.
400	Solicitud incorrecta.
401	No autorizado.
402	Pago requerido.
403	Prohibido.
404	No encontrado.
405	Método no permitido.
406	No aceptable.
407	Autenticación proxy requerida.
408	Tiempo de espera agotado.
409	Conflicto.
410	Ya no disponible.
411	Longitud requerida.
412	Precondición fallida.
413	Solicitud demasiado larga.
414	URI demasiado larga.
415	Tipo de medio no soportado.
426	Actualización requerida.
500	Error interno del servidor.
501	No implementado.
502	Puerta de enlace incorrecta.
503	Servicio no disponible.
504	Tiempo de espera agotado en la puerta de enlace.
505	Versión de HTTP no soportada.
507	Almacenamiento insuficiente.
510	No extendido.

Tabla 6.1. Frases explicativas estándar en HTTP.

Existen distintos grupos de frases explicativas, distinguiéndose estos grupos por la primera cifra de su código.

- Grupo 1xx, **Respuestas informativas:** se describen como «Petición recibida, continuando proceso». Estos códigos de estado indican una respuesta provisional, que consiste únicamente en la línea de estado y en encabezados opcionales, terminando con una línea vacía. Los servidores no deben enviar una respuesta 1xx a un cliente HTTP.

- Grupo 2xx, **Peticiones correctas:** este código de estado indica que la petición fue recibida correctamente, entendida y aceptada.

- Grupo 3xx, **Redirecciones:** el cliente tiene que tomar una acción adicional para completar la petición, por ejemplo, elegir la velocidad de descarga.

TEN EN CUENTA QUE:

Los protocolos de aplicación no suelen tener mucha funcionalidad en cuanto a la gestión de la comunicación se refiere, puesto que los niveles inferiores (transporte, red y enlace de datos) suelen realizar gran parte de estas funciones.

- Grupo 4xx, **Errores del cliente:** la solicitud tiene una sintaxis incorrecta o no puede procesarse.
- Grupo 5xx, **Errores del servidor:** el servidor comete un error al procesar una solicitud aparentemente válida.

6.3.3 Cookies

Una cookie es un pequeño texto introducido en el host de un usuario por un navegador web. Una cookie consiste en una o varias parejas nombre-valor que contienen cierta información como las preferencias de un usuario, contenidos de carros de la compra por Internet, identificadores de sesión u otros datos usados por distintos sitios web. Una cookie es enviada por medio de una cabecera HTTP desde un servidor web a un navegador web y luego devuelta por el navegador cada vez que tiene acceso a dicho servidor.

Cabe destacar los siguientes usos para las cookies:

- Gestión de sesiones: las cookies pueden ser usadas para guardar datos relacionados con el usuario durante la navegación, habitualmente cuando hay múltiples visitas. Un servidor web envía una cookie que contiene un identificador de sesión único. El navegador web devuelve el identificador de sesión con cada petición posterior con lo que, por ejemplo, artículos de una cesta de la compra se asocian a un identificador de sesión único. El permiso de los usuarios para conectarse a un sitio web constituye también un empleo frecuente de las cookies. El servidor web primero envía una cookie que contiene un identificador de sesión único. Los usuarios envían entonces sus credenciales y la aplicación web autentica la sesión y permite el acceso del usuario a los servicios.
- Personalización: las cookies pueden también utilizarse para recordar la información sobre un usuario que ha visitado un sitio web para poder mostrarle el contenido más relevante para él en el futuro. Por ejemplo, un servidor web puede enviar una cookie que contiene el último nombre de usuario utilizado para conectarse a un sitio web para usarlo en futuras visitas.
- Seguimiento: las cookies pueden usarse para registrar los hábitos web de los usuarios de Internet. Esto también puede hacerse mediante la dirección de IP del ordenador que solicita la página o la cabecera HTTP, pero las cookies permiten una precisión mayor.
- Cookies de terceros: las imágenes u otros objetos contenidos en una página web pueden residir en servidores diferentes del que contiene dicha página. Para mostrar esa página, el navegador descarga todos estos objetos, posiblemente recibiendo cookies. A estas cookies se les denomina cookies de terceros cuando el servidor que las envía está localizado fuera del dominio de la página web. Este hecho es común en la publicidad online. Por ejemplo, los web banners suelen estar almacenados en los servidores de la empresa publicitaria.

SABÍAS QUE:

El nombre "cookie" (galleta) proviene de una comparación con lo que los estadounidenses llaman "fortune cookie" (galleta de la suerte) debido a la información oculta que hay dentro.

6.4 Protocolo HTTPS (HTTP seguro)

El Protocolo de Transferencia de Hipertexto Seguro (*HyperText Transfer Protocol Secure*, HTTPS) es una combinación del Protocolo HTTP con el protocolo SSL/TLS (*Secure Sockets Layer,* Protocolo de Capa de Conexión Segura; y *Transport Layer Security*, Seguridad de la Capa de Transporte) para proporcionar el cifrado y la identificación segura del servidor. Las conexiones HTTPS se usan, por ejemplo, para transacciones de pago en la WWW o para transacciones confidenciales en sistemas de información corporativos.

Conceptualmente, HTTPS es muy simple. Simplemente HTTP usa los servicios de SSL o TLS tal como se usa HTTP sobre TCP. El cliente HTTP también debe actuar como cliente SSL/TLS, iniciando una conexión al servidor sobre el puerto apropiado y enviando un ClientHello para el establecimiento de una conexión SSL/TLS. Una vez que el establecimiento SSL/TLS ha terminado, el cliente entonces puede iniciar la primera petición HTTP.

El primer dato que un servidor HTTP espera recibir del cliente es una petición de línea. Por otro lado, el primer dato que un servidor TLS/SSL espera recibir es el ClientHello. Por consiguiente, la práctica común es correr HTTP/TLS sobre un puerto distinto para distinguir el protocolo que se usa. Cuando HTTPS funciona sobre una conexión TCP/IP, el puerto por defecto es 443. Esto no excluye que HTTPS pueda ir sobre otro protocolo de transporte, ya que TLS solo presupone que exista una conexión fiable.

El formato de los URL es el mismo que en el caso de HTTP, solo que en lugar de considerar el protocolo HTTP al comienzo del localizador, se considera el protocolo HTTPS. Un ejemplo de esta notación seria el siguiente:

```
https://www.ejemplo.com/~garcia/home.html
```

Antes de continuar, es necesario recordar algunos conceptos importantes en el intercambio de información seguro:

- **Claves:** se utilizan para cifrar y descifrar mensajes, de manera que aumente la seguridad en la comunicación. Si se usa la misma clave para cifrar y descifrar mensajes, se habla de **criptografía simétrica**. El problema de este sistema es que emisor y receptor han de intercambiarse las claves, por lo que el sistema no es del todo seguro. Para ello, surge la **criptografía asimétrica**, que es la que usan TTL y SSL, en la que existen dos claves diferentes: una clave pública, que puede entregarse a cualquier usuario; y una clave privada, que es guardada por el propietario, sin que nadie tenga acceso a ella. Cuando el emisor usa su clave pública para cifrar el mensaje, solo el receptor, que posee una clave privada asociada, puede descifrar el mensaje. Por otra parte, cuando el propietario utiliza su clave privada para cifrar el mensaje, cualquier usuario puede descifrarlo con su clave pública, de manera que se sabe quién es el remitente. Un ejemplo de utilización de este tipo de criptografía es la firma electrónica.
- **Certificados:** el inconveniente que presenta el sistema anterior es que si alguien corrompe la clave pública, reemplazándola por la suya propia, podría descifrar los mensajes del emisor. Un certificado permite asociar una clave pública con una entidad para garantizar su validez. El certificado es como una tarjeta de identificación de la clave, emitido por una entidad llamada **Autoridad de certificación** (CA, *Certification Authority*). La estructura de los certificados viene determinada por la norma X.509. Los certificados se utilizan principalmente en tres tipos de contextos: los **certificados de cliente** se almacenan en la estación de trabajo del usuario o se integran en un contenedor como una tarjeta inteligente, y permiten identificar a un usuario y asociarlo con ciertos privilegios; los **certificados de servidor** se instalan en un servidor web y permiten conectar un servicio con el dueño del servicio. En el caso de página web, permiten garantizar que la dirección URL de la página web y especialmente su dominio pertenecen realmente a una empresa determinada. También permiten proteger las transacciones con usuarios gracias al protocolo SSL; los **certificados VPN** (Red privada virtual) se instalan en un equipo de red y permiten cifrar flujos de comunicación de extremo a extremo entre dos puntos (por ejemplo, dos ubicaciones de una empresa).

SABÍAS QUE:

SSL y TLS (su sucesor) son protocolos criptográficos que proporcionan seguridad en las comunicaciones en Internet.

TEN EN CUENTA QUE:

Es conveniente que cualquier transacción económica realizada a través de la web use el protocolo HTTPS. En estas acciones, la seguridad es primordial.

- **Autenticación:** su objetivo es limitar el acceso a un servidor web únicamente a usuarios autorizados. Esto se suele realizar mediante la introducción de un nombre de usuario y contraseña. En sitios administrados mediante certificados, el administrador del sitio crea un certificado para cada usuario, el cual es guardado dentro de su navegador. Normalmente, el certificado contiene el nombre y la dirección de correo del usuario autorizado y se revisa automáticamente en cada conexión para verificar la identidad del usuario sin que tenga que ingresar su contraseña cada vez.

En general, en las peticiones HTTPS el cliente conoce el nombre del servidor. Si el nombre de la máquina está disponible, el cliente debe comprobar que este coincide con la identidad del servidor tal y como se presenta en el mensaje de certificado de este, con el fin de prevenir acciones malintencionadas de terceros. Si el cliente tiene la información externa en cuanto a la identidad esperada del servidor, la comprobación del nombre del host puede ser omitida. (Por ejemplo, un cliente puede unirse a una máquina cuya dirección y nombre de host son dinámicos pero el cliente conoce el certificado que el servidor va a presentar.) En esos casos, es importante reducir el abanico de certificados aceptables tanto como sea posible para prevenir ataques de terceros.

Si el nombre del host no se corresponde con la identidad del certificado, el cliente debe o notificárselo al usuario (los clientes pueden dar al usuario la oportunidad de seguir con la conexión en cualquier caso) o terminar la conexión con un error de certificado incorrecto. Los clientes deben registrar el error y es recomendable terminar la conexión. Por otro lado, en muchos casos, el mismo URL viene de una fuente no fiable. En ese caso, no se proporciona ninguna protección contra ataques. Por ejemplo, si el URL fue obtenido en una página en HTML accedida sin usar HTTPS, se podría haber producido un ataque de terceros. Para prevenir esta forma de ataque, los usuarios deben examinar cuidadosamente el certificado presentado por el servidor para determinar si cuadra con sus expectativas.

6.5 Aplicaciones web. Estructura y funcionamiento

Una aplicación web es una aplicación a la que se accede a través de un navegador web sobre una red como Internet o bien una intranet. También se puede definir como una aplicación software codificada en un lenguaje soportado por un navegador (como, por ejemplo, HTML, JavaScript, Java, ASP.NET, etc.) y que reside en un navegador web común, constituyendo una aplicación ejecutable. Aplicaciones web típicas se utilizan para correo web, comercio y subastas online, gestores de contenidos (wikis) y muchas otras funciones.

Para realizar una aplicación web, existen diversos esquemas, a saber:

- CGI (Interfaz común de pasarela, *Common Gateway Interface*): es el modelo más antiguo y simple. Un CGI es un programa externo que se ejecuta y responde a cada petición del servidor web dirigida al CGI. Para cada petición HTTP se invoca un programa que recibe datos por las variables del entorno y/o de entrada estándar, y devuelve un resultado por la salida estándar. si se quiere colgar una base de datos de la web, con el fin de que pueda ser consultada, se debería escribir un CGI. Al pedir al servidor web un URL dirigido al CGI, el programa consultará la base de datos y devuelve un texto, habitualmente en HTML, que presenta el resultado de la consulta. El hecho de consumir un proceso por cada petición genera problemas importantes de rendimiento, que un modelo más avanzado denominado FastCGI intenta mejorar. En este caso, un solo proceso cargado va sirviendo peticiones sin descargarse (se trata de un proceso persistente o *daemon*). Sin embargo, a veces no basta con un proceso y es necesario tener distintos procesos al mismo tiempo atendiendo diferentes peticiones que se dan de manera simultánea.

- *Servlets*: es un modelo diseñado para Java, más eficiente y estructurado. Se trata de una clase Java que se puede cargar dinámicamente en el servidor para extender la funcionalidad del servidor. Es una extensión que se ejecuta en una máquina virtual Java (*Java Virtual Machine*, JVM) dentro del servidor: es seguro y portable. Puesto que se ejecuta desde el servidor, el cliente web lo invoca como si fuese un CGI, viendo en la respuesta el texto HTML, sin que el cliente deba tratar con Java. Partiendo de este modelo, se construyen servidores de aplicaciones con múltiples funciones adicionales que facilitan el desarrollo de aplicaciones web complejas. Es más complejo, aunque su rendimiento es también mayor, con ventajas en cuanto a portabilidad, versatilidad, eficiencia, seguridad e integración con el servidor.

En cuanto a su estructura, las aplicaciones se dividen en partes lógicas denominadas **capas**, teniendo cada capa un papel diferente. Las aplicaciones clásicas constan únicamente de una capa, la cual reside sobre la máquina del cliente, aunque, a medida que aumenta la complejidad de la aplicación se tiene a un modelo de N capas, con N mayor mientras mayor es la complejidad de la aplicación. La estructura más común es la aplicación de tres niveles. En su forma más habitual, las tres capas se denominan:

- Capa de presentación: consiste en un navegador web.
- Capa de aplicación: suele constar de un motor que usa alguna tecnología dinámica de contenido web (como ASP, ASP.NET, CGI, ColdFusion, JSP/Java, PHP, Perl, Python, Rubi on Rails o Struts2).
- Capa de almacén de datos: se trata de una base de datos.

El navegador web envía peticiones a la capa intermedia (capa de aplicación), la cual le presta servicios mediante la realización de peticiones, se actualiza con la base de datos y genera una interfaz de usuario.

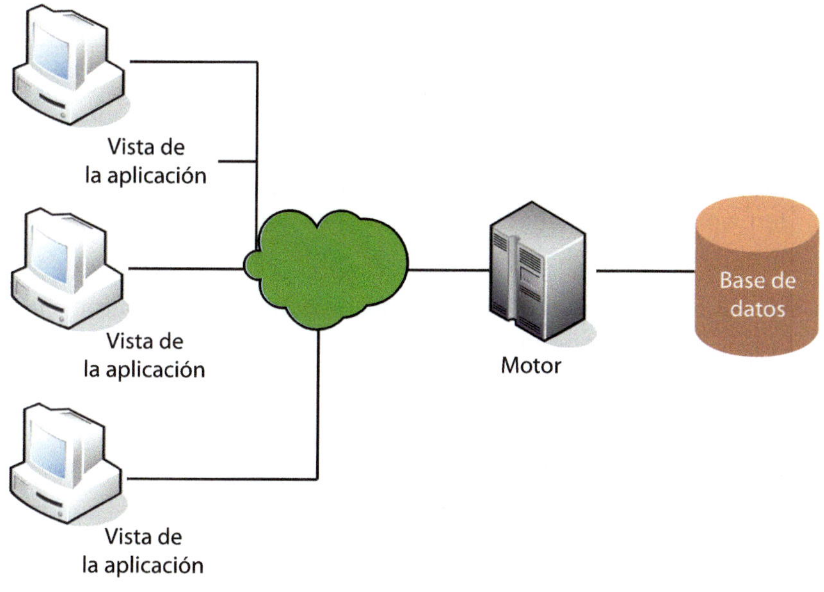

Figura 6.2. Estructura de una aplicación web en tres capas.

En resumen:

Aplicación web	Función
CGI	Permite a un cliente (navegador web) solicitar datos de un programa ejecutado en un servidor web.
Servlets	Generan páginas web de forma dinámica a partir de los parámetros de la petición que envíe el navegador web.
ASP.NET	
PHP	
Javascript	
AJAX	Creación de aplicaciones web interactivas.
CMS	Administración de contenidos en páginas web.
MySQL	Sistema de gestión de base de datos relacional.
SQLite	
Microsoft SQL Server	
Apache	Servidor web de código abierto.
IIS	Conjunto de servicios para Windows.

Una ventaja importante de las aplicaciones web es que deben funcionar igual independientemente de la versión del sistema operativo instalado en el cliente. Existe una gran variedad de tecnologías para aplicaciones web, entre las que cabe destacar las siguientes:

- **ASP.NET.** Es un *framework* para aplicaciones web desarrollado y comercializado por Microsoft. Es usado por parte de los programadores para construir sitios web dinámicos, aplicaciones web y servicios web XML. Apareció en enero de 2002 con la version 1.0 del .NET Framework, y es la tecnología sucesora de la tecnología *Active Server Pages* (ASP). ASP.NET está construido sobre el denominado Common Language Runtime, permitiendo a los programadores escribir código ASP.NET usando cualquier lenguaje admitido por el .NET Framework. Se puede encontrar más información en http://www.asp.net/es/.

SABÍAS QUE:

Existen multitud de páginas que usan ASP.NET. Una de ella es Myspace, que, gracias a la utilización de la versión 2.0 de ASP.NET, es capaz de gestionar la visita de 2.300.000 usuarios diarios y la navegación por más de 1.500 millones de páginas por día.

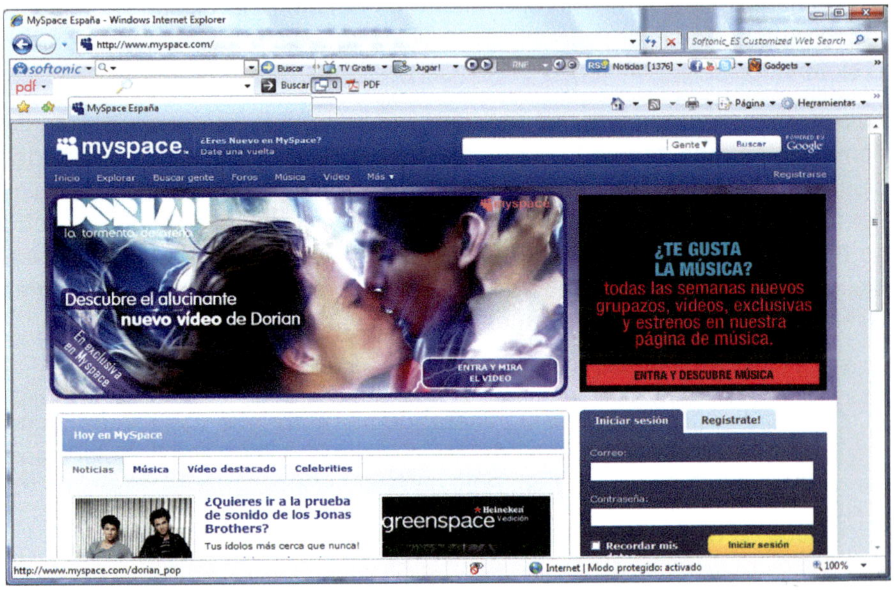

Figura 6.3. Ejemplo. Myspace usa ASP.NET.

- **AJAX** (*Asynchronous JavaScript And XML*, JavaScript asíncrono y XML). Es una técnica de desarrollo web para crear aplicaciones interactivas o RIA (*Rich Internet Applications*). Estas aplicaciones se ejecutan en el cliente, es decir, en el navegador de los usuarios, mientras se mantiene la comunicación asíncrona con el servidor en segundo plano. De esta forma es posible realizar cambios sobre las páginas sin necesidad de recargarlas, lo que significa aumentar la interactividad, velocidad y usabilidad en las aplicaciones. Más información en http://www.asp.net/ajax/.

- **Sistema de gestión de contenidos** (*Content Management System*, CMS). Es un programa que permite crear una estructura de soporte (*framework*) para la creación y administración de contenidos por parte de los participantes, principalmente en páginas web. Consiste en una interfaz que controla una o varias bases de datos donde se aloja el contenido del sitio. El sistema permite manejar de manera independiente el contenido y el diseño. Así, es posible manejar el contenido y darle en cualquier momento un diseño distinto al sitio sin tener que darle formato al contenido de nuevo, además de permitir una fácil y controlada publicación en el sitio a varios editores. En definitiva, se trabaja con entornos similares a los presentados por los sistemas operativos, pero de forma transparente.

- **PHP.** Es un lenguaje de programación interpretado, es decir, que no requiere compilación, diseñado originalmente para la creación de páginas web dinámicas. Se usa principalmente para la interpretación del lado del servidor (*server-side scripting*) pero actualmente puede ser utilizado desde una interfaz de línea de comandos o en la creación de otros tipos de programas incluyendo aplicaciones con interfaz gráfica usando las bibliotecas Qt o GTK+. La página oficial de PHP es http://www.php.net/.

- **JavaScript.** Es un lenguaje de programación interpretado, utilizado principalmente en páginas web, con una sintaxis semejante a la del lenguaje Java y al lenguaje C. Todos los navegadores modernos interpretan el código JavaScript integrado dentro de las páginas web.

- **MySQL.** Es un sistema de gestión de base de datos relacional, multihilo y multiusuario con más de seis millones de instalaciones. MySQL es muy utilizado en aplicaciones web como Drupal o phpBB, en plataformas (Linux/Windows-Apache-MySQL-PHP/Perl/Python), y por herramientas de seguimiento de errores como Bugzilla. Su popularidad como aplicación web está muy ligada a PHP, que a menudo aparece en combinación con MySQL. En aplicaciones web hay baja concurrencia en la modificación de datos y en cambio el entorno es intensivo en lectura de datos, lo que hace a MySQL ideal para este tipo de aplicaciones. Se puede encontrar la página oficial en http://www.mysql.com/.

SABÍAS QUE:

Toda la campaña de Barack Obama para las elecciones de 2008, el sitio web, las redes sociales de la campaña, los correos electrónicos, la recaudación telefónica de fondos, etcétera, utilizaron diversas bases de datos MySQL.

- **SQLite.** Es otro sistema de gestión de base de datos relacional. La principal diferencia con otros sistemas similares es que no se basa en una arquitectura cliente/servidor, pues SQLite es independiente, realizándose simplemente llamadas a subrutinas o funciones de las propias librerías de SQLite, lo cual reduce ampliamente la latencia (tiempo de propagación) en cuanto al acceso a las bases de datos. Por ello, la base de datos, compuesta por la definición de las tablas, índices y los propios datos es guardada en un solo fichero estándar y en un solo ordenador.

- **Microsoft SQL Server.** Es un sistema de gestión de bases de datos relacionales (SGBD) basado en el lenguaje Transact-SQL, y específicamente en Sybase IQ, capaz de poner a disposición de muchos usuarios grandes cantidades de datos de manera simultánea. Microsoft SQL Server constituye la alternativa de Microsoft a otros potentes sistemas gestores de bases de datos como son Oracle, Sybase ASE, PostgreSQL o MySQL.

- **Servidor HTTP Apache.** Es un software libre, servidor HTTP de código abierto para plataformas Unix (BSD, GNU/Linux, etc.), Windows, Macintosh y otras, que implementa el protocolo HTTP/1.1 y la noción de sitio virtual. El servidor Apache se desarrolla dentro del proyecto HTTP Server (httpd) de la Apache Software Foundation. La página del proyecto Apache se encuentra en http://httpd.apache.org/.

- **Internet Information Server, IIS.** Se trata de un conjunto de servicios para los ordenadores que funcionan con Windows. Los servicios que ofrece son: FTP, SMTP, NNTP y HTTP/HTTPS. Este servicio convierte a un ordenador en un servidor de Internet o intranet, es decir, que en los ordenadores que tienen este servicio instalado se pueden publicar páginas web tanto local como remotamente (servidor web). El servidor web se basa en varios módulos que le dan capacidad para procesar distintos tipos de páginas, por ejemplo Microsoft incluye los de *Active Server Pages* (ASP) y ASP.NET. También pueden ser incluidos los de otros fabricantes, como PHP o Perl. La dirección web es http://www.microsoft.com/Windowsserver2008/en/us/iis.aspx.

Existen, así mismo, paquetes que integran varias funciones, como **LAMP**. LAMP es conjunto de subsistemas de software necesarios para alcanzar una solución global formado por:

- **L**inux, sistema operativo.
- **A**pache, servidor web.
- **M**ySQL, gestor de bases de datos.
- **P**erl, **P**HP, o **P**ython, lenguajes de programación.

La combinación de estas tecnologías se usa primariamente para definir la infraestructura de un servidor web, utilizando un paradigma de programación para desarrollo. Otra posibilidad es utilizar XAMPP, muy similar, pero independiente de la plataforma, estando actualmente disponible para Microsoft Windows, GNU/Linux, Solaris y MacOS X.

SABÍAS QUE:

Apache es el servidor web más usado del mundo, con un 51% de usuarios a principios de 2009, aunque el servidor web que proporciona IIS de Microsoft recorta poco a poco la distancia, alcanzando en esa fecha el 34% de los usuarios.

6.6 Servidores web en sistemas operativos libres y propietarios

En esta sección vamos a ver cómo funcionan los servidores web tanto en sistemas operativos libres como en sistemas operativos propietarios. El servidor web más utilizado en la actualidad es el servidor Apache, un programa de código abierto con una alta aceptación. Como alternativa, Microsoft presentó el llamado Internet Information Server (IIS) para proporcionar las herramientas y funciones necesarias para administrar de forma sencilla un servidor web seguro.

6.6.1 Instalación

La instalación del servidor web Apache es relativamente sencilla. En la distribución Red Hat de Linux, se debe utilizar en el terminal el siguiente comando (usado como root):

```
[root@ localhost ~]# yum install -y httpd
```

Para realizar la instalación de IIS en Windows, los pasos a seguir son los siguientes, aunque puede haber ligeras variaciones según el Sistema Operativo utilizado (en este caso fue utilizado Windows Vista):

1. En el Panel de control, en Programas y características, activar o desactivar las características de Windows. Si se solicita una contraseña de administrador o una confirmación, escribir la contraseña o proporcionar la confirmación (Figura 6.4).
2. En la lista de funciones de Windows, seleccionar Internet Information Services y hacer clic en Aceptar (Figura 6.5).

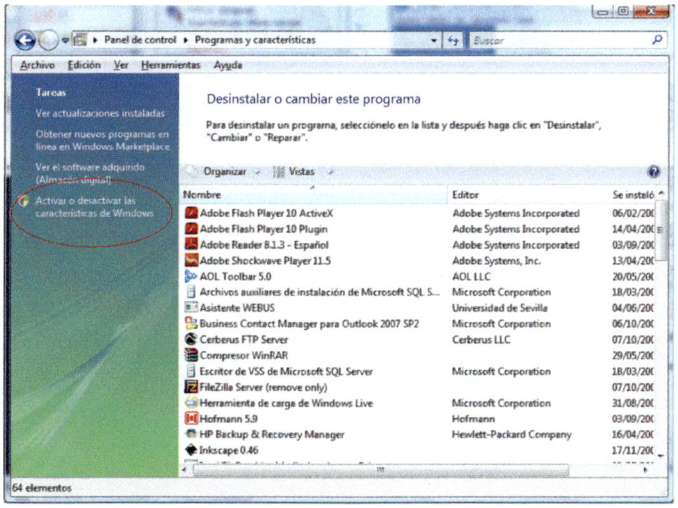

Figura 6.4. Activación de las características de windows.

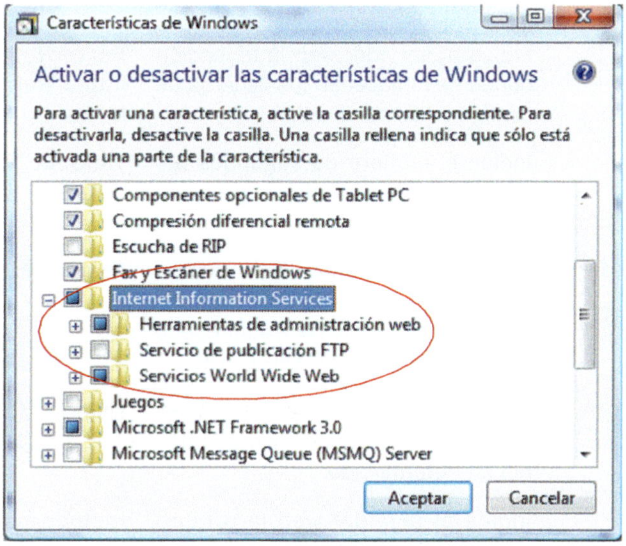

Figura 6.5. Activación de IIS.

Internet Information Services (IIS) 7.0 no se instala automáticamente al instalar Windows. Es preciso decidir si se instala o no. Se trata de una medida de seguridad que puede ayudar a proteger el equipo ante piratas informáticos y virus de la Web.

6.6.2 Ficheros y parámetros de configuración

La configuración del servidor web Apache se realiza sobre dos ficheros distintos, uno de configuración general del servidor web Apache y otro para indicar al servidor Apache los dominios virtuales que deben ser cargados al sistema. El fichero de configuración principal de Apache se encuentra en la ruta siguiente:

```
/etc/httpd/conf/httpd.conf
```

Mientras que la carpeta donde deben ser añadidos los ficheros de configuración de los dominios virtuales está en:

```
/etc/httpd/conf.d/
```

El contenido del fichero «httpd.conf» está compuesto por un gran número de directivas de las que solo se describen a continuación, en la Tabla 6.2, algu-

TEN EN CUENTA QUE:

Apache es el servidor web más utilizado en el sistema operativo Linux, mientras que el de IIS es el más utilizado en Windows. En la actualidad, la mayoría de los servidores web se montan en Linux, aunque la diferencia tiende a acortarse.

TEN EN CUENTA QUE:

Una directiva no es más que un comando u orden.

nas de ellas. Es posible utilizar un número reducido de estas directivas según las necesidades del usuario.

Directiva	Función	Ejemplo
ServerTokens	Según el parámetro que se introduzca a continuación: • ProductOnly solo muestra el nombre del servidor web instalado. • Minimal muestra el nombre así como la versión de Apache instalada. • OS muestra el nombre, versión y sistema operativo. • Full muestra nombre, versión, sistema operativo así como los servicios que hacen uso del servidor web.	ServerTokens Full Apache 2.1/(Linux)/ PHP3/MySQL
ServerRoot	Indica al servidor web la ubicación donde se almacenan los ficheros de configuración de Apache.	ServerRoot «/etc/ httpd» (ruta por defecto)
Timeout	Indica el número de segundos antes de que se cancele un conexión por falta de respuesta.	Timeout 120 (por defecto)
KeepAlive	Indica si se permiten o no las conexiones persistentes, es decir más de una petición por conexión. Puede tomar los valores de «On» u «Off».	KeepAlive On
Listen	Permite asociar Apache a una dirección y/o puerto específico además del predeterminado.	Listen 192.168.1.1:6080
Include	Indica al servidor web la ruta en donde se encuentran almacenados los ficheros de configuración adicionales de Apache como, por ejemplo, los dominios virtuales.	Include conf.d/*. conf
User	Especifica qué usuario es el que ejecuta los procesos del servidor web y, por tanto, los permisos de lectura y escritura que se aplican sobre los recursos.	User usuario1.
Group	Igual que User, pero con grupos	Group grupo1
ServerAdmin	Especifica la persona a la que se le debe notificar los problemas referentes al portal web, a través de su cuenta de correo.	ServerAdmin administrador@dominio. com
ServerName	Especifica el nombre y puerto que el servidor utiliza para identificarse.	ServerName www. dominio.com:80
DocumentRoot	Indica al servidor web la ruta en donde se encuentran almacenados los ficheros web del sitio principal.	DocumentRoot «/ var/www/html»

Directiva	Función	Ejemplo
Options	Indica varias posibles opciones de comportamiento, pudiendo estas ser aplicadas a un directorio concreto.	<Directory /web/images> Options All
Allow	Indica al sistema los equipos que pueden acceder a una determinada área del servidor. El acceso se puede controlar por nombre, IP, rango de IP, etc., e igualmente pueden ser aplicadas a un directorio concreto. Así mismo, sirve pare especificar, entre otras cosas, si se pueden ejecutar CGi.	Allow from 150.100.255.108
Deny	Análoga a la anterior, pero para denegar el acceso.	Deny from DominioDenegado.com

Tabla 6.2. Algunas directivas de configuración en un servidor Apache.

Por otra parte, en el caso de IIS, este almacena valores de configuración globales o del equipo en el archivo %RAÍZDESISTEMA%\system32\inetsrv\ApplicationHost.config. Este archivo XML contiene dos grupos principales de sección de configuración:

- El grupo de sección system.applicationHost contiene la configuración de sitios, aplicaciones, directorios virtuales y grupos de aplicaciones del equipo, independientemente de si forman parte del servidor web o no.
- El grupo de sección system.webServer contiene todos los valores de configuración del servidor web de IIS 7.0 del equipo. Por ejemplo, este grupo de sección es el lugar donde se configuran los valores predeterminados globales del servidor web, la seguridad del mismo y la compresión HTTP para los archivos del servidor web. En este archivo también puede almacenar valores de configuración para sitios o aplicaciones específicos.

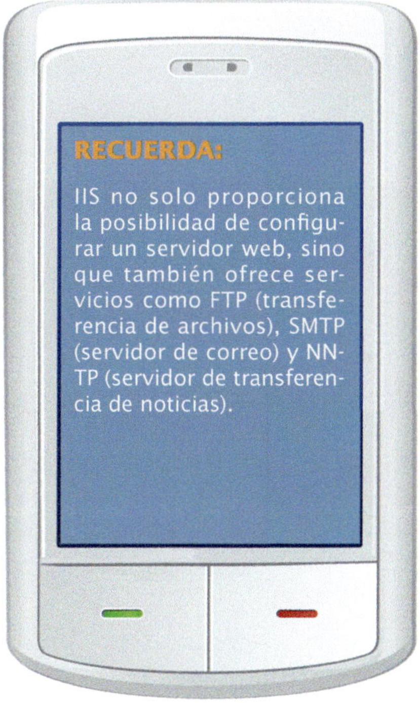

Puesto que la configuración de IIS 7.0 se basa en la de Microsoft .NET Framework, puede usar un archivo web.config para almacenar los valores de configuración de IIS y ASP.NET. Este archivo XML contiene valores de configuración locales para un sitio web, una aplicación web, una dirección URL o un directorio físico o virtual del servidor web. Este archivo se almacena en el directorio en el que están almacenados el código y el contenido del sitio o de la aplicación web. Para cambiar la configuración, se pueden usar los siguientes métodos.

- **Usar el Administrador de IIS:** proporciona acceso basado en tareas a los archivos de configuración de IIS y ASP.NET.
- **Uso de un editor de texto.**
- **Uso de appcmd:** IIS incluye una eficaz utilidad de línea de comandos denominada appcmd. Se puede usar esta utilidad para realizar las tareas siguientes:
  - — Crear sitios, aplicaciones y directorios virtuales y físicos.
  - — Exportar e importar la configuración de un sitio.
  - — Buscar sitios, aplicaciones y directorios virtuales y físicos.
- **Uso de scripts de WMI:** un proveedor de Instrumental de Administración de Windows (WMI) ofrece compatibilidad con scripts de todas las configuraciones de IIS y ASP.NET.

TEN EN CUENTA QUE:

Por defecto, al arrancar un servidor web, se abre el puerto 80 del host o máquina. Sin embargo, es posible cambiar el número de puerto, aunque esto debe ser tenido en cuenta al introducir la dirección web en el navegador, añadiendo al final un signo de dos puntos y el número de puerto utilizado.

6.6.3 Arranque y parada

Para iniciar el servidor web Apache, simplemente se debe ejecutar el siguiente comando:

```
[root@ localhost ~]# /etc/init.d/apache start
```

Para detenerlo, se sustituye start por stop.

En cuanto al arranque y parada de cualquier aplicación de IIS en Windows, los pasos a seguir son los siguientes:

1. Abrir el Administrador de IIS. Para ello, hay que dirigirse a **Herramientas administrativas** y, a continuación, a **Administrador de Internet Information Services (IIS)**, o bien teclear **inetmgr** en Inicio/Buscar.

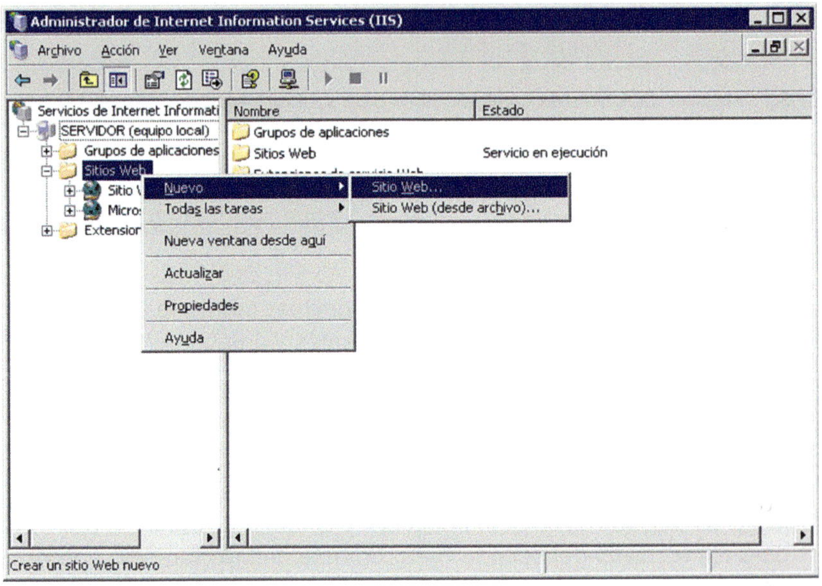

Figura 6.6. **Administrador de IIS.**

2. En el panel **Conexiones**, expandir el nodo de servidor y, a continuación, hacer clic en **Grupos de aplicaciones**.
3. En la página **Grupos de aplicaciones**, seleccionar el grupo de aplicaciones que se desea iniciar o detener.
4. En el panel **Acciones**, utilizar uno de los procedimientos siguientes:
   - Hacer clic en **Iniciar** para iniciar el grupo de aplicaciones.
   - Hacer clic en **Detener** para detener el grupo de aplicaciones.

6.6.4 Servidores virtuales

En apartados anteriores, se ha visto que Apache crea el archivo de configuración del servidor, **httpd.conf**. Por defecto Apache se instala para servir un solo dominio. Pero, ¿qué ocurre si se desea tener varios dominios separados, por ejemplo, www.dominio1.com y www.dominio2.com? En este caso, surgen los denominados servidores virtuales.

Para crear los servidores virtuales, lo primero que hay que hacer es, dentro del archivo de configuración httpd.conf, descomentar la línea siguiente:

```
NameVirtualHost *:80.
```

A continuación, en el mismo fichero, se escriben los siguientes comandos:

```
<VirtualHost *:80>
ServerAdmin correo1@ejemplo.com
ServerName www.dominio1.com
DocumentRoot «/Ejemplo/ServidorVirtual1»
</VirtualHost>

<VirtualHost *:80>
ServerAdmin correo2@ejemplo.es
ServerName www.dominio2.com
DocumentRoot «/mis documentos/documentos de juan»
</VirtualHost>
```

De esta forma, creamos dos dominios virtuales, de los cuales el primero es el servidor por defecto.

TEN EN CUENTA QUE:

Cuando se utilizan varios dominios virtuales, los recursos del servidor son compartidos por estos dominios, por lo que la gestión eficiente de los recursos es fundamental (por ejemplo, que uno de los servidores virtuales no monopolice dichos recursos).

ACTIVIDAD RESUELTA 6.2

Para el dominio www.dominio2.com, crear dos directorios, uno llamado html y otro llamado Imagenes.

Solución:

```
[root@ localhost ~]# mkdir dominio2.com
```

Este directorio debe ser creados dentro de la ruta «/var/www/». Después, creamos los dos directorios restantes.

```
# mkdir /var/www/dominio2.com/html
# mkdir /var/www/dominio2.com /Imagenes
```

Para configurar el dominio, podríamos hacer lo siguiente:

```
<VirtualHost *:80>
ServerAdmin administrador@dominio2.com
DocumentRoot «/var/www/dominio2.com/html»
ServerName www.dominio2.com
ServerAlias domimio2.com
</VirtualHost>
```

6.6.5 Acceso anónimo y autentificado

Una parte importante de muchas aplicaciones distribuidas es la capacidad de identificar a alguien, conocido como cliente o principal, y controlar el acceso de este cliente a los recursos. Autenticación es el acto de validar la identidad de un cliente. En general, los clientes deben presentar algún tipo de pruebas, conocidas como credenciales, que indique quién es para la autenticación. Normalmente, las credenciales incluyen una combinación de nombre de usuario y contraseña. IIS, por ejemplo, proporciona una gran variedad de esquemas de autenticación, a saber:

- Anónima (predeterminada): la autenticación anónima proporciona a los usuarios acceso a áreas públicas de un sitio web pidiéndoles un nombre de usuario y una contraseña. Aunque se incluye en la lista de esquemas de autenticación, técnicamente no lleva a cabo una autenticación de cliente porque no se le pide a este que proporcione credenciales. En su lugar, IIS proporciona las credenciales almacenadas a Windows utilizando una cuenta de usuario especial, *IUSR_nombreDeEquipo*.

- Básica: el explorador solicita al usuario un nombre y una contraseña. Esta información se transmite a través de HTTP. Aunque la mayoría de los servidores web, servidores proxy y exploradores web admiten la autenticación básica, es intrínsecamente insegura.
- Implícita: corrige los principales puntos débiles de la autenticación básica, el envío de contraseñas en texto sin formato. Se trata de un mecanismo de que envía un *digest* o *hash* en lugar de una contraseña a través de la red. Un digest es un resultado de tamaño fijo obtenido al aplicar una función matemática a una cantidad de datos arbitraria.
- Autenticación de Windows integrada: es apropiada especialmente para el entorno de una intranet.
- Asignación de certificados de cliente: permite asignar usuarios de un dominio de Windows a un certificado de cliente específico. Es la más segura, aunque no funciona con todos los exploradores y es difícil de configurar.

6.6.6. Monitorización y logs

Para administrar de manera efectiva un servidor web, es importante tener registros de la actividad y el rendimiento del servidor así como de cualquier problema que haya podido ocurrir durante su operación. El servidor HTTP Apache ofrece capacidades muy amplias de registro de este tipo de información.

SABÍAS QUE:

Muchos sitios web utilizan los registros o logs para estudiar los intereses de los usuarios a la hora de navegar por el sitio web con el fin de refinar la búsqueda de la información con arreglo a sus características o bien obtener la información objetivo de los usuarios que navegan por un sitio web (incluida la inserción de publicidad dirigida al perfil del usuario). Además, es posible dar recomendaciones para una mejor navegación y ayudar a los gestores de los sitios web a mejorar el contenido.

Podemos distinguir los siguientes registros:

- **Registro de errores** (*Error Log*): es el más importante de todos los registros. Apache enviará cualquier información de diagnóstico y registrará cualquier error que encuentre al procesar peticiones al archivo de registro seleccionado. Es el primer lugar donde tiene que mirar cuando surja un problema al iniciar el servidor o durante su operación normal, porque con frecuencia encontrará en él información detallada de qué ha ido mal y cómo solucionar el problema. Por defecto, se encuentra en var/log/Apache/error.log.
- **Registro de acceso** (*Access Log*): el servidor almacena en el registro de acceso información sobre todas las peticiones que procesa. La ubicación del fichero de registro y el contenido que se registra se pueden modificar con la directiva CustomLog. Se puede usar la directiva LogFormat para simplificar la selección de los contenidos que quiere que se incluyan en los registros. Por defecto, se encuentra en var/log/Apache/access.log.
- **Otros ficheros de registro:** existen otros ficheros de registro como el fichero PID (identificador del fichero padre, *PidFile*) o el registro de actividad de scripts (*ScriptLog*), entre otros.

6.6.7 Navegadores web: parámetros de configuración y complementos

Los navegadores web (*web browsers*) más comunes son Internet Explorer de Microsoft y Mozilla Firefox, el cual ofrece muchas funciones únicas y especial cuidado en el tema de la seguridad, de código abierto. En los últimos tiempos, empieza a extenderse el uso de Google Chrome, el navegador creado por Google.

Configurar un navegador es algo bastante sencillo y no requiere mucho esfuerzo. Después de instalar el navegador en el ordenador, lo más probable es que funcione directamente, ya que la configuración por defecto suele ser suficiente.

En Internet Explorer se puede personalizar el navegador para realizar la conexión a Internet. Seleccionando el menú *Herramientas > Opciones de Internet* se pueden hacer algunos cambios, como por ejemplo elegir la página de inicio, las opciones de seguridad (el control que los sitios web tienen sobre el navegador), colores, fuentes, contenido, filtros, etc.

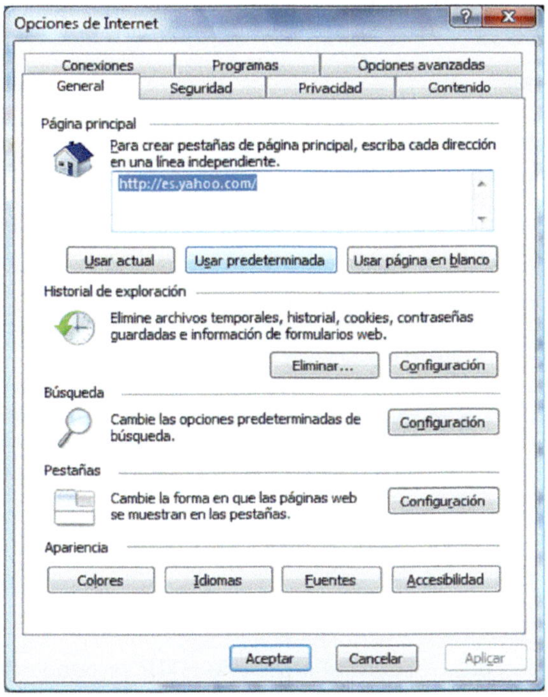

Figura 6.7. Configuración del navegador Internet Explorer.

En Firefox se tiene una opción muy similar en el menú *Herramientas > Opciones.*

Además, dependiendo de la conexión, puede que haya que realizar una configuración adicional. Si se está conectado a una red corporativa, puede que sea necesario suministrar información del Proxy a tu navegador. El administrador de red o proveedor de Internet debería suministrar esta información. Entonces, se debe seleccionar *Herramientas > Opciones de Internet > Conexiones > Configuración de LAN,* donde se encuentra el apartado de servidor Proxy. Ahí se puede incluir la IP del Proxy y el puerto asignado. En Opciones avanzadas, en el área de *Excepciones* se permite poner direcciones internas a la red, que hace que el navegador no intente salir a Internet cuando nos dirijamos a una de estas direcciones internas.

Por último, la función del navegador es descargarse páginas y mostrarlas en la pantalla. En algunas ocasiones, se navega por sitios web que ofrecen material adicional, como puede ser música o videos en vivo. El navegador en sí no está equipado para gestionar muchas de estas aplicaciones de red, y necesita un software adicional para realizar ciertas tareas en Internet. Estas aplicaciones adicionales se llaman *plug-ins*. Son módulos extra que se integran en el navegador para mejorar sus funcionalidades.

Hoy en día, la mayoría de los navegadores vienen con los plug-ins más comunes pero, si no se pudiera manejar alguna funcionalidad de red por la falta de este software, se mostrará un mensaje de error. El mensaje, por lo general, también indicará el tipo de plug-in que se necesita, dónde conseguirlo, y ofrecimientos para instalarlo en el momento.

SABÍAS QUE:

Internet Explorer y Netscape fueron durante años los navegadores dominantes en el mercado. La irrupción de Mozilla Firefox en el mercado ha terminado desplazando a Netscape a una posición marginal. La lucha entre Internet Explorer y Mozilla Firefox por la cuota de mercado en la actualidad es feroz.

RESUMEN

- La World Wide Web es un entramado de documentos a escala mundial.
- El lenguaje predominante en la WWW es HTML, basado en hipertexto. Está basado en etiquetas y pueden integrarse nuevos elementos (por ejemplo, contenido multimedia).
- Las URL son las direcciones de los recursos de Internet.
- HTTP es el protocolo más usado para el intercambio de información en la WWW.
- HTTPS es un protocolo basado en HTTP pero mejorando la seguridad.
- Existe una gran variedad de aplicaciones web, entre las que se pueden destacar ASP.NET, JavaScript, PHP, MySQL, Apache o IIS, entre otras.
- Los servidores web más utilizados son Apache, de código libre, e IIS (Internet Information Services), de Microsoft.

ACTIVIDADES DE ENSEÑANZA Y APRENDIZAJE

DE COMPROBACIÓN

6.1. Sobre la WWW podemos decir que:

a) Se basa en hipertexto.
b) HTML es el lenguaje más utilizado.
c) El protocolo más extendido es HTTP.
d) Todas las anteriores son correctas.

6.2. Cada página web de la WWW es:

a) Un nodo.
b) Un enlace.

6.3. En el URL http://www.ejemplo1.es/directorio:

a) http debe ser la contraseña.
b) www.ejemplo1.es es el nombre de la máquina o host.
c) directorio es un enlace al número del puerto.

6.4. En el URL ftp://usuario@www.ejemplo2.es/directorio2:

a) ftp es el protocolo usado.
b) La contraseña debería de ser obligatoria.
c) directorio2 es la ruta del URL.
d) a) y c) son correctas.

6.5. Sobre el protocolo HTTP, se puede decir que:

a) Está fundado en un modelo cliente/servidor.
b) El puerto utilizado por defecto es el 443.
c) La comunicación se basa en mensajes solicitud/respuesta codificados de forma segura para evitar el espionaje en la red.

6.6. ¿Cuál de los siguientes campos no está disponible en un mensaje de solicitud HTTP?

a) Línea de solicitud.
b) Cabecera.
c) Número de puerto.
d) Cuerpo de mensaje.

6.7. ¿Cuál de los siguientes métodos no está disponible en el protocolo HTTP?:

a) GET.
b) PUT.
c) HEAD.
d) READ.

6.8. El mensaje HTTP/1.0 200 OK es:

a) Una respuesta informativa.
b) Una petición correcta.
c) Un error del cliente.

6.9. Una de las ventajas de utilizar cookies es que se consigue:

a) La personalización de un usuario.
b) Mayor seguridad.
c) Mayor velocidad de transferencia.

6.10. Para conseguir un protocolo seguro, HTTPS:

a) Puede usar solamente los servicios de SSL.
b) Puede usar solamente los servicios de TLS.
c) Puede usar los servicios de SSL o los de TLS.

6.11. Los servlets:

a) Constituyen un modelo inseguro.
b) Mejoran el rendimiento con respecto al uso de CGI.
c) Son bastante sencillos de usar.

6.12. ¿Cuál de las siguientes no es una aplicación web?

a) ASP.NET.
b) MySQL.
c) TCP.
d) PHP.

6.13. Con los servidores virtuales se consigue:

a) Que el servidor web pueda usar IP dinámicas.
b) Que un solo servidor web implemente varios dominios.
c) Que no sea necesario tener dos ficheros de configuración distintos.

6.14. ¿Cuál de los siguientes esquemas de autenticación en un servidor web no es valido?

a) Autenticación anónima.
b) Autenticación básica.
c) Autenticación implícita.
d) Autenticación privilegiada.

6.15. El registro o log más importante es:

a) El registro de errores.
b) El registro de acceso.
c) El registro de actividad de scripts.

6.16. Inventa una dirección URL utilizando el protocolo HTTP para la empresa española imaginaria Ceprusa, en la cual la página principal se denomina home.html.

6.17. ¿Cuáles son los distintos tipos de frases explicativas en HTTP?

6.18. Busca en tu ordenador alguna carpeta con el nombre Cookies. ¿Qué tipo de archivos son las cookies? ¿Eres capaz de reconocer alguna página que hayas visitado?

6.19. ¿Qué tipos de certificados se pueden usar con el protocolo HTTPS?

6.20. ¿Cuáles son los principales servidores web utilizados en el mundo? ¿Qué sistema operativo utilizan?

6.21. ¿Cuáles son los principales navegadores web utilizados en el mundo?

DE APLICACIÓN

6.1. Crea un servidor virtual con Apache, que tenga dos dominios diferentes, llamados www.juan.es y www.pepe.es, cada uno con dos carpetas, aparte del directorio raíz, una para documentos y otra para imágenes.

6.2. Busca en Internet algún ejemplo de fichero de configuración de Apache y busca las directivas que se mencionan en la Tabla 6.2 de este tema.

DE AMPLIACIÓN

6.1. Con ayuda de un analizador de protocolos (por ejemplo, Wireshark), conéctate a cualquier página web con un navegador web y analiza el tráfico HTTP generado.

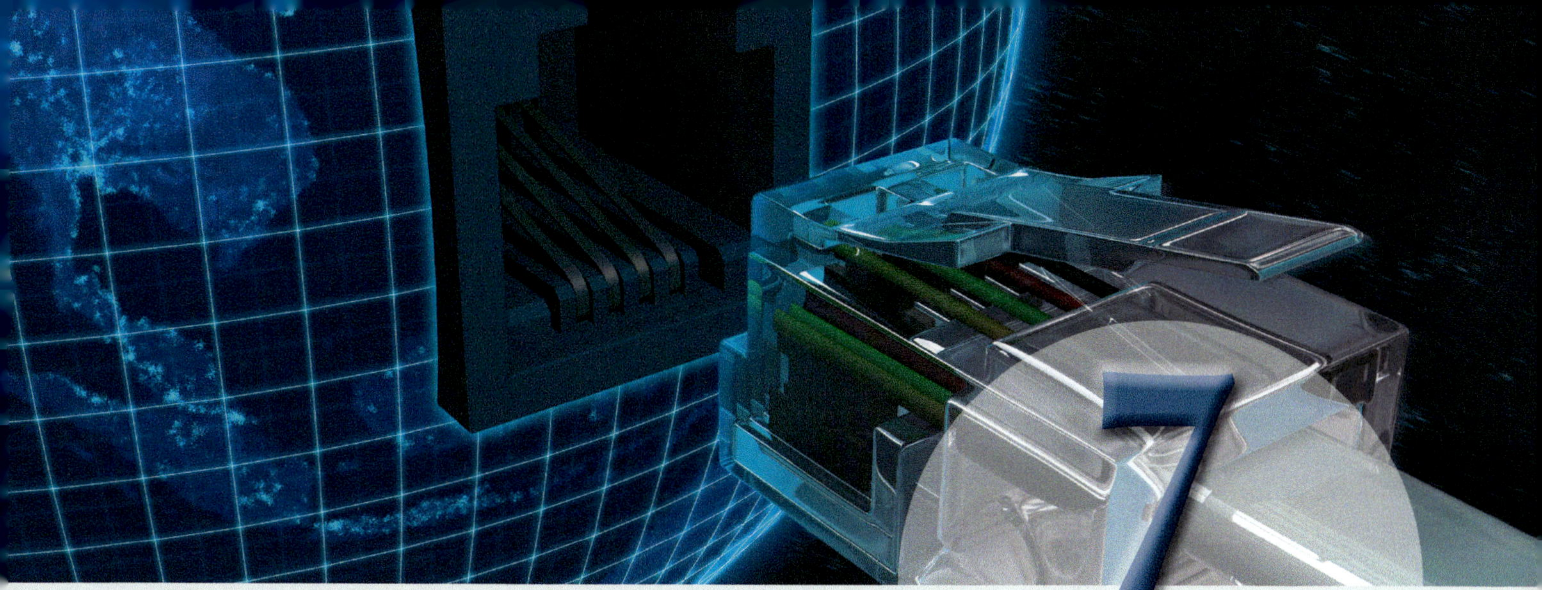

7 Interconexión de redes privadas con redes públicas

Cada vez es más necesaria la comunicación de diferentes recursos dentro de una empresa o grupo de personas. La utilización de un programa de gestión común es, ya hoy en día, fundamental para las posibilidades de expansión no solo geográfica sino y/o estructural de las empresas. De la misma forma la compartición de recursos, que suelen ser de coste elevado, hacen que ya no solo medianas empresas sino que pequeñas empresas tengan muy en cuenta incluir entre sus gastos de iniciación, la puesta en red de sus equipos informáticos con la posibilidad de conexión a banda ancha para acceso a Internet, no solo para acceder a los múltiples servicios, sino para tener presencia en la misma a través de servidores www, e-mail, ftp... La rápida evolución tecnológica de los medios hace además necesario un continuo cambio, mantenimiento o reciclaje de los distintos aspectos que conforman una red típica dentro del entorno empresarial.

Contenido

Objetivos

- Configuración básica de una LAN.
- Clasificar las distintas tecnologías de acceso a Internet.
- Evolución de las diferentes formas de acceso LAN-WAN.
- Conocer los dispositivos físicos de interconexión.

7.1 Objetivos básicos para la configuración de una LAN

7.1.1 Instalación de una tarjeta de interfaz de red

La tarjeta o controlador de interfaz de red (NIC, *Network Interface Controller*) permite al ordenador conectarse a una red y compartir archivos o recursos con otros ordenadores; así como acceder a Internet. Muchos de los PC de última generación incluyen de serie la tarjeta de red. Si no es así se puede incorporar de forma fácil al sistema: en primer lugar buscamos una ranura de expansión normalmente PCI vacía, certificando que queda perfectamente anclada. En segundo lugar iniciamos el sistema operativo para su configuración, dependiendo de este, el procedimiento difiere:

- En entornos Windows el sistema suele reconocer la incorporación de hardware nuevo, solicitándonos el driver que acompaña a la tarjeta.
- En entornos Linux el proceso no es normalmente tan automático, aunque cada vez más la secuencia tiende a un sistema muy parecido a Windows. Con los comandos *lspci* (identificación de dispositivos colocados en el bus PCI) y *modconf*, instalaremos los driver de la tarjeta de red. En Linux tenemos un problema añadido y es que el sistema no reconozca la tarjeta, no disponiendo por parte del fabricante de driver para una distribución específica (Debian, Red Hat, Ubuntu...)

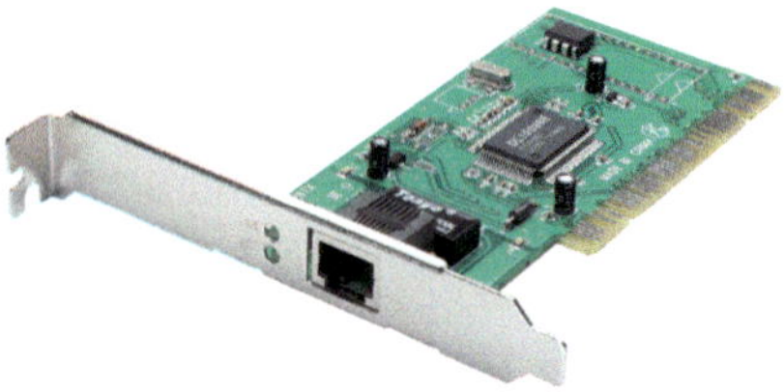

7.1.2 Configuración de red TCP/IP

Una vez instalado el controlador debemos realizar la configuración de red que se necesita para conectar el PC a la red de área local y poder acceder a Internet. De esta forma podremos conectarnos a servicios de Internet tales como www, e-mail, ftp... no solo a servidores externos sino a aplicaciones corporativas ubicadas en servidores internos (intranet), podremos también pertenecer a una red local ubicada en un mismo edificio, donde puede existir una configuración cliente/servidor o simplemente pertenecer a un grupo de equipos conectados entre sí, donde se comparten recursos punto a punto *(peer to peer)* o podremos ser miembros de una red local ubicada en varios edificios, distantes geográficamente. Cada entorno lleva asociado, más que una configuración diferente, una configuración hard/soft particular para cada condición de trabajo. Todo esto se verá con un poco más de detalle en los apartados siguientes. En este punto deberíamos determinar la configuración de red para nuestra estación de trabajo. En sistemas Windows esta labor la realizamos a través del panel de control/red donde incorporaremos el nombre del ordenador de la estación de trabajo y el nombre del dominio Windows y/o dominio Internet/intranet, el cliente de red, los protocolos de red de la capa 3 que se están utilizando e información acerca de la NIC *(Network Interface Controler)*. En el caso de protocolo TCP/IP será necesario de forma adicional incorporar información referente a la dirección **IP**, **DHCP** (Protocolo de Configuración Dinámica del Host, introducido en el Capítulo 1, **DNS** (Servidor de Nombres de Dominio), Gateway o Puerta de Enlace (Asociado normalmente con la IP del router o con el sistema de encaminamiento), **WINS** (Servicio de Denominación de Internet de Win-

SABÍAS QUE:

Aunque poca gente sabe lo que es TCP/IP todos lo emplean indirectamente y lo confunden con un solo protocolo cuando en realidad son varios, de entre los cuales destaca y es el más importante el protocolo IP. Bajo este nombre (TCP/IP) se esconde uno de los protocolos mas usados del mundo, debido a que es el más usado por Internet.

dows) y máscara de subred de la estación de trabajo. Conceptualmente los parámetros a definir son exactamente los mismos para entornos Windows, como para sistemas Linux, lo único que cambian son los gestores o aplicaciones que nos ayudan a realizar dicha configuración. En Ubuntu podemos ver las interfaces de red en */etc/network/interfaces*, tras realizar algún cambio debemos reiniciar con los comandos *ifdown* e *ifup*. En ambos casos, una vez definidos todos los paramentos, el equipo quedará disponible para una conexión en red.

SABÍAS QUE: ?

LAN son las iniciales de *Local Area Network*, terminología inglesa de Red de Área Local.

WAN son las iniciales de *Wide Area Network*, terminología inglesa de Red de Área Extensa.

7.1.3 Configuración básica de una LAN

La configuración más básica de red de área local que podríamos hacer sería simplemente dos PC que utilizan un solo cable de interconexión cruzada *(crossover)* para conectar ambas estaciones. Lo único necesario serán las dos NIC incorporadas en cada uno de los equipos. En esta estructura es imposible conectar un tercer equipo.

La configuración típica se realiza conectando ambos PC a un hub o switch mediante un cable de interconexión directa *(straight-through)*. Este caso permite conectar más de dos estaciones de trabajo, según la cantidad de puertos del hub/switch. Estos van típicamente desde 4 a 24 puertos y disponen de la posibilidad de interconectarse entre sí para conectar más de 24 estaciones si así lo requiriere nuestra LAN. Con esto habríamos terminado la *estructura física* de nuestra red de área local, tendríamos para finalizar que definir la *estructura lógica* y para ello es imprescindible saber para qué vamos a utilizar la red, qué elementos vamos a compartir, de que sistemas operativos disponemos y qué tipo de aplicación o aplicaciones corporativas vamos a utilizar en la red. Por último tendremos que tener en cuenta la inmediata o futura posibilidad de conectar los equipos a Internet, para ello necesitamos otro elemento que sea capaz de encaminar el tráfico desde y para Internet. Este encaminador o **router** se conectará como una estación más a un puerto libre del switch y su dirección IP será la que configuramos en el apartado anterior correspondiente a la Puerta de Enlace o Gateway.

7.2 Evolucion de las conexiones LAN-WAN

7.2.1 Introducción

El objetivo principal será mostrar las necesidades de comunicación de voz-datos de la pequeña/mediana empresa (es decir, con costes relativamente bajos), mostrando especial interés en las posibilidades de conexión entre sucursales ubicadas geográficamente distantes de la oficina central o personal que por su actividad necesitan conexiones remotas para consultas de stock, precios o realización de pedidos (en definitiva acceso a los programas de gestión de la empresa); así como las necesidades de acceso a los servicios de Internet (Web, e-mail, FTP...). Se mostrará la posibilidad de crear una infraestructura propia para disponer de presencia en la Red (Web, Gestión de e-mail, FTP) sin depender de ningún servidor/proveedor de servicios de Internet o minimizar al menos dicha dependencia, albergando en la propia empresa los servidores necesarios para llevar a cabo dicha tarea. Se debe fijar la estructura necesaria, analizando conexiones posibles, velocidades necesarias y costes, haciendo un estudio especial en las posibilidades que nos ofrecen las técnicas DSL.

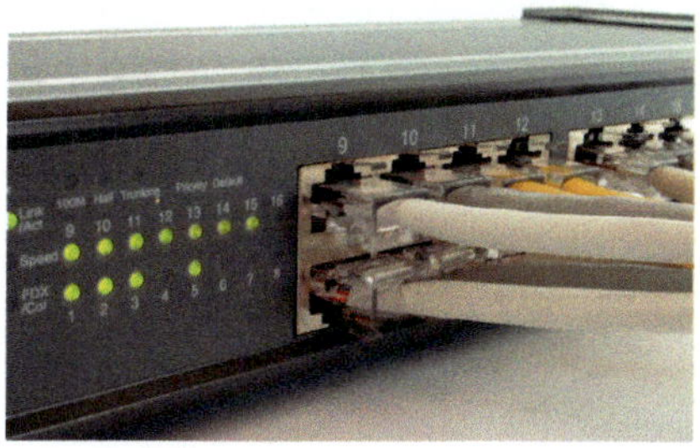

SABÍAS QUE:

En la ciudad de Sevilla estaba la torre número 48, hoy se cree que forma parte de la Hacienda de la Caridad (en Torreblanca). Realmente parece que en Sevilla se conservan al menos dos torres (La Caridad y Torre de Quintos) y las ruinas de otras cuatro más.

RECUERDA:

Ubuntu es una distribución Linux basada en Debian GNU/Linux que se actualiza en ciclos de 6 meses desde la primera versión en 2004. El número de versión se basa en el año y en el mes en que se libera dicha versión. Actualmente está disponible la versión 10.04 aparecida en abril de 2010.

7.2.2 Un poco de historia

El primer paso de las telecomunicaciones se atribuye a las torres de telegrafía óptica desarrolladas por el francés Chappe a finales del siglo XVIII.

Carlos Sánchez Ruiz informa que: *Cuenta Guichot Paradoy, en su Historia de la ciudad de Sevilla (1885), muchas noticias que a mediados del siglo XIX que llegaban a Sevilla por «un parte telegráfico» o «por despacho telegráfico» procedentes de Madrid. Por ejemplo el 20 de Diciembre de 1851 se anunció en Sevilla con repique general de campanas y música por las calles, haber dado a luz S.M. (la reina Isabel II) una princesa, a las once de la mañana de ese mismo día, según comunicación telegráfica. Fue el sistema que permitió por primera vez una rápida y moderna telecomunicación en nuestro país. La línea de Andalucía estaría compuesta por 59 torres ópticas que enviaban mensajes en clave desde Madrid hasta San Fernando (Cádiz).*

ACTIVIDAD RESUELTA 7.1

Reunir información de configuración básica de TCP/IP

Solución:

En el escritorio de Ubuntu:

Presione Menú > Sistema > Terminal

La figura siguiente muestra la pantalla de comandos. Escriba /sbin/ ifconfig y presione la tecla Intro.

Esta primera pantalla muestra el nombre y la dirección de la tarjeta de red, o dirección MAC (HWaddr), en el ordenador. En la segunda línea muestra la dirección IP(inet addr), máscara de subred(Mask), y el Gateway(Bcast) por defecto. El gráfico siguiente muestra la pantalla básica de Configuración IP. Los campos MTU y Metric informan sobre los valores actuales de la MTU (Unidad Máxima de Transferencia) y de la métrica para una interfaz dada. Algunos sistemas operativos usan el valor Metric para calcular el coste de una ruta. Linux no usa este valor por el momento, pero lo define por razones de compatibilidad. Las líneas RX packets y TX packets dan información sobre los paquetes recibidos o transmitidos sin errores, del número de errores ocurridos, de cuántos paquetes han sido descartados, seguramente por memoria insuficiente, y cuántos se han perdido por desbordamiento, condición que ocurre cuando la recepción de paquetes es demasiado rápida y el sistema operativo es incapaz de dar servicio al paquete anterior antes de la llegada del nuevo paquete.

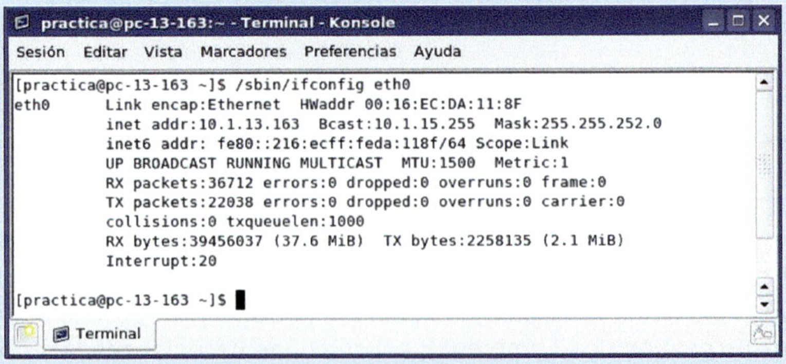

ACTIVIDAD PROPUESTA 7.1

Registrar la siguiente información de TCP/IP para el ordenador de laboratorio:

a) Dirección IP.
b) Máscara de subred.
c) Gateway por defecto.

ACTIVIDAD PROPUESTA 7.2

Comparar la configuración TCP/IP de este ordenador con otras en la LAN.

Si este ordenador está en una LAN, compare la información de varias máquinas. ¿Existen similitudes?

¿En qué se asemejan las direcciones IP?

¿En qué se asemejan la puerta de enlace o gateway por defecto?

7.2.3 Evolución de las redes de alta velocidad

El objetivo de este punto es mostrar un repaso de la evolución de las redes de alta velocidad: RDSI, X.25, Frame Relay y ATM.

Como situación de partida tenemos la red de conmutación de circuitos y la red de conmutación de paquetes.

La red de conmutación de circuitos es aquella donde la transmisión de datos se realiza estableciendo un circuito físico entre los dos extremos durante todo el tiempo que dura la comunicación. Se usa fundamentalmente para servicios de voz.

La red de conmutación de paquetes es aquella donde se establece un enlace lógico entre los dos extremos, sin circuitos permanentes, de forma que los mensajes se dividen en paquetes y estos son tratados de forma independiente por la red, mejorando el rendimiento y la utilización de los medios disponibles. En este tipo de red el tráfico de información se efectúa en modo ráfaga, donde se alternan situaciones de silencio con periodos de corta duración en que se envía la información. El factor ráfaga es el siguiente:

FACTOR DE RÁFAGA

$$\text{Factor de ráfaga} = \frac{\text{tiempo de envío de información}}{\text{tiempo de ocupación del canal}}$$

El factor de ráfaga caracteriza el tipo de servicio. Su valor varía entre 0 y 1.

Figura 7.1.

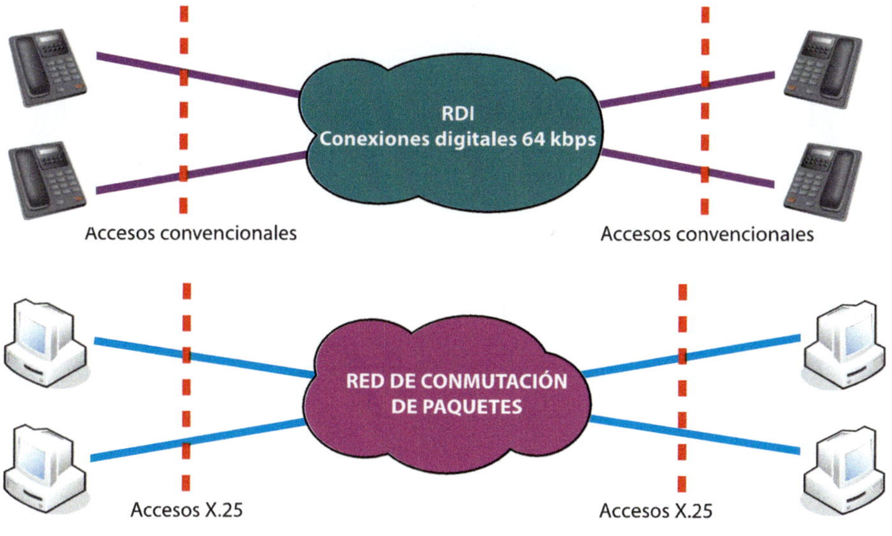

Figura 7.2.

SABÍAS QUE:

Se define la Red Digital de Servicios Integrados (RDSI o ISDN en inglés) como: una red que procede por evolución de la Red Digital Integrada (RDI) y que facilita conexiones digitales extremo a extremo para proporcionar una amplia gama de servicios, tanto de voz como de datos.

Se puede decir entonces que la RDSI es una red que procede por evolución de la red telefónica existente, que ofrece conexiones digitales de extremo a extremo.

Permite velocidades de 64 Kbit/seg y en su estructura básica permitía multiplexar dos canales; que proporcionaban un flujo de 64 Kbit/seg + 64 Kbit/seg en paralelo denominado de forma incorrecta como una velocidad de 128 Kbit/seg.

SABÍAS QUE:

También se acuñan los términos de:

PAN: *Personal Area Network*. Estas redes normalmente son de unos pocos metros y para uso personal. Permiten las comunicaciones de dispositivos tales como teléfonos móviles, PDA, dispositivos de audio, impresoras... Al utilizar tecnología inalámbrica su denominación más correcta es WPAN, *Wireless Personal Area Network* o Red inalámbrica de área personal.

BAN o WBAN: *Wireless Body Area Network* o red inalámbrica de área corporal. Esta red permite la comunicación entre sensores de baja potencia implantados en el cuerpo, normalmente con fines de prevención médica.

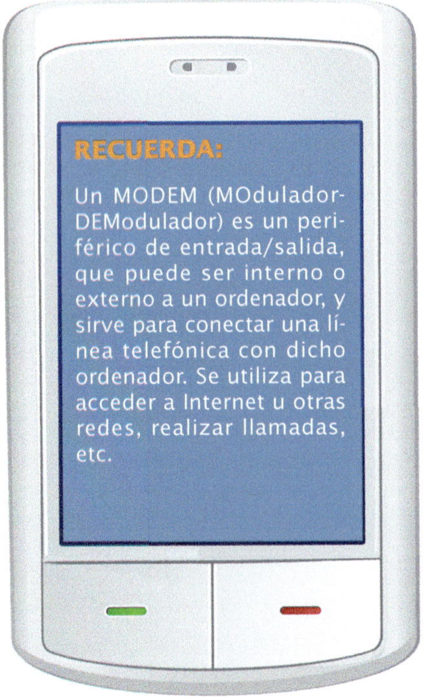

El desarrollo de la demanda de circuitos de datos viene dado principalmente por dos causas:

- Acelerado crecimiento de terminales inteligentes y necesidades de interconexión.
- Gran difusión de las Redes de Área Local (LAN), surgiendo la figura del servidor como dispositivo que gestiona el acceso y utilización de elementos diversos a disposición de los terminales conectados.

Ante esta situación, el rendimiento de las técnicas X.25 no resulta adecuado, dando paso a nuevas técnicas de conmutación rápida de paquetes, materializadas con Frame Relay, que apoyándose en su infraestructura se comercializan los siguientes procedimientos de interconexión:

- LAN (*Local Area Networks*): Redes de Área Local para oficinas.
- MAN (*Metropolitan Area Networks*): Redes de Área Metropolitana para el ámbito urbano.
- WAN (*Wide Area Networks*): Redes de Área Extensa para el ámbito regional o nacional.

La RDSI se caracteriza por tener un tráfico de datos con un elevado factor de ráfaga, por lo que debe apoyarse en infraestructuras como X.25 o Frame Relay. Para ello segrega el tráfico de datos por conmutación de paquetes a una subred asociada a través de un Interface Manejador de Paquetes PHI (*Packet Handler Interface*).

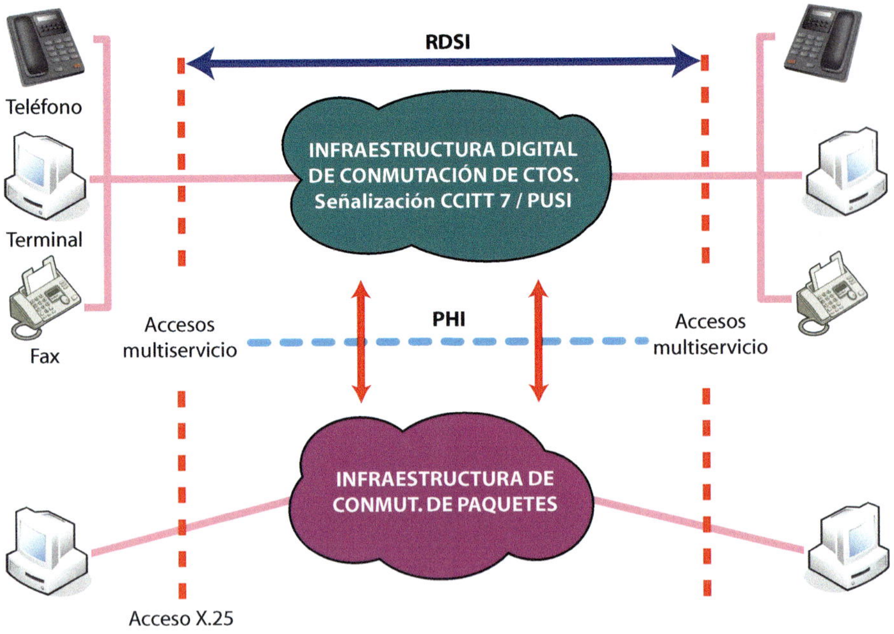

Figura 7.3.

Finalmente se adopta el mecanismo modo ráfaga dentro de la propia RDSI, con la aparición del Modo de Transferencia Asíncrono ATM (*Asynchronous Transfer Mode*) en la evolución de los mecanismos X.25 y Frame Relay hacia la conmutación de células.

Las redes ATM asumen dos tipos de tráfico:

- Conmutación de circuitos.
- Conmutación de paquetes (X.25 / Frame Relay).

Las líneas punto a punto (conexión directa entre dos equipos terminales) dejan de tener sentido y pasan a ser sustituidas por líneas dedicadas virtuales VLL (*Virtual Leased Lines*), que aseguran una capacidad similar a la de los circuitos punto a punto con una mayor flexibilidad.

Las redes ATM permiten una elevada capacidad de servicios multimedia.

Veamos los servicios facilitados por cada una de las redes:

- Conmutación de circuitos y Conmutación de paquetes:
  - Servicio telefónico.
  - Datos por conmutación de circuitos.
  - Líneas punto a punto.
  - Datos por conmutación de circuitos a través de PABX.
  - Conexiones entre terminales y Centro de Proceso de Datos (CPD).
  - Circuitos virtuales semipermanentes (X.25).

ACTIVIDAD RESUELTA 7.2

Reunir información adicional de configuración de TCP/IP

Solución:

Para ver información detallada, como el nombre de hosts, escriba el comando nslookup <dirección ip> y presione Intro. La figura muestra el nombre de hosts de la dirección ip indicada y la ip del servidor.

Esto, añadido al punto1, nos da una información bastante detallada de la configuración tcp/ip.

En la primera línea aparece la dirección ip del servidor, y en la última línea aparece la dirección ip que hemos escrito invertida y en name tenemos el nombre de hosts.

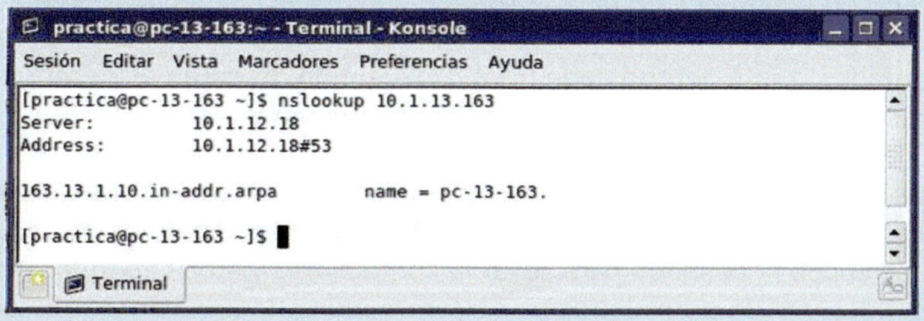

ACTIVIDAD PROPUESTA 7.4

En una LAN, ¿cuáles son las similitudes de las direcciones físicas (MAC) que pueden observarse?

Nota: Aunque no es obligatorio, la mayoría de los administradores de LAN intentan estandarizar los componentes como las NIC. Por tanto, puede no resultar sorprendente que todas las máquinas compartan los primeros tres pares hexadecimales en la dirección del adaptador. Estos tres pares identifican al fabricante del adaptador.

a) Anote las direcciones IP de cualquier servidor que aparezca:

b) Anote el nombre de host del ordenador:

c) Anote los nombres de host de un par de otros ordenadores:

d) ¿Todos los servidores y estaciones de trabajo comparten la misma subred que la estación de trabajo del estudiante?

RECUERDA:

Los datos transferidos desde una línea de teléfono llegan de forma analógica. El módem se encarga de «demodular» para convertir esos datos en digitales. Los módems también deben hacer el proceso inverso, «modular» los datos digitales hacia analógicos, para poder ser transferidos por la línea telefónica.

RECUERDA:

Existen módems especiales llamados módems digitales. Técnicamente hablando, estos módems no pueden llamarse así, pues no hay ningún tipo de modulación/demodulación pues la línea sobre la que transmiten los datos es digital.

RECUERDA:

Básicamente existen tres tipos de módems digitales, que sirven para tres tipos de conexiones:

- Módem ISDN.
- Módem DSL o ADSL.
- Cablemódem.

SABÍAS QUE:

El invento del fax evitó que el correo electrónico (desarrollado en 1971) se extendiera al menos una década después, cuando ya existían los modems como dispositivos de acceso y ordenadores en las oficinas para poder utilizarlo.

ACTIVIDAD PROPUESTA 7.5

Sobre la base de lo observado, ¿qué puede deducirse sobre los siguientes resultados obtenidos de tres ordenadores conectados a un switch?

Ordenador 1
Dirección IP: 192.168.12.113
Máscara de subred: 255.255.255.0
Gateway por defecto: 192.168.12.1

Ordenador 2
Dirección IP: 192.168.12.205
Máscara de subred: 255.255.255.0
Gateway por defecto: 192.168.12.1

Ordenador 3
Dirección IP: 192.168.112.97
Máscara de subred: 255.255.255.0
Gateway por defecto: 192.168.12.1

¿Deberían poder comunicarse entre sí? ¿Están en la misma red? ¿Por qué o por qué no? Si algo está mal, ¿cuál sería el problema más probable?

7.2.4 Evolución de las conexiones LAN a redes de alta velocidad

7.2.4.1 Conexión de la LAN a través de la RTC

Realmente este tipo de conexión no permitía la interconexión de LAN, sino únicamente la comunicación de un par de equipos, donde se ubicaban los módems para canal vocal. La transferencia de información se realizaba entre ambos equipos al margen de la red a la que pertenecían cada uno. La información recibida por ambos equipos era reenviada, aprovechando la comunicación a través de la red local, al usuario o equipo que solicitaba la información. El procedimiento, como podemos ver, era totalmente manual y necesitaba la presencia de un operador y de un software de comunicaciones que realizara dicha comunicación o subrutinas que actuaban de forma secuencial normalmente programadas a una determinada hora. Un ejemplo de este caso eran tiendas de venta al por menor, ubicadas geográficamente distantes, que tenían la necesidad de comunicarse diariamente con el almacén o tienda central para transferir las ventas realizadas. Una vez concluida la jornada laboral se producían conexiones con cada una de las tiendas para recabar los datos administrativos y logísticos necesarios para llevar la contabilidad y stock de todas las tiendas. El personal de administración de forma manual introducía los datos a la mañana siguiente, intentando tener datos actualizados al menos con un desfase máximo de 24 horas. El esquema se representa en la figura siguiente:

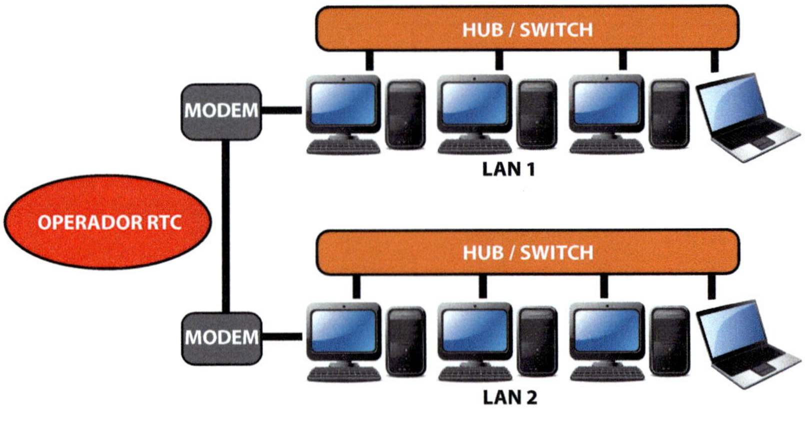

Figura 7.4.

Muy unido al sistema operativo nos podíamos encontrar servicios de acceso remoto (RAS) como en el caso de Microsoft Windows NT y Novell, utilizando protocolos propios de dichos fabricantes, NetBEUI para Microsoft e IPX/SPX para Novell (también se podían hacer a través de IP). El procedimiento era semejante al descrito anteriormente solo que ahora el modem se colocaba en el servidor. El equipo remoto realizaba una llamada que era contestada por el servidor, accediendo el primero a los recursos del servidor como si de un usuario de la red local se tratara. Los inconvenientes básicamente eran la baja velocidad que permiten los módems de canal vocal telefónico y que solo podía acceder a los recursos del servidor, nunca a los de la red (impresoras, escáner...). Esta comunicación no necesitaba en principio ningún tipo de seguridad en la transferencia de los datos ya que el circuito establecido era único y no compartido.

El acceso a Internet se realizaba de una forma muy semejante. En la red de Área Local se establecía un *servidor de comunicaciones* (en definitiva un equipo que tenia el **modem** para canal vocal), que se conectaba esta vez a una red predefinida llamada ISP (Proveedor de Servicios de Internet). En principio se realizaba de forma directa a las instalaciones del ISP y más tarde a través del operador con el servicio de **infovia**. El *servidor de comunicaciones* disponía de un software capaz de reenviar las peticiones de Internet de los usuarios de la red. El usuario realmente no se conectaba a Internet directamente como podemos entender hoy, sino que realizaba las peticiones a este servidor que era el que establecía la comunicación y conectaba con el servicio requerido (Web, e-mail ...). Estos programas eran conocidos como Proxy para el servicio Web y Servidores de Correo para la gestión del correo electrónico).

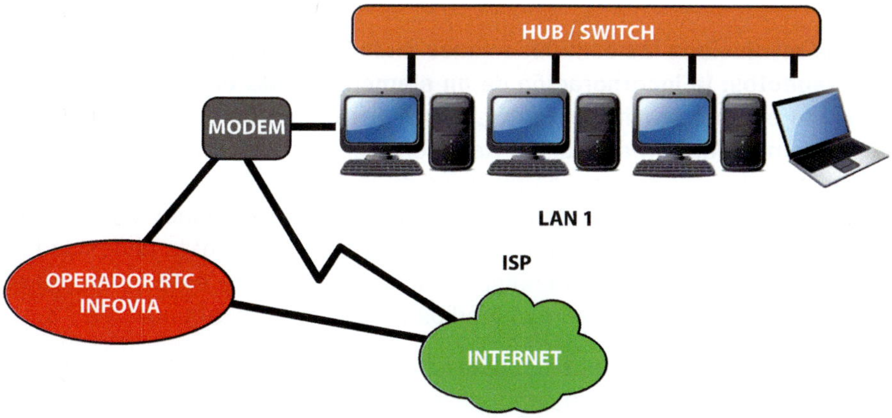

Figura 7.5.

No debemos olvidar que estamos en todo momento refiriéndonos a accesos en entornos de pequeña y mediana empresa, en los que las comunicaciones se resuelven a través de métodos tradicionales con un coste relativamente pequeño en comparación con la alternativa de conexión a una red de alta velocidad, que por supuesto el operador tiene a nuestra disposición. A modo de ejemplo sirva la de los propios ISP (*Internet Service Provider*), que en definitiva no son más que una red local donde se sitúan diversos servidores, que debe aceptar de forma ágil y rápida transferencia de información con sus clientes de Internet. Las posibilidades que ofrecía el operador eran la contratación de un circuito de acceso Frame Relay y un caudal de Infovia y otro de Internet.

TEN EN CUENTA QUE:

A modo de ejemplo un acceso de 64 kbps y un caudal de Internet de 64 kbps suponía un coste mensual de unos 600 €. Un ISP no demasiado grande con un caudal de 2 Mbps y un caudal de 512 kbps suponía un pago mensual de unos 4000 €. Estas cifras no eran permitidas en la pequeña empresa, aún hoy siguen siendo una cantidad excesiva.

7.2.4.2 Conexión de la LAN a través de RDSI BE

La disponibilidad de las líneas RDSI de acceso básico (2B + C) nos permitían accesos a una mayor velocidad y teóricamente con un flujo de datos más estable y sin perturbaciones. Conceptualmente todo lo referido anteriormente era lo que se podía aplicar, solo teníamos que cambiar el modem analógico para canal vocal telefónico por un adaptador RDSI. La contratación de los dos canales B nos permitían multiplexar dos canales de 64 kbps obteniendo un caudal de 64 kbps + 64 kbps (no de 128 kbps, aunque se nos vendía así).La estructura no cambiaba en ningún elemento hardware ni software.

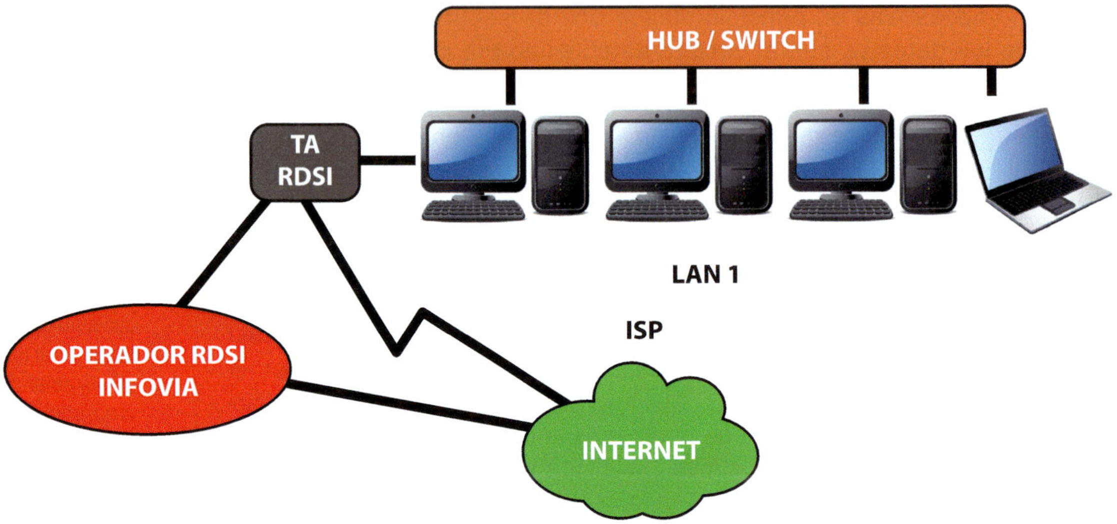

Figura 7.6.

SABÍAS QUE:

Un router o encaminador es un dispositivo hardware para interconexión de redes de ordenadores que opera en la capa tres o nivel de red del modelo de referencia OSI. Un router tiene por misión asegurar el enrutamiento de paquetes entre redes o determinar la ruta que debe tomar el paquete de datos.

En nuestros hogares lo utilizamos para conectarnos a un servicio de banda ancha, tales como IP sobre cable o DSL. Incluso podemos conectarnos a la red de nuestra empresa a través de una conexión segura, mediante una red privada virtual.

Lo que revoluciona las comunicaciones en la PYME son fundamentalmente dos aspectos: la incorporación de un elemento hasta entonces poco considerado en este ámbito, el router, y la inclusión por parte del operador de las denominadas tarifas planas. Realmente con esta estructura es como si nos convirtiéramos no solo en usuarios de Internet más consolidados, sino en pequeños ISP capaces de dar cobertura a las necesidades de la propia empresa. Una nueva tarea se nos planteaba a corto plazo: la necesidad de aprender e incorporar las tecnologías aplicadas a hasta este momento en los proveedores de Internet, con medios lógicamente más reducidos.

Con el router los usuarios se conectan «directamente» a Internet sin la necesidad de un «servidor de comunicaciones» y sin dependencia alguna de ningún sistema operativo en concreto. Diversos equipos con sistemas heterogéneos accederán de una forma similar a los servicios de Internet. El router, que se incorpora como un elemento más, dentro de nuestra LAN, actúa como un encaminador del tráfico cuyo destino no se encuentra en la propia red local. De la misma forma y debido a su sentido bidireccional, nosotros también podemos ser destino de tráfico proveniente de otras redes. El protocolo que domina es ya TCP/IP y todos los sistemas operativos lo incorporan de forma nativa.

Con esta nueva panorámica podemos reconstruir la estructura descrita con anterioridad:

- Para acceso entre redes (Figura 7.7).
- Para acceso a Internet (Figura 7.8).

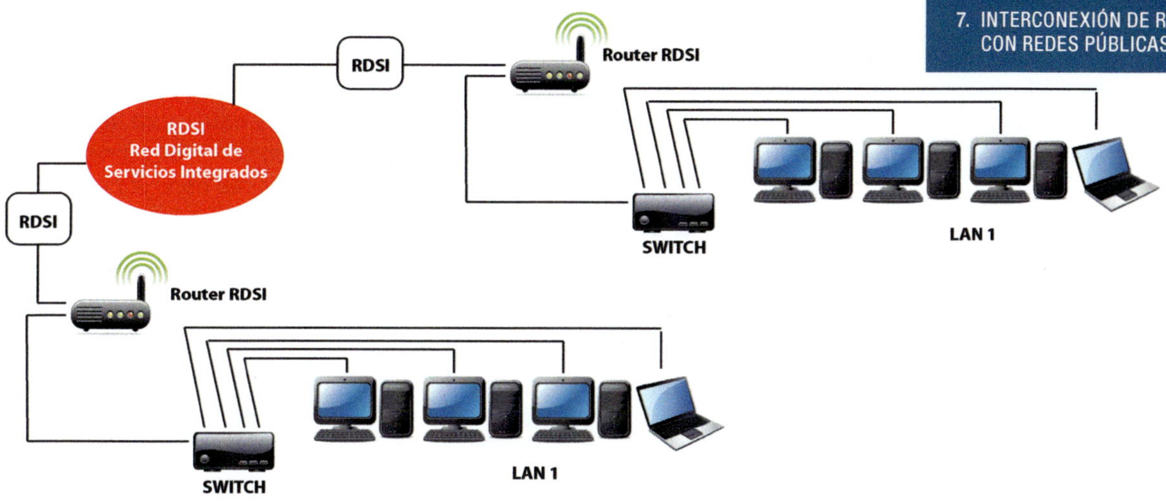

Figura 7.7.

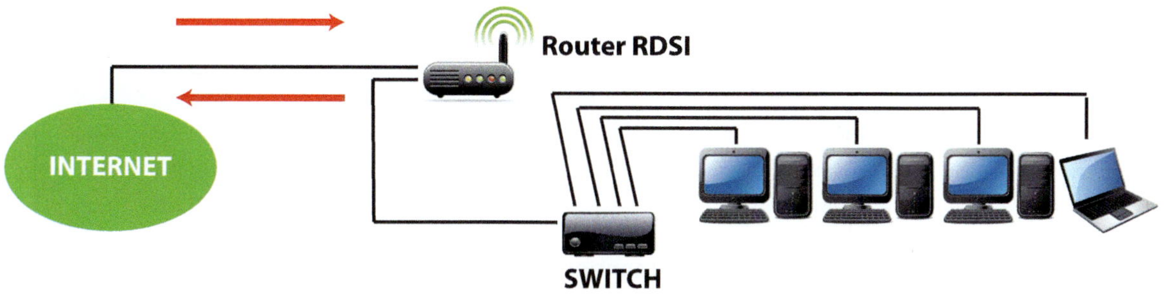

Figura 7.8.

Toda esta estructura unida con la posibilidad de contratar tarifas planas con el operador (una tarifa plana RDSI provincial estaba en torno a 100 € mensuales) nos permitía tener unas posibilidades de conexión razonables a precios muy razonables. Durante esta época muchos ISP desaparecen o son absorbidos por los operadores, que empiezan a integrar y distribuir todos los servicios de forma muy competitiva.

De forma clara y concisa podemos referirnos en este punto, aunque no se le trata como tal, a la conexión entre redes locales como una conexión VPN (*Virtual Private Network*), red privada virtual, ya que disponemos de un circuito dedicado, y por tanto, todo lo privado que este permite para la comunicación de dos redes distantes geográficamente, pudiendo acceder a todos los servicios disponibles en cada una de ellas, como si estuviéramos físicamente ubicados en las referidas LAN.

SABÍAS QUE:

Un hub es un repetidor multipuertos ubicado en la capa física del modelo de referencia OSI que transmite la señal en forma de broadcast a cada nodo de la red, dividiendo el ancho de banda entre la cantidad de estaciones conectadas.

7.2.4.3 Conexión de la LAN a través de ADSL

La estructura conceptual no cambia con lo referido anteriormente, se nos ofrece mayor velocidad a un menor coste. El cambio no es traumático, solo tenemos que cambiar nuestros router RDSI, por router con tecnología ADSL, ni siquiera tenemos que contratar con el operador una nueva línea, ya que esta ofrece sus servicios a través del viejo par de cobre que desde hace decenas de años llega hasta nuestras casa. Prácticamente todo el mundo tiene acceso a la banda ancha con un precio ciertamente asequible; pero no solo acceso sino que además nos convertimos en una gran maraña de pequeños ISP, aportando y reclamando información en la red.

SABÍAS QUE:

Un switch es la evolución tecnológica del hub, no hace broadcast sino que direcciona las tramas al nodo especificado, disminuyendo así de forma considerable el tráfico en la red. Se encuentra ubicado en la capa de enlace del modelo OSI.

El ancho de banda no se divide entre el número de elementos conectados al switch, como ocurre en el hub, sino que es dedicado por cada puerto. Quiere decir, que cuando vemos un switch 10/100 de 16 puertos, cada puerto tiene la capacidad de transmitir información a una velocidad máxima de 100 Mbps.

Todo no podía ser bueno y lo que debemos pagar a cambio es una pérdida de privacidad en los flujos de información en la conexión LAN-LAN. Ahora no existe la posibilidad de poder realizar comunicaciones entre dos abonados utilizando circuitos dedicados, complicados de interferir. Con esta estructura la información fluye por la gran red al alcance de todos, como una conexión convencional a Internet. Necesitando las medidas oportunas para dichas conexiones.

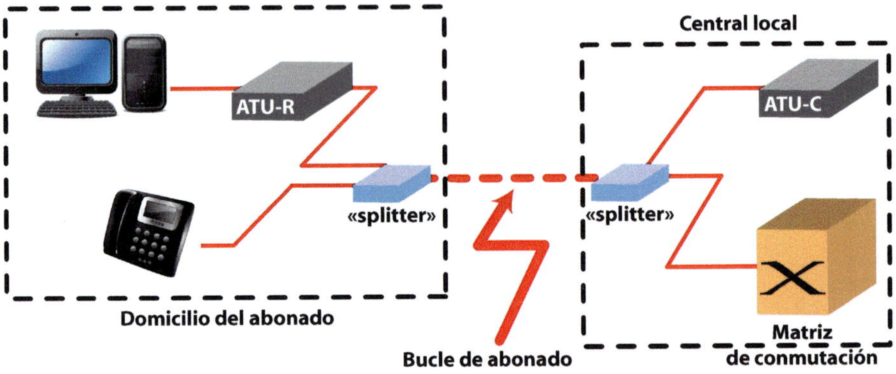

Figura 7.9.

	Red / Usuario	Usuario / Red
Estándar	256 Kbit / seg.	128 Kbit / seg.
Class	512 Kbit / seg.	128 Kbit / seg.
Premium	2 Mbit / seg.	300 Kbit / seg.

Las estructuras se mantienen prácticamente intactas, solo que la diferenciación entre interconexión de redes LAN-LAN y conexión LAN-Internet, se unen bajo una misma estructura.

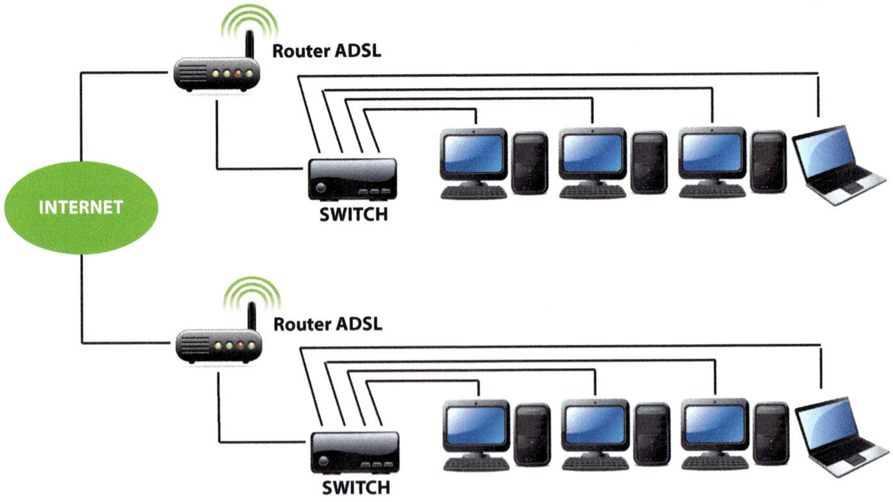

Figura 7.10.

En este momento aparece de una forma tajante, quizá por su necesidad, el concepto de red privada virtual (VPN) para referirnos a las conexiones LAN-LAN, aunque ya había sido utilizado anteriormente al menos en algunas concepciones de las que hoy es utilizada. La información corría libremente al alcance de todos y había que protegerla, igual que deberíamos haber hecho con el tráfico de Internet desde el principio. Surge aún más la necesidad de utilizar protocolos de conexión segura bajo IP (SSH, SSL, IPsec...). El operador nos propone la contratación de un servicio nuevo que garantiza la confidencialidad de los datos; en el caso de Telefónica, la red RIMA, a través del producto comercial NET-LAN.

Pero una vez más la comunidad de Internet propone alternativas, al siempre cómodo pago a las grandes multinacionales, implementando soluciones a través de software y sistemas operativos de libre distribución, que si bien te darán seguro algún quebradero de cabeza, te proporcionarán no solo la satisfacción de ahorrar algunos euros al mes sino el haber profundizado un poco en las redes de comunicaciones de banda ancha.

ACTIVIDAD RESUELTA 7.3

Creación de una WAN enrutada básica. Los objetivos concretos son:

- Crear una red de área amplia enrutada simple (WAN) con dos PC, dos routers-switches.
- Identificar los cables correctos para conectar los routers-switches para formar un enlace WAN.
- Configurar la información de dirección IP de las estaciones de trabajo.
- Probar la conectividad con el comando ping.

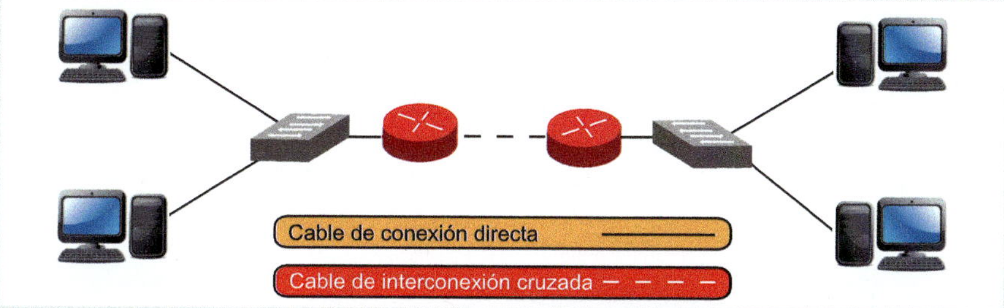

Solución:

Vamos a mostrar cómo podemos conectar dos LAN simples, cada una de ellas compuesta por varias estaciones de trabajo y un router-switch para crear una conexión WAN básica de router a router. Un router es un dispositivo de red que se puede usar para interconectar dos LAN, que enruta paquetes entre diferentes redes con direccionamiento IP (Capa 3 del modelo OSI)). Los routers son los dispositivos que normalmente se usan para conectar una LAN a Internet.

Además de las conexiones físicas y las de enlace de datos, (Capas 1 y 2 del modelo OSI), los ordenadores y routers también deben configurarse con los parámetros de red IP, para que puedan comunicarse.

Los cables de conexión directa se usan para conectar cada PC con su router-switch. Se usará un cable cruzado para crear el enlace de WAN simulado entre los routers-switch. La conexión entre el PC y el switch se realiza mediante un cable de conexión directa de Categoría 5 o 5e. Conectamos un extremo a la tarjeta de red del PC y el otro a un puerto del switch.

Debemos configurar los routers para que la interfaz Ethernet en cada router tenga la dirección IP y máscara de subred correcta, Esto permite que los routers enruten paquetes entre las redes de área local 192.168.1.0 y 192.168.2.0., ambos con una máscara de red 255.255.255.0.

Una vez conectados los PC y los routers-switches, verificamos que las luces de los enlaces de ambas NIC de los PC, las interfaces del switch y las interfaces de Ethernet del router estén encendidas.

En caso contrario, deberemos verificar las conexiones y los tipos de cable utilizados.

Una vez establecida y comprobada la conexión física, pasamos a modificar la dirección Ethernet (LAN) por defecto del router:

1. Para ello hacemos clic en el icono de Internet Explorer o Mozilla y accedemos a la dirección ip por defecto del router que en este caso será la 192.168.0.1, el router le pedirá un nombre de usuario y una contraseña. Esta información es suministrada por el fabricante en el manual de usuario.

SABÍAS QUE:

D-Link, Ovislink, 3COM, SMC, LEVEL ONE, son empresas electrónicas que fabrican componentes de red, como tarjetas de red, puntos de acceso, switchs, routers, firewalls, etc.

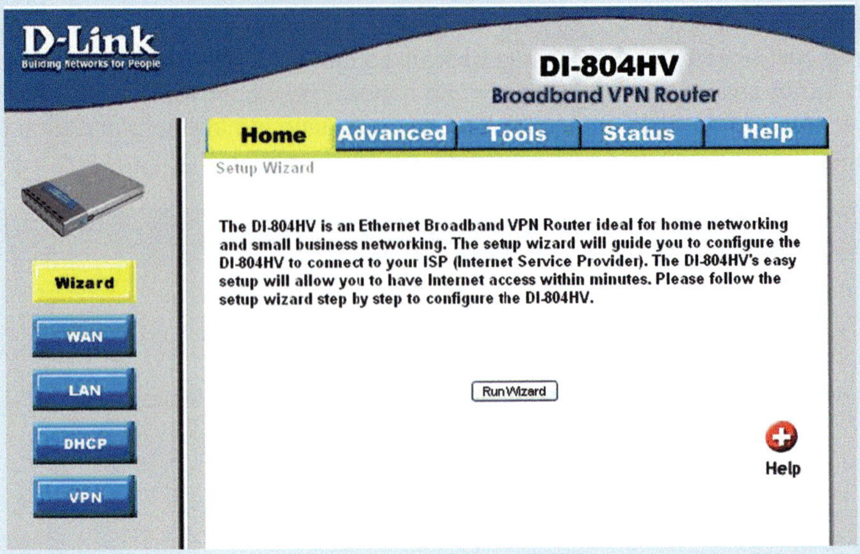

2. En el menú que aparece pulsamos LAN y a continuación cambiamos la ip address del router y pulsamos OK. La ip address del primer router será, por ejemplo, el 192.168.1.1 y el del segundo será el 192.168.2.1. Estas direcciones serán las que habrá que poner en la puerta de enlace a la hora de configurar nuestro PC.

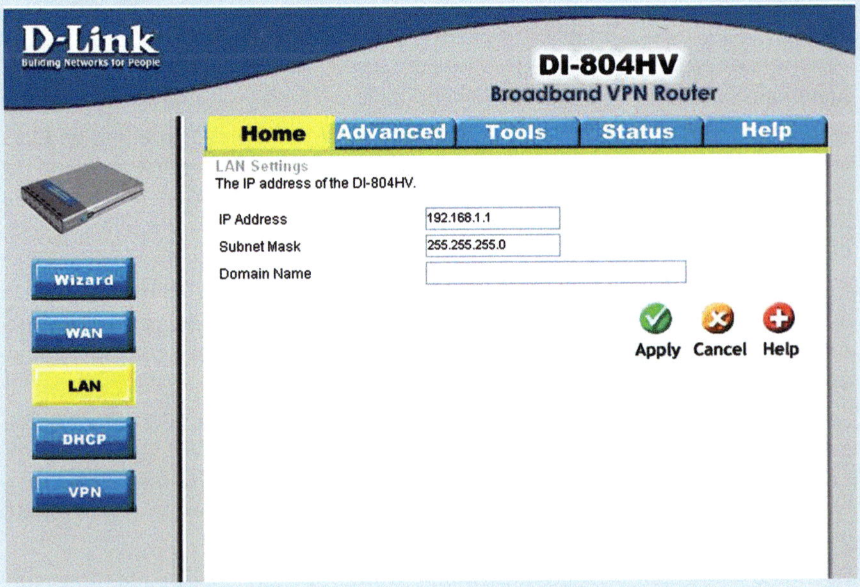

Los usuarios de Windows XP deberán hacer lo siguiente:

- Hacemos clic en Inicio > Panel de control > Conexiones de red e Internet y haga clic en el icono Conexiones de red.
- Seleccionamos Conexión de área local y hacemos clic en Cambiar la configuración de esta conexión.
- Seleccionamos el icono del protocolo TCP/IP asociado con la NIC de este PC.
- Hacemos clic en Propiedades y hacemos clic en Usar la siguiente dirección IP.

Vea el ejemplo siguiente.

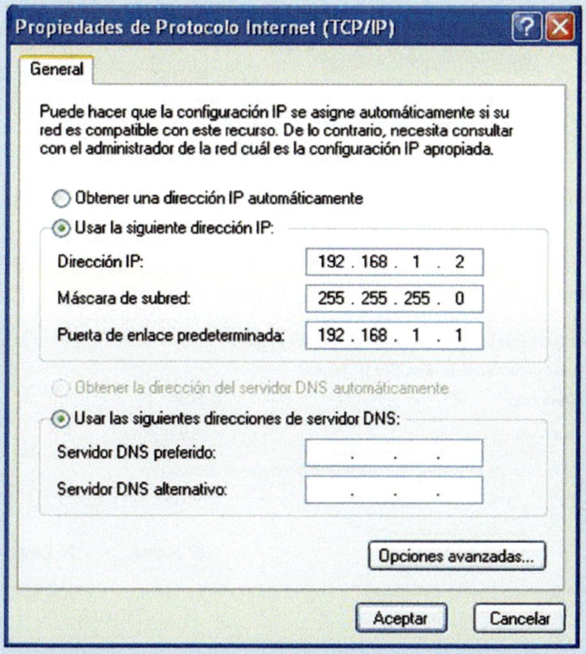

Los usuarios de Linux deberán hacer lo siguiente:

- Menú > Programas > Sistema > Network Configuration. También puede abrir una terminal gráfica y ejecutar directamente el mandato neat.

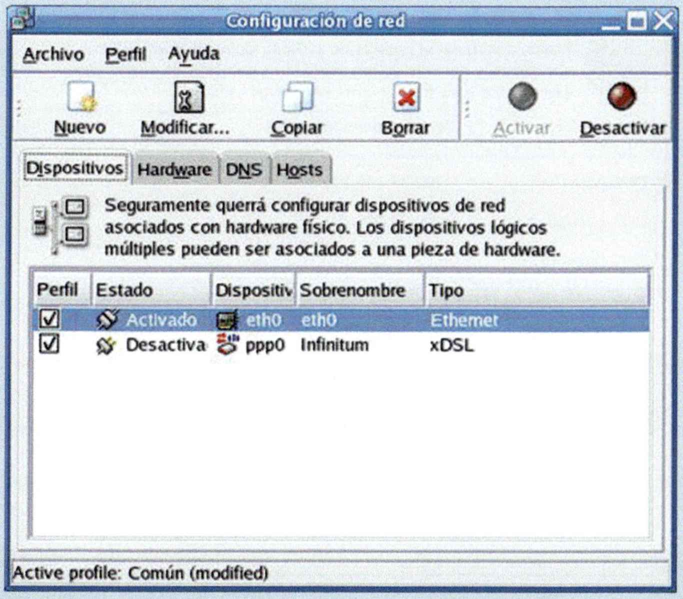

Debemos editar la interfaz eth0, de ahí nos vamos a la pestaña de General y editamos el protocolo TCP/IP, en donde pondremos nuestra dirección IP, máscara de la subred y puerta de enlace. Una vez hecho esto, salimos hasta nuestra pantalla principal de Configuración de red haciendo clic en el botón Aceptar en las ventanas.

No debemos olvidar de asignar direcciones DNS para que no tengamos problema en la resolución de nombres a la hora de acceder a distintas direcciones de Internet, esto lo realizamos en la pestaña de DNS.

Debemos hacer que la dirección IP de cada PC se encuentre en la misma red que la puerta de enlace por defecto (Gateway), que es la interfaz de Ethernet del router conectado. El Gateway por defecto se requiere en los PC de las redes de área local que están conectadas a un router.

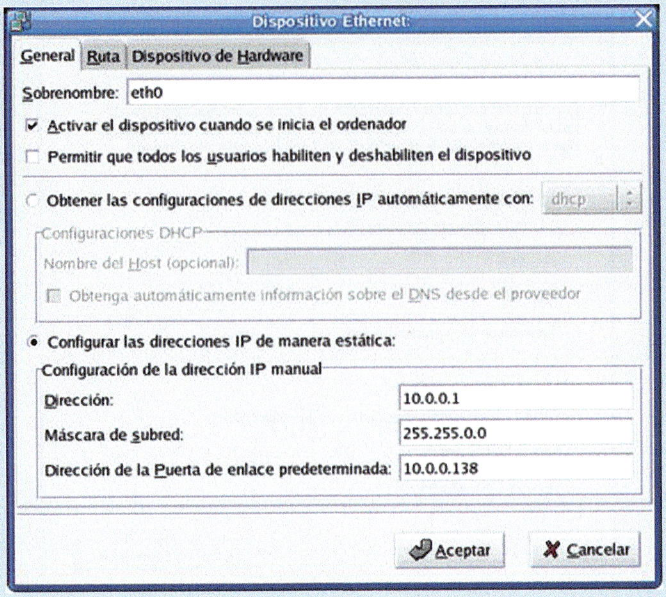

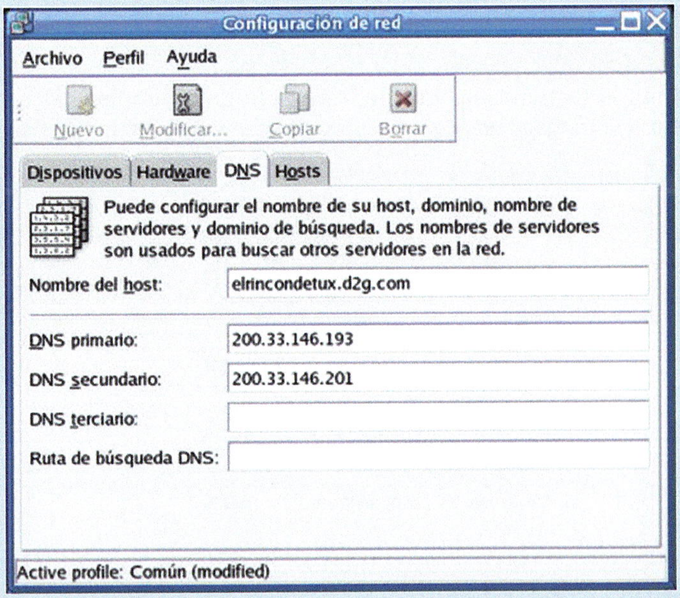

Para crear nuestra WAN, debemos unir lo dos routers-switch con el cable cruzado insertando cada macho en una boca WAN de cada uno de dichos routers-switch.

A continuación, accedemos al menú de configuración interna mediante un navegador web, Mozilla, Internet Explorer, escribiendo la dirección ip que le hemos dado por defecto anteriormente, es decir, nuestra puerta de enlace. Una vez en el menú, hacemos clic en WAN > Static IP Address. En el menú que nos aparece le daremos una IP distinta a cada una de nuestras puertas WAN que podrán ser, por ejemplo, 10.10.0.1 para un router y 10.10.0.2 para el otro. En el campo ISP Gateway Address pondremos la IP de la WAN del router al que está conectado este.

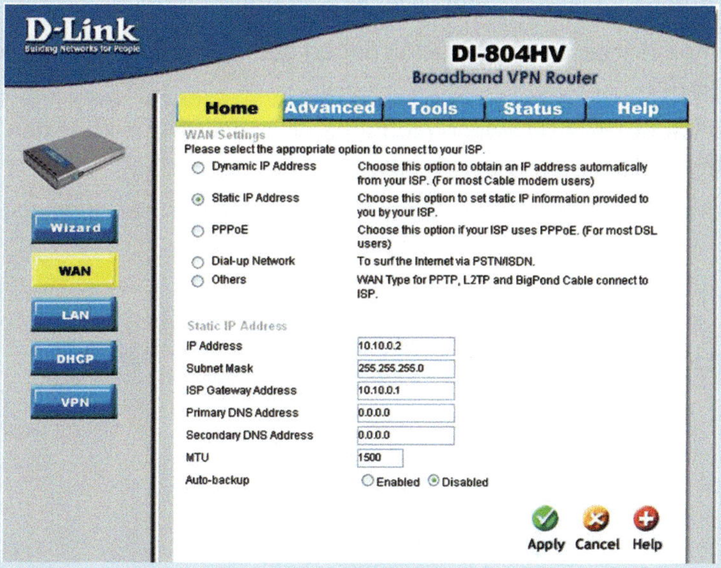

Si accedemos a Símbolo del sistema o terminal:

Inicio > Programas > Accesorios > Símbolo del sistema

Podemos probar la conectividad.

Haga ping a la dirección IP del ordenador en la otra LAN. Introduzca el comando siguiente en la ventana de comandos.

C:>ping 192.168.1.2

Esto verifica la conectividad IP desde una estación de trabajo a través de su router-switch por el enlace WAN y a través del otro router-switch hasta el otro PC.

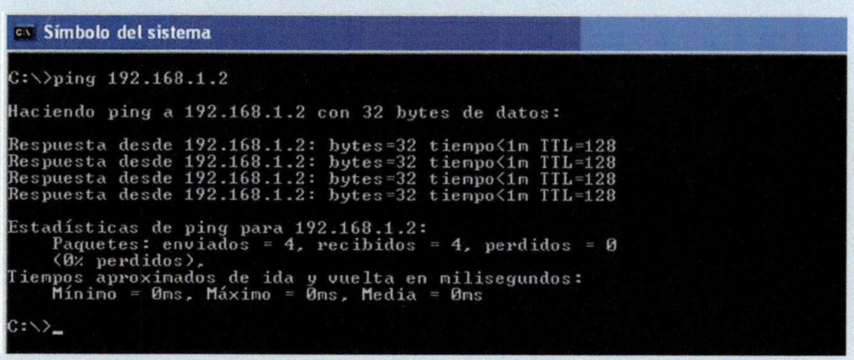

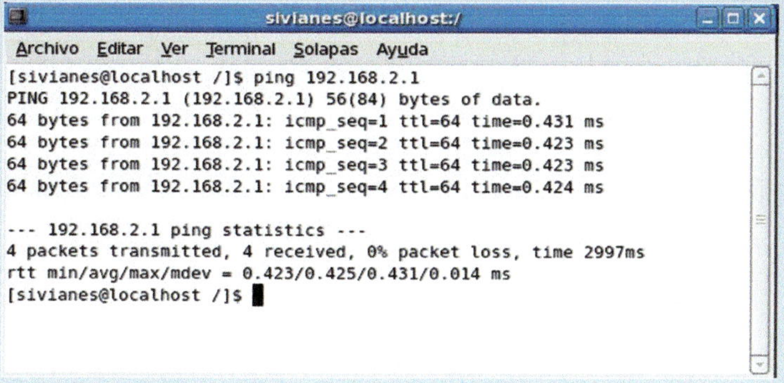

- La tarjeta o controlador de interfaz de red (NIC, *Network Interface Controller*) permite al ordenador conectarse a una red y compartir archivos o recursos con otros ordenadores; así como acceder a Internet
- Una vez instalado el controlador o driver debemos realizar la configuración de red que se necesita para conectar el PC a la red de área local y poder acceder a Internet.
- La configuración típica se realiza conectando varios PC a un switch mediante un cable de interconexión directa (straight-through). A través de un router o enrutador tenemos acceso a Internet.
- La evolución de las conexiones LAN-WAN ha estado unida a la evolución tecnológica que nos han ofrecido los diferentes operadores de comunicaciones.

ACTIVIDADES DE ENSEÑANZA Y APRENDIZAJE

DE COMPROBACIÓN

7.1. En un equipo Windows abre una ventana de símbolo del sistema y ejecuta ipconfig/all. ¿Cuál es la dirección IP del equipo? ¿Cuál es la dirección IP del router? ¿En qué se parecen ambas direcciones?

7.2. En un equipo Linux escribe el comando /sbin/ifconfig eth0 en el símbolo del sistema. Registra los resultados.

7.3. Compara la configuración TCP/IP de este ordenador con otras en la LAN. ¿Existen similitudes? ¿En qué se asemejan las direcciones IP? ¿En qué se asemejan las puertas de enlaces o gateways por defecto?

7.4. Verifica si los equipos de la LAN tienen acceso al router. Prueba la conectividad de un PC al router a través del switch haciendo «ping» a su dirección IP.

7.5. Modifica la puerta de enlace por defecto del router. Para modificar la puerta de enlace por defecto del router debes hacer clic en el icono de Internet Explorer o Mozilla y acceder a la dirección ip asignada al router.

7.6. ¿Cuántas conexiones de red puede tener un ordenador?

7.7. Investiga si tu ordenador está conectado a la red mediante cable «de par trenzado» (con conector RJ45) o cable coaxial.

7.8. Indica brevemente las diferencias básicas entre un hub y un switch.

7.9. Los routers se encargan de que la información que enviamos a través de Internet llegue a su destinatario. Investiga cuántos routers intervienen en la comunicación entre nuestro PC y el servidor de Google mediante el comando

C:\> tracert www. google.es

7.10. En el nivel 5 del protocolo TCP/IP tiene mucha importancia la aplicación DNS, averigua qué servicio proporcionan los servidores DNS.

7.11. ¿En qué nivel de TCP/IP trabajan las aplicaciones HTTP, FTP o TELNET?

7.12. ¿Cuál es el significado de la máscara de subred (Subnet Mask) en el protocolo TCP/IP?

7.13. ¿Qué es la puerta de enlace (predeterminada) o «default gateway»?

7.14. ¿Qué compañía está proporcionando Internet a los ordenadores de nuestro centro?

7.15. ¿Con qué dirección IP nos ve la red global (Internet) a través del router (o lo que es lo mismo qué dirección IP tiene el router hacia la red global, Internet?

Para ello puedes teclear http://www. cualesmiip. com/ en tu navegador favorito.

DE APLICACIÓN

7.1. Realizar la configuración básica de una LAN constituida por dos equipos. Las direcciones ip de dichos equipos serán 192.168.0.2 y 192.168.0.3 con máscara de red 255.255.255.0 y puerta de enlace 192.168.0.1. La red de área local deberá tener acceso a Internet a través de un router con conexión ADSL. Describir las configuraciones en Windows XP y en Linux Ubuntu.

7.2. Averigua qué tarjeta de red hay instalada en tu ordenador del aula de informática, siguiendo los siguientes pasos:

Inicio
Configuración
Panel de control
Conexiones de red e Internet
Conexiones de red
Doble clic en conexión de área local
Propiedades

Identifica la parte visible de la tarjeta de red de tu ordenador en la parte trasera de esta y comprueba que tiene un cable conectado y que junto al cable hay una luz verde que parpadea periódicamente indicando actividad.

7.3. Todas las tarjetas de red están identificadas de forma única con una dirección MAC (*Media Access Control*) que sirve para identificar al equipo en la red. La dirección MAC es única y viene dada por el fabricante de la tarjeta de tal forma que no existe ninguna otra tarjeta de red en el mundo que tenga la misma dirección.

Podemos saber cuál es la dirección MAC de nuestra tarjeta mediante el comando:

C:\> getmac

La dirección MAC tienen un formato en hexadecimal del tipo: 00-E0-AF-65-3A-C4.

Los tres primeros bytes, denominados OUI (en el ejemplo 00-E0-AF, son proporcionados por el IEEE (*Institute of Electrical and Electronic Engineers*) y los otros 3 bytes (en nuestro ejemplo 65-3A-C4), denominados NIC, son responsabilidad del fabricante de la tarjeta de red.

7.4. En la página http://standards.ieee.org/regauth/oui/oui.txt averigua el OUI que el IEEE ha asignado a los siguientes fabricantes de tarjetas de red:

DLINK
SMC
3COM

DE AMPLIACIÓN

7.1. Crear una red de área amplia enrutada simple (WAN) con dos PC, dos routers y dos switches. Identificar los cables correctos que conecten los routers y los switches para formar un enlace WAN. Configurar la información de dirección IP de las estaciones de trabajo y los routers y probar la conectividad con el comando ping entre dos estaciones de redes diferentes.

8

Voz IP

Voz sobre IP o también conocido como VoIP (*Voice Over Internet Protocol*) es un servicio que permite transmitir voz usando el protocolo IP. En concreto se refiere a la capacidad de transmitir voz a través de Internet. Pero no se trata de una radio por Internet, sino de algo más complejo.

Cuando se habla de Voz sobre IP en realidad casi siempre nos estamos refiriendo a Telefonía IP o Telefonía a través de Internet. Es decir, la capacidad de mantener una conversación de voz con otra persona usando redes IP en vez de una red de telefonía «tradicional».

En este capítulo estudiaremos los conceptos y protocolos que están detrás de esta tecnología a la vez que aprenderemos cómo instalar una pequeña centralita IP.

Contenido

Objetivos

- Conocer los principios básicos de la telefonía IP y sus diferencias con la telefonía tradicional.
- Reconocer los elementos que forman parte de una red de telefonía IP.
- Conocer el funcionamiento de los protocolos de señalización.
- Diferenciar y saber seleccionar el códec adecuado para nuestra red.
- Ser capaz de poner en funcionamiento una pequeña red de telefonía IP completamente operativa.

8.1 Conceptos básicos

El funcionamiento básico de la telefonía IP guarda similitudes con ciertos servicios de mensajería instantánea. Cuando queremos usar la telefonía IP debemos iniciar sesión en un servidor especial en el que nos registraremos. Las personas que deseen hablar con nosotros contactarán con ese servidor para saber si estamos *online* y, si es así, conocer nuestra dirección IP para llamarnos. No obstante, el sistema es algo más complejo dado que en un escenario real, necesitaremos hacer llamadas desde nuestro teléfono IP a un teléfono tradicional y viceversa. Por tanto, y como ya veremos en este capítulo, si queremos hacer uso de la telefonía IP en nuestra empresa y, a la vez, mantener la posibilidad de llamar a números de teléfono de la red de telefonía tradicional, el esquema se complica un poco.

No obstante, antes de comenzar, es preciso señalar algunas cuestiones muy básicas respecto a la telefonía IP y, además, desmentir ciertos mitos que, en ocasiones, existen respecto a esta tecnología.

- **La voz sobre IP necesita un teléfono especial:** dado que se trata de una tecnología distinta, los teléfonos tradicionales no sirven (al menos directamente). Para poder usar voz sobre IP necesito, o bien un ordenador conectado a Internet y un software especial denominado *softphone* o un teléfono especial que se conecta directamente a Internet. Es decir, su implantación requiere una inversión inicial.
- **Las llamadas a otros teléfonos IP son gratis (normalmente):** normalmente las llamadas que se realicen entre dos teléfonos IP serán gratis (sin contar lo que cuesta el acceso a Internet, claro). Aunque hay algunos proveedores que pueden cobrarnos por ello, lo habitual es que si no llamamos a un teléfono tradicional, la conversación nos cueste 0 Euros.
- **Las llamadas a la red de telefonía tradicional no son gratis:** llamar a un teléfono de la red de telefonía tradicional es posible pero estas llamadas tienen un coste y, además, requieren los servicios de un proveedor. Este proveedor puede ser, o bien una compañía telefónica tradicional (si disponemos del hardware adecuado, como ya veremos) o un proveedor de telefonía IP.

SABÍAS QUE:

Además de los softphone y los teléfonos IP, existen unos dispositivos denominados adaptadores analógicos (conocidos como ATA) que permiten conectar un teléfono tradicional a una red de telefonía IP.

ACTIVIDAD RESUELTA 8.1

Una empresa de coches tiene concesionarios en todas las capitales de provincia. Todos los concesionarios tienen acceso a Internet de alta velocidad. ¿En qué medida crees que el uso de la telefonía IP puede ayudar a reducir los costes de la empresa?

Solución:

Si todos los concesionarios ya disponen de Internet ya se está pagando por dicho acceso. Mediante el uso de la telefonía IP, se podrían configurar los teléfonos de la empresa de forma que las llamadas entre los concesionarios se realizaran a través de Internet marcando, por ejemplo, una determinada extensión. De esta forma, y teniendo en cuenta que ya se estaba pagando el acceso a Internet en todos los concesionarios, se reducen los costes ya que las llamadas entre los concesionarios serán gratuitas.

8.2 Telefonía convencional vs telefonía IP

Como se ha comentado antes, la telefonía IP usa Internet para comunicar a un usuario con otro. Por tanto, la diferencia fundamental con la telefonía tradicional es precisamente esta, dado que la telefonía tradicional, aunque use redes de datos, no usa Internet para transportar la voz de los interlocutores sino redes específicas.

Hay que tener en cuenta, además, que la forma de funcionar de un sistema de telefonía y otro son totalmente diferentes. De hecho, lo único que tienen en común es que sirven para lo mismo: para que dos personas puedan hablar a distancia.

8.2.1 Orígenes de la telefonía convencional

La telefonía que nosotros llamamos convencional suele llamarse Red Telefónica Conmutada (RTC) o Red Telefónica Básica (RTB) y, en sus orígenes, se trataba de un conjunto de teléfonos interconectados a una red, básicamente igual que sucede en la actualidad. Al igual que ocurre ahora, entonces también era preciso llegar al abonado con un par de cables de cobre que se conectaban al aparato telefónico. Pero la diferencia existente entre esa red original y la actual era la forma en la que se realizaba la conexión (también llamada conmutación) entre dos llamadas. En aquella época la conexión de un teléfono con otro (lo que hoy hacemos al marcar un número) se realizaba de forma manual, dado que al descolgar nuestro teléfono debíamos decirle a un operador con quién queríamos hablar y éste, en sucesivos pasos entre distintos operadores, lograba establecer la conexión para que pudiéramos hablar con la persona deseada. Para ello se usaban paneles similares a los que se muestran en la Figura 8.1.

Figura 8.1. Centralita de teléfono antigua.

Posteriormente, se fueron sustituyendo estos operadores por sistemas mecánicos que eran los que establecían la comunicación. En esa época se introdujo un disco en los teléfonos que permitía marcar. Ese disco enviaba una serie de señales eléctricas dependiendo del número que hubiéramos marcado. Esto hacía que se pudieran hacer llamadas de teléfono sin ayuda pero, aun así, todo el sistema era puramente mecánico, nada de electrónica.

La introducción del disco de marcado fue todo un hito en el desarrollo de la telefonía tradicional.

Además, cuando se hacía una llamada se establecía un camino físico único entre los dos extremos de la comunicación. Este camino era dedicado, es decir, no podía usarse para otra llamada mientras que la primera no hubiera terminado (ver Figura 8.2).

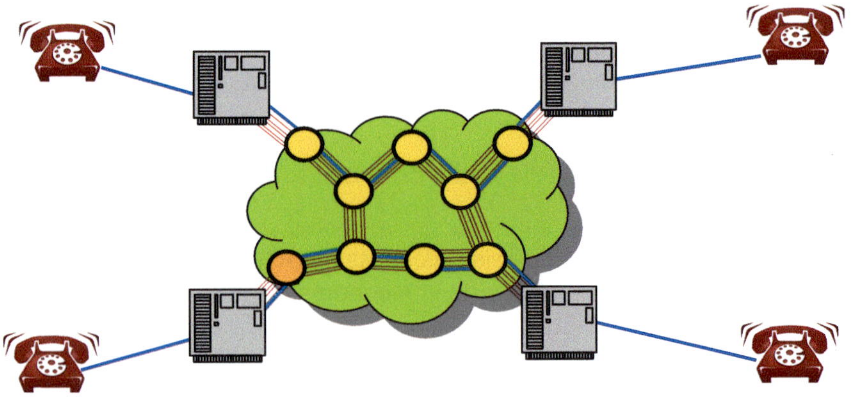

Figura 8.2. **Red telefónica conmutada original.**

8.2.2 La telefonía convencional en la actualidad

Entorno a los años ochenta se fue introduciendo un cambio radical, las llamadas telefónicas se digitalizaban y se introducían en redes de datos nada más llegar a la central telefónica a la que ese usuario estuviera conectado. Efectivamente, en la actualidad el único tramo analógico de una llamada de teléfono tradicional es el que sucede entre la central telefónica que es propiedad de la compañía telefónica y nuestro teléfono. El resto de la comunicación, hasta llegar a la central telefónica del abonado destinatario se hace a través de una red de datos, tal y como se muestra en la Figura 8.3.

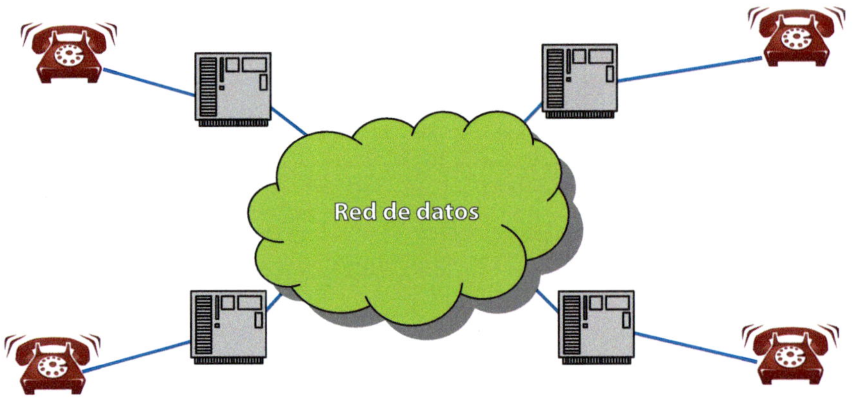

Figura 8.3. **Red telefónica en la actualidad.**

SABÍAS QUE:

El proceso de digitalización se produce cuando en una llamada telefónica se convierte la señal de audio (voz) en datos digitales (ceros y unos).

El proceso es similar al que ocurre cuando se graba música en un fichero MP3 o en un CD de audio.

Con esto se consigue que una llamada telefónica se pueda transmitir a través de una red de datos.

Esto sucede así porque la señal analógica de nuestro teléfono se digitaliza en la central telefónica y, una vez convertida en datos digitales, se transmite a través de redes de datos que pertenecen a la propia empresa de telefonía. De esta forma, las empresas de telefonía podían aprovechar mucho mejor sus recursos al «meter» en una misma red de datos muchas conversaciones telefónicas. Si, además, tenemos en cuenta que, al menos en España, estas mismas compañías ofrecen servicios de redes de datos pues... mucho mejor.

Por otra parte, una de las características fundamentales de la telefonía convencional es que depende de forma directa de un operador de telefonía. En el caso de la telefonía fija, además, nuestro teléfono está asociado a una ubicación concreta y fija; no podemos llevar nuestro número fijo a otro lugar, por ejemplo. En el caso de usar la telefonía móvil (que aquí estamos clasificando también como telefonía «tradicional») la situación cambia, pero aun así estamos vinculados a una compañía de telefonía y, si nos vamos al extranjero, recibir llamadas nos cuesta dinero.

8.2.3 Diferencias básicas entre la telefonía tradicional y la telefonía IP

- **Transmisión de la voz:** en un sistema de telefonía tradicional, la voz es transformada en señales o impulsos eléctricos que, a través de un cable, llegan a la central telefónica. En la telefonía tradicional, el segmento entre el abonado y la central telefónica es analógico. Por el contrario, en un sistema de telefonía IP, la voz es inmediatamente digitalizada y transformada, por tanto, es una hilera de bits que se agrupan y se envían en datagramas en una red IP.
- **Numeración:** la numeración en la telefonía tradicional es del tipo +349xxxxxxxx donde el + se refiere al prefijo internacional y 34 es el prefijo para España, el resto (9xxxxxxxx) es un número de abonado en España. Todos los números de telefonía tradicional de cualquier país se pueden expresar de esta forma (+<numero_internacional>). Cuando se usa VoIP, los números son parecidos a una dirección de correo electrónico: juan@sip.proveedor_voip.net. Donde juan es un identificador que ha suministrado el proveedor VoIP (también puede ser un identificador numérico) y sip.proveedor_voip.net es la dirección del proxy SIP (ya veremos cómo funciona esto).
- **Llamadas a números VoIP:** desde la telefonía tradicional no es posible, al menos de forma directa, llamar a un número VoIP. Con la telefonía IP, sin embargo, sí es posible. Basta con que ambos teléfonos IP estén registrados en su correspondiente servidor.
- **Llamadas a números de telefonía tradicional:** dado que la telefonía tradicional sigue siendo la opción más común para hablar por teléfono, esta cuestión es totalmente pertinente. En el caso de la telefonía tradicional, nuestras llamadas son encaminadas por nuestro propio proveedor de telefonía hacia cualquier número tradicional sin ningún problema. Si usamos telefonía IP necesitamos que un proveedor nos introduzca en la red de telefonía tradicional, lo que se denomina «terminación de la llamada». Existen múltiples proveedores de voz sobre IP que ofrecen este servicio. Normalmente suele ser de pago, pero podemos encontrar ofertas interesantes. Además, si gestionamos nuestra propia centralita IP, podemos programarla para que, dependiendo del destino, se use un proveedor IP u otro (podemos tener contratados, por tanto, varios proveedores).
- **Movilidad:** este es también uno de los aspectos diferenciadores de la telefonía IP. Si tenemos acceso a Internet, tenemos acceso a nuestro teléfono IP. Además, a diferencia de lo que ocurre con el teléfono móvil tradicional, no importa el país en el que estemos a la hora de hacer o recibir una llamada, lo único que importa es que tengamos un acceso a Internet con suficiente calidad.
- **Recibir llamadas desde la red de telefonía tradicional:** este es quizá el aspecto menos favorable para la telefonía IP. Hemos visto que con la telefonía IP podemos llamar a otro teléfono IP y también a un teléfono tradicional, pero ¿se puede recibir una llamada de otra persona desde un teléfono tradicional? Hasta la fecha, desde un teléfono tradicional solo se puede llamar a un número tradicional, ¿cómo se soluciona eso? Se puede solucionar si nuestro proveedor de telefonía IP nos ofrece el servicio de número entrante. En este caso, la llamada «entra» a través del proveedor de VoIP y llega a nuestro teléfono si este está registrado en el servidor Proxy SIP (es decir, si estamos conectados a Internet). Este servicio suele ser de pago (con cuota mensual) pero tie-

TEN EN CUENTA QUE:

La red de telefonía IP y la de telefonía tradicional están separadas y usan un sistema de numeración incompatible. Será necesario disponer de pasarelas que nos permitan interconectar ambas redes, de lo contrario no será posible llamar a un número tradicional desde un teléfono IP.

ne la ventaja de que si nos vamos al extranjero, y tenemos acceso a Internet, recibir llamadas no nos cuesta nada.

- **Servicios de valor añadido:** tanto en los servicios modernos de telefonía tradicional como en los de telefonía IP existe la posibilidad de utilizar servicios de valor añadido. Se consideran servicios de valor añadido todos aquellos que sean distintos de hablar. Por ejemplo: identificación de llamada, llamada en espera, buzón de voz, multiconferencia, agenda, extensiones, etc. La diferencia fundamental es que, mientras que en el caso de la telefonía tradicional estos servicios nos los tiene que ofrecer la compañía de teléfono, o bien es necesario instalar una centralita telefónica, en el caso de la telefonía IP todos estos servicios los podemos configurar nosotros mismos. En el caso de la telefonía IP, existen centralitas que se instalan en un simple PC con un software específico (incluso gratuito) que permite disponer de todos estos servicios.

TEN EN CUENTA QUE:

Una pasarela, en este caso, es un servidor que está conectado a Internet y que, además, tiene unas tarjetas especiales que permiten hacer llamadas de teléfono. Son tarjetas parecidas a las de un modem de RTC, con la diferencia de que se transmite voz y no datos.

ACTIVIDAD RESUELTA 8.2

La integración de la red de telefonía tradicional y la de voz sobre IP es problemática. Indica por qué existe este problema y cómo se realiza esta integración, es decir, indica qué mecanismos existen para poder realizar llamadas entre un teléfono tradicional y uno de voz sobre IP y viceversa.

Solución:

El problema de integración surge no solo porque son redes distintas sino porque el formato de numeración es distinto. Para acceder a un teléfono tradicional se marca una secuencia de números que, si incluye el prefijo internacional, es única para todo el mundo. Sin embargo, para llamar a un teléfono IP, en el caso de que se use SIP, el formato del número es: usuario@sip.empresa.com. Obviamente eso representa un problema, sobre todo porque desde un teléfono tradicional no se puede marcar una dirección de correo como la descrita.

La integración se resuelve llevando la telefonía IP a la tradicional, es decir:

- Las llamadas desde la telefonía IP hacia un teléfono tradicional se realizan a través de pasarelas que están conectadas a la RTC y que son las que realmente hacen la llamada.
- Dado que desde un teléfono tradicional solo se pueden marcar números de la telefonía tradicional, la forma de llamar a un teléfono IP es que la pasarela a la que nos referíamos antes sea capaz de recibir una llamada y convertirla para redirigirla a nuestro teléfono IP.

TEN EN CUENTA QUE:

La terminación de llamada (llamar a un teléfono tradicional) puede hacerse a través de múltiples proveedores e incluso proveedores extranjeros. En ocasiones, un proveedor extranjero ofrece mejores condiciones que uno local.

ACTIVIDAD PROPUESTA 8.1

Busca en Internet proveedores de servicio de voz sobre IP españoles que ofrezcan la posibilidad de disponer de un número de teléfono en el que se puedan recibir llamadas entrantes desde la red telefónica conmutada.

8.3 Elementos de la telefonía IP

Al igual que sucede en la telefonía tradicional, existen dos elementos fundamentales en la telefonía IP: el teléfono o aparato con el que hablamos y la centralita IP.

8.3.1 Tipos de teléfonos en telefonía IP

Existen tres categorías distintas de teléfonos IP, dependiendo del sistema que se utilice. Cada uno tiene sus ventajas e inconvenientes pero todos sirven para lo mismo, hablar por teléfono.

- **Teléfono IP:** con este nombre, a veces llamado en inglés «hard phone», nos estamos refiriendo a un teléfono completo (ver Figura 8.4), similar a cualquier teléfono tradicional solo que este se conecta directamente a Internet. Se trata, por lo general, de un dispositivo con un conector RJ45 en el caso de los teléfonos IP fijos o con una conexión inalámbrica en el caso de los teléfonos IP inalámbricos. La principal ventaja de estos dispositivos es que no necesitan conectarse a un ordenador ya que funcionan de forma independiente. Estos teléfonos pueden tener capacidades extra, como son la existencia de una agenda, alimentación a través del cable de red (PoE), un conector adicional para conectar un PC, etc. Estos dispositivos funcionarán como cualquier otro nodo de la red de una empresa y, por tanto, habrá que asignarle una dirección IP y configurarlos (o bien de forma manual o bien mediante DHCP). La calidad de sonido en estos dispositivos es muy buena, pero su precio es relativamente alto.

Figura 8.4. **Teléfono IP de CISCO.**

- **Adaptadores analógicos IP:** muchas veces en la publicidad nos encontramos que estos adaptadores se llaman adaptadores ATA (*Analog Telephone Adapters*). Estos adaptadores tienen uno o dos conectores RJ11 en los que se conecta uno o dos teléfonos analógicos «convencionales» y un puerto RJ45 que se conecta a Internet (ver Figura 8.5). Se utilizan como solución intermedia entre los teléfonos IP y los *softphones*. Permiten tener un dispositivo hardware plenamente independiente (una vez configurado funciona sin depender de un PC) al que se le conecta un teléfono tradicional del mismo tipo que se usa en la telefonía tradicional. Este adaptador lo que hace es convertir las señales analógicas del teléfono en datos que se envían a través de VoIP. El precio de estos dispositivos es inferior al de los teléfonos IP pero superior al de los *softphones*. Tienen la ventaja de que se permite reutilizar los teléfonos analógicos antiguos que ya teníamos.

Figura 8.5. **Adaptador analógico con dos puertos FXS.**

TEN EN CUENTA QUE:

PoE (*Power over Ethernet*, alimentación a través de Ethernet), es una característica de los dispositivos de red (teléfonos IP, cámaras, puntos de acceso, etc.) que les permite obtener la alimentación desde el propio cable de red. De esta forma no es necesaria una toma de corriente cercana al dispositivo.

Para poder utilizar esta característica, tanto los dispositivos de red como la propia infraestructura (switches y hub) tienen que soportar esta característica.

SABÍAS QUE:

En la telefonía tradicional, existen dos tipos de puertos: FXO (*Foreign Exchange Office*) y FXS (*Foreign Exchange Station*). Es importante saber cómo funcionan en una centralita de voz sobre IP. El puerto FXO se conecta a la línea telefónica. El puerto FXS se debe conectar a un teléfono.

Por tanto, si conectamos el puerto FXS de un adaptador ATA a la línea telefónica no lograremos nada.

SABÍAS QUE:

IVR *(Interactive Voice Response)* es un sistema que permite establecer el típico menú del estilo «Para ventas pulse 1, para soporte pulse 2» o «Marque la extensión si la conoce o 0 en caso contrario».

Asterisk™

Figura 8.6. Asterisk es un software de código abierto que puede encontrarse en http://www.asterisk.org.

- **Softphones:** se denomina softphone cualquier teléfono IP basado en software, es decir, aquel que tenemos que instalar en un ordenador para que funcione (ya veremos uno en el apartado 8.9). Es el sistema más económico para usar la telefonía IP, dado que existen incluso algunos softphones que son gratuitos. Sin embargo, adolecen de dos problemas, el primero es que es necesario tener el ordenador encendido y funcionando para poder utilizarlo. El segundo problema es que normalmente necesitaremos unos auriculares y un micrófono separados para que la calidad de sonido sea buena (ver Figura 8.7).

Figura 8.7. Si se usa un softphone es mejor usar uno de estos...

Dentro de esta categoría se incluyen los softphones que se pueden instalar en móviles o PDA de última generación (ver Figura 8.8).

Figura 8.8. Un cliente VoIP para Iphone.

NOTA: Por simplificar, durante todo este capítulo, cuando hablamos del término «teléfono IP» sin especificar nada más, nos estaremos refiriendo a cualquiera de las modalidades: hardphones, adaptadores ATA y softphones.

8.3.2 Centralitas IP

Las centralitas IP hacen las mismas funciones que una centralita convencional: permiten tener configurado en un único lugar toda la red de telefonía de una empresa. Las centralitas IP pueden configurar extensiones, buzones de voz para cada extensión que luego se pueden leer a través de web (o descargarse como fichero en formato mp3), permiten configurar un IVR, establecer que un grupo de teléfonos suenen a la vez al marcar una extensión, establecer restricciones para las llamadas salientes, etc. En definitiva, cualquier tipo de servicio que se pueda configurar con una centralita convencional y algunos más.

Una centralita IP suele tener, además, un puerto RJ45 para conectarse a la red de la empresa y a Internet. Si queremos acceder a la RTC desde la propia centralita necesitaremos, además, un puerto RJ11 FXO al que se conectará una línea analógica convencional. Por tanto, una centralita IP permite utilizar a la vez, y según convenga, la telefonía tradicional y la basada en IP. Se podría, por ejemplo, disponer de un número convencional que «entre» a través de la red de telefonía tradicional y que toda la red de la empresa trabaje con telefonía IP; también se podrían encaminar las llamadas salientes a teléfonos fijos a través de la línea telefónica convencional y las llamadas internacionales a través de un proveedor de voz sobre IP. Todo esto se puede configurar a través de una simple interfaz web.

Existen dos tipos de centralitas IP:

- **Centralita específica:** una centralita IP puede ser un determinado hardware específicamente diseñado al efecto. El fabricante, en este caso, nos suministra un producto cerrado que se configura, normalmente, a través de una interfaz web. En la Figura 8.9 se muestra una centralita IP que tiene cuatro puertos FXO y otros cuatro FXS.

Figura 8.9. Centralita IP hardware.

- **PC con software específico:** un PC con Linux también puede utilizarse como centralita para voz sobre IP. Existe un software muy conocido en el ámbito de la telefonía IP que se llama Asterisk. Este software puede descargarse de Internet e incluye todas las funcionalidades que necesitemos. Además, existen paquetes (gratuitos y de pago) que instalan en un PC un sistema operativo Linux mínimo junto con Asterisk y varias herramientas de gestión vía web que nos permite tener una centralita IP funcionando en pocos minutos

Todos los proveedores de servicios IP nos dan la posibilidad de llamar a números de la red de telefonía tradicional, e incluso algunos proveedores españoles nos ofrecen la posibilidad de tener un número de la RTC asociado a nuestra cuenta de VoIP. Sin embargo, puede que necesitemos que nuestra centralita IP se conecte también a la RTC; si es así debemos tener en cuenta lo siguiente:

- En el caso de que tengamos una centralita IP hardware, puede que tenga una serie de puertos FXO que dependerán de las prestaciones del producto.

Figura 8.10. Tarjeta con 4 puertos FXO/FXS.

TEN EN CUENTA QUE:

Si queremos usar un servicio de telefonía tradicional (con nuestra compañía telefónica local, como siempre se ha hecho), deberemos tener una centralita IP con uno o más puertos FXO. Esto nos permite tener nuestro número de teléfono tradicional (para realizar y recibir llamadas) sin necesidad de contratarlo con un proveedor de voz sobre IP.

SABÍAS QUE:

Digium es la empresa que está detrás del desarrollo de Asterisk. Digium desarrolla centralitas IP software y hardware. Además es el principal fabricante de tarjetas de telefonía para PC.

- Sin embargo, si usamos un PC debemos tener en cuenta que no podremos usarlo ni para conectarle directamente un teléfono analógico, ni podremos conectarlo a la RTC. Los módems que podamos encontrar en el mercado no sirven para eso. Para poder añadir esa funcionalidad a una centralita IP instalada en un PC será necesario añadir unas tarjetas especiales, como la de la Figura 8.10, con el número de puertos FXO o FXS que necesitemos.

ACTIVIDAD RESUELTA 8.3

Disponemos de una centralita IP. En las especificaciones del fabricante se indica que tiene cuatro puertos FXS, dos puertos FXO y uno RJ45. ¿Cuántos teléfonos tradicionales puedo conectar directamente a esa centralita? ¿Y teléfonos IP? ¿A cuántas líneas de teléfono puedo conectar la centralita?

Solución:

El número de teléfonos que se pueden conectar viene dado por los puertos FXS, por tanto podemos conectar cuatro. El número de líneas viene dado por los puertos FXO, por lo que podemos conectar dos líneas. Respecto al número de teléfonos IP, estos no vienen limitados por los puertos FXO y FXS. Podremos conectar tantos teléfonos IP como queramos, a no ser que el software de la centralita nos limite el número de teléfonos a conectar.

En la telefonía tradicional, la señal de llamada llega al teléfono en forma de una señal eléctrica específica que el teléfono reconoce y hace que suene.

ACTIVIDAD PROPUESTA 8.2

¿Cuántos puertos FXO, FXS y Ethernet tiene el dispositivo de la Figura 8.9?

8.4 Funcionamiento básico

En este apartado vamos a describir el funcionamiento básico de un sistema de telefonía IP. Los aspectos concretos de los distintos protocolos que se pueden usar los veremos más adelante. Por ahora nos centraremos en una descripción, más bien general, de cómo funciona la telefonía IP.

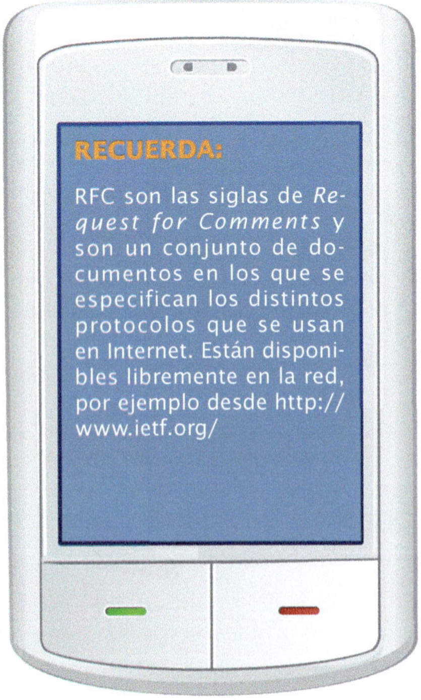

RECUERDA:

RFC son las siglas de *Request for Comments* y son un conjunto de documentos en los que se especifican los distintos protocolos que se usan en Internet. Están disponibles libremente en la red, por ejemplo desde http://www.ietf.org/

8.4.1 Los tres elementos básicos

En telefonía IP existen tres elementos básicos que son necesarios para que todo funcione correctamente:

- **Un protocolo de señalización:** el protocolo de señalización permite gestionar la transmisión de todo aquello que no tiene que ver con la transmisión de voz propiamente dicha. Mediante un protocolo de señalización, un teléfono IP recibe una indicación de que hay una llamada entrante, también se utiliza para indicar que queremos llamar, o para indicar que la línea está ocupada, o que el teléfono en el otro extremo está sonando, etc. Esa señalización, que en la telefonía convencional se realiza con una señal eléctrica de determinadas características, en telefonía IP se implementa mediante un protocolo de señalización que viaja por una red IP. Existen varios protocolos de señalización como puede ser H.323, SIP o IAX2 los cuales estudiaremos más tarde.
- **Un protocolo para transmitir la información de audio:** una vez establecida la comunicación, es necesario utilizar un protocolo específico para que los dos teléfonos IP puedan intercambiar el flujo de datos de audio (también llamado *stream* de audio) dado que la señal de voz se ha digitalizado previamente. Para ello se utilizan una serie de protocolos, por ejemplo, el que se denomina *Real-Time Transport Protocol,* RTP, o protocolo de transporte en tiempo real (RFC3550) y el denominado *Real-Time Transport Control Protocol,* RTCP o protocolo de control de transporte en tiempo real (también en el RFC3550).

- **Un CÓDEC de audio:** la información de audio la transporta el protocolo RTP descrito antes, pero la forma en la que se transforma (digitaliza) la señal de voz en una hilera de bits viene determinada por el códec que se esté usando. Existen, como veremos posteriormente, varios tipos de códecs, algunos ofrecen más calidad pero requieren un mayor ancho de banda. Otros son capaces de reducir en ancho de banda necesario sin reducir la calidad pero requieran mayor capacidad de procesado en el teléfono IP para poder utilizarlo.

8.4.2 ¿Cómo se establece, se mantiene y se cierra una llamada?

Una llamada se gestiona usando los tres elementos básicos que hemos descrito. RTP/RTCP y el códec se usan a la vez por lo que lo consideraremos como una unidad. La llamada se gestiona usando un protocolo de señalización.

En el esquema más sencillo, que se muestra en la Figura 8.11, los pasos para que desde un teléfono IP se llame a otro teléfono IP y se establezca la llamada son los siguientes:

- Uno de los teléfonos IP se conectará directamente con otro teléfono IP usando ese protocolo de señalización para «llamar». Se envía directamente al otro teléfono el mensaje «Llamando». El contenido de este mensaje y de los siguientes no importa, ya lo veremos cuando estudiemos los protocolos de señalización en el apartado 8.5.
- El otro teléfono le indica al que ha llamado que ha recibido la petición y que está sonando el timbre de llamada. Esto sirve para avisar al primer teléfono de que la llamada se ha recibido pero estamos esperando a que la persona descuelgue. Mientras esto sucede el teléfono que ha llamado, al recibir el mensaje que señala «Teléfono sonando» activará en el auricular el típico sonido que nos indica que el otro teléfono está sonando.
- Una vez que se ha descolgado, el teléfono llamado enviará el mensaje «Han descolgado» y la conversación podrá producirse.
- Antes de que la conversación sea posible, se usará el protocolo de señalización para negociar cómo va a suceder la transmisión de audio mediante RTP/RTCP negociándose, por ejemplo, los puertos UDP que se van a usar o el tipo de códec.
- Una vez establecida la negociación, el protocolo RTP entrará a formar parte del juego y la comunicación entre las dos personas al otro lado de los teléfonos será posible.

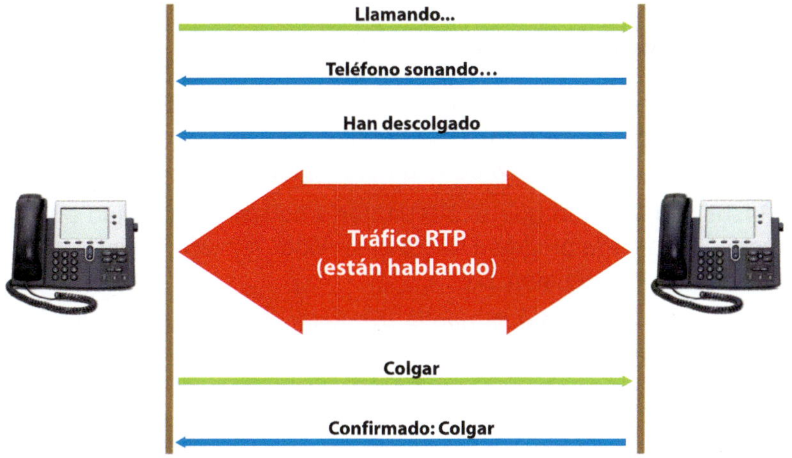

Figura 8.11. Llamada directa entre dos teléfonos IP.

Un códec convierte una señal de audio analógica como la de la imagen en una secuencia de bits que se va a transmitir.

A esa secuencia de bits se le suele llamar stream y a la acción de transmitir esa señal en tiempo real se le llama streaming.

En VoIP, por tanto, se hace streaming de una señal de voz.

TEN EN CUENTA QUE:

Para que un teléfono IP pueda hacer llamadas y recibirlas es necesario que esté registrado en su servidor correspondiente. Una teléfono (una extensión) que no esté registrada en el servidor aparecerá como no disponible.

- Finalmente, cuando cualquiera de las personas que está hablando cuelga, se volverá a generar un intercambio de información de señalización para cerrar correctamente la llamada.

Pero este esquema de funcionamiento, aunque posible, no es el más habitual. Fundamentalmente porque una de las características de la telefonía IP es que los usuarios pueden estar físicamente en distintos lugares del mundo y sigue siendo posible llamarles. Lo normal es que los usuarios de telefonía IP realicen un proceso de registro (en el que se indica, por ejemplo, la dirección IP del teléfono IP y la extensión) en un servidor especial. Este servidor especial bien podría ser una centralita IP de la empresa para la que este usuario trabaja, o el servidor de un proveedor de servicios de voz sobre IP.

Este servidor, que tendrá una dirección IP fija, tendrá registradas las direcciones IP de todas las extensiones que gestiona. Como tiene una dirección IP fija, será el punto de encuentro al que preguntar cuando queremos llamar a un determinado usuario de telefonía IP. Es algo parecido a lo que sucede con un servicio de mensajería instantánea, en el que el cliente necesita registrarse en un servidor.

Supongamos, por tanto, el siguiente escenario que se muestra en la Figura 8.12.

Se trata de un usuario de telefonía IP que desea llamar al usuario *100@sip.empresa.com*[1]. En este escenario que proponemos, el usuario llamante estará registrado en el servidor origen.com mientras que el destinatario, identificado por el número 100, lo está en el servidor *sip.empresa.com*.

Para poder seguir adecuadamente cada paso, se han numerado los sucesos que ocurren durante la llamada:

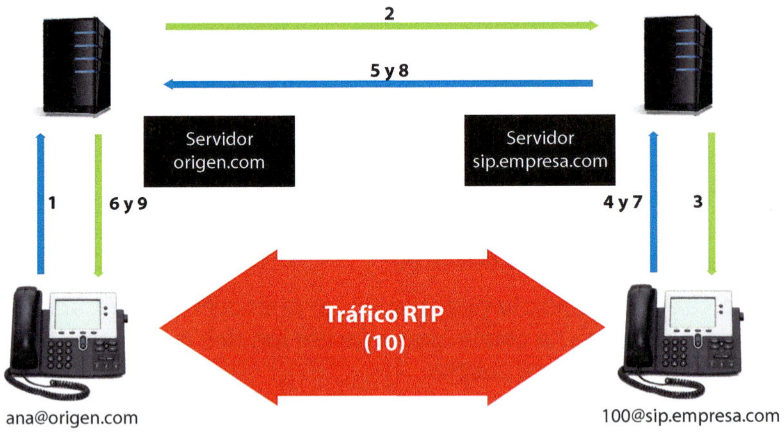

Figura 8.12. Llamada a través de servidores.

- **Paso 1:** la usuario «ana@origen.com» marca en su teléfono la dirección «100@sip.empresa.com». Esa petición se hace directamente al servidor en el que el teléfono de Ana está registrado.
- **Pasos 2 y 3:** dado que el destinatario no está registrado en «origen.com», la llamada progresa hasta el servidor «sip.empresa.com» y de ahí se envía a la extensión 100.
- **Pasos 4 al 6:** la señal de que la extensión 100 está sonando la genera el propio teléfono y se reenvía a través de los servidores para que llegue al teléfono de Ana.

[1] Esa forma de identificar al abonado destinario es típica del protocolo SIP. No obstante, el mecanismo que se utiliza es similar si se usan otros protocolos de señalización.

- **Pasos 7 al 9:** cuando la persona que atiende la extensión 100 descuelga, se envía el mensaje «Han descolgado» que llegará, tras sucesivos reenvíos, al teléfono de Ana.
- **Paso 10:** una vez que se ha aceptado la llamada, existen dos posibilidades. O bien el tráfico o *stream* de audio se reenvía a través de los servidores o bien ese tráfico lo intercambian directamente los dos.

Como puede observarse, si un teléfono IP está registrado en su servidor la localización será mucho más sencilla. Además, el sistema de telefonía IP intenta siempre optimizar recursos y reducir la carga del servidor dado que una vez que la llamada se ha aceptado, el tráfico lo intercambian directamente los dos teléfonos IP, sin usar a los servidores.

8.4.3 Integración con la RTC

Poder hablar por Internet con alguien que también tiene un teléfono IP es útil pero es poco versátil, dado que la telefonía tradicional sigue teniendo aún muchos abonados. ¿Es posible integrar una red de telefonía IP con una RTC? La respuesta es que sí que se puede, mediante unos dispositivos que se denominan pasarelas que integran una y otra red.

Las pasarelas pueden ser dispositivos específicos que están conectados a Internet y a la RTC. También pueden estar integradas en nuestra propia centralita IP de forma que si desde nuestra extensión marcamos un número de teléfono local, la llamada se realice a través de la RTC local, tal y como se muestra en la Figura 8.13.

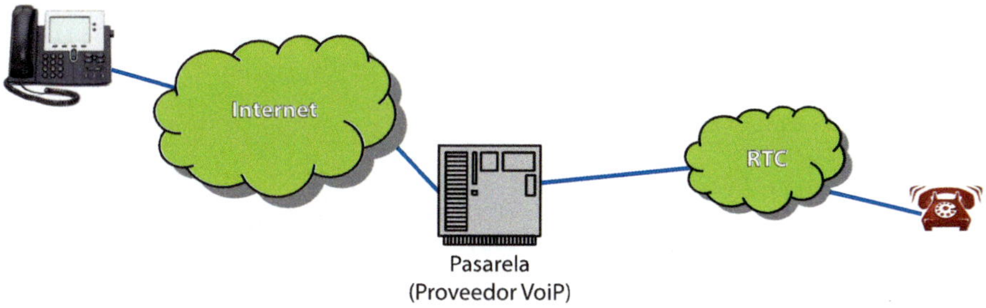

Figura 8.13. Integración con la RTC.

Esta integración es bidireccional y, por tanto, podemos hacer que una llamada entre a través de la RTC y que suene en una determinada extensión de nuestra red de telefonía IP.

> **ACTIVIDAD PROPUESTA 8.3**
>
> En la Figura 8.12 se muestran los pasos que se siguen para una determinada llamada. ¿Qué cambios habría si el usuario destinatario de la llamada fuera 100@origen.com?

8.5 Protocolos de señalización

Como se ha comentado anteriormente, los protocolos de señalización son los encargados de crear, mantener y terminar una llamada en VoIP. Son, por tanto, fundamentales a la hora de que una red de telefonía IP funcione.

Existen varios protocolos de señalización, algunos con más popularidad que otros, pero son incompatibles entre sí. Eso quiere decir que si nuestro teléfo-

RECUERDA:

La pasarela de la Figura 8.13, no es más que una centralita IP con suficientes puertos FXO o, mejor aún, con una línea primaria RDSI para realizar llamadas a la RTC.

TEN EN CUENTA QUE:

Existen algunos proveedores de telefonía IP que permiten hacer llamadas a números de teléfonos de la RTC a un precio más barato que si lo hiciéramos desde nuestra compañía de telefónica local. En este caso, podemos programar nuestra centralita para que, dependiendo del destino, se use uno u otro.

no IP solo soporta SIP, solo podrá conectarse con otro teléfono IP que soporte SIP. Afortunadamente, tanto los servidores de telefonía IP (centralitas IP) como los propios teléfonos IP (incluyendo softphones y adaptadores ATA) pueden ser capaces de «hablar» más de un protocolo, lo cual amplía su interoperatividad.

Los protocolos más importantes en telefonía IP son:

- SIP (*Session Initiation Protocol*, Protocolo de inicio de sesión) desarrollado por la IETF (*Internet Engineering Task Force*) y definido en el RFC3261.
- H.323 que, en realidad, hace referencia a un conjunto de protocolos definidos por la ITU (*International Telecommunication Union*).
- IAX (*InterAsterisk eXchange Protocol*) definido en el RFC5456, que se diseñó para centralitas IP tipo Asterisk.
- MGCP (*Media Gateway Control Protocol*) desarrollado por CISCO.

8.5.1 Protocolo SIP

El protocolo SIP es un protocolo que se diseñó con el objetivo de que fuera muy simple. Se parece en cierto modo al protocolo HTTP en el sentido de que ambos usan un esquema de petición-respuesta, ambos usan una codificación en ASCII (frente a una codificación binaria) para representar los mensajes y en ambos casos existen distintos métodos y códigos de respuesta. Un ejemplo de la petición (método REGISTER) y la respuesta (OK) en el proceso de registro de un softphone en una centralita IP Asterisk se muestra en la Figura 8.14.

TEN EN CUENTA QUE:

Una de las ventajas de usar SIP es que los mensajes se pueden interpretar fácilmente dado que se usa el formato de texto.

Por ejemplo, en la Figura 8.14 se puede ver, el número de la extensión que se registra o el nombre de la centralita IP que estamos usando.

```
REGISTER sip:192.168.254.4 SIP/2.0

Via: SIP/2.0/UDP 192.168.254.100:5060;rport;branch=z9hG4bK3726541508
From: <sip:100@192.168.254.4>;tag=4025720706
To: <sip:100@192.168.254.4>
Call-ID: 714365048@192.168.254.100
CSeq: 2 REGISTER
Contact: <sip:100@192.168.254.100:5060>
Authorization: Digest username=»100», realm=»asterisk»,
nonce=»63d56c26», uri=»sip:192.168.254.4», response=»e1b07cd5ffad24
36518ae1d6b329c731», algorithm=MD5
Max-Forwards: 70
User-Agent: wengo/v1/wengophoneng/wengo/rev49cd2a2682c9/trunk/
Expires: 2940
Content-Length: 0
```

```
SIP/2.0 200 OK

Via: SIP/2.0/UDP 192.168.254.100:5060;branch=z9hG4bK3726541508;
received=192.168.254.100;rport=5060
From: <sip:100@192.168.254.4>;tag=4025720706
To: <sip:100@192.168.254.4>;tag=as463a5b7a
Call-ID: 714365048@192.168.254.100
CSeq: 2 REGISTER
User-Agent: Asterisk PBX (digium)
Allow: INVITE, ACK, CANCEL, OPTIONS, BYE, REFER, SUBSCRIBE, NOTIFY
Expires: 2940
Contact: <sip:100@192.168.254.100:5060>;expires=2940
Date: Tue, 29 Dec 2009 04:17:10 GMT
Content-Length: 0
```

Figura 8.14. Petición y respuesta en el protocolo SIP.

En la especificación del protocolo SIP se distinguen tres elementos distintos:

- **Cliente:** se trata de, por ejemplo, un teléfono IP. Se denomina UA (*User Agent*), y está formado por dos elementos, el agente de usuario cliente

(UAC en inglés) y el agente de usuario servidor (UAS en inglés). Ambos residen en el mismo dispositivo. El UAC es el elemento que genera las peticiones (por ejemplo, generar una llamada), el UAS es el que recibe las peticiones de un UAC remoto y responde en consecuencia.

- **Proxy SIP:** es el elemento de la red que recibe la petición de llamada de un teléfono y la redirige o bien a otro servidor SIP o bien la hace llegar al teléfono del destinatario. Son esos nodos intermedios que veíamos en la Figura 8.12.
- **Registro SIP:** es una entidad que normalmente se sitúa en el mismo ordenador que el proxy SIP. Registra la ubicación de los UA que gestiona directamente. Los UA deberán, si quieren recibir llamadas, registrarse ante este registro SIP.

En el esquema más sencillo posible, dos teléfonos IP llamándose directamente, se produce la siguiente secuencia que se muestra en la Figura 8.15.

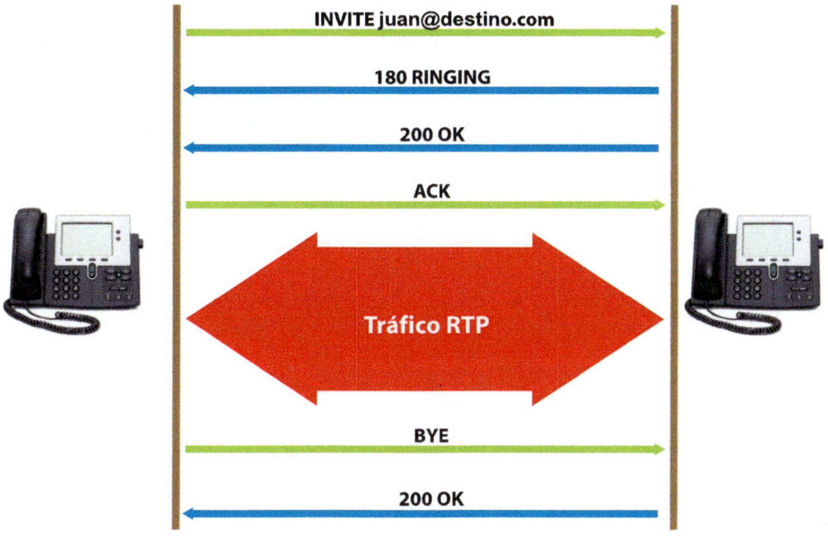

Figura 8.15. Llamada directa entre dos teléfonos IP usando SIP.

RECUERDA:

Un protocolo de señalización, como lo es SIP, sirve para establecer la llamada y para colgar. La transmisión de sonido siempre se hace con otro protocolo, por ejemplo, mediante RTP.

En esta secuencia, muy parecida a la ilustrada en la Figura 8.9, el usuario del teléfono A está llamando al teléfono B. La secuencia es la que se muestra:

1. El usuario del teléfono A llama al usuario juan@destino.com (esta es la forma de identificar un destinatario, igual que se hace en el correo electrónico). Para ello se envía una petición usando el método INVITE. En esa petición se indica no solo el destino sino también los códecs que soporta el teléfono.
2. El teléfono del usuario B, si está activo, indicará al teléfono A que la llamada está en curso, es decir, que el teléfono del usuario B está sonando. Para ello responde, en primer lugar, con «180 RINGING» con lo que indica un código de respuesta provisional (dado que no se sabe si el usuario va a descolgar o no) a la vez que indica al usuario del teléfono A que está avisando al usuario B.
3. Si el usuario del teléfono B descuelga, se enviará un mensaje de respuesta desde B a A indicando que la llamada se ha aceptado. Es el mensaje «200 OK», además se envían parámetros de configuración de lo que va a ser el canal para enviar la información de audio.
4. El teléfono A confirma que ha recibido esa indicación de OK y para ello envía una petición usando el método ACK.

5. En este momento se va a producir el intercambio de información de audio, la llamada se ha establecido y los usuarios están hablando entre ellos.
6. En el instante en que cualquiera de los dos teléfonos cuelgue, se enviará desde este una petición al otro teléfono usando el método BYE, con lo que se indicará el deseo de terminar la conversación.
7. El otro extremo responde con OK.

Sin embargo, la secuencia que acabamos de describir no es la habitual dado que requiere que el que llama conozca la ubicación exacta (dirección IP) del destinatario. Normalmente, la localización del teléfono destinatario (un UA, recordemos) se realizará gracias a los servidores proxy. De esta forma el teléfono del usuario A enviará la petición INVITE al servidor proxy que tenga configurado y este se encargará de buscar la ubicación del teléfono B. La secuencia completa se muestra (a modo de ejemplo) en la Figura 8.16.

TEN EN CUENTA QUE:

En realidad, una llamada a través de servidores SIP se diferencia muy poco a una realizada entre dos teléfonos de forma directa.

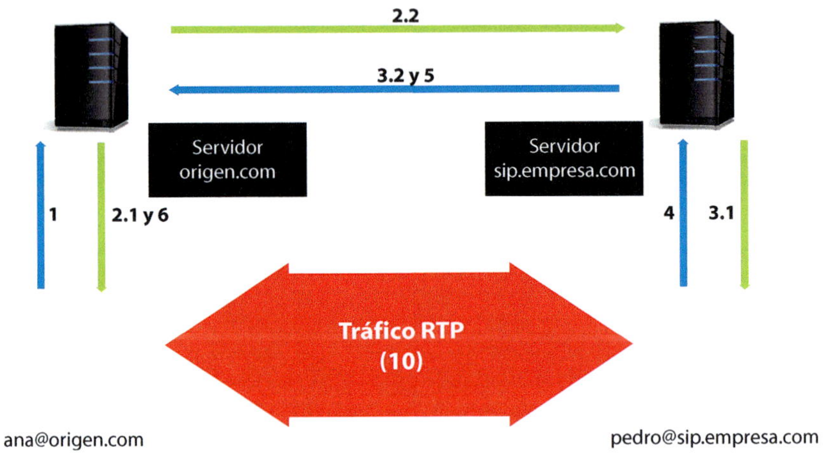

Figura 8.16. **Llamada a través de servidores usando SIP.**

La secuencia de sucesos es la siguiente:

- **Paso 1:** el teléfono de Ana realiza una petición a su servidor proxy con el método «INVITE», que es el que se utiliza para llamar.
- **Pasos 2.1 y 2.2:** el servidor «origen.com» responde con un mensaje «100 TRYING» para indicar que está intentado buscar al destinatario de la llamada. Además, dado que el destinatario no está registrado en el servidor, enviará una petición INVITE al servidor sip.empresa.com, dado que es lo que aparece detrás de la «@».
- **Pasos 3.1 y 3.2:** en el servidor «sip.empresa.com» sucede lo mismo. Se envía un mensaje «TRYING» al otro servidor y, en este caso, se envía la petición «INVITE» al teléfono IP de Pedro.
- **Paso 4:** el teléfono IP responde a la petición realizada en 3.1 mediante el mensaje «180 RINGING» o también mediante «183 SESSION PROGRESS» para indicar que el teléfono de Pedro está sonando y estamos a la espera de que Pedro descuelgue.
- **Paso 5 y 6:** el mensaje generado en el paso 4 es enviado de vuelta al teléfono de Ana para que sepa que el teléfono de Pedro ya está sonando.
- **Pasos 7, 8 y 9:** en el momento en que Pedro descuelgue, su teléfono IP enviará el mensaje «200 OK» y este será enviado, a través de los servidores, al teléfono de Ana.

- **Paso 10:** una vez que ha llegado el mensaje de OK, el teléfono de Ana tiene suficientes datos para enviar datos directamente al teléfono de Pedro. Por tanto, el mensaje con «ACK» que genera el teléfono de Ana, el tráfico RTP y los mensajes de cierre de sesión no pasarán a través de los servidores. Es decir, se comporta igual que en el caso de la Figura 8.13.

Si hemos estado atentos a la secuencia de acontecimientos, nos habremos dado cuenta de que falta algo. ¿Cómo conoce el segundo servidor proxy la ubicación del teléfono de Pedro? Pues eso solo es posible si el teléfono de Pedro se ha registrado previamente en el servidor «sip.empresa.com».

En efecto, para que el sistema funcione correctamente es necesario que los teléfonos se registren ante el registro SIP de su dominio. Este normalmente suele ser el propio servidor proxy, por lo que la petición de registro normalmente se hará al mismo servidor que el teléfono de Pedro tenía configurado como proxy SIP. Los mensajes que se intercambian los vimos en la Figura 8.12.

Es importante señalar que la operación de registro es imprescindible si queremos recibir llamadas en ese teléfono y que solo sirve para eso, para poder recibir llamadas. Por tanto, si nosotros usamos la telefonía IP solo para generar llamadas, el proceso de registro no será necesario. En el ejemplo que hemos utilizado, el teléfono de Ana no tendría por qué estar registrado mientras que el teléfono de Pedro necesariamente lo estaría.

Un mismo usuario puede, si se permite, realizar múltiples solicitudes de registro para que, de esta forma, esté localizable a la vez en múltiples teléfonos. Esto permitiría, por ejemplo, que al recibir una llamada esta sonara en más de un teléfono.

TEN EN CUENTA QUE:

Aunque se podría marcar un número sip como jaime@sip.empresa.com, lo normal es que sigan usando números, como si fueran extensiones.

De esta forma, si los empleados de una empresa marcan la extensión 578, la centralita IP sabrá que se trata del teléfono IP 578@sip.empresa.com. Pero los usuarios no saben eso, simplemente marcan 578 en su teléfono.

8.5.2 Protocolo H.323

El protocolo H.323 es otro de los protocolos de señalización más utilizados. Este protocolo ha sido estandarizado por la ITU (*International Telecommunication Union*), que es la misma organización que diseña protocolos para la telefonía tradicional. El protocolo H.323 puede usarse para cualquier elemento que contenga multimedia (el programa *Netmeeting* de Microsoft, por ejemplo, usa este protocolo) pero su diseño original persigue la perfecta integración de una RTC con una red de telefonía IP, al contrario que SIP que es un protocolo genérico para iniciar sesiones.

En el protocolo H.323 existen los siguientes elementos (para evitar confusiones se usa el nombre en inglés):

- **Terminals:** son los terminales multimedia que intervienen en la red. Puede ser un PC o un teléfono IP.
- **Gateway:** realiza funciones de conversión de protocolos. En nuestro caso realiza las conversiones necesarias cuando un terminal H.323 se quiere comunicar con un teléfono de la RTC.
- **Gatekeepers:** es el punto central de una red H.323 ya que se encarga de gestionar todas las llamadas. Se parece, en cierto modo, a un proxy SIP y, al igual que este, su uso es opcional; no obstante, casi siempre aparece.
- **MCU (Multipoint Control Units):** se trata de un dispositivo que permite usar la multiconferencia (tres o más terminales). Se encargan de negociar las sesiones con los clientes y pueden estar integrados en un *Gateway* o en un *Gatekeeper*.

Todos estos elementos se agrupan desde un punto de vista lógico en lo que se denomina una «**zona**». Una zona es un conjunto de terminales, *gateways* y MCU gestionadas por un único *gatekeeper*.

En cada zona, es necesario que los terminales se registren, mediante un proceso específico, ante el *gatekeeper*. Una vez hecho esto, se podrán establecer llamadas. Para ello, de forma similar a lo que ocurre en el protocolo SIP, se usarán una serie de mensajes de señalización que, en el caso del protocolo H.323, siguen el estándar H.225. Estos mensajes de control se podrán intercambiar directamente con el terminal al que se desea llamar o bien pasarán siempre a través del *gatekeeper*. Si se usa un sistema u otro es algo que determina el propio *gatekeeper*. El proceso de llamada entre dos terminales (dos teléfonos IP, por ejemplo), requiere la autorización del *gatekeeper*. El proceso completo se muestra en la Figura 8.17.

TEN EN CUENTA QUE:

H.323 realiza las mismas funciones que el protocolo SIP, solo que con un formato de mensajes diferente.

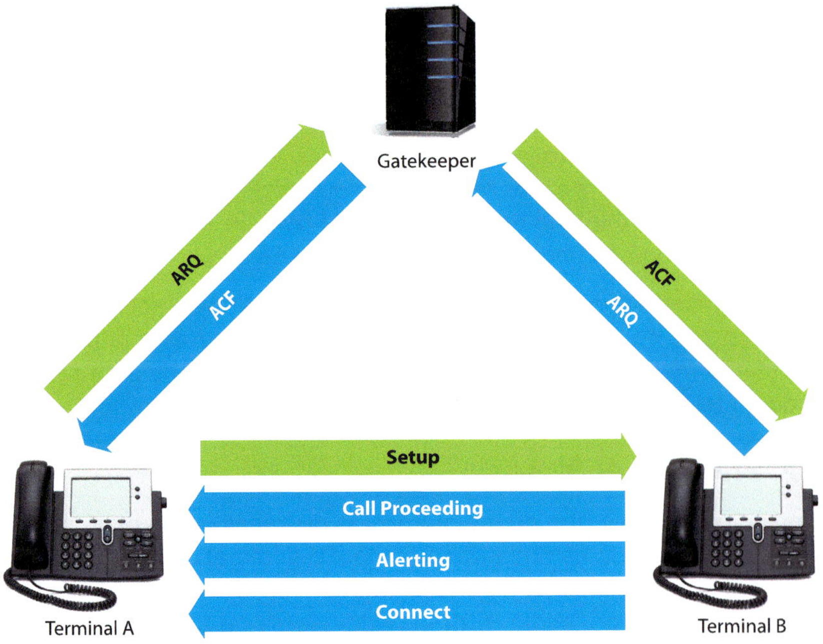

Figura 8.17. Llamada en H.323.

Los pasos de la figura son los siguientes:

1. El terminal A, que quiere llamar al terminal B, envía una solicitud de admisión (ARQ) al *gatekeeper*.
2. El *gatekeeper* acepta la solicitud mediante un mensaje de confirmación de admisión (ACF).
3. En ese momento, el terminal A envía directamente al terminal B un mensaje H.225 en el que solicita la conexión, esto es, realiza la llamada.
4. Mediante el mensaje *Call Proceeding* el terminal B indica que ha recibido la petición y mantiene a la espera del resultado al terminal A.
5. Ahora el terminal B debe comprobar si se puede establecer la conexión, para ello envía al *gatekeeper* un mensaje de solicitud de admisión.
6. El *gatekeeper* acepta esa solicitud.
7. El terminal B indica, directamente, al terminal A que la conexión se va a producir. Indica que el teléfono B está sonando.
8. Finalmente el terminal B acepta la llamada.

En este instante el terminal A y el terminal B intercambian, de forma directa, una serie de mensajes de señalización que les permiten negociar, entre otras cosas, el códec que se va a utilizar y los puertos UDP para los mensajes que transportan la información de audio (RTP y RCTP). Una vez establecida esa negociación lo que tendremos es un flujo de información que viaja en ambos sentidos y que contiene el audio de cada uno de los terminales.

Para cerrar la sesión, existe un procedimiento específico que se describe en esta Figura 8.18.

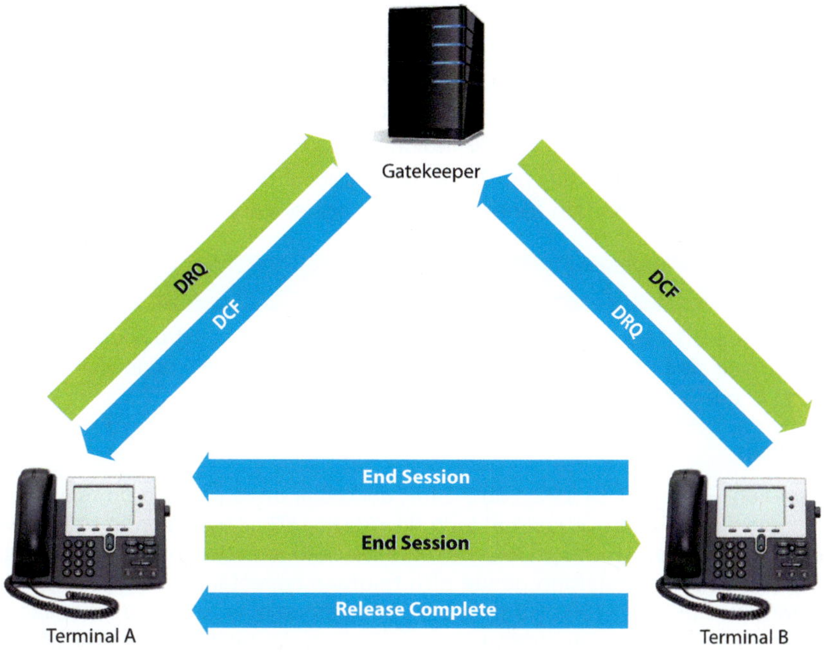

Figura 8.18. Desconexión en H.323.

1. El terminal B cuelga, eso provoca que se envíe el mensaje de fin de sesión al otro extremo (End Session), es decir, al terminal A.
2. El terminal A confirma la recepción de la llamada mediante un mensaje similar.
3. El terminal B finaliza el proceso de cierre (Release Complete).
4. Ambos terminales informan al *gatekeeper* que la sesión ha terminado mediante sendos mensajes de petición de desconexión (DRQ)
5. El *gatekeeper* informa de la recepción de esos mensajes mediante DCF.

8.5.3 Protocolo IAX2

IAX, versión 2, es un protocolo diseñado específicamente para VoIP. Diseñado por la misma persona que diseñó Asterisk, intenta evitar los problemas que existen con el protocolo SIP.

Por ejemplo, este protocolo intenta evitar los problemas que existen cuando uno de los teléfonos IP está detrás de un router NAT (usado, normalmente, si tenemos una conexión ADSL o por cable en modo multipuesto) o intenta reducir el *overhead* producido por el protocolo RTP.

La característica diferenciadora de este protocolo frente a SIP o H.323 es que la señalización de la llamada y la información de audio, viajan siempre por el mismo puerto UDP. Al contrario de lo que sucede con SIP, donde los dos teléfonos negocian una conexión RTP/RTCP distinta de la que se usa para la señalización (lo cual puede dar problemas al atravesar un firewall y un router NAT), IAX utiliza siempre el mismo puerto tanto para la señalización como para el flujo de datos de audio, por lo que únicamente es necesario abrir «una puerta» en el firewall o el router NAT.

Adicionalmente, si se trata de una conexión entre dos centralitas IP, el protocolo IAX permite «meter» varias conversaciones sobre una misma conexión, teniendo como único límite el ancho de banda disponible.

Finalmente, es necesario destacar que aunque IAX utilice siempre el mismo puerto, eso no significa que todo el flujo de datos, por ejemplo, de audio, tenga que pasar siempre por la centralita IP. El propio protocolo tiene previsto que si un determinado nodo detecta que él mismo no es necesario para mantener la comunicación, puede indicar a los otros dos nodos que se debe renegociar la conexión, sin perderla, para que el flujo de datos lo intercambien los dos teléfonos, sin tener que pasar por el servidor.

TEN EN CUENTA QUE:

Si nuestro teléfono tiene direcciones privadas, puede que se conecte al servidor Proxy a través de un router NAT.

Si es así, el campo Contact no serviría para que el servidor Proxy determine la dirección IP a la que enviar las respuestas.

Para solucionar el problema, el campo «Via:» indicará las direcciones IP reales a las que se debe mandar la respuesta.

ACTIVIDAD RESUELTA 8.4

En la Figura 8.14 se muestra un mensaje de solicitud de registro, identifica la extensión que se está registrando, la dirección del servidor SIP y la dirección del teléfono IP que está haciendo la petición de registro.

Solución:

El servidor Proxy SIP es 192.168.254.4, dado que en la petición de registro es la dirección que aparece justo al lado de «REGISTER». La extensión es «100» y la podemos ver en «From» y «To» que, en este caso, coinciden. Eso significa que para llamar a este teléfono desde otro teléfono conectado al mismo servidor bastaría con marcar «100». La dirección del teléfono IP se muestra en el campo «Contact» ya que este identifica la ubicación final del teléfono. La dirección del teléfono es 192.168.254.100.

ACTIVIDAD PROPUESTA 8.4

En la Figura 8.14 se muestra un mensaje de solicitud de registro, identifica el tipo de *softphone* que se está utilizando y la fecha en la que se autorizó el registro.

ACTIVIDAD PROPUESTA 8.5

Justifica si es posible que un teléfono IP que solo implementa el protocolo SIP se puede utilizar una red de telefonía IP en la que solo se usa el protocolo H323.

8.6 Códecs

Durante todo este tiempo hemos dicho que los protocolos RTP Y RTCP se utilizan para transportar la información de audio, es decir, para hacer llegar la voz de un teléfono a otro. Pero estos protocolos no indican cómo se convierte la señal de audio analógica de nuestra voz en una hilera de bits (también llamado *stream*) que se va a transmitir. La forma de definir cómo se hace esto, y con qué calidad, es lo que se define en lo que se denomina un códec (codificador/descodificador).

Existen muchos tipos de códecs, cada uno de ellos con distintas calidades, con diferentes requisitos de procesado (para la codificación y descodificación) y, por supuesto, distintos requisitos en cuanto a ancho de banda de la red:

Códec	Ancho de banda	MOS
G711	64 Kbps	4,1
G726	32 Kbps	3,85
G728	16 Kbps	3,61
G729	8 Kbps	3,92

Tabla 8.1. **Listado de codecs.**

En esta tabla se muestran cuatro de los códecs más utilizados en VoIP:

- G711 es el códec que requiere mayor ancho de banda, pero a la vez es el que más calidad aporta. Este códec es muy simple y, por tanto, estará disponible en casi cualquier teléfono IP.
- G729 tan solo requiere 8 Kbps para alcanzar una calidad parecida (aunque algo inferior) al G711. El códec G729 requiere una mayor capacidad de procesado (debido a las tareas de compresión) y, además, está sujeto a patentes, por lo que si queremos utilizarlo en nuestra centralita IP deberemos pagar una por cada uso simultáneo que se haga del códec.

La columna «Ancho de banda» se refiere a la velocidad (en bps) necesaria para transmitir la información de audio codificada con ese códec, sin tener en cuenta las caberas que se van a añadir (a saber, RTP, UDP, IP y Ethernet si estamos en una LAN). El valor MOS (*Mean Opinion Score*) es un valor, más o menos subjetivo, de la calidad de sonido de ese códec. Un valor MOS de 1 implica que la conversación es imposible de mantener mientras que un valor de 5 es el máximo. El MOS de una línea telefónica convencional (fija) es de 4. Naturalmente, este valor depende de las condiciones concretas de la red, pero sí que nos puede dar una idea comparativa de las calidades de los distintos códecs.

Para terminar, es importante señalar que la velocidad que está expresada en este cuadro es la velocidad necesaria para transmitir el *stream* de audio sin añadir nada más. Dado que ese *stream* de audio, al menos en VoIP, se encapsula usando RTP, UDP, IP y (en el caso de una LAN) Ethernet, los requisitos reales son más altos. Es decir, que a esos 64 Kbps que, por ejemplo, necesita G711 hay que añadirle unos 31,2 Kbps si queremos saber si se transmitirá correctamente en una red IP. Es decir, que G711 necesita, realmente, unos 95 Kbps y no 64 Kbps como podría parecer originalmente.

TEN EN CUENTA QUE:

Al necesitarse realmente un ancho de banda mayor que el que aparece en la Tabla 8.1, debemos ser cuidadosos al escoger un códec, no sea que por intentar tener mucha calidad acabemos saturando la red (con la consiguiente pérdida de calidad).

8.7 Proveedores voz IP

Durante todo este capítulo hemos descrito la estructura de una red de telefonía IP. Hemos visto los elementos fundamentales, entre los que destaca la centralita IP.

La centralita IP es el elemento central de una red de voz sobre IP y, como veremos, instalar una es muy sencillo. Sin embargo, existen proveedores de voz sobre IP cuyas funciones principales son las siguientes:

- **Realizar llamadas a la RTC:** aunque podemos instalar nuestra propia centralita IP con conexión a la RTC, puede que sea excesivamente caro si se trata de un uso particular o de una empresa pequeña. Los proveedores de voz sobre IP nos ofrecen la posibilidad de llamar a teléfonos de la RTC, fijos y móviles, de cualquier parte del mundo.

TEN EN CUENTA QUE:

Si queremos disponer de un número de teléfono de la RTC, debemos tener en cuenta que cada proveedor nos ofrecerá un número de su zona de influencia.

Así, un proveedor de EEUU nos ofrecerá un número de ese país, mientras que un proveedor español, un número de España.

RECUERDA:

Un proveedor de voz sobre IP no es imprescindible. Si instalamos nuestra propia centralita y usamos los puertos FXO, no será necesario contratar los servicios de un proveedor de VoIP.

TEN EN CUENTA QUE:

El identificador de llamada permite que en el teléfono al que llamamos aparezca el número del que llama.

Si usamos telefonía IP ese identificador dependerá del proveedor que usemos para llamar. Algunos proveedores permiten que el usuario establezca ese valor, pero esto no siempre funciona bien, especialmente si nuestro proveedor es extranjero.

Skype es uno de los proveedores más conocidos de voz sobre IP. Sin embargo, no usa los protocolos estándares, por lo que su integración con una centralita IP es complicada.

No obstante, esta compañía está empezando a ofrecer servicios sobre SIP.

- **Recibir llamadas desde la RTC:** en este caso, lo que nos ofrece el proveedor de telefonía IP es un número de la RTC que está asociado con nuestra cuenta de voz sobre IP. Si alguien marcar nuestro número de la RTC la llamada llega a la centralita IP de nuestro proveedor y la redirige a nuestro teléfono IP. En este caso, suele existir una cuota mensual para poder usar este servicio.
- **Disponer de una centralita IP:** si no queremos instalar y mantener nuestra propia centralita IP, existen proveedores que nos permiten usar la suya. Nosotros configuraremos la centralita IP y el proveedor es el que se encarga de mantenerla funcionando en uno de sus servidores.
- **Ofrecer un servicio de telefonía completo:** se trata de compañías, principalmente en EEUU, que ofrecen un servicio de telefonía completo a sus abonados usando telefonía IP. Los abonados tendrán un número de la RTC asociado y podrán realizar llamadas a la RTC. Además, las llamadas entre los abonados de la misma compañía no cuestan nada, dado que se trataría de una llamada entre dos teléfonos IP.

8.7.1 Aspectos a tener en cuenta a la hora de usar un proveedor de telefonía IP

A la hora de contratar un servicio con un proveedor de telefonía IP es importante tener en cuenta lo siguiente:

- Para realizar llamadas podemos elegir un proveedor de cualquier parte del mundo. Aunque parezca increíble, existen proveedores en EEUU que ofrecen mejores precios en llamadas a España que proveedores españoles.
- Es importante probar antes el servicio dado que la calidad de la llamada dependerá de la calidad de la conexión entre nuestro ordenador y el servidor del proveedor. Hay que tener en cuenta que si residimos en España y usamos un proveedor en EEUU, la llamada de voz sobre IP tendrá que «llegar» a ese país.
- Para realizar llamadas podemos usar los servicios de varios proveedores de voz sobre IP y configurar nuestra centralita IP para que, dependiendo del número al que llamemos, esta se realice a través de un proveedor u otro.
- Para recibir llamadas con un número español, probablemente necesitemos contratar los servicios de un proveedor español. Pero eso no significa que tengamos, necesariamente, que realizar llamadas a través de ese proveedor.
- Hay que tener en cuenta que el identificador de llamada probablemente sea distinto según el proveedor que usemos para realizarla. Eso puede confundir al que recibe la llamada. Si eso es importante, deberíamos asegurarnos de que nuestro proveedor nos permite establecer el identificador de llamada al valor que queramos. No obstante, hay que tener en cuenta que si usamos el mismo proveedor que nos permite recibir llamadas puede que el identificador de llamada esté establecido correctamente.
- Es preferible usar proveedores de telefonía IP que usen protocolos estándar, como SIP, H323 o IAX dado que son los más habituales tanto en teléfonos IP como en las centralitas IP. Algunos proveedores como Skype usan un protocolo propietario, aunque esto está cambiando, que no siempre estará disponible en todos los teléfonos IP hardware, aunque sí puede estar disponible en determinados *softphones*.
- Es importante probar con varios proveedores antes de decirse a utilizar uno. No solo el precio importa sino la calidad de la comunicación.

ACTIVIDAD PROPUESTA 8.6

Supón que trabajas para una compañía que oferta servicios en varios países del mundo y que tu empresa desea que cuando los clientes llamen al número de soporte usen un número del país al que pertenecen. Sin embargo, todo el personal de la compañía trabaja en España ¿Cómo puede ayudarnos la telefonía IP en esta tarea?

8.8 Configuración básica centralita IP

A la hora de elegir una centralita IP podemos escoger entre un hardware específicamente diseñado para eso o un PC con un software específico instalado.

Las centralitas específicas suelen ser caras, aunque hay que tener en cuenta que existen adaptadores ATA que pueden cumplir perfectamente con las funciones que deseamos. Eso sí, tienen la ventaja de que son más robustas en cuanto a su funcionamiento y ocupan menos espacio.

Por otra parte, si usamos un PC con un software específico instalado, dispondremos de una centralita IP totalmente funcional aunque, eso sí, si queremos usar la RTC deberemos instalar en el PC unas tarjetas especiales, tal y como se veía en el apartado 8.3. Además disponemos de una amplia gama de productos, incluidos algunos gratuitos como Asterisk y otros productos basados en esta plataforma que, si bien exigen el pago de una licencia, su uso es libre para una configuración pequeña.

TEN EN CUENTA QUE:

Dado que al instalar la centralita de Digium borraremos el disco duro, puede ser buena idea instalar esta centralita en una máquina virtual (por ejemplo, Vmware, Virtual PC o Virtual box). De esta forma podremos hacer pruebas sin tener que borrar el sistema operativo de nuestro PC.

En nuestro caso configuraremos una centralita IP basada en Asterisk, por ser la más accesible a todos. En el página web de Asterisk (http://www.asterisk.org) podemos descargarnos el código fuente para Linux e instalarlo en nuestro ordenador. También nos podemos descargar una imagen ISO que contiene una autoinstalación del sistema operativo Linux y Asterisk en un solo CD. Esta opción es la recomendable si vamos a usar un PC dedicado a esta labor ya que nos instalará todo el software necesario y, además, dispondremos de una interfaz web para configurarlo. Este CD, que se llama AsteriskNow, se puede descargar también desde la página web de Asterisk.

Además, la empresa que desarrolla Asterisk, Digium dispone de un CD similar al que encontramos en Asterisk pero con una interfaz un poco más desarrollada. Se trata de una plataforma de pago, pero es gratuita para configuraciones de hasta 15 extensiones y 8 llamadas simultáneas.

Dado que esta plataforma desarrollada por Digium es adecuada para nuestros propósitos, e incluso más que suficiente para una empresa pequeña, utilizaremos esta para explicar cómo se configura una centralita IP. No obstante, si instalamos nosotros mismos Asterisk en un PC con Linux o bien usamos el CD de AsteriskNow, no tendremos ninguna limitación aunque, eso sí, la interfaz de configuración es menos intuitiva.

8.8.1 Descarga e instalación de la centralita IP

El software para instalar nos lo descargaremos desde la página web de Digium: http://www.digium.com/en/products/switchvox/free-trial.php.

Una vez descargada la imagen, tendremos que crear un CD con esa imagen e introducirlo en un ordenador para su instalación.

IMPORTANTE: Este CD instala la centralita IP en el ordenador **borrando** el contenido del disco duro. Debemos usar, por tanto, un PC dedicado o bien alguna aplicación de virtualización. Además, el PC, aunque tenga instalado Linux, solo funcionará como centralita IP.

El proceso de instalación es muy sencillo, similar al de cualquier instalación de Linux, y bastará con seguir las indicaciones por pantalla. Al final de la instalación deberemos configurar la centralita IP para especificar la configuración IP del ordenador y la contraseña de acceso del administrador para la interfaz web.

Una vez finalizado el proceso, en la consola del PC nos mostrará un mensaje como el de la Figura 8.19.

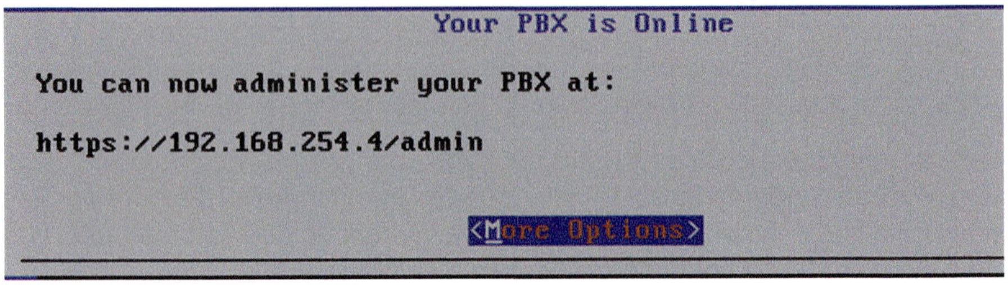

Figura 8.19. **La centralita está lista para funcionar.**

Una vez que tenemos la centralita instalada accederemos a la URL que nos indica el mensaje de la Figura 8.18 que, naturalmente, dependerá de la dirección IP que tengamos configurada en la centralita.

TEN EN CUENTA QUE:

En este ejercicio haremos una configuración sencilla, con una extensión (teléfono IP) y usaremos un proveedor de voz sobre IP externo. Adicionalmente configuraremos unas reglas de marcado simples.

8.8.2 Visión general de la centralita IP

Una vez que iniciemos la sesión, nos aparecerá una pantalla similar a la de la Figura 8.20.

Figura 8.20. **Pantalla principal de la centralita.**

Describamos brevemente para qué sirve cada uno de estos apartados:

- **Extensions:** permite configurar las extensiones de esta centralita. Es decir, sirve para asignar una extensión a cada uno de los teléfonos que usen la centralita. Todos los teléfonos tienen que tener una extensión asignada, incluso si esta no se usa para recibir llamadas.

- **PBX Features:** permite configurar determinadas características de la centralita. En concreto sirve para seleccionar la música en espera que se va a utilizar (seleccionando un fichero MP3), permite crear nuestro propio IVR, el cual nos va a permitir establecer un menú del tipo «Pulse 1 para ventas...», permite gestionar los sonidos que se reproducen permitiendo, por ejemplo, tener un menú IVR en múltiples idiomas con ficheros de sonido para cada uno de ellos. Finalmente, permite definir tramos horarios que se usarán luego en las reglas de marcado.
- **System Setup:** nos permite detectar y configurar las tarjetas de teléfono que pudiéramos tener instaladas o especificar los proveedores de voz sobre IP que vamos a usar. También nos permite configurar las reglas de marcado en salida y en entrada, esto nos permite decidir si una llamada a España se debe dirigir a través de un proveedor u otro o qué extensiones deben sonar si se recibe una llamada. También permite configurar las notificaciones de que hay un mensaje en el buzón de voz, dado que estas notificaciones se envían por correo electrónico.
- **Diagnosis:** permite obtener una pantalla en la que se nos informa del estado de la conexión con nuestro proveedor de voz sobre IP y el estado de las extensiones. También permite visualizar el registro de errores y obtener una amplia gama de estadísticas de uso del servicio de telefonía.
- **Machine Admin:** permite configurar la dirección IP de la centralita IP, hacer un backup, actualizar el software de la centralita, entre otras tareas. La más interesante es la de registro, dado que es necesario registrar el producto incluso si se va a hacer uso de la licencia gratuita.

8.8.3 Añadir una extensión

El primer paso que vamos a dar es el de añadir la primera extensión. Para ello pulsamos en «Extensions→Manage extensions» y se mostrará una pantalla similar a la de la Figura 8.21

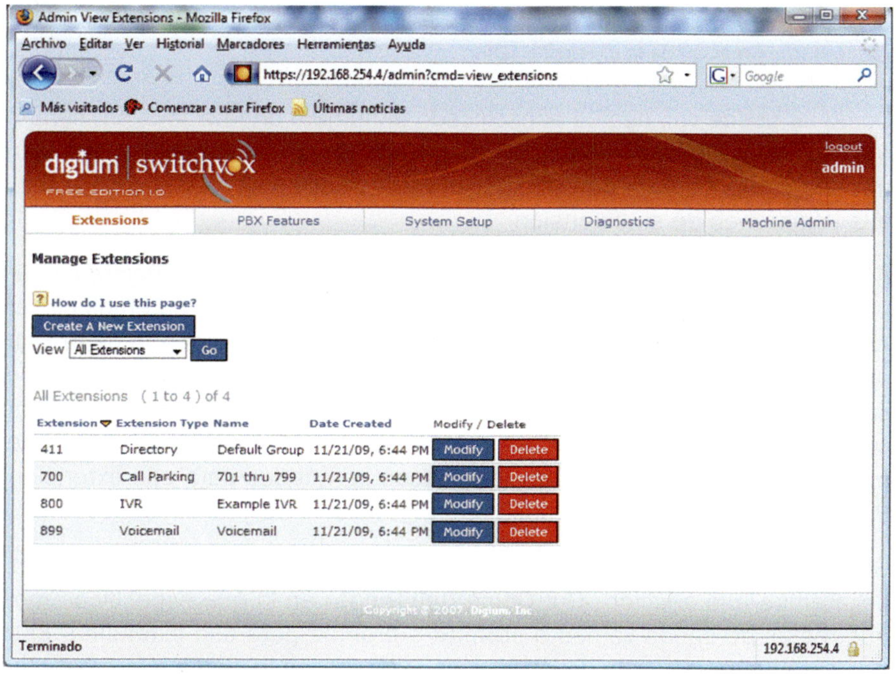

Figura 8.21. Añadir una extensión.

RECUERDA:

Una extensión en voz sobre IP es lo mismo que una extensión en telefonía tradicional. Se refiere a un teléfono IP que sonará cuando se marque esa extensión. La diferencia es que esa extensión podría estar en cualquier parte del mundo.

Como puede verse, ya existen una serie de extensiones preconfiguradas. Son extensiones que nos permiten, por ejemplo, acceder al buzón de voz de una extensión o escuchar el menú IVR que está configurado en la centralita.

Pulsaremos en el botón «Create a New Extension» para crear una nueva extensión y en la siguiente pantalla seleccionaremos «SIP Phone or SIP Adapter» como tipo de extensión, dado que va tener asociado un teléfono IP, el resultado se muestra en la Figura 8.22.

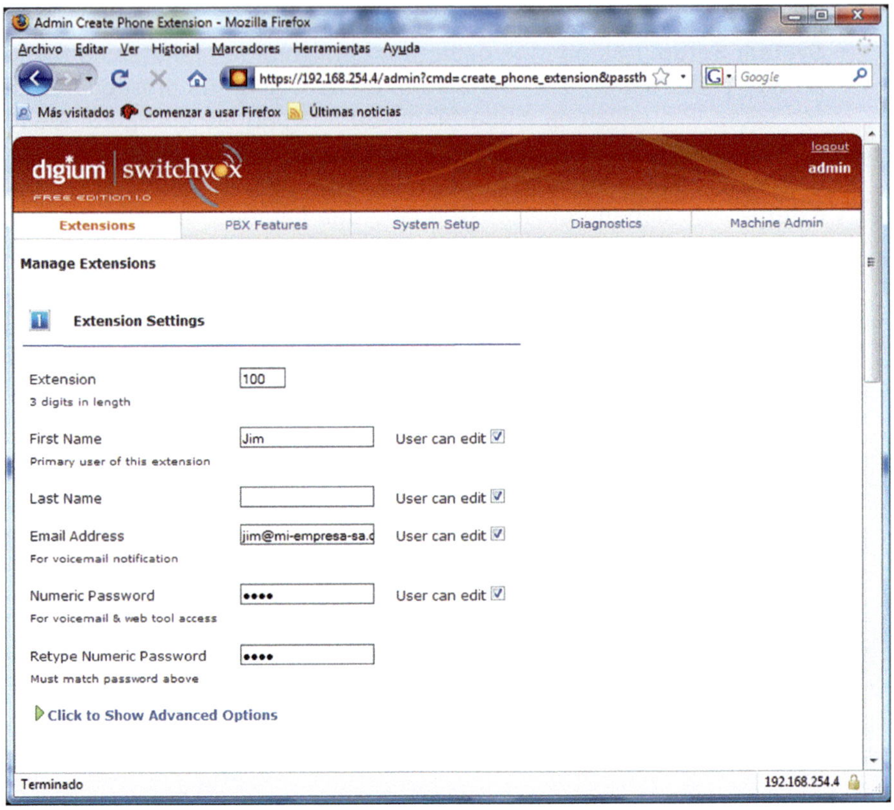

Figura 8.22. Creación de la extensión 100.

Como se puede ver, hemos especificado el número de la extensión, el nombre del usuario y la dirección de email. También se ha especificado la contraseña numérica para que ese usuario pueda acceder a su buzón de voz y a la página web de su extensión.

Aún no hemos terminado de configurar la extensión, para ello bajaremos un poco en esta pantalla hasta llegar a «Phone Settings» y allí haremos clic en «Show Advanced Options», se mostrará una pantalla similar a la de la Figura 8.23. En esta pantalla tendremos que configurar una contraseña de acceso para el teléfono, distinta de la de acceso al buzón de voz, para evitar que cualquiera pueda usar la extensión sin permiso. Puede observarse, además, que se pueden configurar los códecs permitidos para esa extensión. Por ahora no modificaremos esos datos.

Si continuamos bajando en la pantalla de configuración de la Figura 8.21, llegaremos a la sección «Out Going Call Rules» en la que especificaremos qué reglas de salida vamos a permitir o prohibir para esa extensión. Esto nos permite impedir que determinadas extensiones llamen a números internacionales o a números de tarificación especial. Puede observarse que estos números hacen referencia al sistema de numeración de EEUU, tendremos que cambiar las reglas de salida para adaptarlas a nuestro sistema de numeración.

Finalmente pulsamos en «Save Extension Settings» para crear la extensión y almacenarla en la centralita.

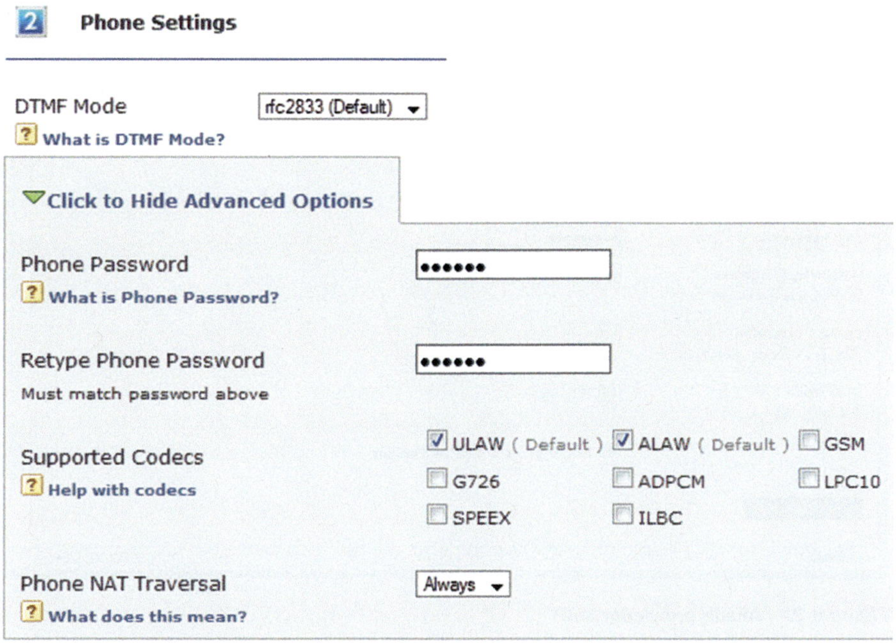

Figura 8.23. **Especificar contraseña para el teléfono.**

8.8.4 Configurar un proveedor de VoIP

El primer paso que vamos a dar es el de configurar el proveedor de servicios de telefonía que vamos a usar. Para ello necesitaremos saber la dirección del servidor proxy SIP y el usuario y contraseña de nuestra cuenta. Una vez que tengamos esos datos, accederemos a «System Setup→VoIP Providers», en la pantalla que nos aparezca seleccionaremos el tipo de servidor al que nos vamos a conectar, en nuestro caso es SIP, y pulsaremos en «Go».

> **TEN EN CUENTA QUE:**
> En este ejemplo usamos un proveedor de voz sobre IP externo porque nuestra centralita IP no dispone de puertos FXO.

Hecho esto rellenaremos los datos que nos piden, tal y como se muestra en la Figura 8.24.

En el campo «SIP Provider Name» podremos poner lo que queramos dado que es la forma en la que se va a identificar ese proveedor dentro de la aplicación. En los campos «Account ID», «Password» y «Hostname» teclearemos, respectivamente el nombre de usuario, la contraseña y la dirección del servidor proxy SIP.

La extensión que aparece reflejada como «CallBack Extension» es obligatoria ponerla y se refiere a la extensión que, por defecto, va a sonar si se recibe una llamada asociada a ese proveedor SIP. Debemos poner una, incluso si no tenemos contratado ningún servicio de llamadas entrantes.

Existen más parámetros pero, en principio, no va a ser necesario modificarlos.

SABÍAS QUE:

Podemos usar un proveedor de voz sobre IP extranjero pero, en ese caso, es probable que los prefijos telefónicos sean distintos. Si usamos un proveedor extranjero deberemos configurar reglas de marcado para que los usuarios marquen igual que lo hacen en España pero que la centralita traduzca ese número a lo que necesita el proveedor.

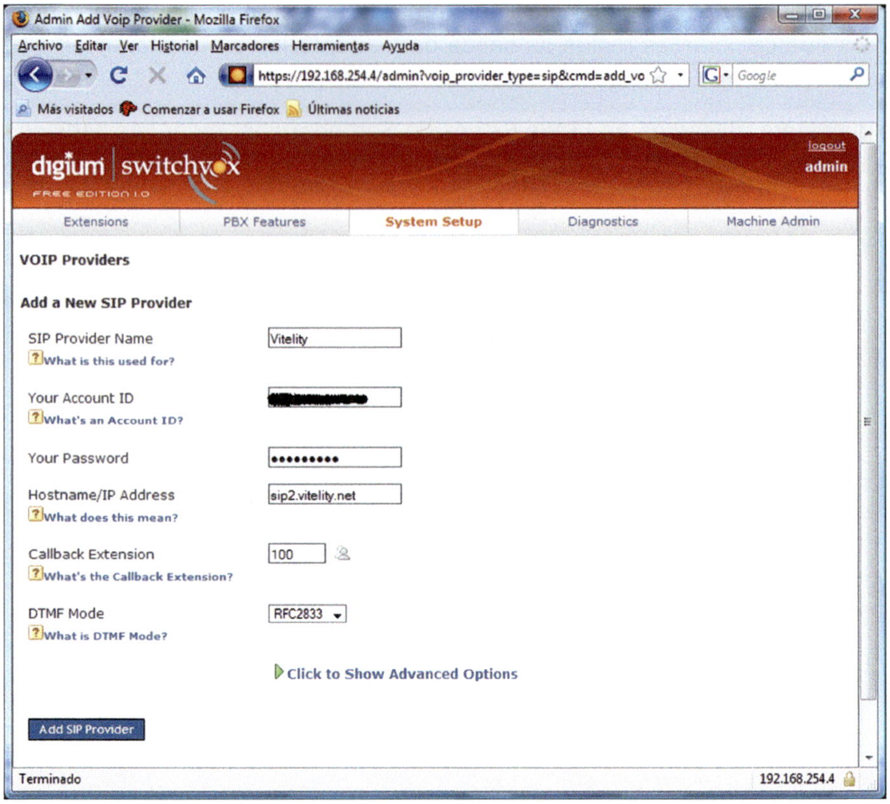

Figura 8.24. **Añadir proveedor VoIP.**

8.8.5 Comprobando el estado de la centralita

Antes de continuar es preciso comprobar que todo, aparentemente, funciona. Para ello deberemos configurar los teléfonos de acuerdo con las extensiones que hemos creado. Además, comprobaremos el estado de la conexión en: «Diagnostics→System Status», en la Figura 8.25 se muestra un ejemplo.

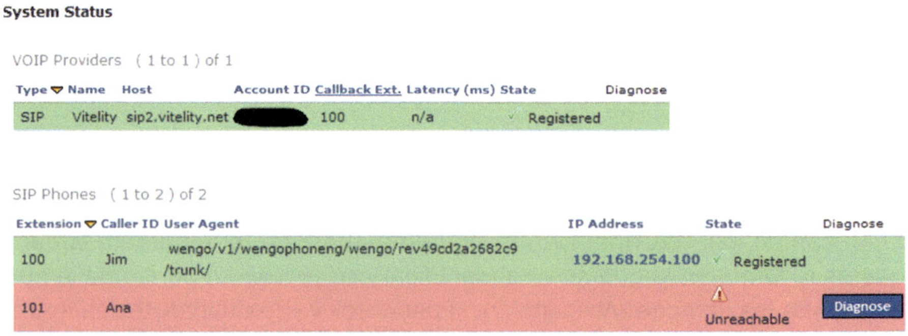

Figura 8.25. **Estado de las extensiones y del proveedor.**

Como puede observarse, la conexión con el proveedor de VoIP es correcta. También está correctamente conectada la extensión 100 pero no así la 101 que no está accesible dado que en este caso concreto está desconectada de la red.

Para comprobar que efectivamente todo funciona bien, podemos probar llamando desde una extensión a otra o bien marcar 800 o 899 que se corresponden con el menú IVR y con el buzón de voz respectivamente.

8.8.6 Modificar las reglas de marcado

Las reglas de marcado indican qué va a ocurrir cuando se llama a un número o cuando se recibe una llamada. Se trata de las «Outgoing Calls» y las «Incoming Calls». Si viviéramos en EEUU, no tendríamos que modificar nada y podríamos empezar a usar directamente la centralita IP.

Desgraciadamente esto no es así y, como veremos, el sistema de marcado en EEUU difiere del español. Veamos las propiedades de marcado hacia el exterior seleccionando «System Setup→Outgoing Calls», el resultado se muestra en la Figura 8.26.

Outgoing Rules (1 to 7) of 7

Priority	Move	Name	Pattern to Match	Outgoing Type	Call Using	Modify / Delete
1		International	Begins with 9011 and the remainder is 7 ...	SIP Provider	Vitelity	Modify Delete
2		1-900 Numbers	Begins with 91(900|976) and the remainde...	SIP Provider	Vitelity	Modify Delete
3		Toll Free	Begins with 91(800|888|877|866) and the ...	SIP Provider	Vitelity	Modify Delete
4		Long Distance	Begins with 91 and the remainder is 10 d...	SIP Provider	Vitelity	Modify Delete
5		Local	Begins with 9 and the remainder is 7 dig...	SIP Provider	Vitelity	Modify Delete
6		911	Number exactly matches 911.	SIP Provider	Vitelity	Modify Delete
7		Internal	Any number 3 digits in length.	internal		

Figura 8.26. Reglas de marcado por defecto.

En esta figura se puede ver que todos los números que se pueden marcar empiezan por 9 las extensiones internas y el número de emergencia, 911, que es un caso especial. Es decir, esta figura indica que las extensiones en esta centralita son de tres dígitos y que para llamar al exterior hay que anteponer un 9 al número a marcar. Ese 9 hace las veces de prefijo para salir al exterior en la centralita IP. Si no editamos estas reglas de marcado, nuestros usuarios se encontrarían con un sistema de marcado distinto del español.

La centralita irá comparando las reglas de marcado una a una comenzando por la que tiene prioridad 1. Si hay dos reglas que coinciden se prueba primero la que tiene un número de prioridad más bajo.

Vamos a configurar la centralita IP para adaptarla a nuestro esquema de numeración. Comenzaremos borrando las reglas «1-900 Numbers», «Local» y «911» ya que no las vamos a utilizar y editaremos las reglas «International», «Toll Free» y «Long Distance» para convertirlas en las reglas que se apliquen en llamadas a números internacionales, gratuitos y fijos y móviles en España. Podríamos cambiar también el nombre, pero no lo haremos para simplificar la tarea, siempre se puede hacer en otra ocasión.

Comenzaremos determinando qué prefijo se va a utilizar para «llamar al exterior». Muchas centralitas en España usan el 0, así que lo haremos así.

Vamos a ver un ejemplo editando las reglas para las llamadas internacionales, pulsaremos en el botón «Modify» de la regla «International» y lo configuraremos como se muestra en la Figura 8.27.

Se puede observar lo siguiente:

- Hemos establecido el 0 como prefijo de llamada.
- Los dos ceros que vienen después indican que se trata de una llamada internacional, ese es el prefijo usado para una llamada internacional en España.
- El resto del número tiene que tener entre 7 y 13 dígitos, lo normal en un número internacional.

SABÍAS QUE:

En EEUU las llamadas internacionales se marcan anteponiendo 011 al número de teléfono en formato internacional. Y las llamadas de «larga distancia» es decir, las que no son locales pero tampoco internacionales, siempre empiezan por 1.

Modify Outgoing Call Rule

Rule Name: International

Is this rule final?: (•) Yes ( ) No
What is a final rule?

Pattern to match: Number begins with the digits 000.
What do these fields mean? The rest of the number must be between 7 and 13 digits in length.
Before connecting the call, trim 3 digits from the front,
and then prepend the digits 011 to the number.

Call Through: SIP Provider

SIP Provider: Vitelity

Figura 8.27. Configuración de llamada internacional usando un operador de EEUU.

Si nuestro proveedor de voz sobre IP fuera español y, por tanto, compartiera el mismo esquema de numeración que hemos establecido, en el campo «Trim ___ digits» habríamos puesto «1», y en el campo «prepend the digits ____» no hubiéramos puesto nada. De esta forma al efectuar la llamada se elimina el prefijo de la centralita y el resto se manda como número a marcar al proveedor.

Sin embargo, en el ejemplo mostrado estamos usando un proveedor de telefonía IP de EEUU y, como hemos visto, el prefijo de acceso internacional es 011. Por tanto, ha sido preciso eliminar tanto el prefijo de la centralita como el «00» del prefijo internacional en España y añadir, antes de que la centralita marque el número, el prefijo 011.

El resto de reglas se modificarían siguiendo este mismo esquema.

ACTIVIDAD RESUELTA 8.5

Modifica las reglas de marcado de «Long Distance» para que con ellas se permita llamar a un número fijo o móvil en España teniendo en cuenta que se usará el prefijo 0 en la centralita y que el proveedor de servicios es de EEUU.

Solución:

Es muy parecida a la regla «International» que editamos antes. El resultado se muestra en la Figura 8.28

Number begins with the digits 0(6|9).
The rest of the number must be between 8 and 8 digits in length
Before connecting the call, trim 1 digits from the front,
and then prepend the digits 01134 to the number.

Figura 8.28. Solución a la actividad 8.5.

ACTIVIDAD RESUELTA 8.6

Indica cómo sería el esquema de marcación de la actividad anterior si el proveedor fuera español y usara el mismo esquema de marcación que en la RTC española.

Solución:

Se muestra en la Figura 8.29.

Number begins with the digits 0(6|9).
The rest of the number must be between 8 and 8 digits in length
Before connecting the call, trim 1 digits from the front,
and then prepend the digits to the number.

Figura 8.29. Solución a la actividad 8.6.

RECUERDA:

Si nuestro proveedor de telefonía IP no usa el mismo sistema de numeración que en España, tendremos que tenerlo en cuenta a la hora de generar las reglas de marcado.

Ten en cuenta, además, que lo que para nosotros es una llamada nacional, para nuestro proveedor puede ser internacional.

ACTIVIDAD PROPUESTA 8.7

Indica cómo sería el esquema de marcación para un número gratuito (prefijo 900) si se usa un proveedor de telefonía IP español y si se quiere que el 0 sea el prefijo para llamar al exterior.

8.9 Configuración y uso de softphones

Softphones en Internet hay muchos. Algunos son gratuitos, otros no. Algunos son software propietario, otros de código abierto. Wikipedia tiene registrados unos 40 softphones distintos a los que hay que añadir los 10 disponibles para plataformas móviles.

Es decir, que la elección de un softphone no es una tarea fácil porque hay mucho donde elegir. Algunos softphones solo sirven para SIP, otros se integran con otras redes como Skype, MSN o Google Talk. A la hora de elegir un softphone determinado para este apartado, hemos decido escoger uno que sea sencillo de manejar y de configurar.

Hemos escogido el softphone de 3CX que puede descargarse desde http://www.3cx.com. La aplicación, una vez descargada, se instala directamente sin que se diferencie de cualquier otra aplicación que se instale en Windows.

La primera vez que ejecutemos la aplicación, nos aparecerá la pantalla de la Figura 8.30 (parte izquierda) para configurar el programa. La aplicación permite crear diversos perfiles que podremos seleccionar según nuestras necesidades. En este caso hemos decidido usar la centralita que habíamos configurado en el apartado anterior, pero se podrá usar la configuración de cualquier proveedor de voz sobre IP.

Si pulsamos en el botón «Advanced Settings» podremos modificar algunos parámetros de interés, como puede ser el número de la extensión para el buzón de voz u otros parámetros como pueden ser los puertos que se van a utilizar o la especificación de un servidor STUN que, por defecto, está configurado para que se use el del propio fabricante. Es mejor dejar esos parámetros tal y como están.

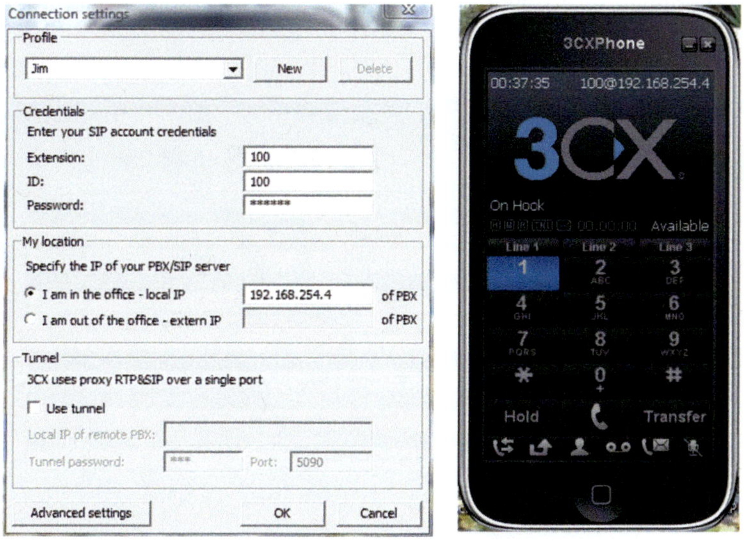

Figura 8.30. Configuración de 3CX e imagen de la aplicación.

Como se puede ver, en esta imagen también se incluye una pantalla de la aplicación. Como puede observarse el diseño es muy limpio y para empezar

3CX es una empresa que ofrece centralitas IP para sistemas Windows. Dispone de una versión gratuita que permite un número ilimitado de extensiones y cuatro llamadas simultáneas.

Es una alternativa a los servidores Linux.

SABÍAS QUE:

Uno de los problemas del protocolo SIP es que no se comporta bien cuando hay un router NAT entre el teléfono y la centralita o el proveedor.

Aunque algunos router NAT son capaces de solucionar el problema, otros no. Para eso existe el servidor STUN. Este servidor lo usa el teléfono IP para conocer cuál es su dirección pública y, de esta forma, realizar la negociación del canal de audio correctamente.

a usarlo basta con marcar un número en el teclado numérico. La aplicación nos permite usar varias líneas a la vez y tiene botones específicos para mantener la llamada en espera o transferirla.

También permite disponer de una agenda (botón de la silueta de una persona), grabar una conversación (dibujo de una cinta, a la derecha del botón de la agenda) y acceder directamente al buzón de voz (botón con el sobre). Si pulsamos en el botón con un cuadrado gris (en la parte inferior, en el centro) accederemos a las propiedades de la aplicación y desde ahí podremos, por ejemplo, cambiar la configuración del servidor proxy o añadir una nueva conexión.

8.10 Configuración y uso de teléfonos IP

Al igual que sucedía en el caso de los *softphones*, existen varios fabricantes y modelos de teléfonos IP. Su precio, además, varía mucho dado que algunos de ellos se integran en redes de telefonía IP con centralitas específicas, como pueden ser las de Cisco o 3Com e incorporan muchas funcionalidades, mientras que otros son más sencillos y sirven para poco más que hablar por teléfono.

Figura 8.31. Teléfono IP D-link DHP 140S.

En nuestro caso hemos elegido un modelo del fabricante «Dlink» que es de la gama intermedia. Lo hemos elegido como muestra de un teléfono IP que se puede configurar a través de un interfaz web muy sencillo. El teléfono se muestra en la Figura 8.31.

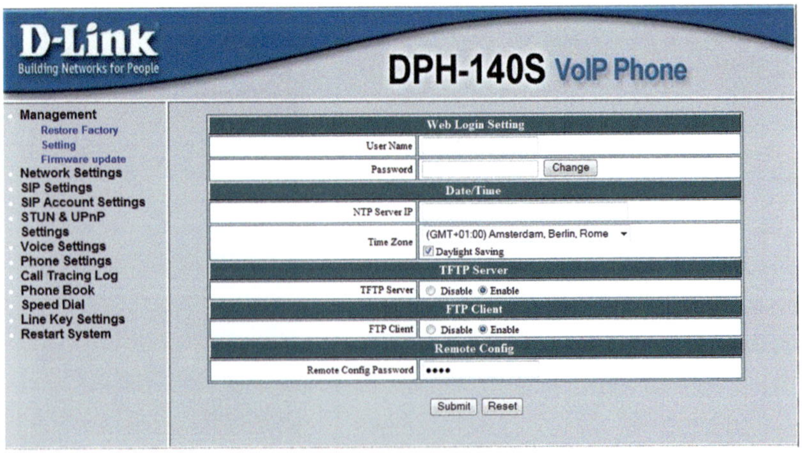

Figura 8.32. Pantalla de configuración inicial del teléfono IP.

Una vez que hemos conectado el teléfono a la LAN y que este tiene asignada una dirección IP, el acceso se hace a un servidor web del mismo teléfono.

Por ejemplo: http://192.168.254.4:9999 si 192.168.254.4 es la dirección IP del teléfono. Nos aparecerá una pantalla de login, el nombre de usuario y contraseña deben dejarse en blanco y accederemos a una página web similar a la de la Figura 8.32.

En esta pantalla podremos cambiar el nombre de usuario y contraseña, cosa que debe hacerse de inmediato, y podremos especificar una zona horaria, GMT+1 en nuestro caso, y un servidor NTP para que el teléfono tenga bien configurada la hora.

En la pestaña «Network Settings» podremos configurar la dirección IP del teléfono o bien indicar que se configure mediante DHCP. Dado que ya tenemos acceso al teléfono, nos saltaremos ese paso.

Para configurar los datos del servidor SIP seleccionaremos la opción «SIP Settings» y configuraremos el teléfono tal y como se muestra en la Figura 8.33.

SIP Phone Setting	
SIP Phone Port Number	5060
Registrar Server	
Registrar Server Domain Name/IP Address	192.168.254.4
Registrar Server Port Number	5060
Authentication Expire Time	3600 sec. (Default: 3600 sec.)
Outbound Proxy Server	
Outbound Proxy Domain Name/IP Address	192.168.254.4
Outbound Proxy Port Number	5060
Others	
Session Timer	1800 sec.
Media Port	41000
Prack	○ Disable ◉ Enable
Session Refresher	◉ None ○ UAC ○ UAS
Session Timer Method	◉ Invite ○ Update

Figura 8.33. Configuración servidor SIP.

Puede observarse que la configuración de «Registrar Server» y «Outbound Proxy Server» están separadas. Se establece así ante la posibilidad de que el servidor de registro (que nos permite recibir llamadas) y el proxy SIP (que nos permite hacerlas) sean distintos. Lo habitual es que sean el mismo, a no ser que el proveedor nos indique lo contrario.

Puede observarse que no hemos establecido ningún nombre de usuario y contraseña. Eso se hace con el menú SIP Account Settings tal y como se muestra en la Figura 8.34.

Account 1 Setting	
Account Active	○ Disable ◉ Enable
Display Name	100
SIP User Name	100
Authentication User Name	100
Authentication Password	contraseña
Register Status	UnRegister

Figura 8.34. Configuración cuenta SIP.

SABÍAS QUE:

Un servidor NTP es un servidor especial que nos indica la hora que es. Son servidores que tienen un reloj muy preciso y, de esta forma, permiten que todos los ordenadores de Internet tengan correctamente configurada la hora.

Existen muchos servidores de hora, uno de ellos está en EEUU: «www.nist.gov».

Con esto tendríamos configurado el teléfono de forma que podamos hacer llamadas. No obstante, merecen mención especial dos menus de configuración:

- **STUN Settings:** nos permite especificar un servidor STUN para solucionar los posibles problemas al atravesar routers NAT.
- **Voice Settings:** nos permite configurar qué codecs se va a utilizar.

8.11 Ventajas e inconvenientes de la telefonía IP

Durante todo este tema hemos estudiado las características específicas que tiene la telefonía IP y establecido las diferencias entre esta y la telefonía tradicional. En este apartado presentaremos las ventajas e inconvenientes de esta tecnología, enumerándolas y describiéndolas brevemente.

- **La telefonía IP requiere una buena conexión a Internet** en la que no solo es importante el ancho de banda de bajada sino también el ancho de banda de subida y determinadas características como el tiempo en el que cada paquete RTP llega a su destino. Hay que tener esto en cuenta pues las líneas ADSL no son simétricas (ancho de banda de subida menor que el de bajada) y suelen estar diseñadas pensando en que el usuario se descargue un fichero y no en aplicaciones en tiempo real. Dependiendo del protocolo de nivel de enlace de datos que se use en la conexión a Internet (entre el router y el ISP), una llamada de VoIP ocupa, en cada sentido, entre 30-40 Kbps para el códec G729 y entre 80-90 Kbps para el G711. Una línea ADSL de 3 Mbps tan solo ofrece 300 Kbps de ancho de banda de subida, este será por tanto nuestro límite: entre 3 y 10 llamadas simultáneas.
- **VoIP se puede usar en una red FastEthernet** sin problemas. Aunque para ello deberíamos usar ordenadores en la LAN de la empresa. En este caso, las llamadas entre los teléfonos IP de la empresa no supondrán ningún tipo de problema.
- **VoIP se puede usar en redes inalámbricas con ciertas restricciones.** Aunque el estándar 802.11g permite velocidades de hasta 54 Mbps, el rendimiento de las redes inalámbricas decrece considerablemente al aumentar el número de nodos (en mayor medida que una red FastEthernet). Siempre que podamos debemos usar teléfonos IP conectados a la red cableada.
- **La conversación en VoIP puede oírse retrasada.** Incluso si la calidad de sonido es buena, en ocasiones se pueden detectar retrasos apreciables en el tiempo que tarda en llegar nuestra voz al otro extremo. Esto puede hacer que la conversación no sea fluida (valga como ejemplo las conexiones en directo vía satélite que se ven en las noticias). Esto puede suceder con más frecuencia si usamos un proveedor de VoIP extranjero dado que nuestra llamada debe llegar a ese país y, probablemente, volver a España. La mejor recomendación que se puede hacer en este caso es probar y escoger un proveedor que, a lo mejor, es un poco más caro pero nos suministra mejores prestaciones desde nuestra ubicación.
- **La calidad de la conversación depende de la ubicación del teléfono IP.** Por tanto, debemos tener en cuenta que si accedemos desde otro país o desde una red inalámbrica de un hotel o un aeropuerto la calidad puede ser diferente.
- **El uso de VoIP puede estar restringido e incluso no permitido,** dado que algunas operadoras, especialmente los de telefonía móvil o bien

restringen su uso o bien directamente lo prohíben (ya sea filtrando ese tráfico o expresándolo así en el contrato de prestación de servicios). En el caso de algunos dispositivos, como el iPhone, es el propio fabricante el que impide que se use VoIP sobre redes de telefonía.

- **El precio de una llamada a través de VoIP no depende de nuestra ubicación,** por lo que, en ese sentido, es mucho más versátil.
- **Es posible recibir una llamada siempre que tengamos acceso a Internet,** dado que nuestro teléfono IP siempre estará localizable.
- **Sigue siendo precisa la integración con la RTB,** dado que la mayoría de la población sigue usando la red de telefonía tradicional para comunicarse.

RESUMEN

- La telefonía IP, a diferencia de la tradicional, usa Internet para transportar las señales de voz.
- Las llamadas entre teléfonos IP son gratuitas pero las llamadas a la red de telefonía tradicional no.
- En voz sobre IP existen unos protocolos de señalización que permiten gestionar la llamada. Entre los más importantes figuran SIP y H323.
- En voz sobre IP, además de los protocolos de señalización, existen unos protocolos de transmisión de audio en tiempo real. Estos protocolos son los que transportan realmente la conversación de voz. Los protocolos usados son RTP y RTCP.
- Para transformar la voz en una secuencia de ceros y unos se utiliza lo que se denominan códecs, que especifican cómo se debe transformar la señal de voz. Existen varios tipos de códecs, cada uno de ellos con diferentes características.
- Aunque la llamada de teléfono IP a teléfono IP es posible, se suelen usar dispositivos intermedios llamados proxy (SIP) o gateway (H323).
- Si queremos llamar a un teléfono tradicional, entonces el uso de un proxy o de una pasarela es obligatorio.
- Existen centralitas IP para PC, tanto en Windows como en Linux.
- Los adaptadores ATA permiten reutilizar los teléfonos analógicos.

ACTIVIDADES DE ENSEÑANZA Y APRENDIZAJE

DE COMPROBACIÓN

8.1. Ordena cronológicamente los siguientes sucesos referidos a la telefonía tradicional:

a) Uso del disco de marcado.
b) Uso de operación manual para las llamadas.
c) Uso de redes de datos.

8.2. Para hacer una llamada entre un teléfono IP y uno de la RTC no es necesario, pero sí recomendable, usar una pasarela:

a) Verdadero.
b) Falso.

8.3. Un teléfono analógico, para poderse usar en una red de telefonía IP, se debe conectar en (marca una o más opciones):

a) Un adaptador ATA.
b) Una centralita con algún puerto FXO.
c) Una centralita con algún puerto FXS.
d) Ninguna de las anteriores.

8.4. Indica cuál de las siguientes soluciones identifica a un teléfono IP cuando se usa SIP (marca una o más opciones):

a) 425145@sip.servidor.com.
b) 412-25-25-30.
c) +1.100.100.100.
d) pedro@lobo.com.
e) sip.servidor.com@juan.

8.5. Si en una red en la que se usa SIP, no se realiza el proceso de registro, ese teléfono no podrá realizar llamadas:

a) Verdadero.
b) Falso.

8.6. Marca, de las siguientes afirmaciones, las que sean correctas (marca una o más opciones):

a) El protocolo RTP se usa para transportar tráfico SIP.
b) G711 es un ejemplo de códec.
c) El protocolo SIP se usa en la RTC.
d) En los mensajes SIP que se intercambian, se negocian los puertos que se van a utilizar cuando se transmitan los streams de audio.
e) Ninguna de las afirmaciones es correcta.

8.7. Indica cuál de los siguientes no es un protocolo de señalización:

a) SIP.
b) IAX.
c) H323.
d) Todos los indicados son protocolos de señalización.

8.8. El método que se usa en el protocolo SIP para hacer una llamada es:

a) CALL.
b) REGISTER.
c) INVITE.
d) ARQ.
e) Ninguna de las anteriores.

8.9. ¿Qué elemento es similar a un teléfono IP en H323?:

a) Gateway.
b) Gatekeeper.
c) Terminal.
d) MCU.
e) Ninguno de los anteriores.

8.10. ¿Qué elemento es similar a un proxy SIP en H323?

a) Gateway.
b) Gatekeeper.
c) Terminal.
d) MCU.
e) Ninguno de los anteriores.

8.11. En una H323, el término zona se refiere a:

a) Un conjunto de terminales, MCU y gatekeepers que usan un único gateway.
b) Un conjunto indeterminado de terminales, MCU, gatekeepers y gateways gestionados por una entidad.
c) El término zona no se usa en este protocolo.
d) Ninguna de las opciones es correcta.

8.12. En H323 el mensaje de petición de llamada lo genera el terminal llamante, pasa a través del gatekeeper y, desde este, llega al terminal llamado:

a) Verdadero.
b) Falso.

8.13. En H323 el mensaje de solicitud de conexión que recibe un terminal se llama:

a) ARQ.
b) ACF.
c) INVITE.
d) Setup.
e) Ninguna opción es correcta.

8.14. En H323, cuando un terminal desea colgar, el primer mensaje que se genera es:

a) End Session.
b) BYE.
c) DRQ.
d) Ninguna opción es correcta.

8.15. ¿Con qué códec se alcanza una mayor calidad?

a) G729.
b) G711.
c) G726.
d) G728.

8.16. ¿Qué códec requiere menos ancho de banda?

a) G711.
b) G726.
c) G729.
d) G728.

8.17. ¿Para qué sirve un protocolo de señalización?

8.18. ¿Qué diferencias existen entre un proxy SIP y un registro SIP? ¿Tienen que estar ubicados en servidores distintos?

8.19. ¿Qué indica el valor MOS de un códec? ¿Cuál es el MOS equivalente en la RTC?

DE APLICACIÓN

8.1. ¿Por qué las llamadas desde un teléfono IP a un teléfono IP suelen ser gratis mientras que las realizadas a un teléfono de la RTC no lo son?

8.2. ¿Por qué es importante que un teléfono IP esté registrado en un servidor?

8.3. ¿Por qué son incompatibles los protocolos de señalización que se usan en la RTC y los que se usan en telefonía IP?

8.4. ¿Por qué recibir llamadas en un teléfono IP no nos cuesta dinero incluso si estamos en el extranjero (suponiendo que tenemos acceso a Internet gratis)?

8.5. ¿Pueden dos teléfonos IP, usando SIP, llamarse sin tener que usar un servidor SIP?

8.6. ¿Qué diferencia hay entre el mensaje SIP «TRYING» y «RINGING»?

8.7. Si el códec G711 utiliza 64 Kbps, ¿podríamos usar ese códec con un acceso a Internet con un ancho de banda de 70 Kbps de subida y bajada (una llamada)?

DE AMPLIACIÓN

8.1. Busca en Internet cinco operadores extranjeros y dos españoles que ofrezcan servicios de voz sobre IP y ordénalos según el coste de una llamada a un número fijo en España. En la selección que hagas se prefiere a aquellos proveedores que no impongan una cuota mensual ni gasto mínimo al mes.

8.2. Usar un analizador de protocolos para mostrar los mensajes que se intercambian un teléfono IP y un proxy SIP en el caso de una petición de registro.

8.3. Usar un analizador de protocolos para mostrar los mensajes que se intercambian un teléfono IP y un proxy SIP en el caso de una llamada. ¿Se vuelve a autentificar el teléfono al hacer la llamada incluso si este ya estaba registrado en ese servidor proxy?

8.4. Busca en Internet, por ejemplo en la Wikipedia, un listado de los softphones que hay en el mercado e indica tres softphones que estén disponibles para Windows y Linux.

8.5. Busca en Internet alguna calculadora de ancho de banda para VoIP y compara los requisitos de ancho de banda dependiendo del códec que se utilice y del protocolo de nivel de enlace de datos.

8.6. Busca en Internet otras compañías que ofrezcan software de centralitas IP para PC. En concreto investiga si exista algún software de este tipo para Windows.

9

Despliegue de redes inalámbricas

Es difícil empezar a hablar de las comunicaciones inalambricas sin hablar del increible crecimiento de Internet y de la proliferación de aparatos cada vez más pequeños y baratos capaces de conectarse de forma fácil y ágil a una red de comunicaciones. En los años ochenta con la aparición de los PC y su inclusión en las redes locales cobran especial importancia los sistemas distribuidos, donde compartimos multiples recursos en la red. En los noventa los ordenadores son lo bastante pequeños como para moverse: aparecen los ordenadores portátiles o móviles, que nos permiten disponer de un sistema computador en cualquier lugar. Pero actualmente los ordenadores también pueden comunicarse mientras se mueven, empezamos a hablar de computación ubicua u omnipresente. Pequeños ordenadores integrados entre sí que envuelven por completo a las personas hasta el punto de hacerse prácticamente invisibles. Por otra parte, los usuarios cada vez son más numerosos y más exigentes, pues dependen en mayor medida de estas tecnologías. Demandan continuamente mayores y nuevas prestaciones, desde cualquier sitio donde estén.

Contenido

Objetivos

- Configuración básica de una LAN inalámbrica.
- Valorar la seguridad en redes inalámbricas.
- Conocer los dispositivos físicos de interconexión.

9.1 Estructura de una red inalámbrica

9.1.1 Necesidad de una red inalámbrica

La productividad ya no está restringida a una ubicación de trabajo fija o a un periodo de tiempo definido. Las personas esperan ahora estar conectadas en cualquier momento y en cualquier lugar, desde la oficina hasta el aeropuerto o incluso en el hogar. Los empleados que viajan solían estar restringidos a utilizar teléfonos públicos para verificar sus mensajes y para devolver algunas llamadas telefónicas entre vuelos. Ahora pueden verificar su correo electrónico, correo de voz y estado de los productos en asistentes personales digitales (PDA) mientras están en distintas partes del mundo

Las WLAN utilizan frecuencias de radio (RF), en lugar de cables en la Capa física y la sub-capa MAC de la Capa de enlace de datos. Comparada con el cable, la RF tiene las siguientes características:

- La RF no tiene la limitación física de un cable. Esto permite a las tramas de datos viajar sobre el medio RF para estar disponibles para cualquiera que pueda recibir la señal RF.
- La señal RF no está protegida de señales exteriores, como sí lo está el cable al que podemos incluir protecciones electromagnéticas.
- La transmisión RF está sujeta a los mismos desafíos inherentes a cualquier tecnología basada en ondas, como la radio comercial.
- Las bandas RF se regulan en forma diferente en cada país.

TEN EN CUENTA QUE:

Las siglas inglesas MAC *(Medium Access Control)* se emplean en la familia de estándares IEEE 802 para definir la subcapa de control de acceso al medio.

La subcapa MAC se sitúa en la parte inferior de la capa de enlace de datos (Capa 2 del Modelo de Referencia OSI). La implementación exacta de esta subcapa puede variar dependiendo de los requerimientos de la capa física.

Para el acceso a una LAN inalámbrica, cada cliente dispone de un adaptador inalámbrico para obtener acceso a la red a través de un dispositivo inalámbrico, que nos permite la comunicación a otras redes como un router inalámbrico o punto de acceso.

Los adaptadores inalámbricos en los clientes se comunican con el router inalámbrico o punto de acceso mediante dichas señales RF. Una vez conectados a la red, los clientes inalámbricos pueden acceder a los recursos de la red como si estuvieran conectados a la red mediante cable.

9.1.2 Configuración de una red inalámbrica

Un **punto de acceso inalámbrico** (**WAP** o **AP** por sus siglas en inglés: *Wireless Access Point*) es el dispositivo que conecta diferentes dispositivos de comunicación inalámbrica para formar una red inalámbrica. A esta forma de conexión se le denomina **infraestructura**. Lo habitual es que un WAP también permita a los dispositivos inalámbricos conectarse a una red cableada, y sirve de elemento de intercomunicación entre los dispositivos conectados a la red de cable y los dispositivos que forman parte de la red inalámbrica. Salvando las distancias, un punto de acceso en una red inalámbrica se parece a un hub o concentrador en una red cableada. A su vez los WAP pueden conectarse entre sí para formar una red aún mayor, realizando lo que se conoce como *roaming*.

La **itinerancia**, más conocido por su termino inglés *roaming* es un concepto que define la capacidad de un dispositivo inalámbrico para poder desplazarse de una zona de cobertura a otra. Cada zona de cobertura está gobernada por un punto de acceso diferente. El concepto de *ro-*

aming o itinerancia, cuando es utilizado en las redes inalámbricas, significa que el dispositivo cliente puede desplazarse e ir registrándose en diferentes bases o puntos de acceso, sin perder en ningún momento acceso a la red.

Para que esta itinerancia sea posible, tiene que haber una pequeña superposición en las coberturas de los puntos de acceso, de tal manera que los usuarios puedan desplazarse por las instalaciones y siempre tengan cobertura. Los puntos de acceso incorporan un algoritmo de decisión que en base a consumo y distancias deciden cuándo una estación debe desconectarse de un punto de acceso y conectarse a otro más favorable. Esta es la configuración típica de centros y campus de facultades donde existen diferentes puntos de acceso, que van proporcionando a los usuarios conexión al desplazarse por las diferentes zonas.

SABÍAS QUE:

En telefonía móvil, la itinerancia (el *roaming*) es la capacidad de hacer y recibir llamadas en redes móviles fuera del área de servicio local de su compañía; es decir, dentro de la zona de servicio de otra empresa del mismo país, o bien durante una estancia en otro país diferente, con la red de una empresa extranjera.

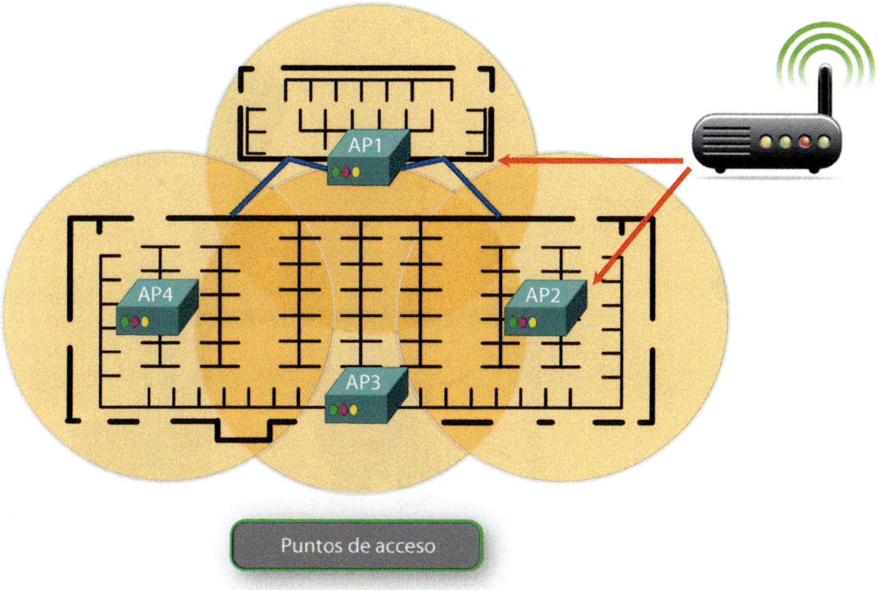

Figura 9.1. Puntos de acceso inalámbricos.

Existen redes inalámbricas donde no hay ningún dispositivo que actúa como punto de acceso, en este tipo de redes los dispositivos cliente se administran a sí mismos (sin la necesidad de un punto de acceso), son las denominadas redes *ad-hoc*. En estas redes no hay un nodo central, sino que todos los ordenadores están en igualdad de condiciones. Ad hoc es el modo más sencillo de configuración de una red inalámbrica. Solo se necesita contar con dos tarjetas de red inalámbricas. Una vez instaladas en los PC se utiliza el software de configuración del fabricante para configurarlas en el modo **ad-hoc**, definiendo el identificador común que utilizarán (SSID). Estas redes normalmente se crean de forma espontánea, sin una infraestructura específica y funcionando en un espacio y tiempo limitados. Es la configuración que suelen usar las consolas de vídeojuegos cuando se crea una partida inalámbrica entre varios jugadores.

Los puntos de acceso inalámbricos disponen de direcciones IP asignadas, tienen la posibilidad de poder ser configurados y son los encargados de crear la red, siempre están a la espera de nuevos clientes a los que dar servicios. El punto de acceso recibe la información, la almacena y la transmite entre la WLAN (Wireless LAN) y la LAN cableada.

Un único punto de acceso puede soportar un pequeño grupo de usuarios y puede funcionar en un rango de al menos treinta metros y hasta varios cientos de metros en el exterior.

El usuario final accede a la red WLAN a través de adaptadores o tarjetas de red. Estos proporcionan una interfaz entre el sistema operativo de red del cliente y las ondas, mediante un acceso inalámbrico a través de una antena.

Existen en el mercado unos dispositivos denominados routers inalámbricos, que proporcionan por un lado conectividad inalámbrica a un número no muy amplio de clientes, al mismo tiempo disponen normalmente de 4-5 puertos Ethernet para conectividad a clientes de red de cable y por supuesto un puerto de conexión WAN para acceso a Internet a través de algún operador. Esta gama de productos entra dentro de la denominada línea SOHO, *Small Office-Home Office,* y está destinada a usuarios finales y pequeñas empresas donde el número de clientes a conectar no es muy alto.

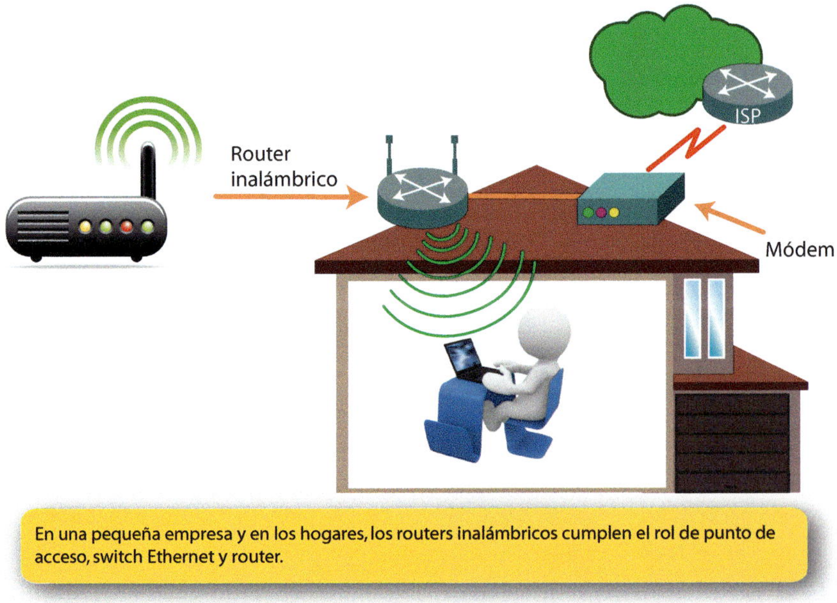

Figura 9.2. Routers inalámbricos.

9.1.3 Los estándares de una LAN inalámbrica

Los estándares sirven para asegurar la interoperabilidad entre dispositivos hechos por diferentes fabricantes. Las tres organizaciones fundamentales que rigen los estándares WLAN en todo el mundo son:

- **ITU-R** que regula la asignación de frecuencias de las bandas del espectro radioeléctrico.
- **IEEE** que especifica cómo se realiza la modulación de la señal de radiofrecuencia (RF) para poder transportar la información de una forma más eficiente y segura.
- **Wi-Fi** que impone a los distintos fabricantes la necesidad de realizar dispositivos que sean compatibles para asegurar una interoperabilidad de los mismos.

La norma IEEE 802.11 se diseñó para sustituir a las capas físicas y MAC de la norma 802.3 (Ethernet). Esto quiere decir que en lo único que se diferencia una red Wi-Fi de una red Ethernet es en cómo se transmiten las tramas o paquetes de datos; todo lo demás es exactamente igual. Por tanto, una red local inalámbrica 802.11 es completamente compatible con todos los servicios de las redes locales (LAN) de cable 802.3 (Ethernet).

802.11 es un estándar IEEE que define cómo se utiliza la radiofrecuencia (RF) en las bandas sin licencia de radiofrecuencia para las capas física y la sub-capa MAC de enlaces inalámbricos.

Existen diversos tipos de Wi-Fi, basados cada uno de ellos en un estándar IEEE 802.11 establecido y aprobado. Son los siguientes:

- Los estándares IEEE 802.11b e IEEE 802.11g operan en la banda de 2,4 GHz y está disponible casi universalmente, con una velocidad de hasta 11 Mbps y 54 Mbps, respectivamente. En esta banda también trabajan otras tecnologías Bluetooth, microondas, ZigBee, WUSB, que hace que existan un número importante de interferencias.
- En la actualidad disponemos también del estándar IEEE 802.11a, conocido como WIFI 5, este nombre es debido a su rango de operación, en la banda de 5 GHz y disfruta de una operatividad con canales relativamente limpios, sin interferencias de otras tecnologías. Su alcance es algo menor en relación al de los estándares que trabajan a 2,4 GHz (aproximadamente un 10%).
- El estándar 802.11g es capaz de alcanzar ya transferencias a 108 Mbps, gracias a diversas técnicas de aceleramiento. Actualmente existen ciertos dispositivos que permiten utilizar esta tecnología, denominados Pre-N.
- Existe ya un borrador del estándar IEEE 802.11n que trabaja a 2,4 GHz y a una velocidad de 108 Mbps.

La elección típica sobre qué estándar WLAN utilizar, se basa en las tasas de datos. Por ejemplo: 802.11a y g pueden admitir hasta 54 Mb/s, mientras que 802.11b admite hasta un máximo de 11 Mb/s, lo que implica que 802.11b es un estándar más lento. Un cuarto borrador WLAN, 802.11n, excede las tasas de datos disponibles en la actualidad. La figura compara los estándares IEEE 802.11a, b y g.

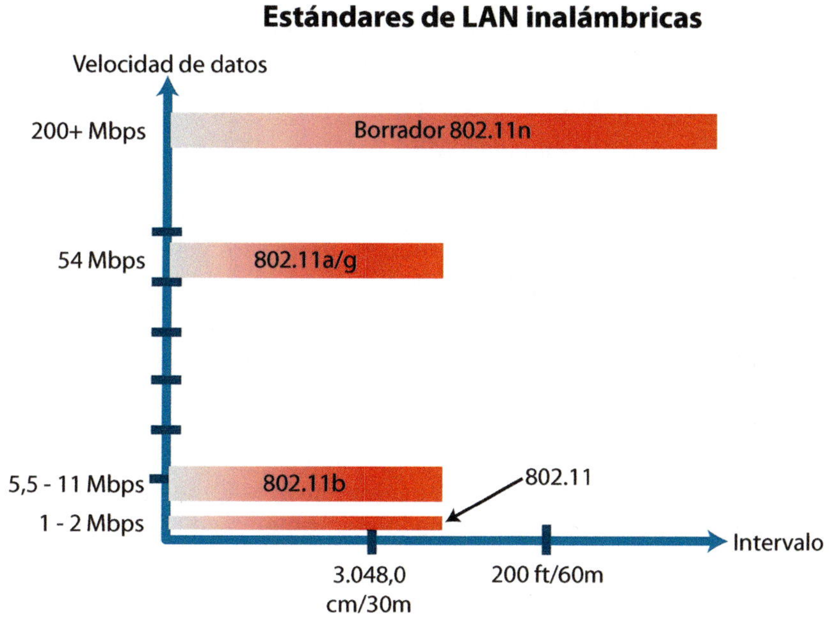

Figura 9.3.

9.2 Seguridad en LAN inalámbricas

La seguridad debe ser una prioridad para cualquier administrador de red que realice una configuración eficiente de la misma. Las dificultades de mantener una red segura se incrementan exponencialmente cuando hablamos de una red inalámbrica. En una WLAN cualquiera con las técnicas adecuadas de decodificación podrá acceder, siempre que nos encontremos dentro del alcance de un punto de acceso y teniendo las credenciales apropiadas para poder conectarnos, a los recursos de dicha red, sin la necesidad de entrar físicamente en el espacio de trabajo de la red inalámbrica.

Un número importante de redes en la actualidad, sobre todo a nivel doméstico, están instaladas sin tener en consideración la seguridad, convirtiendo así sus redes en redes abiertas (o completamente accesibles a personas no autorizadas), sin proteger la información que por ellas circula.

Existen varios mecanismos que nos permiten garantizar la seguridad de estas redes:

- Protocolos de cifrado de datos, proporcionados por los fabricantes de los dispositivos inalámbricos, para los estándares Wi-Fi como el WEP, el WPA o el WPA2. Estos protocolos tienen la misión de codificar la información transmitida, para proteger su confidencialidad; es decir para que nadie pueda acceder a esos datos de forma no autorizada. La confidencialidad es uno de los objetivos de diseño de muchos sistemas, informáticos en la actualidad; hecha posible en la práctica gracias a las técnicas de criptografía moderna.

  — WEP, cifra los datos de la red de forma que solo el destinatario deseado pueda acceder a ellos. Existen cifrados de 64 y 128 bits, que representan dos niveles de seguridad. WEP codifica los datos mediante una «clave» de cifrado antes de enviarlo al medio. Este tipo de cifrado no es muy recomendado, debido a las grandes vulnerabilidades que presenta, ya que cualquier cracker con las técnicas adecuadas puede conseguir averiguar la clave.

  — WPA, presenta como mejora la generación dinámica de la clave de acceso. Las claves se insertan como dígitos alfanuméricos, sin restricción de longitud.

  — El protocolo de seguridad WPA2 (estándar 802.11i), es una mejora relativa a WPA. En principio es el protocolo de seguridad más seguro para Wi-Fi en este momento. La desventaja que tiene con respecto a los anteriores es que requiere hardware y software compatibles, pudiendo encontrar hardware obsoleto que no lo sea.

- IPSEC (túneles IP), utilizado especialmente para el caso de las VPN *(Virtual Privated Network)* y el conjunto de estándares IEEE 802.1X, que permite la autenticación y autorización de usuarios.

- Filtrado a través de direcciones MAC, de manera que solo se permite acceso a la red a aquellos dispositivos cuya MAC ha sido autorizada. Este tipo de acción es aconsejado solo en el caso que tengamos un número reducido de equipos.

- Hacer que los puntos de acceso o router permanezcan ocultos, de manera que sea invisible a otros usuarios.

Hay que tener en cuenta que independientemente de la técnica utilizada, ninguna garantiza una seguridad al 100% y todas pueden ser superadas.

9.3 Dispositivos inalámbricos

Podemos dividir los dispositivos que permiten interconectar elementos Wi-Fi, en aquellos que sirven para regenerar o enrutar las señales y aquellos que se utilizan para recibir dichas señales para tratar posteriormente su información en un sistema computador. Entre las primeras nos encontramos los puntos de acceso y los router, entre los segundos, las tarjetas adaptadoras de red para conectar al ordenador personal, ya sean internas conectadas a un slot PCI o bien USB, conectadas de forma externa a un conector de este tipo.

- Los puntos de acceso funcionan a modo de intercambiador remoto, es decir, permiten a la red inalámbrica tener acceso a una red alámbrica, que recibe la señal a través de un cable. Por otra parte, estos aparatos sirven para capturar una señal débil y amplificarla. Para este último caso también existen aparatos especializados que ofrecen un rendimiento más elevado.
- Los routers son los que reciben la señal ofrecida por el operador de comunicaciones (Telefónica, Vodafone, Movistar...). Se encargan de corregir los problemas inherentes a la recepción de la señal, incluidos el control de errores y extracción de la información. El router es el encargado de repartir la señal a los elementos que forman la red inalámbrica.
- Los dispositivos que se encargan de la recepción para el tratamiento de la información en las diferentes aplicaciones se podrían clasificar en tres tipos: tarjetas PCI, tarjetas PCMCIA y tarjetas USB:
  - — Las tarjetas PCI para Wi-Fi se agregan a los ordenadores de sobremesa en algún slot PCI libre. Cada vez tiene un menor uso ya que resulta más fácil hacerlo a través de un adaptador USB.
  - — Las tarjetas PCMCIA se utilizaron mucho en las primeras conexiones en ordenadores portátiles, aunque están cayendo en desuso, debido a la integración de tarjetas inalámbricas internas en estos ordenadores.
  - — Las tarjetas USB para Wi-Fi son el tipo de tarjeta más sencillo de conectar a un ordenador, ya sea de sobremesa o portátil, haciendo uso de todas las ventajas que tiene la tecnología USB.

ACTIVIDAD RESUELTA 9.1

Detectar las redes inalámbricas que tenemos a nuestro alcance.

Solución:

Paso 1. En la barra de herramientas de la bandeja del sistema de Microsoft Windows XP, descubrimos el icono de conexión en red. Hacemos doble clic en el icono para abrir el cuadro de diálogo *Conexiones de red*.

Paso 2. Hacemos clic en el botón *Ver redes inalámbricas* en el cuadro de diálogo.

Paso 3. Vemos cómo aparecen las redes inalámbricas que puede detectar nuestra interfaz de red inalámbrica.

SABÍAS QUE:

El Observatorio Wireless es una herramienta online que te facilita los puntos de acceso de una ciudad determinada. Puedes hacer una búsqueda de puntos de acceso libres, privados, comerciales...

Lo tienes disponible en la siguiente dirección web:

http://observatorio.gowex.com/index.php

Tarjeta PCMCIA Wireless.

Adaptador USB Wireless.

Busque los SSID

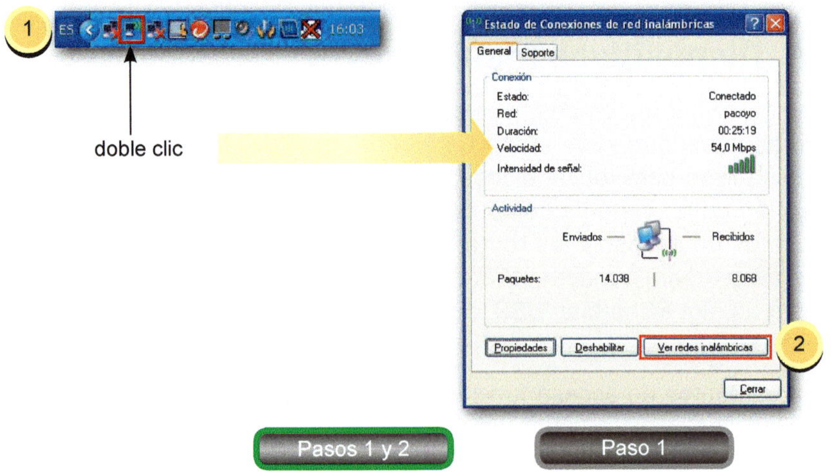

Busque los SSID

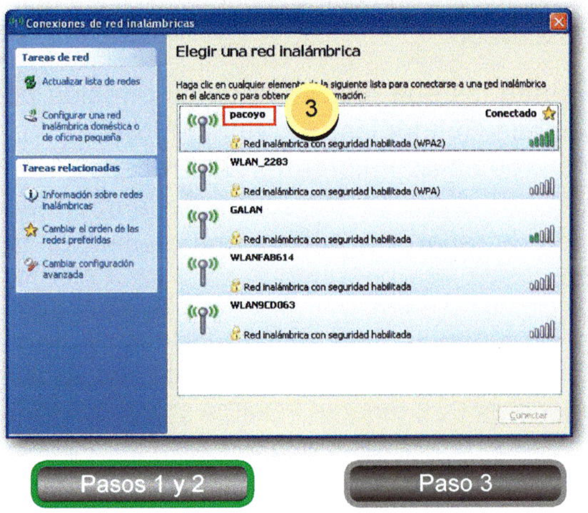

ACTIVIDAD RESUELTA 9.2

Configurar una red inalámbrica domestica o de oficina pequeña.

Solución:

Paso 1. Hacemos doble clic en el icono de conexiones de red en la bandeja del sistema de Microsoft Windows XP.

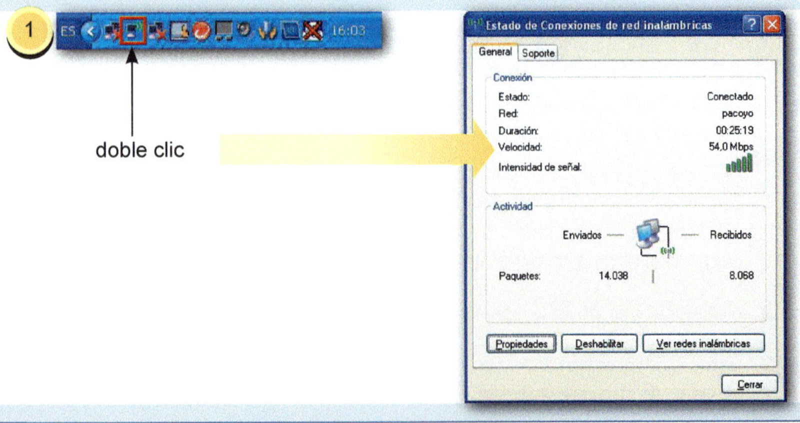

Paso 2. Hacemos clic en el botón Propiedades en el cuadro de diálogo.

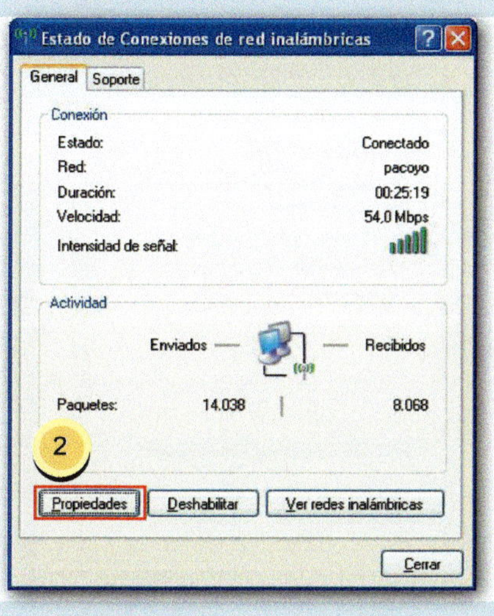

Paso 3. En el cuadro de diálogo Propiedades, hacemos clic en la pestaña Redes inalámbricas.

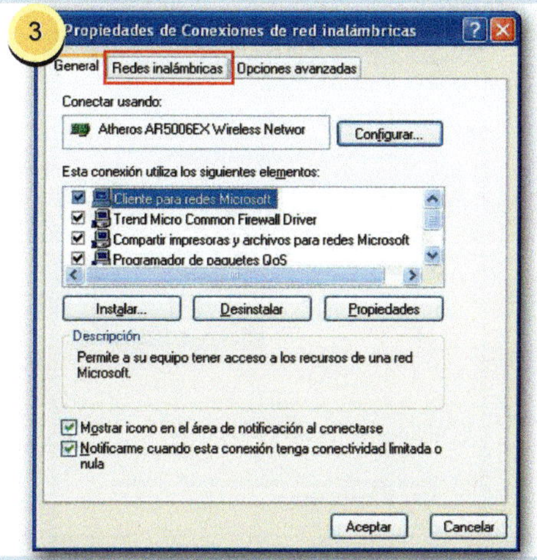

Paso 4. En la pestaña Redes inalámbricas, hacemos clic en el botón Agregar.

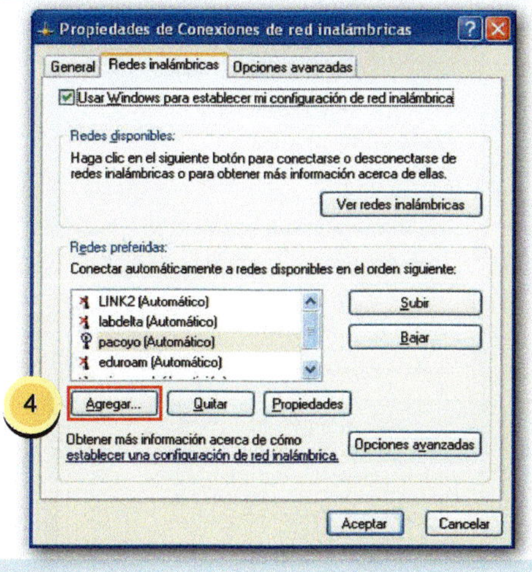

Paso 5. En la pestaña Asociación, escribimos el SSID de la WLAN que queremos configurar.

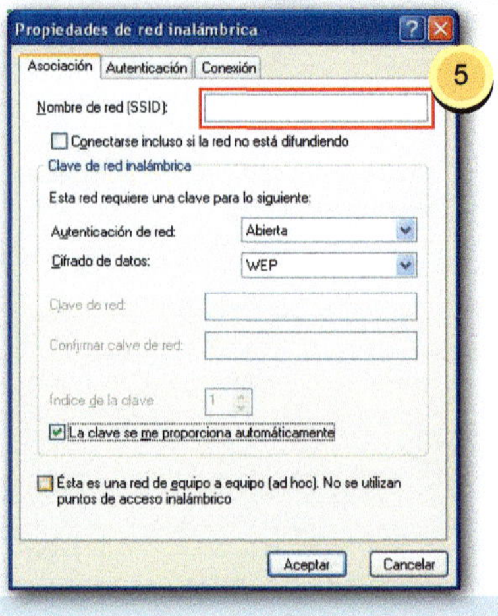

Paso 6. En el clave de red inalámbrica Autenticación de red seleccionamos el método de autenticación elegido del menú desplegable. Siempre que sea posible elegiremos WPA2 y PSK2 por su seguridad.

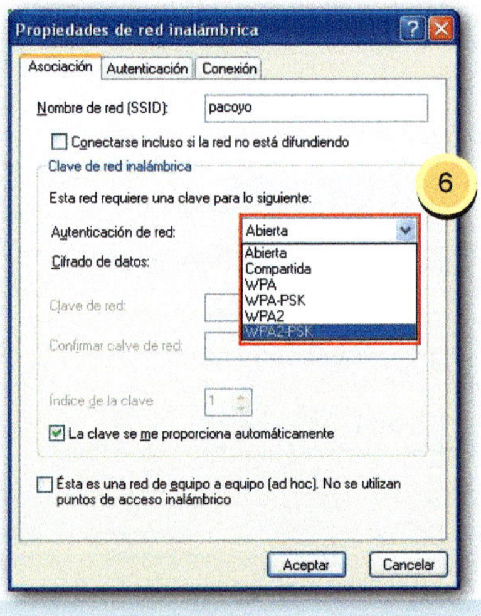

Paso 7. Seleccionamos el método de *Cifrado de datos* del menú desplegable, este debe coincidir con la configuración de nuestro punto de acceso.

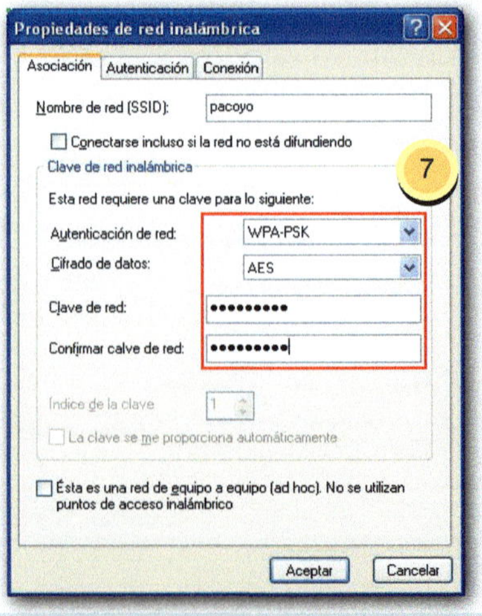

Paso 8. Hacemos clic en Aceptar.

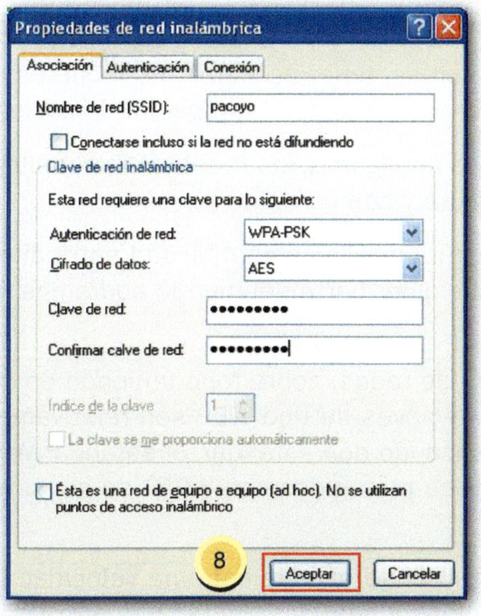

Paso 9. Para comprobar la configuración vamos a hacer ping a una dirección IP conocida dentro la red, la dirección IP 192.168.1.254. El ping recibe respuesta desde la dirección solicitada.

Verifique la conectividad a la LAN inalámbrica

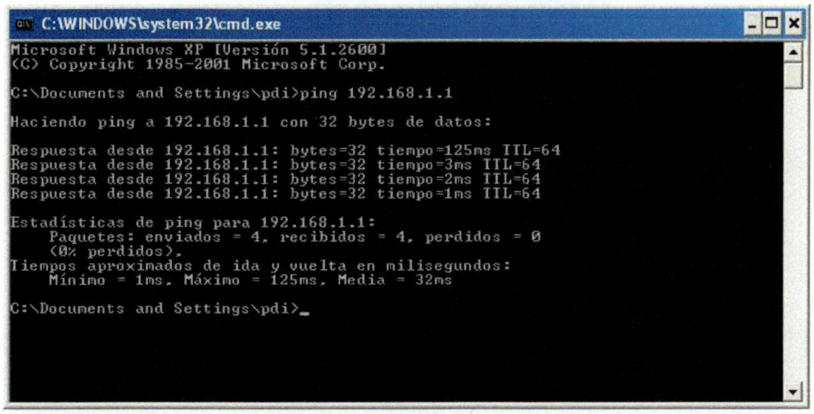

ACTIVIDAD PROPUESTA 9.1

Realiza una configuración de red inalámbrica en un entorno con uno o varios puntos de acceso disponibles.

RESUMEN

- Las redes inalámbricas permiten, sin la necesidad de cables, tener acceso a los recursos de la red. Podemos conectarnos desde distintos puntos dentro de un rango suficientemente amplio de espacio.
- A diferencia de las redes por cable, una vez que han sido configuras, las redes Wi-Fi permiten el acceso de múltiples ordenadores sin ningún tipo gasto en infraestructura y con un esfuerzo mínimo.
- A través de la marca Wi-Fi, la entidad Wi-Fi Alliance asegura que la compatibilidad entre diferentes dispositivos de distintos fabricantes sea completa, con lo que en cualquier parte del mundo podremos utilizar la tecnología Wi-Fi con una compatibilidad y accesibilidad total.
- La seguridad es el factor más importante para este tipo de redes, sobre todo teniendo en cuenta que no podemos controlar el área de acceso de las conexiones. Las claves de tipo WEP son relativamente fáciles de descubrir. La alianza Wi-Fi intentó paliar estos problemas sacando dos estándar, el estándar WPA y posteriormente WPA2, basados en el grupo de trabajo 802.11i. Las redes protegidas con WPA2 se consideran robustas dado que proporcionan muy buena seguridad.
- Otro aspecto importante es la velocidad. Con una red Wi-Fi se accede con una velocidad menor en comparación a una conexión con cables, debido a las interferencias y pérdidas de señal que el ambiente puede provocar.

ACTIVIDADES DE ENSEÑANZA Y APRENDIZAJE

DE COMPROBACIÓN

9.1. ¿Qué protocolo de la capa de red se utiliza en redes de área local inalámbricas?

a) IP.
b) WiFi.
c) WLAN.
d) IP WiFi.

9.2. Con respecto a la seguridad en redes inalámbricas:

a) La seguridad es un elemento prioritario a la hora de configurar este tipo de redes.
b) Lar redes inalámbricas son redes con una seguridad implícita.
c) No es necesario establecer ningún tipo de seguridad, ya que la información es inaccesible.
d) Todas las anteriores son correctas.

9.3. Un punto de acceso inalámbrico WAP es:

a) El dispositivo que conecta diferentes dispositivos de comunicación inalámbrica para formar una red inalámbrica.
b) Una antena que permite la conexión inalámbrica.
c) Un acceso a través de VPN.
d) Ninguna de las anteriores.

9.4. Las redes inalámbricas donde no hay ningún dispositivo que actúa como punto de acceso se denominan:

a) No son posibles.
b) Infraestructura.
c) Ad-Hoc.
d) Sin WAP

9.5. Lo único que diferencia una red Wi-Fi de una red Ethernet es:

a) Cómo se transmiten las tramas o paquetes de datos; todo lo demás es exactamente igual.
b) En las capas físicas y MAC de la norma 802.3 (Ethernet), adaptadas a través de la norma IEEE 802.11.
c) Las dos anteriores son correctas.

9.6. Los protocolos de cifrado de datos, proporcionados por los fabricantes de los dispositivos inalámbricos, como WEP, WPA o WPA2 tienen la misión de:

a) Aumentar la velocidad.
b) Tener acceso a los diferentes puntos de accesos inalámbricos.
c) Codificar la información transmitida, para proteger su confidencialidad.

9.7. Las tarjetas USB para Wi-Fi son el tipo de dispositivos más sencillos de conectar a un ordenador:

a) No, las tarjetas PCMCIA son las más utilizadas en la actualidad.
b) No, las tarjetas PCI son las utilizadas sobre todo en equipos de sobremesa.
c) Sí en equipos de sobremesa y portátiles, haciendo uso de todas las ventajas que tiene la tecnología USB.

9.8. El protocolo IPsec:

a) Es un protocolo IP de segundo orden, utilizado en redes no seguras.
b) Es un protocolo definido por el IETF que se usa para transferir datos de manera segura en la capa de red.
c) Ninguna de las dos respuestas anteriores es correcta.

DE APLICACIÓN

9.1. Monta una red Wi-Fi en la que el router inalámbrico tenga la dirección IP 192.168.0.100, con dos PC que obtengan direcciones IP a través del servidor DHCP incluido en el propio dispositivo, en el rango 192.168.0.50 a 192.168.0.99. Establece WPA2 como protocolo de cifrado de datos.

DE AMPLIACIÓN

9.1. Busca en la página web del Observatorio Wireless puntos de acceso gratuitos de tu ciudad que nos permitan acceder a Internet con nuestro dispositivo portátil inalámbrico, PDA, SmartPhone, NetBook...